计算机程序的专利保护

主　编◎陈　伟　　副主编◎马　昊

知识产权出版社
全国百佳图书出版单位
—北京—

图书在版编目（CIP）数据

计算机程序的专利保护/陈伟主编 . —北京：知识产权出版社，2024.8. —ISBN 978-7-5130-9456-6

Ⅰ . D923.424

中国国家版本馆 CIP 数据核字第 2024X5C256 号

内容提要

本书紧扣新一代信息技术产业的技术特点及产业需求，深入分析和探索计算机程序专利保护涉及的疑难问题。第一章明晰了计算机程序的概念和特点，梳理了各主要经济体专利保护政策和规则，通过案例解读的方式重点阐述典型问题。第二章至第五章进一步阐述商业方法、人工智能、人机交互及汉字输入法等热点领域的专利保护。希望借助此书的出版，推动社会各界形成符合《专利法》的共识，实现计算机程序全面有效的专利保护。

责任编辑：张利萍　程足芬　　　　责任校对：潘凤越
封面设计：杨杨工作室·张　冀　　　责任印制：刘译文

计算机程序的专利保护

主　编　陈　伟
副主编　马　昊

出版发行：	知识产权出版社 有限责任公司	网　　址：	http://www.ipph.cn
社　　址：	北京市海淀区气象路 50 号院	邮　　编：	100081
责编电话：	010-82000860 转 8387	责编邮箱：	65109211@qq.com
发行电话：	010-82000860 转 8101/8102	发行传真：	010-82000893/82005070/82000270
印　　刷：	三河市国英印务有限公司	经　　销：	新华书店、各大网上书店及相关专业书店
开　　本：	720mm×1000mm　1/16	印　　张：	23.75
版　　次：	2024 年 8 月第 1 版	印　　次：	2024 年 8 月第 1 次印刷
字　　数：	425 千字	定　　价：	118.00 元

ISBN 978-7-5130-9456-6

编 委 会

具体分工

撰 稿 人

第一章　熊　婷　贾彦飞　吴风静　於　堃

第二章　孙治国　何　俊　於　堃

第三章　陈晓华　王　可　林　静

第四章　季晓晖　王　可　张　晔　唐宇希

第五章　熊　婷　贾彦飞　吴风静　於　堃　张　晔

全书统稿

马　昊　熊　婷

前　言

　　随着新一代信息技术的不断发展，计算机程序作为新一代信息技术创新成果的重要形式，其内涵和外延也在不断的拓展变化中。同时，由于新一代信息技术具有技术更新快、技术抽象复杂、研发难度大、创新成本高、领域融合广等特点，在计算机程序专利保护中不断涌现出新情况和新问题，产生了客体边界模糊、"黑匣子"公开充分的问题，以及创造性判断中算法或商业规则的考量、多领域融合下本领域技术人员的界定等一系列困难和挑战。在新形势下如何对计算机程序进行全面有效的专利保护，已然成为当前专利保护的热点和难点。

　　为了回应广大创新主体和知识产权从业者对计算机程序专利保护的困惑，本书编写人员经过两年多的努力，几易其稿，付梓成书。本书编写人员深耕复审无效审查一线，平均从事审查年限近二十年，专业领域全面覆盖新一代信息技术的各热点领域。多人曾在地方知识产权局、各级法院从事知识产权执法和审判工作，具有授权确权、行政执法、司法审判等知识产权全链条保护的丰富经验。多人参与过《专利法》《专利法实施细则》《专利审查指南》的修改以及国家知识产权局重大专项课题研究等工作。编写人员在长期的研究和审查实践中对计算机程序专利保护进行了深入思考和探索，对相关法律和审查标准形成了较为系统、准确的认识，及时归纳总结以往经验，反复讨论斟酌形成本书，以期给读者在计算机程序专利保护上提供参考和借鉴。

　　本书紧扣新一代信息技术产业的技术特点、产业发展需求和发展趋势，对计算机程序专利保护中涉及的疑难问题进行分析和探索。全书共分为五章，采用总分结构，第一章明晰了计算机程序的概念和特点，梳理了世界各主要经济体计算机程序专利保护政策和规则，通过案例解读的方式重点阐述了计算机程序专利保护中的共性及典型问题。在此基础上，第二章至第五章按照计算机程序所涉及的热点领域进一步具体阐述商业方法、人工智能、人机交互以及汉字输入法领域的专利保护，在厘清上述热点领域中的相关概念、技术及产业特点、专利保护政策和规则的基础上，通过案例重点解读了上述领域中专利保护的客体判断、公开充分判断、创造性判断、侵权判定等疑难热点问题。

本书内容翔实、逻辑清晰，力求通过案例客观、准确地诠释计算机程序专利保护中相关法律条款的适用及深层内涵。希望借助本书的出版，推动社会各界形成符合《专利法》的共识，实现计算机程序全面有效的专利保护。本书可以为审查实践提供经验借鉴，为未来审查标准的修改、完善提供研究基础，也可为知识产权行业的从业者和广大创新主体在专利实务工作方面提供参考。由于本书所涉及领域技术更新快、技术和法律问题复杂，编写人员虽倾尽心血，难免存在一些疏漏和偏差，敬请广大读者批评指正，提出宝贵意见。衷心希望本书的出版能促进交流，引发思考，助力战略性新兴产业的高质量发展。

目 录

CONTENTS

第一章
计算机程序的专利保护制度

第一节 概 述

一、计算机程序

计算机通常包含计算机硬件和计算机软件，计算机软件一直是随着计算机硬件的发展而发展的，而计算机程序则是计算机软件的基础。以下将介绍何为计算机程序以及计算机程序的前世今生。

(一) 计算机程序的含义

计算机软件包括计算机程序、程序所使用的数据以及有关的文档资料。该程序是用特定语言所写的一组指令（或语句），它命令计算机在所提供的数据上执行各组操作[①]。我们平时所见到的计算机程序通常是用高级语言编写的源程序，需经过语言编译程序转换成处理器能够执行的目标代码。

按照设计目的的不同，通常可以将程序分为系统程序和应用程序：系统程序是为了用户使用计算机系统而开发的程序，如我们常见的微软操作系统、麒麟操作系统、鸿蒙操作系统等；应用程序是为解决用户的一类特定需求而设计的程序，如财务处理程序、文字处理程序等。

我国《计算机保护软件条例》第 2 条规定，本条例所称计算机软件是指计算机程序及其有关文档。另外该条例第 3 条规定，（1）计算机程序，是指为了得到某种结果而可以由计算机等具有信息处理能力的装置执行的代码化指令序列，或者可以被自动转换成代码化指令序列的符号化指令序列或者符号化语句序列。同一计算机程序的源程序和目标程序为同一作品。（2）文档，

---

① 王大珩，王淦昌，杨嘉墀，等. 高技术词典 [M]. 北京：科学出版社，清华大学出版社，2000.

是指用来描述程序的内容、组成、设计、功能规格、开发情况、测试结果及使用方法的文字资料和图表等，如程序设计说明书、流程图、用户手册等。

根据《专利审查指南 2023》第二部分第九章的规定，本章所说的计算机程序本身是指为了能够得到某种结果而可以由计算机等具有信息处理能力的装置执行的代码化指令序列，或者可被自动转换成代码化指令序列的符号化指令序列或者符号化语句序列。计算机程序本身包括源程序和目标程序。

（二）计算机程序的发展历程

1946 年世界上第一台电子计算机出现的时候，其运算速度只有每秒千次，而指挥这个占地两百余平方米的大家伙进行工作的仅仅是几十行简单的指令代码，这几十行指令代码只能实现简单的数学运算，其主要用于破译密码和武器弹道运算，并且指令代码固化于硬件之中与硬件不可分离，因此，当时的指令代码还不能称之为软件，但它代表了软件的雏形。

1955 年到 1965 年期间，计算机的运算速度得到了极大提高，20 世纪 60 年代大型计算机的运算速度已发展到每秒百万次以上，同时计算机的价格也越来越便宜，科研、金融和政府部门对计算机的需求日益扩大，并希望计算机能够实现更加复杂的功能而不仅仅是简单的数学计算，这为软件的发展提供了空前良好的环境。1969 年 6 月 23 日，当 IBM 公司宣布从 1970 年 1 月起将为软件和硬件分开定价出售之后，软件业从计算机工业中独立出来。①

从 20 世纪 70 年代初开始，随着计算机应用领域的逐步扩大，出现了大量的数据处理和非数值计算问题。为了充分利用系统资源，开始出现了操作系统；为了适应大量数据处理问题的需要，开始出现数据库及其管理系统，软件规模与复杂性迅速增大。② 世界著名的软件公司微软公司正是在 1975 年创立的。20 世纪 70 年代末和 80 年代初，计算机硬件技术获得了巨大发展，苹果公司和 IBM 的个人电脑（即 PC 机）相继问世，这也使得软件业获得了长足发展。

1982 年，以面向全球子网间组网的 TCP/IP 网络协议的标准化为标志，互联网（Internet，最初含义是连接子网的网络）时代到来了，在这个阶段，计算机技术主要围绕网络技术、视窗技术、多媒体技术发展，以个人计算机和服务器为主要计算平台，计算机技术提供满足个人计算需求的视窗应用和

---

① 石林. 计算机软件的可专利性研究［D］. 重庆：西南政法大学，2005：2.
② 瞿亮. 软件技术基础［M］. 北京：清华大学出版社，2020：2.

网络服务。① 进入 20 世纪 90 年代，微软公司相继推出 Windows 95、Windows 98 操作系统，适用于计算机操作系统的各种应用软件也大量涌现。互联网技术的发展也使软件技术进入一个新的发展时期，软件的传播获取变得更加容易。

进入 21 世纪，随着半导体、通信等技术的突破，智能终端的出现给人类生活带来了翻天覆地的变化，与之相配套的计算机软件也蓬勃发展。苹果公司于 2007 年推出了 iPhone 智能手机，2008 年安卓开源操作系统发布，一批新的计算概念和技术几乎同时提出并显著推动了计算技术的升级换代，这些概念包括移动互联网、多核众核、云计算、可信计算、大数据、可穿戴计算、物联网、互联网+等。② 随着科技的进一步发展，人机交互、人工智能等新技术领域也不断涌现，在可预见的未来，人类将会实现万物互联，万物智联。

(三) 计算机程序的特点

1. 功能性

计算机程序通常表现为程序员编写的程序语言，当这些程序语言通过计算机运行时可以实现特定的功能，用户购买和使用计算机程序产品最关注的是该程序所实现的功能，编写该计算机程序的技术人员的目的也是确保该程序实现用户想要的功能，因此，计算机程序的核心是其运行时所实现的功能。

用户和编程人员的位置不同决定了他们对于计算机程序产品关注点有所不同，用户更关注如何使用计算机程序的功能，编程人员更关注如何实现该功能，这也使计算机程序具有"黑匣子"的特点。例如，实现相同功能的计算机程序本身可能不同，仅凭计算机程序用户界面呈现的功能可能不能确定其后台实现的技术手段，如果不使用反向工程的手段对计算机程序进行破解，计算机程序的后台实现手段就是一个"黑匣子"。再例如，人工智能领域的人工神经网络能够实现的功能是可以确定的，但是其隐藏层的内部逻辑行为却无从可知，对于人们来说也是一个"黑匣子"。

2. 系统性

计算机程序的开发编写是一个系统性工程。首先，系统设计师针对用户的需求进行调研并设计计算机程序的目标功能和性能指标，以期解决用户的某些问题；接下来，系统架构师根据上述设计，确定计算机程序的系统架构，此方案通常体现为计算机程序的整体架构流程图；接下来，程序员根据上述系统架构设计算法，并使用高级程序语言编写程序来实现该算法，高级程序

---

① 嵩天，礼欣，黄天羽．Python 语言程序设计基础［M］．2 版．北京：高等教育出版社，2017：5.
② 嵩天，礼欣，黄天羽．Python 语言程序设计基础［M］．2 版．北京：高等教育出版社，2017：6.

语言需要通过编译程序来翻译成计算机可执行的程序代码，这也就是计算机源程序和目标程序之间的转换。因此，计算机程序的开发过程需要程序员与系统架构师、系统设计师之间密切的配合。这充分体现出计算机程序的编写过程是一个系统性的工程，并且需要付出大量智力劳动。

3. 易复制性

计算机程序是以电子数据形式存储在计算机可读存储介质或者云端，用户通过复制或下载就可实现计算机程序的传播，而且这种传播是无损耗的，即，复制和下载后的计算机程序与源程序完全相同，也能实现相同的功能。正是由于计算机程序的上述特性，造成计算机程序容易被抄袭。

4. 表达多样性

计算机程序编程语言包括机器语言、汇编语言和高级语言等，现在常用的是高级语言，例如 Java、C 和 Python 等，同样的程序设计构思可以通过不同编程语言来实现，这使得计算机程序产品有多种表达方式。相应地，计算机程序的价值往往体现在编程者的设计思想上，根据在先程序的设计思想，其他编程者完全可以使用不同语言或者不同的逻辑构思实现与在先程序相同的功能。

二、相关促进政策

如何促进软件的产业发展及其知识产权保护是国家一直以来高度重视的问题，也是在将来相当长的一段时期内的重点工作。下面，我们来回顾一下近年来我国软件和信息技术服务业的相关促进政策。

（一）产业促进政策

21 世纪初，软件产业作为信息产业的核心和国民经济信息化的基础，越来越受到世界各国的高度重视。以信息产业发展水平为主要特征的综合国力竞争日趋激烈，为应对加入世界贸易组织的新形势，进一步促进我国信息产业快速发展，2000 年 6 月国务院印发了《鼓励软件产业和集成电路产业发展的若干政策》，制定出台投融资、税收、产业技术、出口、收入分配、人才、知识产权等多个方面的政策措施，力争到 2010 年使我国软件产业研究开发和生产能力达到或接近国际先进水平。作为响应，国务院信息化工作办公室随后印发了《振兴软件产业行动纲要（2002 年至 2005 年）》，将软件产业定位为国民经济和社会信息化的基础性、战略性产业，提出了一系列指导思想、发展思路以及主要政策措施。

为深入贯彻执行以上政策，财政部、国家税务总局、海关总署、工业和信息化部、国家版权局、科技部等多部门随后印发一系列相关政策文件，包括《关于鼓励软件产业和集成电路产业发展有关税收政策问题的通知》《软件产品管理办法》《计算机软件著作权登记办法》《关于加强国家科技计划知识产权管理工作的规定》等，对相应方面的制度进行细化，促进我国软件产业快速发展。在政策促进下，我国软件产业规模迅速扩大，技术水平显著提升，有力推动了国家信息化建设。

2011 年 2 月，国务院再次印发了《进一步鼓励软件产业和集成电路产业发展的若干政策》，除了在财税、投融资、进出口、人才、知识产权等多方面继续发力外，还制定了研究开发和市场等方面的相关政策，力求进一步优化软件产业发展环境，提高产业发展质量和水平，培育一批有实力和影响力的行业领先企业。

2012 年 7 月及 2016 年 12 月，国务院在印发的《"十二五"国家战略性新兴产业发展规划》和《"十三五"国家战略性新兴产业发展规划》中，分别将多个行业的基础软件、应用软件、高端软件以及大数据、云计算、人工智能等技术作为"十二五"和"十三五"期间的重点发展方向和主要任务。

2020 年 8 月，国务院继续印发了《新时期鼓励软件产业和集成电路产业发展的若干政策》，将软件产业定位为信息产业的核心和引领新一轮科技革命和产业变革的关键力量，力求进一步优化集成电路产业和软件产业发展环境，深化产业国际合作，提升产业创新能力和发展质量。

2021 年 12 月，国务院印发《"十四五"数字经济发展规划》，指出要瞄准关键软件、大数据、人工智能、区块链等战略性前瞻性领域，提高数字技术基础研发能力，并协同推进信息技术软硬件产品产业化、规模化应用，推动软件产业做大做强，提升关键软硬件技术创新和供给能力。

2022 年 10 月，党的二十大报告指出，高质量发展是全面建设社会主义现代化国家的首要任务。要推动战略性新兴产业融合集群发展，构建新一代信息技术、人工智能等新的增长引擎。同时要加快发展数字经济，促进数字经济和实体经济深度融合，打造具有国际竞争力的数字产业集群。

2023 年 2 月，中共中央、国务院印发《质量强国建设纲要》，指出要强化产业基础质量支撑，支持通用基础软件、工业软件、平台软件、应用软件工程化开发，实现工业质量分析与控制软件关键技术突破，以增强产业质量竞争力。

（二）知识产权促进政策

2002 年 4 月，国家知识产权局在印发的《全国专利工作"十五"计划》中指出，要加强对计算机软件以及网络技术带来的商业方法等新技术的专利保护问题的研究。

2004 年 11 月，国务院办公厅印发的《保护知识产权专项行动方案》中，明确指出要通过打击盗版软件，加强对软件预装领域、互联网软件传播的监管，推动地方政府使用正版软件等措施来切实保护软件著作权。自此，国务院办公厅每年都会印发《打击侵犯知识产权和制售假冒伪劣商品专项行动方案的通知》，一方面持续深入开展"剑网行动"，加大对电子商务、软件应用商店等平台版权整治力度，严厉打击利用网络侵权假冒违法犯罪；另一方面深入推进软件正版化工作，完善中央企业和大中型金融机构软件正版化工作长效机制，加快推进地方国有企业、中小金融机构和民营企业软件正版化工作。

2008 年 6 月，国务院印发《国家知识产权战略纲要》，指出要扶持包括计算机软件、信息网络等版权相关的产业发展。

2015 年 12 月，国务院印发《关于新形势下加快知识产权强国建设的若干意见》，指出要建立计算机软件著作权快速登记通道。

2017 年 1 月，国务院印发《"十三五"国家知识产权保护和运用规划的通知》，指出与"十一五"末相比，"十二五"时期全国计算机软件著作权登记量增长 282.5%，并指出在"十三五"期间仍将持续推进政府机关和企业软件正版化工作。

2021 年 9 月，中共中央、国务院印发《知识产权强国建设纲要（2021—2035 年）》，指出要研究完善算法、商业方法、人工智能产出物知识产权保护规则，加强人工智能、基础软件等领域自主知识产权创造和储备，加快大数据、人工智能等新领域新业态知识产权立法，适应科技进步和经济社会发展形势需要，适时扩大保护客体范围，提高保护标准，全面建立并实施侵权惩罚性赔偿制度，加大损害赔偿力度。2021 年 10 月，《国务院关于印发"十四五"国家知识产权保护和运用规划的通知》将相应政策制定任务交由各有关部门分工负责。

第二节 计算机程序的知识产权保护

随着计算机程序的广泛商业运用和产业发展，其商业价值日益突出，而附带的商业竞争风险也越来越受到重视，因此各创新主体也越来越重视采用知识产权手段来保护计算机程序的商业价值。下文将讨论计算机程序产业运营过程中的创新保护需求，及不同知识产权保护路径在计算机程序创新保护中所发挥的作用和实际效果。

一、计算机程序的产业流程和保护需求

要研究计算机程序的知识产权保护，就应当回到其程序设计和产业推广的一般流程中，按照其中智慧劳动的投入和成果的产出来分析其保护需求。通常而言，计算机程序的产业流程可以简单分为"需求分析与架构设计""详细设计与代码编写""代码测试与软件发布"三个环节。

（一）需求分析与架构设计

首先，系统分析员向用户初步了解需求，用相关工具软件列出待开发的各功能模块。然后，深入了解和分析需求，根据需求制作功能需求文档，并列出相关界面和界面功能。最后，开发者需要对软件系统进行架构设计，提供系统的基本处理流程、系统的组织结构、模块划分、功能分配、接口设计、运行设计、数据结构设计和错误处理设计等，作为软件详细设计的基础。

此阶段形成的智慧成果是系统架构，已经凝聚和展示了解决实际问题的技术创意及构思。然而众所周知，著作权不保护抽象的思想、思路、观念、理论、构思、创意、工艺、系统、操作方法、技术方案，仅保护以计算机程序、文字等以各种有形方式对思想的具体表达。因此在这个环节中，著作权的保护力度较弱，创新主体更加愿意选择其他手段来保护其技术构思，例如采取保密协议等方式保护商业秘密，或者在架构设计阶段就开始整体专利布局。

除此之外，在明确商业需求，建立系统架构的过程中，通常需要大数据资料作为前期准备和素材基础，因此创新主体往往也希望对于自身收集和处理的数据及数据库声称相应的独占权利。在我国的法律实践过程中，已经有采用著作权或商业秘密请求保护的案例。在欧洲和美国，则已经出现了专门

的数据权益立法和实践。

（二）详细设计与代码编写

在架构设计的基础上，开发者需要进行软件系统的详细设计，描述实现具体模块所涉及的主要算法、数据结构、类的层次结构及调用关系，还需要说明软件系统各个层次中的每一个程序（每个模块或子程序）的设计考虑，以便进行编码和测试。在代码编写阶段，开发者根据设计要求，开始具体的程序编写工作，分别实现各模块的功能，从而实现对目标系统的功能、性能、接口、界面等方面的要求。

这个阶段形成了可执行的软件代码，因此其中的智慧成果既包含编程逻辑，也包含用计算机语言编撰的代码，但是其核心智慧贡献实质上仍然在于编程逻辑，而非撰写出的代码。著作权仅保护其中的代码指令，不能保护其内在的智慧贡献；专利权虽然直接保护程序的核心创意和思路，但是需要经历公开和审查，不利于创新主体获得竞争上的时间和成本优势。因此更多创新主体倾向于在这个环节中继续采取商业秘密的模式进行保护，即通过技术手段和管理手段来隐藏核心的创意成果。与此同时，创新主体也可以开始准备专利申请所需的相关资料，只待在计算机程序上市之前进行申请。

（三）代码测试与软件发布

代码形成之后，需要经历内部和外部的测试，根据出现的新问题进行不断更新迭代。软件发布之后，同样需要不断优化更新。

这个阶段最终形成可供用户直接使用的软件，应该具有友好的人机交互界面，并且可以实现特定的技术目的和功能，往往伴随着一定的数据处理需求，并将生成一定的数据、结论或成果。在这个过程中，需要保护的知识产权更加复杂，可能会包含：著作权（软件代码、页面布局设计和文本、数据成果）、专利权（涉及计算机程序的发明专利、外观设计专利），以数据库为表现形式的数据权益（数据库的编译和数据的采集）。在这个阶段，创新主体不仅希望保护自身的创新成果，使其能够在市场上享有一定的独占性和排他性，更加希望其成果能够保持在数据利用上的优势，实现预期的功能。

除了以上三个产业研发环节之外，计算机程序产业运营的终极目的，是进入竞争市场，实现用户的特定功能和需求，并且为创新主体带来商业回报和利益。因此在计算机程序产业中，还可能涉及数据采集、隐私权保护、商业混淆等多种不同表现形式的不正当竞争或者侵权情形。

由此可见，明确计算机程序创新成果中蕴含的知识产权归属和范围，将是保障这些创新成果真正发挥作用的制度前提，只有依照创造性劳动投入的程度，切实保护创新主体的利益，才能实现依靠智慧劳动建立竞争优势，并促进实现计算机程序产业健康快速发展的长期目标。

二、计算机程序的知识产权保护路径

计算机程序产业研发和商业推广的不同阶段，产生不同的创新成果和知识产权保护需求，因此创新主体有必要综合运用著作权、商业秘密、专利权等保护路径，对计算机程序技术创新的产业成果进行全面的知识产权保护。下文将讨论不同类别的知识产权保护路径的优势和问题，供创新主体综合权衡。

（一）著作权

著作权是知识产权法律制度中保护范围广泛、保护力度充分但有一定限制和例外的一个类别，因为著作权不需要经过审核批准，"独创性的表达"一经作出就获得了相应的权利，但是由于"思想表达二分法"的基本原理，采用著作权保护计算机程序时，通常局限于表现形式本身，即仅能保护以特定形式出现的方案记录、代码表达和数据集合，而无法覆盖到具体的技术构思、创意方案和核心算法。

计算机程序创新的成果往往表现为具备一定功能的计算机软件，然而即使计算机软件进行了著作权登记，具备著作权保护的基础，也仅仅能够保护软件代码的表达，无法保护软件代码所包含的架构、算法、规律和思想。同时，随着计算机程序产业的不断发展，自动编程工具和辅助编程工具的日益成熟，计算机程序创新成果中越来越多地采取了自动抓取和处理数据的流程，软件架构的创造性劳动价值日益凸显，著作权保护的缺点越来越明显。

由此可见，虽然著作权是保护计算机程序创新成果的形式之一，有助于创新主体维护自身的商业价值，但不足以保护其核心创造性劳动的价值。

（二）商业秘密

创新主体从开发计算机程序伊始，其依据需求提出有新意且可行的技术构思，生成具备可行性的系统构架，这一阶段的成果就有被竞争对手窃取和模仿的可能。因此为了保障自身的权益独占，一部分创新主体产生了利用商业秘密来保护自身权益的客观需求。

我国《反不正当竞争法》第 9 条第 4 款规定："本法所称的商业秘密，是指不为公众所知悉、具有商业价值并经权利人采取相应保密措施的技术信息、经营信息等商业信息。"根据 2020 年 9 月 10 日最高人民法院公布的《关于审理侵犯商业秘密民事案件适用法律若干问题的规定》第 1 条，算法、数据、计算机程序及其有关文档等信息均可以构成《反不正当竞争法》第 9 条第 4 款所称的技术信息。如此一来，对于创新主体改进的算法、获取及生成的数据以及计算机程序，都可以使用商业秘密进行有效保护。

但是，商业秘密保护存在天然的缺陷。第一，计算机程序创新成果，最终需要面对非特定用户，即公众，因此即使其中第一、第二环节可以采取相应技术措施保密，也难以实现技术秘密与社会公众的完全隔离，保密难度较大。第二，一旦这些保密措施没有发挥既定的功能，相应技术秘密一经泄露将不可避免地被扩散，此时如果缺乏其他知识产权法律保护，那么权利人将处在非常被动的地位，仅能对于特定相对人索偿，保护风险较大。第三，计算机程序通常需要大量调取和处理数据，然而数据的获取本身就涉及用户隐私的问题，这种数据的公开管理和技术秘密的保密需求之间，存在着天然的冲突和隔阂，难以同时实现。第四，《关于审理侵犯商业秘密民事案件适用法律若干问题的规定》第 14 条明确规定，通过自行开发研制或者反向工程获得被诉侵权信息的行为并不是侵犯商业秘密的行为。也就是说，竞争对手完全可以通过计算机软件的反向工程获得技术信息，而这种行为却不是反不正当竞争法意义上的侵犯商业秘密行为，这与专利保护中的判定方式有着鲜明的区别。第五，认定侵犯商业秘密的前提是被诉侵权信息与商业秘密实质上相同，与专利保护中的全面覆盖原则和等同原则相比，侵犯商业秘密认定中实质相同的标准较高，不利于对算法思想和软件架构进行保护。

除此之外，商业秘密保护在维护创新主体垄断地位的同时，也将社会公众隔绝于相关技术信息之外，站在社会公共利益的角度来看，不利于社会整体的技术交流和进步。相比较于专利制度"以公开换保护"的思路，商业秘密保护难以产生社会创新增量效应，不利于社会和市场整体的竞争和进步。

(三) 专利权

站在创新主体的角度来看，相比于著作权和商业秘密，专利权在计算机程序创新成果的保护上具备一定优势。专利权保护的是计算机程序研发过程中的每个环节的新的技术方案，其对技术创新的保护力度最大，垄断程度最高。

站在公众利益的角度来看，专利制度也能够实现特殊的制度价值和经济效果。计算机程序专利的公开属性为创新主体提供技术改进的启发，发明专利的审查政策和标准也发挥了鼓励发明创造的重要作用，这些均有利于计算机软件技术革新从而带动产业的整体发展。

当然，创新成果可以专利为基础，综合计算机软件实施过程中产生的图形界面、数据集合、创意文本、商业信誉等，形成一个整体具有竞争优势的权利集合。也就是说，创新主体可以在以专利权保护为核心的基础上，综合利用著作权、商业秘密和反不正当竞争的其他条款来补充保护自身的竞争优势，实现更好的保护效果。

（四）其他

除了著作权、商业秘密和专利权这三种较为成熟、明确的知识产权保护方式之外，计算机软件产业的创意活动中，还可能涉及开源软件和数据权益。

1. 开源软件

开源软件是指开放源代码的软件，其向软件的接受者让渡其部分或全部知识产权，以达到任何人均可以查看、修改、复制其源代码的目的。开源软件已经成为计算机软件产业程序代码的重要组成部分。

对于开源软件作者的知识产权各项权益的保护，通常通过制定开源许可协议实现。开源软件发布时所选择的开源许可协议中，规定了作者和开源软件接受者的各项权利和义务。对于著作权而言，开源软件协议的本质是开源软件作者将其复制权、修改权等著作权权益附条件地许可给不特定公众的一种著作权许可使用合同，而开源软件作者则通常仍然保留署名权等著作权人身权益。对于开源软件接受者而言，其只有遵守开源许可协议的规定，才能够获得开源软件作者的著作权许可，一旦接受者违反开源许可协议规定，开源软件作者将有权收回该许可，从而达到确保作者的著作权权益始终处于受保护状态之下的效果。

几乎所有的开源许可协议均对著作权权益的授予有明确规定，但只有部分开源许可协议对于专利权的权益安排进行规定，通常是在授予接受者专利许可的同时，也规定有报复条款，即如果接受者反过来起诉开源软件作者侵权，则收回专利许可。值得注意的是，著作权和专利权对计算机软件的保护力度存在较大不同，专利权可以保护计算机软件的技术构思，其对技术方案实质内涵的保护力度大于对著作权的保护。即使开源软件作者选择的开源许可协议是规定有如果接受者起诉则被收回专利许可等报复内容条款的许可协议，上述条款对于不受开源许可协议约束的第三方也无效，不受开源许可协议约束的第三方有权向开源软件使用者发起专利诉讼，声称某个开源软件未经授权包含该第三方的专利技术方案。在此情况下，为开源软件贡献代码的作者及贡献者们在很多时候并不清楚自己所创作的代码是否使用了第三方受到专利权保护的技术，而由于开源项目的参与者众多、代码数量庞大，开源社区没有精力和资源对代码是否侵犯第三方专利权进行检查，且开源许可协议等相关法律规则文本通常采用免责条款的形式规避此问题可能引发的法律责任。因此，对于已经开发完成的开源软件而言，其是否侵犯了第三方的专利权的问题处于一种极不确定的状态，将令开源软件的作者、接受者承担相关法律责任的风险。

2. 数据权益

计算机程序创新过程中，广泛且深入地运用了各种数据，数据已经成为计算机程序创新过程中相当重要的生产资料。

首先，在计算机程序的研发环节中，尤其在需求分析和机器训练的过程中，大规模利用数据储备作为生产资料；其次，在计算机程序的运行阶段，针对具体用户的需求提供服务实现功能时，往往也需要完成收集数据、处理数据、生成数据的流程。因此，在这一轮计算机程序的技术浪潮中，国内外也产生了大量关于如何保护数据权益，如何界定数据提供、采集、编译、分析主体合法性的讨论。

国内外对于数据权益的保护，主要有三种途径。第一，直接利用著作权保护具有"独创性"内容选择和编排方式的数据库，例如通过创造性劳动采集和编译后呈现的数据表现形式。第二，利用反不正当竞争法保护权益主体付出了劳动且具备特定经济利益的数据，即基于相应数据是权益主体经过复杂的专业技术性劳动制作完成的，因此权益主体对于成果享有一定的民事权利。第三，利用数据权益的专门立法来实行保护。例如欧盟 1996 年提出的《关于数据库法律保护的指令》①，保护了数据库权益主体独占的"特殊权利"。此类专门立法，主要是考虑到当前软件产业对于数据的读取和编译往往采取自动收集公开信息和自动编译的方式，难以直接获得著作权或反不正当竞争的保护。

当然，如果专门立法来保护相应的数据权益，则又面临全新的法律和道德风险，很有可能需要针对性出台新的法规。例如，为了保证数据利用过程

---

① Directive 96/9/EC. 欧盟立法机关在 2020 年公开承诺过对该法令的审查和修改，但是由于种种原因，其全面制度修订被反复推迟。

中不侵害社会公众的利益，界定数据权益和个人隐私的界限，2018 年生效的欧盟《一般数据保护条例》重点关注对于个人数据的保护，强调数据主体权利。再例如，为了防范数据秘而不宣带来的限制竞争与垄断风险，欧盟理事会又在 2023 年正式通过了《关于公平访问和使用数据的统一规则的条例》，特别明确了数据库特别权利不适用于联网产品或关联服务中获取或产生的数据，以解决"数据库特别权利"的垄断性对于数据流动的阻碍。由此可见，确保数据权益的有效保护及数据权益的合法利用，将是一个较为漫长的立法过程，需要进一步积累数据库和数据权益上的实践经验，也需要进一步细化数据保护的法律措施和构架。

由此可见，相较于计算机程序产业快速的技术进展和繁荣的产业规模，现行的法律制度仍然存在一些滞后和空白，值得相关从业者积极实践探索，寻求和完善更有利于鼓励创新的保护路径。

本书将在后续章节中，继续深入讨论计算机程序的专利审查标准和侵权判定规则，重点阐述利用专利制度保护计算机程序核心创新成果的理论和方法。

第三节 国外计算机程序的专利保护

研究各国对于计算机程序的专利保护，对于我国计算机程序专利保护具有重要借鉴意义。

一、美国

（一）审查标准

1. 客体
1）历史沿革

美国在全球计算机技术的发展和创新方面一直处于领先地位，美国法院对于计算机程序能否成为专利法保护的客体给出了大量判例。

美国目前使用的是 1952 年《专利法》，其位于《美国法典》第 35 编。其中，第 101 条对于专利申请能否成为授权的客体进行了规定。美国《专利法》第 101 条规定如下："任何人发明或者发现任何新的和实用的方法、机器、制造品或者组合物，或它们的任何新的和实用的改进，依据本法条的条件和要求，可以获得专利。"

20 世纪 70 年代初至 80 年代初，美国法院对于涉及计算机程序的专利申请基本持拒绝保护的态度。

在 1972 年的本森（Benson）案①中，美国联邦最高法院认为，利用通用计算机将十进制数转换成二进制数的方法不属于专利法保护的客体。本森案是美国联邦最高法院判决的第一个有关计算机程序专利的判例，其中所确定的一些规则不仅影响了当时对计算机程序的专利保护，而且决定了计算机程序专利发展的基本方向。

在 1978 年的弗拉克（Flook）案②中，美国联邦最高法院认为，如果权利要求中除了使用数学算法以外不存在其他发明点，则该权利要求不属于美国《专利法》保护的客体。

之后，通过 1978 年的弗里曼（Freeman）案③、1980 年的瓦尔特（Walter）案④和 1982 年的阿贝尔（Abele）案⑤，美国法院确立了如下判断思路，如果权利要求仅仅表现为数学算法或者是执行数学算法，而没有将数学算法与具体领域相结合，或者仅仅是在权利要求的前序部分记载了数学算法的应用领域，则该权利要求仍然不能认为是可专利的主题。

从 20 世纪 80 年代初至 90 年代中期，美国法院对于计算机程序的可专利性的规定出现了松动。

1981 年的戴尔（Diehr）案⑥涉及一种将合成橡胶在模具中熟化的方法的发明专利申请，美国联邦最高法院认为，将一个物品转换成不同状态或者不同东西使得该权利要求具有可专利性。戴尔案是美国对计算机程序进行专利保护的一个转折点，美国联邦最高法院很重要的结论在于，一项权利要求不会因为其利用了数学公式、计算机程序或者数字计算机就成为不可专利的主题，这实际上是肯定了计算机程序的可专利性。

从 20 世纪 90 年代中期至 2007 年，美国法院对涉及计算机程序的专利基本处于完全放开的态度，只要涉及计算机程序，该专利均属于专利法保护的客体。

1994 年的阿拉帕特（Alappat）案⑦涉及一种在示波器中平滑示波的方法

---

① Gottschalk v. Benson, 409 U. S. 63 (1972).

② Parker v. Flook, 437 U. S. 584 (1978).

③ Freeman v. Decio, 584 F. 2d 186 (7th Cir. 1978).

④ In Re Walters, 11 B. R. 567 (1981).

⑤ In Re Abele, 684 F. 2d 902 (1982).

⑥ Diamond v. Diehr, 450 U. S. 175 (1981).

⑦ In re Alappat, 33 F. 3d 1526 (1994).

的发明专利申请，采用了功能性限定技术特征的方式撰写装置权利要求。美国联邦巡回上诉法院（United States Court of Appeals for the Federal Circuit，简称 CAFC）认为，权利要求整体如果能够产生实用、具体和有形的结果（useful，concrete and tangible result），则该权利要求属于美国《专利法》第101条规定的可专利主题。在计算机软件的专利保护方面，"阿拉帕特"一案是一个具有结论性的判例，自此之后对于计算机程序的专利保护，基本上都是循着"阿拉帕特"一案的思路而进行的。这就是当某一特定的软件与一台一般用途的计算机相结合（软件与硬件相结合），并且由此而发挥一定的功能时，就构成了一台可以受到专利法保护的机器。与此相应，计算机软件也不再是数学方法，而是成了新机器的一个构成部分。[①]

1998年的街道银行（State Street Bank）案[②]涉及商业方法类的计算机程序专利。CAFC认为，权利要求的可专利性仅在于其是否能产生实用、具体和有形的结果，商业方法例外从未被用作不可专利性的理由。在该案后，判断一项发明申请是否属于专利法保护的客体的标准是判断其是否能够产生实用、具体和有形的结果。计算机程序专利申请甚至商业方法类计算机程序专利申请基本上均能满足上述要求从而通过美国《专利法》第101条的客体审查。

1996年的美国电话电报公司（AT&T）案[③]中，CAFC认为，涉案权利要求中包含的数学算法具有实质性作用并且产生了切实的结果，并且该数学算法无须产生物质转换或者对象的状态改变，因此该权利要求具备可专利性。

由于授权的涉及计算机程序的专利过多，大量专利成为阻碍科技创造的障碍，美国法院开始重新审视其计算机程序可专利性的标准，并对计算机程序的可专利性范围进行了收缩。

2007年的考米斯基（Comiskey）案[④]涉及一个解决法律争议的仲裁方法和系统，CAFC认为，涉及抽象思想的方法专利只有在与机械、产品等物质内容相结合或者运行于可专利客体并使其产生物质转换时，才是可专利的。可见，CAFC对实用、具体和有形的结果的应用范围进行了限缩。

2010年的比尔斯基（Bilski）案[⑤]可以认为是商业方法专利案件的一个转折，其也标志着涉及计算机程序的案件的判决标准重回不确定状态。比尔斯

---

① 李明德. 美国知识产权法［M］. 2版. 北京：法律出版社，2014：953-954.

② State Street Bank & Trust Co. v. Signature Financial Group，Inc.，149 F. 3d 1368，47 USPQ2d 1596（Fed. Cir. 1998）.

③ AT&T Corp. v. Excel Communications，Inc，172 F. 3d 1352（Fed. Cir. 1999）.

④ In Re Comiskey，499 F. 3d 1365（Fed. Cir. 2007）.

⑤ Bilski v. Kappos，561 U. S. 593，601-602，95 USPQ2d 1001，1006（2010）.

基案的专利涉及一种为货物供应商和购买者降低矿产能源市场交易风险的方法。美国专利商标局认为该案的专利申请不属于美国《专利法》第101条规定的保护客体。CAFC判决认为，机器或转换（Machine or Transformation）测试是判断方法专利可专利性的唯一标准，根据该测试，方法权利要求只要依赖于特定的机器、设备或者其将特定物品转换成不同状态或不同物体就属于专利法保护的客体，最终CAFC支持了美国专利商标局的结论。美国联邦最高法院虽然认同CAFC的结论但不认同其上述观点。美国联邦最高法院认为，机器或转换测试是一种具有实用价值的线索或调查工具，但该标准并不是唯一判断标准。并且美国联邦最高法院也不认同之前判决中的以实用、具体和有形的结果作为判断可专利性的标准，认为上述要求是所有专利需要具备的条件，而非仅仅是计算机程序专利所要具备的条件。因此，在该案之后，判断计算机程序专利申请是否能够成为可专利客体重新以美国《专利法》第101条为标准，使得美国涉及计算机程序专利申请的可专利性判断重回不确定状态。

2012年的梅奥（Mayo）案①涉及一种用于治疗人体自身免疫疾病的给药量优化方法，美国联邦最高法院引入两步判断法来判断一项权利要求是否属于专利法保护的客体。该方法第一步是考虑权利要求是否属于排除的专利客体，即抽象概念、自然法则或自然现象；第二步是附加的要素不管是单独还是作为有序组合转化了权利要求的性质使其成为司法例外的可专利申请。

2014年的爱丽丝（Alice）案②涉及一种降低结算风险的专利，美国联邦最高法院重申了梅奥案的两步判断法并根据该判断方法确定了该申请不具备可专利性而宣告该专利权无效。美国联邦最高法院认为权利要求中对计算机的使用仅仅是将其作为一种实施手段，并没有提高任何计算机的性能或提高其他的技术水平，仅仅是将计算机用于不可专利的抽象概念，这不能使得该抽象概念具有可专利性。

2）现行标准

美国专利商标局于2017年8月颁布了其对计算机程序专利主题适格的新的审查标准，其中对"Mayo/Alice两步判断法"总结出了三条适格路径。路径A：权利要求作为一个整体落入法定类别的范畴（步骤1：是），无论权利要求是否有可能记载司法排除对象，均被认定适格是不言而喻的，那么可在路径A中使用简要分析认定适格。路径B：权利要求作为一个整体落入法定

---

① Mayo Collaborative Services v. Prometheus Laboratories, Inc., 566 U.S. 66 (2012).

② Alice Corp. v. CLS Bank International, 573 U.S. 208 (2014).

类别的范畴（步骤 1：是），而且不与司法排除对象相关（步骤 2A：否），则在路径 B 中适格。这些权利要求不需要走到步骤 2B。路径 C：权利要求作为一个整体落入法定类别的范畴（步骤 1：是），并且有关司法排除对象（步骤 2A：是），而记载的附加元素或独立地或有序组合地达到明显超过司法排除对象的程度（步骤 2B：是），则在路径 C 中适格。在路径 A（简要分析）中被认定适格，但进一步受制于步骤 2A 和步骤 2B 分析的权利要求，最终可以在路径 B 和路径 C 中被认定适格。因此，如果审查员对于简要分析是否适格没有把握，则被鼓励做充分的适格分析。但是，如果权利要求在路径 A、路径 B、路径 C 中均没有被认定适格，则权利要求专利不适格。[①]

美国专利商标局在 2019 年 1 月 7 日发布了新的《专利适格主题指南》（2019 Revised Patent Subject Matter Eligibility Guidance），并在 2019 年 10 月进行了进一步的修订，其主要是对"Mayo/Alice 两步判断法"的步骤 2A 进行了进一步明确。其中，第一项修改是根据司法判例对抽象思维分组为三类：数学概念、组织人类活动的特定方法和心智过程。第二项修改是将"Mayo/Alice 两步判断法"的步骤 2A 进一步分为分支一和分支二。其中在分支一判断权利要求是否记载了抽象思想、自然法则或者自然现象，如果判断没有记载上述内容则可以通过路径 B 确认专利主题的适格性，如果判断记载了上述内容，则进入分支二。在分支二中，进一步判断权利要求是否记载了附加元素，将司法排除对象整合为实际的应用，如果分支二的判断结论是肯定的，则同样可以通过路径 B 确认专利主题的适格性，如果分支二的判断结论是否定的，则进入步骤 2B。此次修改反映了美国专利商标局对于可专利性审查标准逐渐放宽的倾向。

2. 权利要求书和说明书撰写

1）权利要求书的撰写

对于涉及计算机程序的专利申请，美国《专利法》不仅允许撰写为方法和产品的权利要求，还允许撰写为存储介质类型的权利要求。涉及存储介质类型的权利要求，采用功能性材料的类型限定，功能性材料包括编码于计算机可读介质上具有一定功能的计算机程序和数据结构。但上述存储介质不能是瞬时性的，例如以信号为载体的介质不属于美国《专利法》保护的客体。

在涉及计算机程序的专利申请的权利要求中，如果采用了装置加功能（means plus function）方式撰写了某些技术特征，由于权利要求中仅记载了计

---

① 国家知识产权局国际合作司，国家知识产权局专利局审查业务管理部. 美国专利审查操作指南：可专利性［M］. 北京：知识产权出版社，2021：15.

算机程序执行的特定功能，但没有记载执行该功能的结构、材料或者动作，则该权利要求就适用美国《专利法》第 112 条第 f 款的规定。

根据美国专利审查指南（MPEP）的规定，如果权利要求中出现了机构（mechanism for）、模块（module for）、设备（device for）、单元（unit for）、组件（component for）、元件（element for）、成员（member for）、设备（apparatus for）、机器（machine for）或者系统（system for）等词语，上述词语被认为是装置的替代性术语，因此上述词语通常会被认为属于功能性限定的描述语言，则权利要求会被认为落入美国《专利法》第 112 条第 f 款规定的功能性限定的范围。

对于落入美国《专利法》第 112 条第 f 款规定的权利要求，其在侵权判定中会被认为仅仅覆盖了说明书中的实施例及其等同范围，而并不能认为是权利要求中的功能性限定及其等同范围。

2）说明书的撰写

根据美国《专利法》第 112 条第 a 款的规定，说明书必须描述足够详细，以使得本领域技术人员能够指向该发明是如何运行的。对于计算机程序实现的功能性描述内容，说明书中必须足够详细地进行描述，以保证本领域技术人员可以合理地得出申请人在提交专利申请时已经能够实现其发明目的。

根据美国《专利法》第 112 条第 b 款的规定，对于计算机程序实施的专利申请，对应于权利要求中的功能性限定内容，要求说明书中必须公开执行权利要求中特定功能的算法，申请人可以用数学公式、语言描述、流程图等结构方式来表达该算法。就计算机程序专利申请来说，"充分披露"并不意味着申请人必须披露程序的源代码。

3. 创造性

美国《专利法》第 103 条是非显而易见性的规定，即对本领域技术人员来说，该申请从整体上是非显而易见的。关于计算机程序专利非显而易见性的判断，除了关注与在先的软件相比是否具有实质性区别，还会关注计算机程序要解决的问题，如果其可以解决一个以前未曾发现的问题则可能具有非显而易见性。

（二）专利侵权判定

对于计算机程序的专利侵权，美国《专利法》没有专门的规定，但其侵权判定的法律实践中存在一些需要特别注意的情形。

1. 计算机程序专利侵权中的永久禁令

美国《专利法》第 283 条规定，为了防止专利权被侵犯，拥有管辖权的法院，可以根据衡平法的原则，以其认为合理的条件下达禁令（injunction）。为了与专利侵权纠纷中民事诉讼保全性质的临时限制令（temporary restraining order）和初步禁令（preliminary injunction）相区别，通常将此条款中的禁令称为永久禁令。

永久禁令条款可以对应我国《民法典》对于侵权责任中的侵权人承担停止侵害、排除妨碍、消除危险等侵权责任。但是不同于"停止侵权"作为事后弥补的补偿性特点，"永久禁令"具有明显的预防作用和一定惩罚性特点。

由于专利权在性质上属于排他权，所以在专利侵权的司法实践中，通常会应专利权人请求，在认为被告构成专利侵权时颁发永久禁令。然而，现代专利制度的利用和发展，已经大大不同于以往，甚至超出了当初立法者所能够预见到的范围，例如 eBay 案①就体现了在互联网环境下以计算机程序形式运用的商业方法专利，已经不能简单适用于僵化、普遍适用的"一般规则"。

eBay 案原告 MercExchange 拥有"在线拍卖"商业方法专利。2003 年的一审判决认定被告 eBay 构成专利侵权，责令被告赔偿损失 3500 万美元，但是拒绝颁发永久禁令。② CAFC 则适用一般规则，认为只要在专利保护有效期内，被告专利侵权成立，除非有例外情形，否则应该无可争议地给予永久禁令救济，因此撤销一审判决。③ 此后，美国联邦最高法院撤销了 CAFC 的判决，将案件发回重审，其认为：《专利法》第 283 条赋予法院在专利诉讼中根据衡平法原则进行自由裁量的权力，因此专利侵权诉讼中同样需要遵守"四要素检验标准"。④ 一审法院依据原告有签订专利实施许可合同的意愿且自身没有实施专利的商业行为，就认定不颁发永久禁令也不会带来损失，属于不合理的宽泛解释，剥夺了一部分专利权人寻求永久禁令救济的机会；而 CAFC 将永久禁令一般规则化，也是不正确的。应当在个案中综合判断，慎重裁决，运用"四要素检验标准"，即（1）原告已经遭受了无法挽回的损害；（2）法律规定的救济方式不足以弥补对原告已经造成的损失；（3）在原告因侵权遭受的损失与被告因禁令遭受的损害之间进行权衡；（4）禁令的颁发不会对公共利益造成损害。

更进一步，在专利侵权案件中还要考虑专利权的特点。首先，由于专利保护期限有限，通过专利技术获取市场竞争优势的机会也必然随时间流逝而

---

① 崔国斌. 专利法：原理与案例［M］. 2 版. 北京：北京大学出版社，2016：818-822.

② MercExchange, L. L. C. v. eBay, Inc., 275 F. supp, 2d 695（2003）.

③ MercExchange, L. L. C. v. eBay, Inc., 401 F. 3d 1323（2005）.

④ eBay Inc. v. MercExchange, L. L. C. 126 S. Ct. 1837（2006）.

逐渐下降，因此当判定侵权成立时，要素一"原告已经遭受了无法挽回的损害"毫无疑问成立。其次，专利权是一种排他权，仅以金钱赔偿显然不足以阻止他人违背专利权人的意愿使用其发明，因此要素二"法律规定的救济方式不足以弥补对原告已经造成的损失"通常也认为成立。但是当前许多专利权人并非利用该专利作为生产和销售产品的基础，而是主要用于获取许可费，所以永久禁令的救济实际上成为其谈判索取许可费的潜在筹码。此时法律上的损害赔偿（例如本案中为 3500 万美元）很有可能已经足以赔偿其损失。最后，要素三和要素四的判断，需要结合相应专利的内容、具体侵权行为，以及相关市场竞争情形和产业运营模式来综合考虑。本案前审两级法院，实际上都仅依据前两个要素作出判断，而忽视了后两个要素的权衡。

具体到 eBay 案中，"在线拍卖"专利作为计算机程序专利，尤其是商业方法专利，还要考虑其技术特点和产业特点进行综合判断。首先，从原被告双方损失权衡的角度分析。商业方法的"技术效果"往往需要经过大量投资的前期布局和成熟的市场运营，才能产生实际的经济效益，仅获得授权而未经实际运营时，商业方法专利的实际价值是难以估量的，因此专利权人的损失实际上并不能与侵权人利用商业方法获得的市场利益完全等同。例如本案中 eBay 所建立的市场竞争优势中有涉案商业方法的贡献，但是也有赖于其前期的网站构建、市场推广和运营服务，是其长期商业投入孵化出的成果。因而一旦颁发永久禁令，eBay 的损失可能不仅远超商业方法专利本身的价值，还将蔓延到其长期商业布局和预期利益。其次，从公众利益的角度分析，计算机程序专利具有可复制性高、实施成本低、提前布局难度低的特点，而商业方法专利更是侧重构思和想法，所以更有可能出现迅速扩张、跑马圈地的专门经营专利许可的实体。在这种情况下，如果仍然轻易颁发永久禁令，将有可能助长这种仅靠技术构思而不做任何实际商业运行就垄断技术进步路线的行为，实际上会对专利运营、技术进步乃至于社会公众的利益都带来潜在的威胁。

由此可见，美国联邦最高法院重申应该具体分析、综合裁判永久禁令的适用规则，是专利制度对于当下科技进步和社会环境变化的明确有效回应。实际上，在后续的计算机程序专利侵权案例中，各级法院都充分考虑了相关的技术特点和产业特点，对于禁令的颁发进行了综合判断、慎重裁决。

2. 计算机程序专利的功能性限定及其等同侵权

如前文所述，计算机程序专利的权利要求如果采用装置加功能（means plus function）方式撰写某些技术特征，适用美国《专利法》第 112 条第 f 款的规定，在侵权判定中会被认为仅仅覆盖了说明书中所记载的相应结构、材料或者动作及其等同范围，而非权利要求中的功能性限定及其等同范围。

上述权利要求的解释，鲜明体现了计算机程序专利的技术特点，具有防止计算机程序专利边界无限扩张的作用。即，不能因为计算机技术领域的高度抽象性，就过于宽泛放开对其保护边界的限定，而应该在说明书有所记载和披露的基础上，适用等同原则。

更进一步，上述权利要求的解释，体现出对于计算机程序专利说明书公开充分的要求。例如在 Eon 案[1]中，专利权人起诉智能手机制造商等侵犯其智能手机软件专利权，但是其专利说明书中并未披露任何具体的运算法则或执行结构，仅披露了一个微处理器。CAFC 指出，专利说明书并未充分披露计算机执行功能性限定技术方案的具体结构或算法，故其专利保护范围不明确。

具体而言，除非权利要求中所限定的功能，属于任何通用计算机无需特定程序便可以执行的功能，例如存储、接收等，否则就必须在说明书中充分披露相应的具体结构或执行单元。而且只有在确定了说明书公开了功能性限定所对应的结构这一形式要件之后，才有必要进一步从实质公开内容角度去判断其功能是否能够实现，即只有此时才需要考虑本领域技术人员的认知水平和技术能力，进而准确认定等同范围。更进一步，如果说明书中公开了结构，但是本领域技术人员无法将其结构与相应功能对应起来，也属于功能性限定不明确的情形。

整体来看，等同原则是对于文字解读局限性的补充和完善，但是也要防止其适用范围过大导致阻碍技术进步，因此其具体适用标准和价值取向，与各国的经济技术水平和产业政策息息相关，而计算机程序专利中功能性限定在侵权判定中的特殊情形，是与其行业特点和技术领域相适应的，即通过加强对于说明书披露义务的要求，来平衡专利权人相对于社会公众在技术信息层面的优势地位，以实现专利制度在计算机程序领域促进科技进步的长期目的。正如 Festo 案[2]判决中提到的："强调要促进技术发展和投资的国家经济政策，与强调在现存产品上通过微小改变而促进竞争的经济政策相比，在等同原则上会有不同的方法。收紧或放松等同原则的适用，会改变发明人和复制者之间的平衡。"[3]

---

[1]　Eon Corp. v. AT&T Mobility LLC, 785 F. 3d 616（2015）.

[2]　Festo Corp. v. Shoketsu Kinzoku Kogyo Kabushiki Co., 344 F. 3d 1359, 1370（2003）.

[3]　崔国斌. 专利法：原理与案例［M］. 2 版. 北京：北京大学出版社，2016：818-822.

3. 计算机程序专利的间接侵权

根据美国《专利法》第 271 条规定，专利侵权诉讼的被告包括：专利产品或方法的制造者、使用者、销售者及供售者；间接侵权人；进口专利产品人；由美国境内提供专利产品的实质元件供境外组合或使用者；进口、销售或使用在美国境外由专利方法所制造的产品者。相对于直接侵权而言，间接侵权人没有直接实施侵权行为，但是却以某些行为实施了诱使直接侵权发生或为其提供实质性帮助，例如，提供非通用的商品，即尚未组装的但是可以组装为侵权产品的"部件"。随着计算机程序技术和产业的发展，间接侵权是其专利侵权判定的焦点争议之一。

通常而言，当用户运行计算机软件时实施了计算机程序专利方法或产品，该用户是专利方法或产品的使用者，构成直接侵权，而计算机软件提供者属于间接侵权人。但由于计算机程序的可复制性，"提供计算机软件"与间接侵权中提供产品部件等还不完全相同。例如 Microsoft 案①的判决中，结合计算机程序的技术特点和行业特点，对上述概念作出了更加细致的分析。

原告 AT&T Corp（美国电报电话公司）持有一项"数字语音编码器"的计算机程序专利，当被告 Microsoft Corporation（微软公司）的 Windows 操作系统软件安装到计算机上之后，就能以相同方式进行语音处理，但是未安装操作系统的计算机都不会侵犯相应权利。在实际运营过程中，微软公司向国外的计算机生产商提供 Windows 母盘，国外公司自行大量复制制作 Windows 软件复制件，并将其安装到在国外组装并销售的计算机中。

此案中，微软公司提供的母盘是否可以视为"部件"？其提供母盘的行为是否可以视为提供了引诱侵权的非通用商品？美国联邦最高法院指出，抽象的母盘程序不能理解为"部件"，只有表达成目标代码形式的、经由母盘大量复制获得的、可以下一步直接安装到电脑中的 Windows 软件复制件，才构成美国《专利法》第 271 条第 f 款所称的"部件"。由于微软公司的母盘仅作为复制件的基础而没有被实际安装使用，因此用户实施直接侵权的非通用商品并非由微软公司生产、出口，微软公司不承担间接侵权责任。

此案中的争议，可以看作计算机程序专利的易复制性、易传播性、国际性等特点在降低侵权成本中的极致体现。而间接侵权这一课题，也是计算机程序专利侵权中最复杂、最有讨论价值的课题之一。

---

① Microsoft Corp. v. AT&T Corp. 550 U. S. 437（2007）.

二、欧洲

(一) 审查标准

1. 客体

1) 历史沿革

为了建立一个从申请到授权一体化的专利制度，欧洲共同体各国于 1973 年在德国慕尼黑签订了《欧洲专利公约》(EPC)，该版 EPC 于 1978 年正式生效。其中第 52 条第 1 款规定如下："对于任何易于工业应用，且具有创造性的新发明，应当授予欧洲专利。"该法条被理解为规定了发明创造可被授予专利权的四个基本前提条件：客体适格性、新颖性、创造性、工业实用性；即客体适格性是发明创造被授予欧洲专利权的基本前提条件之一。然而，遗憾的是，EPC 及《欧洲专利局审查指南》(EPGL) 中都并未对"发明"进行定义。虽然欧洲专利局扩大上诉委员会在判例 G 2/07 中曾对德国联邦法院于 1969 年的"Rote Taube"案判决中提出的发明的定义[1]进行引用，但考虑到该定义在 EPC 缔结之时未被官方采纳，故其在后续判例中也较少被引用或成为主流观点。直至目前，欧洲专利局也始终避免为"发明"提出定义[2]。

替代地，EPC 第 52 条第 2 款提供了一份不属于专利保护客体的非穷举列表，其规定"(a) 发现、科学理论和数学方法；(b) 美学创作；(c) 进行智力活动、游戏或商业活动的方案、规则和方法，以及计算机程序；(d) 信息呈现"等各项主题不应被认为是第 1 款所述的"发明"。由于该列表第 (c) 项包含有"计算机程序"，故计算机程序在此后一段时间被欧洲专利局明确地排除在专利法保护之外。整个 20 世纪 70 年代，欧洲各国都坚持认为，版权法才是保护计算机程序的最佳选择和主要方法。

随着技术进步、市场变化和国际协调的需求，欧洲主要国家以及欧洲专利局的态度也发生了微妙的变化。1985 年，欧洲专利局颁布了新的 EPGL，其中规定，虽然单纯的计算机程序仍然不属于专利保护客体，但专利申请如果在其他方面符合授权条件，不应仅因为使用了计算机程序而否定其整体的可专利性；换言之，软件与硬件装置相结合可能获得专利保护。基于上述立场的变化，针对 1986 年的 Vicom 案，欧洲专利局上诉委员会在判例 T 208/84

---

① 根据"Rote Taube"案判决，术语"发明"意味着一种技术启示，其特点是"有方法地利用可控制的自然力量来实现因果的、可感知的结果"。

② 参见欧洲专利局上诉委员会的判例 G 1/19。

中，认为该涉及数字图像处理的方法和设备属于 EPC 允许授权的客体，上诉委员会指出，EPC 第 52 条第 3 款①将被排除的主题仅限于计算机程序"本身"，若权利要求涉及使用计算机程序解决技术问题，则也是被允许授予专利权的。至此，计算机程序才逐渐被纳入欧洲专利保护范围。

2）现行标准

尽管"发明"并没有任何法律上的或普遍接受的定义，但由于 EPC 第 52 条第 2 款的法定排除列表所涵盖的主题的共同特征是实质上缺少技术性，并且仅对技术创造进行专利保护符合欧洲法律的传统，因此，EPC 第 52 条第 1 款对"发明"一词的使用被诸多判例②一致解释为：发明创造需要满足"技术性"（technical character）要求，才能被授予专利权。

基于上述共识，2000 年 11 月的 EPC 修订会议明确将"技术性"确认为"发明"的法定要求，并将"技术"一词引入新修订版 EPC 第 52 条第 1 款中③，明确限定专利保护是留给技术领域中的创造的。随后，结合相关判例，欧洲专利局在新修订的 EPGL 中规定了专利申请满足"技术性"的几种沿用至今的判定条件：

（1）如果计算机程序运行于计算机上时产生"进一步的技术效果"，则申请满足技术性要求④。这种"进一步的技术效果"需要超出在其上执行程序时计算机内的正常物理交互（例如计算机上运行程序时始终会存在电流）的技术效果，通常是"对现实世界中物理实体的技术效果"（例如改变了物理实体）或者需要"与物理现实直接联系的技术效果"（例如对物理现实的测量或工业过程控制），但也可能是计算机系统或网络内部的其他技术效果（例如计算机系统的处理效率或安全性、计算机资源管理所需的、处理速度等）。该判定条件兴起于 1998 年，而在此之前流行的是"贡献论"⑤。根据"贡献论"，如果一项发明对并未被 EPC 第 52 条第 2 款排除的主题的现有技术提供了技术贡献，则该发明具有技术性；即其为了评估客体适格性要求，设立了一个标准，而是否符合该标准依赖于该法条中提及的进一步要求的满

---

① 1973 版 EPC 第 52 条第 3 款：只有在欧洲专利申请或者欧洲专利涉及第 2 款规定的客体或行为本身的情况下，第 2 款才应当排除该款所指客体或行为的可专利性。

② 参见判例 T 22/85、T 931/95、T 1173/97、T 1543/06、T 935/97、T 154/04、G 2/07。

③ 2000 版 EPC 第 52 条第 1 款：对于所有技术领域中的任何发明，只要是新的，具有创造性，并且易于工业应用，则应当授予欧洲专利；相较于 1973 版 EPC，多了"技术"二字。

④ 参见判例 T 1173/97、T 935/97、G 3/08。

⑤ 参见判例 T 121/85、T 38/86、T 95/86、T 603/89、T 71/91、T 236/91、T 833/91、T 77/92、T 769/92。

足，尤其是新颖性和/或创造性要求。而后续众多判例①则普遍认为：根据
EPC 第 52 条第 1 款的框架，核实所要求保护的发明的客体适格性，在原则上
是对新颖性、创造性和工业实用性进行审查的先决条件，因为这些新颖性、
创造性和工业实用性的要求仅限于"发明"，因此应当在无需任何现有技术知
识（包括公知常识）的情况下确定专利是否符合客体适格性；确定发明相对
于现有技术取得的技术贡献更适合于审查新颖性和创造性，而不适于用作客
体适格性的判定条件。因此，"贡献论"逐渐被放弃，而"进一步的技术效
果"的判断方法则被沿用至今②。

（2）如果实施该发明的方案需要技术上的考虑，则发明满足技术性
要求③。

（3）如果定义或使用了"技术手段"（technical means），则申请满足技
术性要求④。此处的"技术手段"的含义接近于"技术特征"（technical fea-
ture）。EPGL 举例表明，包含计算机、网络或携带程序的可读介质等特征的专
利申请均被认为使用技术手段而属于保护客体。因此，从 2000 年起，装置权
利要求（例如存储介质）均被认为具有"技术性"而属于保护客体⑤。

EPGL 规定，如果专利申请满足上述任何一种判定条件，则其属于保护客
体。需要指出的是，其中"进一步的技术效果"和"技术考虑"的判定条件
更像是"技术性"判断的充分而非必要的条件。现有审查实践中，更多的是
根据是否定义或使用了"技术手段"这一判定条件进行判断的。而由于绝大
多数程序均需依赖计算机、网络、存储介质等硬件来实施，故客体适格性不
再是计算机程序专利获得授权的普遍障碍。

2. 创造性

根据 2022 年 3 月 1 日正式生效的 EPGL，"双重障碍法"⑥（two-hurdle
approach）是适用于判断计算机程序发明可专利性的方法，根据该方法，计算
机程序发明是否可被欧洲专利局授予专利权主要需要进行客体适格性和创造
性的双重测试。前一节内容介绍了第一重客体判断，本节则继续介绍第二重
创造性判断。

---

① 参见判例 T 258/03、T 154/04、T 1173/97、T 931/95、T 553/02、T 1001/99。
② 欧洲专利局上诉委员会. 欧洲专利局上诉委员会判例法［M］. 8 版. 中国专利代理（香
港）有限公司，组织翻译. 北京：知识产权出版社，2020.
③ 参见判例 T 769/92、T 931/95。
④ 参见判例 T 258/03、T 424/03、T 1658/06、T 313/10、G 3/08。
⑤ 参见判例 T 931/95、T 258/03、G 3/08。
⑥ 参见判例 G 1/19。

计算机程序发明的权利要求中通常会混合有技术特征和算法及商业规则等非技术特征，非技术特征甚至可能形成要求保护的主题的主要部分。为了使经典的"问题解决法"（problem-solution approach）适用于这种类型的权利要求，在 2002 年的判例 T 641/00 中，欧洲专利局上诉委员会提出了一种新的判断方法——"COMVIK 方法"[①]，该方法在"双重障碍法"的两个步骤之间增加了一个"中间步骤"，即，在完成客体判断之后，进一步确定每一个特征是否对发明的"技术性"产生了贡献，从而仅针对对技术性产生贡献的特征展开后续的创造性判断[②]。作为"问题解决法"适用混合特征型权利要求的成功改良，"COMVIK 方法"被包括 G 3/08、G 1/19 等判例的委员会高度肯定，在后续的判例中被广泛沿用至今，并被收录进 2022 年 3 月生效的 EPGL 中。根据规定[③]，"COMVIK 方法"的判断步骤包括：

（i）根据在发明范围内实现的技术效果确定对发明"技术性"具有贡献的特征；

其中，在确定这类特征时，需要基于整个发明的语境所取得的技术效果来考虑，有些特征单独来看为非技术特征，但是在整个发明的语境中对解决技术问题所产生的技术效果具有贡献，那么该非技术特征也应该被认为是对发明的"技术性"作出贡献的特征。

据此，"COMVIK 方法"根据对技术问题的技术解决方案作出贡献的有无而将权利要求的特征分为四类：（A）有贡献的技术特征，（B）无贡献的技术特征，（C）有贡献的非技术特征和（D）无贡献的非技术特征，在评述创造性时仅考虑（A）和（C）类特征[④]。

（ii）选择现有技术中的合适起点作为最接近的现有技术，重点关注步骤（i）中确定的对发明的"技术性"有贡献的特征；

（iii）识别出与最接近的现有技术的区别特征；在整个权利要求的语境中，确定这些区别特征的技术效果，以从这些区别特征中识别作出技术贡献的特征和未作出技术贡献的特征；

a）如果没有区别特征（甚至没有非技术区别特征），则根据 EPC 第 54 条（新颖性）提出反对意见；

b）如果区别特征没有作出任何技术贡献，则根据 EPC 第 56 条（创

---

①　源于该判例的申请人名称。

②　参见判例 G 1/19。

③　参见 2022 版 EPGL 第 G 部分第 VII 章第 5.4 节。

④　参见判例 G 1/19。

造性）提出反对意见，反对的理由是，如果对现有技术未作出技术贡献，则权利要求的主题不具有创造性；

　　c）如果区别特征包括作出技术贡献的特征，则适用下述步骤：

　　·在这些特征所达到的技术效果的基础上确定客观技术问题。此外，如果区别特征包括未作出技术贡献的特征，那么这些特征，或者本发明实现的任何非技术效果，都将作为提供给本领域技术人员的一部分（特别是作为必须满足的约束），而用于确定客观技术问题；

　　·如果要求保护的客观技术问题的技术解决方案对于本领域技术人员来说是显而易见的，则根据第 56 条（创造性）提出反对意见。

EPGL 同时指出，虽然"COMVIK 方法"要求在第（i）步中就要完成关于权利要求中的每个特征是否对于发明的"技术性"作出贡献的判断，然而，由于该任务的复杂程度，审查员通常仅会在第（i）步中进行粗略判断，而详细的分析判断会在第（iii）步中完成，由于此时主要针对的是区别特征，工作量会小一些。但无论是在第（i）步还是第（iii）步进行判断，都需避免错过任何可能对要求保护的主题的"技术性"作出贡献的特征。

　　3. 权利要求书和说明书的撰写

　　1）权利要求书的撰写

　　EPC 第 84 条规定："权利要求书应以说明书为基础，清楚、简明地确定请求保护的范围。"

　　为了使权利要求书整体上简要，EPC 细则第 43 条进一步规定，除了七种特殊情形外，权利要求书中每种类型（产品、方法、装置或用途）的权利要求只能有一项独立权利要求。EPGL 在第 F 部分第 IV 章第 3.2 节中明确，计算机实施的发明的权利要求撰写方式属于其中的例外情形之一，并在第 F 部分第 IV 章第 3.9.1 节给出了可以接受的权利要求撰写方式的（非穷举）组合示例：

　　（1）方法权利要求（权利要求 1）

　　一种计算机实施的方法，包括步骤 A，B，……

　　一种由计算机执行的方法，包括步骤 A，B，……

　　（2）装置/设备/系统权利要求（权利要求 2）

　　一种数据处理装置/设备/系统，包括用于执行权利要求 1 的方法［步骤］的装置。

　　一种数据处理装置/设备/系统，包括用于执行步骤 A 的装置，执行步骤

B 的装置，……

一种数据处理装置/设备/系统，包括适于/配置成执行权利要求 1 的方法 ［步骤］的处理器。

（3）计算机程序［产品］权利要求（权利要求 3）

一种计算机程序［产品］，包含指令，当该程序由计算机执行时，该指令使计算机执行权利要求 1 的方法［步骤］。

一种计算机程序［产品］，包含指令，当该程序由计算机执行时，该指令使计算机执行步骤 A，B，……

（4）计算机可读［存储］介质/数据载体权利要求（权利要求 4）

一种计算机可读［存储］介质，包含指令，当由计算机执行时，该指令使计算机执行权利要求 1 的方法［步骤］。

一种计算机可读［存储］介质，包含指令，当由计算机执行时，该指令使计算机执行步骤 A，B，……

一种计算机可读数据载体，存储有权利要求 3 的计算机程序［产品］。

一种数据载体信号，载有权利要求 3 的计算机程序［产品］。

另外，"一种存储数据结构的介质……"以及"一种载有数据结构的电磁载波……"也是可接受的权利要求撰写方式。这些计算机数据结构的可专利性将根据 EPGL 第 G 部分第 II 章第 3.6.3 节进行审查。

2）说明书的撰写

EPC 第 83 条规定："欧洲专利申请应当以充分清楚和完整的方式公开发明以使所属技术领域的技术人员能够实现该发明。"

总体来说，计算机程序的专利申请，关于公开充分性的要求与其他技术领域类似。然而，在人工智能等细分领域，则有些细节需要更多地关注，该部分内容将在后续章节中进行讨论。

此外，欧洲专利局在 EPGL 第 F 部分第 III 章第 1 节中对充分公开的一般性要求中规定："为完全满足 EPC 第 83 条和实施细则第 27 条（说明书的内容）的要求，发明不仅应当公开结构，也应当公开功能，除非各个部分的功能是直接的明显的。即，必须向技术人员提供关于发明的结构和功能的足够信息。在计算机领域，对功能的清楚描述比对结构进行超级细致的描述更加合适。"

也就是说，对于计算机程序发明专利，申请文件（尤其是说明书）应该着重对功能层进行细致描述，使得本领域技术人员能够实现该程序涉及的方法，从而满足对于充分公开的撰写要求。

（二）专利侵权判定

根据 EPC 第 64 条规定，欧洲专利申请经欧洲专利局授权公告之日起，即可在各缔约国内享有同等专利权。后续的侵权相关事宜则由各缔约国根据国内法处理。由于欧洲专利局缔约国数量众多，欧洲专利诉讼需要在每个国家单独申请，而各国对于侵权事务的处理流程及标准不尽相同，这使得欧洲专利的诉讼变得复杂而又昂贵。

为了帮助公众更方便地进行欧洲专利的维护，欧洲统一专利法院（Unified Patent Court，简称 UPC）应运而生。UPC 是个单一的法院，对现有的欧洲专利和新兴的欧洲单一专利（Unitary Patent）具有管辖权，可以就专利侵权及有效性等争议作出判决。UPC 已于 2023 年 6 月 1 日开始正式运行。目前，25 个欧盟成员国中的 17 个国家批准了建立 UPC 的国际协议，即 UPC 所作出的判决将在这 17 个成员国内均产生效力。

截至 2023 年 12 月，UPC 接受的诉讼累计达 160 件，其中 67 件为侵权诉讼①，虽然与上一年在德国杜塞尔多夫、慕尼黑和曼海姆三家最繁忙的德国地区法院提交的 373 件诉讼相比，上述侵权诉讼的数量还略逊一筹，但已经远远超过了英国和其他主要欧洲国家法院收到的诉讼数量，可以说 UPC 已经强烈吸引了在欧洲寻求权利保护的专利权人。值得一提的是，UPC 所接受的全部 67 件侵权诉讼中，有 48 件发生在 4 个德国分部②。

可见，无论是在传统的各国并行专利诉讼，还是新兴的 UPC 统一管辖中，德国法院（或 UPC 的德国分部）对在欧洲寻求权利保护的专利权人都是极具吸引力的。因而了解德国专利的侵权制度的必要性是不言而喻的。本节尝试结合三个典型案例来阐释德国法院关于计算机程序专利侵权判定的特殊适用规则。

1. 计算机程序专利的多主体实施侵权

受到经济全球化和互联网技术的影响，信息技术的创新通常是借助计算机网络实现的，相关计算机程序被分别安装在服务器和用户终端，由多个主体分别执行不同的步骤以实施完整的方法。或是由于采用特定撰写方式能更好地表达出发明的实质技术内容，或是由于专利撰写的局限和失误，从多主体视角来描述权利要求中的各方法步骤的计算机程序专利在实践中大量存在。

---

① https://www. unified - patent - court. org/sites/default/files/upc_documents/Case% 20load% 20of% 20the%20Court%20during%202023_news_21%20Dec. pdf，2023 年 12 月 31 日最后一次访问。

② Alice Corp. v. CLS Bank International，573 U. S. 208 (2014).

对于此类专利，由于各步骤不同的执行主体可能对应到不同的实施人（法律主体），因此在确定侵权责任时，很可能由于单个实施主体所实施的行为不能全面覆盖权利要求中所有技术特征而出现维权困难的局面。

为了应对此种情形，间接侵权制度相继被各国引入专利法。相较于美国和日本分别早在 1952 年和 1959 年就修订专利法增加了间接侵权条款，德国在 1981 年之前并未在专利法中对间接侵权进行规定，而是把间接侵权看作一种特殊的共同侵权形式，主要由《德国民法典》第 830 条①来进行规制。由于加入《共同体专利公约》，德国在 1981 年修订《德国专利法》时以该公约第 26 条为模板，引入了第 10 条"专利间接侵权"（Die mittelbare Patentverletzung）的规定②，其中第 1 款规定帮助侵权，即"任何人未经专利权人同意，不得向没有权利实施专利的人提供或许诺提供与发明的基本要素相关的物品"；第 2 款规定教唆侵权，即"用于专利发明实施的虽属于普通商品，但因第三人诱导而致使被提供者实施侵权行为发生"③。经过三十多年的实践，德国法院通过大量判例阐释了间接侵权的规则。下文将通过德国联邦最高法院的"音频信号编码"判例，对间接侵权规则在计算机程序专利的多主体实施侵权情形中的适用进行介绍。

该案争议专利④涉及音频信号编码领域，该专利技术提出了一种使用比例因子来对音频信号进行数据化从而减少所需数据量的方法。权利要求的方法具有步骤 a~h，其中步骤 a~c 限定了编码过程，步骤 d~h 限定了解码过程。被诉产品包括移动电视及其外围设备：USB 记忆棒、移动电视盒和插入卡，这种电视的音频信号根据 MPEG-2 标准编码，该编码方法被涉案专利的编码技术特征所覆盖。被诉移动电视包含解码器，当标准音频信号被传输到解码器时，涉案专利的步骤 d~h 的全部解码技术特征均得以实现。在其他外围设备中，音频信号仅被解调，而随后的解码过程是由通过 USB 接口连接的计算机进行软件控制而实现的。

原告认为所有被诉产品的提供和交付均构成对专利的间接侵权，其中外围设备的解调对解码过程作出了重大贡献，因为如果没有事先解调，解码过程是不可能发生的，因此外围设备属于"与基本要素相关的物品"，从而构成

---

① 《德国民法典》第 830 条第 1 款规定："数人因共同实施侵权行为造成损害的，个人对损害均负责任。不能查明数关系人中谁的行为造成损害的，亦同。"第 830 条第 2 款规定："教唆人和助手视为共同行为人。"

② 卜元石. 德国专利间接侵权制度与判决解析 [J]. 知识产权，2018（10）：88-96.

③ 吴汉东. 专利间接侵权的国际立法动向与中国制度选择 [J]. 现代法学，2020（2）：30-45.

④ EP568532B1.

间接侵权。被告一方面认为，被诉的移动电视仅执行解码步骤，并不涉及编码步骤，未覆盖权利要求的全部特征，不构成侵权；另一方面认为，被诉的外围设备执行的解调步骤，既不属于权利要求的编码步骤，也不属于解码步骤，故不属于"与基本要素相关的物品"。

曼海姆地区法院 2012 年 3 月一审判定不侵权（案件编号：7 O 43/10），卡尔斯鲁厄地区高等法院在 2013 年 5 月的二审判决中（案件编号：6 U 34/12）则推翻了一审结论，认为一审被告侵权成立。德国联邦最高法院在 2015 年的终审判决中（案件编号：X ZR 69/13），判定被诉移动电视侵权，外围设备则不侵权。

德国联邦最高法院指出，对于多步骤的方法专利，专利侵权不仅可以由执行所有程序步骤的单独行为人实施，还可以由多方共同实施（例如本案中实施编码步骤的主体可以为电台，而实施解码步骤的主体可以为使用被诉产品的用户）。在此情况下，当多个侵权主体在没有自觉合作的情况下通过独立的个体行为共同造成损害时，也构成共同侵权，即共同侵权的主体之间并非需要共谋，例如煽动、协助或教唆之类的行为。并且，每个侵权主体基本上都有义务充分赔偿他所造成的损害，无论其他侵权主体对侵权的责任贡献如何以及是否需要承担侵权责任。

德国联邦最高法院还指出，对于方法专利，用于执行其方法步骤的设备通常被认为属于"与基本要素相关的物品"，而执行其方法步骤之前的程序步骤的设备则不属于"与基本要素相关的物品"。本案中，被诉移动电视由于直接执行专利的解码步骤，属于涉案发明的"与基本要素相关的物品"，故构成侵权。而被诉外围设备仅执行解调步骤，并不执行解码步骤，虽然解调步骤对于解码步骤是必要的程序，但其只是专利权利要求中限定的解码步骤之前的程序步骤，其对于专利方法的执行起到的是附属性作用，其不能被视为间接侵权的"与基本要素相关的物品"，故不构成间接侵权。

通过该案可以看出，德国联邦最高法院对于计算机程序专利的多主体实施侵权，认为每个主体可以被单独追究侵权责任，而不管其他主体是否侵权或是否被追究侵权责任，即间接侵权的成立并不以直接侵权行为的发生为前提。而对于间接侵权的客观要件之一①，德国联邦最高法院认定的"与基本要素相关的物品"的适用范围则相对谨慎，避免将此概念过度延展而造成专利权的无序扩张。

---

① 根据"卜元石. 德国专利间接侵权制度与判决解析 [J]. 知识产权，2018（10）"，德国专利的间接侵权包括多个主观要件和客观要件，"与基本要素相关的物品"为其中一个客观要件。

2. 计算机程序专利的跨境实施侵权

如前文所述，借助计算机网络实现的计算机程序通常被分别安装在服务器和用户终端，多主体分别执行其中的步骤以实施完整的专利方法。由于服务器可以位于任何期望的地方，则服务器、终端等多个部件可能会被安装在不同的国家，即专利方法的实施步骤可能会在多个国家之间跨境实施。

众所周知，专利权具有地域性，其仅在授权国家的范围内才具有法律效力，一旦出了国境就无效。同样地，《德国专利法》关于间接侵权的规定隐含了地域性原则①，需要满足物品的提供或许诺提供必须在德国境内进行，并且该物品的后续使用也必须发生在德国，即所谓的"双重国内关联"（doppelter Inlandsbezug）原则②。但如果严格坚持专利权效力的地域性原则，则很有可能发明人在计算机程序专利申请获得授权后，依然因为专利被跨境实施而无法从德国联邦最高法院获得侵权救济。

为了填补这一法律漏洞，德国联邦最高法院在处理此类案件时有意通过法律解释的方式，将这些跨国实施的行为纳入本国专利权的控制范围。下面借助杜塞尔多夫地区高等法院的"预付费电话卡"判例对相应规则进行介绍。

该案争议专利③涉及一种处理预付费电话的方法，特别涉及一台服务器，该服务器可以通过印在预付费电话卡上的代码访问而免费拨打电话，从而替代不方便的投币式公用电话。权利要求限定了多个程序步骤，包括服务器端的操作以及预付费电话卡的销售。原告将服务器运营商以及电话卡销售商均列为被告，认为其共同实施了专利的全部方法步骤，构成直接侵权或间接侵权。被告的主要论点是他们的服务器位于美国，在德国境外，除了出售电话卡，大多数方法步骤都是在美国执行的，因此基于地域性原则排除了对德国专利的侵犯。

杜塞尔多夫地区法院 2008 年 5 月一审判定侵权成立（案件编号：4a O 431/06）。一审被告提出上诉，杜塞尔多夫地区高等法院在 2009 年 12 月的二审判决中（案件编号：I-2 U 51/08）维持一审结论，即一审被告侵权成立。

杜塞尔多夫地区高等法院指出，地域性原则将专利权效力限制在国家领土内，一项行为必须与德国有足够的关系才影响到德国专利，因此完全在国外实施专利的行为并不侵犯德国专利，但是，对于跨境实施专利的行为则需

---

① 张韬略. 跨境实施专利的侵权认定：以德国法为视角 [J]. 知识产权，2020 (12)：80-90.

② Heinz Goddar. Cross-Border Contributory Patent Infringement In Germany [J]. 7 Wash J. L. Tech. & Arts, 2011, 7 (2)：135-148.

③ EP0572991B1.

区别对待。二审判决将此种行为区分为两类：第一类，侵权行为始于德国境外但在德国境内结束；第二类，侵权行为始于德国境内但在德国境外结束。判决指出，在这两种情况下，如果行为人成功利用境外行为侵犯了国内专利，则境外行为都必须视为境内行为，但前提是实施境外行为者故意对德国境内市场造成直接影响。判决还对这两类情形举例作了说明，其中第一类情形的例子涉及制造方法专利，该情形由于制造商利用了该工作的最后成果，因此必须对国外的行为承担责任。本案则属于第二类情形，只要被告先在德国完成电话卡的出售就足够了，因为后续的方法步骤都在德国产生了效果，例如服务器生成的所有指令如信用检查、启用和切断电话连接等，只要是在德国实现专利方法所必需的，均会被转移到德国。此外，该专利方法的所有优点均在德国而非其他国家得以体现，例如公用电话不再需要硬币容器而不必担心被人破坏从而取走其中的硬币。

由于德国联邦最高法院先前已在2007年2月的"管道焊接方法"案的判决（案件编号：X 113/04）中，认定在国外开始并在德国结束的行为侵犯了德国专利权，本案则进一步明确另一种情形，即在德国开始并在国外结束的行为也构成对德国专利权的侵犯。自此，跨境实施专利的行为只要故意对德国境内市场造成直接影响的，都将被视为侵犯德国专利权，因而如果企业想通过将方法步骤拆分在不同国家进行实施，特别是将某些步骤转移到境外，从而规避对德国计算机程序专利权的侵犯，将会越来越困难。

3. 计算机程序专利的再编程实施侵权

对于计算机程序专利，企业除了可能尝试上述通过多主体实施和/或跨境实施等方式来规避侵权外，还存在另外一种情形，即制造商在提供执行专利方法的装置时，故意将其中的某个或某些步骤进行省略，而由购买的用户自行编程将省略的步骤补齐，最终覆盖专利的全部特征。对于此种行为是否属于侵权，杜塞尔多夫地区高等法院通过2020年的"中继器"判例给出了答案。

该案争议专利[①]涉及一种在列车中使用的中继器，该专利技术可确保乘客在乘坐高速列车期间通过中继器持续接收网络通信信号。权利要求的中继器包括用于传输不同频段通信信号的多频段中继器，每个频段根据相应的开关信号在被动和有源工作状态之间单独切换，从而可以在保障传输通信信号的同时尽可能地减少电磁辐射。被诉的产品组合包括RUD19型中继器（被诉实

---

① EP2180605B1.

施例 1）和 RUD19-5、RUD19-5-25/25 型中继器（被诉实施例 2，其中 RUD19-5-25/25 型为 RUD19-5 型的变形），被诉产品均是将各频段作为一个整体进行被动和有源工作状态的切换。原告认为，作为系列产品，用户可以按照 RUD19 的说明书中的软件 UCweb 对 RUD19-5 进行配置，此时可以实现将各频段单独切换，因此制造商构成间接侵权。被告则辩称，RUD19 和 RUD19-5 只是名称相似，但实际上硬件架构迥异，而且 RUD19-5 的随附说明书指示使用 COSweb 软件，虽然 UCweb 软件也可以用来对 RUD19-5 进行配置，但只能由其员工来执行配置而非用户，并且只能使用 1.97.2 之后的版本，而非原告所列举的 1.7.5 版本，该版本的配置不能实现中继器的各频段单独切换，即并未实现权利要求的技术特征，故不存在侵权行为。

杜塞尔多夫地区法院 2019 年 2 月一审判定侵权成立（案件编号：4c O 76/17）。然而，杜塞尔多夫地区高等法院在 2020 年 4 月的二审判决中（案件编号：I-2 U 15/19）则推翻了一审结论，认为一审被告并未侵权，并且不允许上诉。一审原告提出上诉，但德国联邦最高法院于 2021 年 11 月驳回了该上诉（案件编号：X ZR 48/20）。因此，二审判决成为终审判决，即侵权不成立。

杜塞尔多夫地区高等法院指出，如果产品原本不具备权利要求的所有特征，但被告指示第三方添加缺失功能或蓄意利用第三方意愿使其这样做的，则构成侵权。法院进一步指出，如果随被诉侵权产品一起提供的软件在交付状态下进行的预配置未实现权利要求的全部特征，则只有在假设购买者通过随附的软件对被诉侵权产品进行编程，导致专利权利要求的所有特征都被实现的情况下，才能满足直接侵权的前提条件。如果被告指示了这种编程，例如在手册中，或者至少有意地利用了这种编程，那么将这种侵权行为归咎于被告是合理的。本案原告提供的证据未能足以证明上述情形的发生，故侵权不成立。

虽然法院在判决中给出了侵权不成立的结论，但其同时也对这种再编程实施专利方法的行为进行了定性，即如果制造商给出购买者足够启示让其补充完成剩余部分的话，那么是可以追究制造商的侵权责任的。因此，企业如果试图以这种方式来规避对德国计算机程序专利权的侵犯，那么其愿望将难以实现。

三、日本

（一）审查标准

《日本发明·实用新型审查指南：特定技术领域适用实例》① 的第 1 章中，

---

① 本节以下引用书籍均同此注，不再标明书籍，仅标注章节。

对于计算机程序专利的审查规则作出了详细的归纳和举例，以下主要参考该审查指南，梳理日本专利制度中对于计算机程序的审查标准。

1. 客体①

1) 历史沿革

1976 年，日本特许厅修订了关于计算机程序发明的审查基准，认为虽然单纯的计算机软件不能获得专利，但是当软件与硬件结合为一个整体，作为硬件的工具控制处理数据，并且对硬件实施相应的反馈控制，就可以认为该发明申请作为整体利用了自然法则。

1982 年，日本特许厅又进一步放宽了限制，明确了由软件对信息进行控制和处理，"配备实现多种功能的硬件的计算机程序相关发明"可以被认定为"装置发明"。也就是说，只要与硬件结合并从整体上起到工业运行的技术贡献，那么计算机程序就可以请求专利保护，而不必"反馈控制于硬件"。

1993 年，在整合前述审查标准的基础上，日本通过了新的专利审查标准：对于计算机程序相关的发明专利申请，单纯算法本身不受专利法保护，但被一项发明应用，且该发明是硬件与软件的结合时，可以获得专利保护。程序语言、程序本身以及程序显示不可能获得专利，权利要求记载了程序的可读媒体或权利要求是"程序"或"软件"的，也不受专利法保护。②

在以上专利实践的基础上，并且受技术进步、国际趋势和产业需求影响，日本特许厅于 1997 年新修订的审查指南中，承认了计算机软件的可专利性，但是其对软件和硬件的结合作出了非常严格的要求：软件必须和硬件结合后从整体上对数据进行处理，并且在这个过程中对硬件产生相应的反馈控制才可以被授予专利；而计算机程序本身是不可专利的，因为它仅仅是一串符号而没有控制某一工业过程的操作，处理数据的程序只是一种数据、记号的集合来反映或揭示某种社会或自然现象的方式，而没有与机器设备相联系。可见这个时期，日本特许厅比较重视计算机程序的"工业运用"，以及计算机与传统工艺结合后所产生的整体技术效果。

在 2000 年再次修订审查指南时，日本特许厅进一步明确：通过计算机完成多种功能的"计算机程序"本身可以被定义为"产品发明"；由软件处理的信息是通过硬件手段来具体实现，则上述软件可以定义为专利法中所述的"法定发明"。接下来，日本国会于 2002 年 4 月通过了一份专利法修改

---

① 参见第 1 章第 2.1 节，第 8-20 页。

② 张平，卢海鹰. 从拒绝保护到大门洞开纵论计算机软件的可专利性［J］. 中外法学，2001，13（2）：222-237.

法案，在《日本专利法》第 2 条第 3 款中，明确规定"产品发明"包括"程序等"①。

由此可见，《日本专利法》并没有简单否定计算机程序的可专利性，而是根据"自然法则"的客观要求，结合计算机程序在工业产业中的发展，对计算机程序专利是否适格的审查标准在逐步放宽。

2）现行标准

《日本专利法》② 第 2 条第 1 款规定"发明"是"利用自然法则作出的具有一定高度的技术思想创作"，第 29 条第 1 款规定"任何人作出的产业上可应用的发明可获得专利权"。《日本发明·实用新型审查指南：特定技术领域适用实例》规定：对于软件关联发明中的软件，若"使用硬件资源具体实现软件的信息处理"，则该软件是"利用自然法则进行的技术思想创作"。③ 整体而言，日本特许厅并没有将计算机程序排除在专利保护的范围之外。

对于计算机程序专利申请的"发明适格性"，具体判断步骤如下：

首先，根据《日本发明·实用新型审查指南》"发明适格性及产业"章节，如果是具体进行对设备等（例如：电饭煲、洗衣机、化学反应装置）的控制或伴随控制的处理，或者具体进行基于对象的物理性质、化学性质、生物学性质等的技术性质（例如：引擎转数、压延温度、物质之间的物理或化学结合关系）的信息处理，属于就整体而言利用了自然法则，被认为是"利用自然法则进行的技术思想创作"，因此属于发明。

而不属于发明的典型例子有：没有利用自然法则的，例如利用自然法则之外的法则（经济法则）、人为规定（游戏规则）、数学公式、人类的精神活动，以及仅利用上述四项；以及不是技术思想的，即仅为信息的出示的。

要特别注意，若判断为发明特定事项中部分利用了自然法则，但权利要求所要求保护的发明就整体而言并没有利用自然法则，则权利要求所要求保护的发明没有利用自然法则。反之，若判断为发明特定事项中部分没有利用自然法则，但权利要求所要求保护的发明就整体而言利用了自然法则，则权利要求所要求保护的发明利用了自然法则。在何种情况下是否整体利用了自

① 参见《日本专利法》第 2 条第 3 款："本法所称的'发明'之实施是指下述行为：（i）就产品（包括计算机程序等，下同）的发明而言……"

② 以下统一称为：日本特许厅、《日本专利法》（即日本特许法）、《日本发明·实用新型审查指南》（即日本审查指南）、《日本发明·实用新型审查指南：特定技术领域适用实例》（即日本审查指南附录 B）。

③ 国家知识产权局专利局审查业务管理部. 日本发明·实用新型审查指南：特定技术领域适用实例［M］. 北京：知识产权出版社，2020：1-14.

然法则，需要考虑技术特性来进行判断。

其次，如果不能判断发明是否属于"利用自然法则进行的技术思想创作"，则应当按照"基于软件观点的考虑"来进行判断。

具体而言，属于发明的情形有两类：第一，对于软件关联发明中的软件，若"使用硬件资源具体实现软件的信息处理"（通过软件和硬件资源相协作构建符合使用目的的特定信息处理装置或其操作方法），则该软件是"利用自然法则进行的技术思想创作"；第二，对于软件关联发明中与软件协同操作的信息处理装置及其操作方法和记录有软件的计算机可读取的记录介质，若满足上述第一类，则其是"利用自然法则的技术思想创作"。

2. 本领域技术人员[①]

日本专利审查中判断创造性的主体同样是本领域技术人员，即"具备该发明所属技术领域的普通知识的人"，原本仅指某一技术领域的单个的自然人，2000 年修改审查指南时，又增加了"个人以外，在适当的场合考虑多个领域的专家团队"，使本领域技术人员的范围扩大。

对于特定领域的软件关联发明的本领域技术人员而言，除了符合一般的本领域技术人员的客观要件之外，还需要考虑软件关联发明领域的特点。这个假设的本领域技术人员应当符合下列所有一般条件：

"第一，具有该特定领域的技术常识和普通常识（包含显而易见的事实）和计算机技术领域的申请时的技术尝试（例如系统化技术）。

第二，能够使用用于研究开发（包含文献解析、实验、分析、制造等）的常用技术手段。

第三，能够发挥选择材料、变更设计等日常创造能力。

第四，能够将申请时本发明所属的技术领域（特定领域和计算机技术领域）等技术水平含有的全部知识转化为自身知识，能够将发明要解决的技术问题相关的技术领域的技术转化为自身的知识。"

由此可见，本领域技术人员实际上更加接近于由来自多个技术领域的"专家"构成的团队，在计算机程序广泛渗透和应用到各个技术领域的当下，尤其如此。

进一步地，对于计算机技术在其他特定领域中的转用，通常被认为是软件关联领域的本领域技术人员的能力范畴内，例如计算机系统化所得到的"快速处理""标准结果""系统化"等结果也被视为可预测的一般技术效果，

---

① 参见第 1 章第 2.2.3.1 节，第 23-24 页。

"利用软件来实现通过硬件产生的功能"也属于发挥日常创作能力的例子。

3．权利要求书和说明书的撰写

1）权利要求书的撰写①

软件关联发明的权利要求可记载为方法或者产品，方法权利要求记载作为时间序列上连续的一系列处理或操作的步骤，产品权利要求记载实现的多个功能的部件，产品权利要求可以写成"程序"、"具有结构的数据"或"数据结构"、记录有程序或具有结构的数据的计算机可读取的记录介质。

2）说明书的撰写②

在判断软件关联的实施可能要件时，应当注意：

（1）尽管权利要求中记载了技术步骤或功能，但在发明的详细说明中没有记载怎样通过硬件或软件来执行或实现这些技术步骤或功能，并且本领域技术人员根据发明专利申请时的技术常识，也不能理解如何执行或实现这些技术步骤或功能时，则认为不能实施权利要求所要求保护的发明。

（2）权利要求虽然记载了功能等事项，但在发明的详细说明中仅通过功能框图或示意流程图说明了实现权利要求所要求保护的发明的功能的硬件或软件，而仅通过该功能框图或流程图的说明，不清楚如何构成该硬件或软件，并且本领域技术人员根据发明专利申请时的技术常识也不能理解其如何构成时，则认为不能实施权利要求所要求保护的发明。

4．新颖性和创造性的判断

除了新颖性和创造性判断的一般规则之外，日本专利审查过程中，还特别注意计算机技术领域中的一般问题和一般效果。

1）创造性判断的基本思路③

首先，正如前文所述，软件关联发明领域中的本领域技术人员，更加接近于多个技术领域专家组成的团队，因此对于计算机技术在不同领域中应用所取得的有利效果，通常被认为是不属于显著超出提出申请时的技术水平所预测范围的内容，发明申请通常不会因此而具备创造性。

不过，需要特别注意的是，如果在应用该技术条件时，应用的尝试存在阻碍，而且其应用表现出的有利效果明显超出现有技术水平预测范围时，有时也可以推断本发明创造性的存在。

其次，伴随软件化、计算机化的问题，多数是计算机技术中的一般问题。

---

① 参见第 1 章第 1.2 节，第 4-7 页。
② 参见第 1 章第 1.1 节，第 2-3 页。
③ 参见第 1 章第 2.2.3 节，第 21-28 页。

例如"通过 AI 或模糊理论使判断精度提高""通过 GUI 使输入变容易"等，应当依据这些计算机领域中已知的一般问题来判断创造性。

再次，由计算机系统化所得到的"可进行快速处理""可处理大量数据"等一般效果，多数是伴随系统化带来的必然效果，这些一般效果通常是可预测的，可以作为创造性判断的依据。

最后，周知惯用手段的添加或者公知等同手段的替换，也属于发挥了本领域技术人员日常创作能力的范畴。因此"将人类进行的业务或者商业方法系统化""在计算机虚拟空间上再现公知现象""以及基于公知的事实或习惯进行的设计上的变更"，都不会令发明申请具备创造性。

2）新颖性和创造性判断时的注意事项[1]

除一般规则之外，计算机软件的专利申请审查过程中，还需要注意一些特殊情况。

首先，仅存在数据的内容的特征时，如果权利要求和现有技术的差异仅仅是数据内容，而技术方案的结构、功能等根据该差异没有任何变化时，那么不能仅根据该差异认为具有新颖性或者创造性。

其次，记录到"计算机可读的记录介质"上时，在认为程序等发明不具备创造性时，即使加上了介质的限定，也不会因此推定具有创造性。同理，也不会通过"传送信息"这样的介质固有功能的限定而具有新颖性或者创造性。

最后，在商业方法相关的软件关联发明中，如果申请人主张的商业上的成功或类似事实是基于权利要求所要求保护的发明的技术特征而获得，而不是由于销售方法或宣传等除技术特征之外的原因获得，则这些情况可以作为创造性判断的参考。

（二）专利侵权判定

日本计算机程序专利侵权判定的特殊性，主要是由计算机程序自身的技术特点和产业特点造成的，而非由于法律的特殊规定。对于其理解和运用，也必须回到计算机程序的具体场景中，以匹配其技术贡献和权利边界。

1. 计算机程序专利的实施

《日本专利法》第 68 条规定："专利权人专有以经营活动为目的的实施发明专利的权利。"这种实施当然也包括方法专利的实施以及对使用专利方法获

---

① 参见第 1 章第 2.2.4 节，第 29-33 页。

得产品的实施，具体而言在该法第 2 条第 3 款规定："本法所称的实施是指下述行为：一、就产品（包括程序等，下同）的发明而言，是指该产品生产、使用、转让等（转让等指转让/租赁，当该产品为程序等时，包括通过电信线路提供程序等的行为，下同）、出口、进口或者许诺转让等（包括以转让为目的展示，下同）行为；二、就方法发明而言，是指使用其方法的行为；三、就生产产品的方法发明而言，除前项所列内容之外，还指使用、转让等、出口、进口或者许诺转让等以该生产方法生产产品的行为。"

涉及计算机程序专利侵权需要特别考虑"实施"的含义，具体而言需要特别考虑产品专利的转让、进口和使用方法专利获得产品的情形。

首先，在转让/租赁中，相比较于有形产品以交付作为实施专利行为，程序的专利产品转让则不一定涉及有形财产的交付，因此《日本专利法》专门规定"通过电信线路提供程序等行为"也属于转让，即只要发生了信息载体的传递，就视为产品的实施。①

其次，从日本之外获取电子信息，例如国外网络提供计算机程序，用户通过下载获得软件，是否视为进口的"专利实施"类型则存在争议。有观点认为，在网络上下载属于信号传输行为，与一般意义上的货物运输有所不同，将国外服务器上的软件在日本下载后落入日本专利权保护范围不应视为进口，但是后续使用程序软件可能视为侵权。

最后，在方法专利的实施中，对使用专利方法获得的产品包括有形的产品，也包括程序等无形的产品，在这种情况下，还需要特别考虑计算机程序自动编程或处理数字后获取的程序、数据等内容是否落入了专利法保护的范围，具体判定时需要充分考虑信息处理方法和获取结果之间的技术关联强度，即与专利审查时对于运用"客观规律"的考虑思路高度一致。

整体而言，由于日本专利法允许直接将计算机程序作为产品来进行保护，就对于准确认定权利保护的边界提出了更高的要求，也就是需要在充分考虑技术方案中实质技术特征和具体技术效果的前提下，才能将抽象的排他权利与具体的实施行为准确对应起来，否则将造成法律实践中的混淆和混乱。

2. 计算机程序专利的等同侵权

日本最高法院在 1998 年的"无限折动用滚珠花键轴承"案②中第一次确认专利侵权可以适用等同原则。

虽然被控侵权物与权利要求记载的技术特征存在差异，但满足下列五个

---

① 李明德，闫文军. 日本知识产权法 [M]. 北京：法律出版社，2020：499-501.
② 日本最高法院："无效折动用滚珠花键轴承"案，平成 10.2.24，平成 6 年（才）第 1083 号。

条件时，其作为权利要求记载范围的等同物仍然落入了专利保护范围：第一，区别部分并非发明本质部分；第二，区别部分与发明中相应部分进行替换后，能产生相同的作用效果，实现发明目的；第三，上述替换对本领域普通技术人员来说在被控侵权产品制造时是容易联想的；第四，被控侵权物与专利发明申请时的公知技术或者本领域普通技术人员能够在专利申请日从公知技术容易推导出的技术并不相同；第五，没有诸如在专利申请过程中将被控侵权物从权利要求中有意识地排除之类的特别事由。①

上述第一至第三要件与美国认定等同侵权大致相同，第四要件是基于公知技术的排除，第五要件是基于禁止反悔的排除。可见日本专利的等同侵权判定标准要比美国更加严格。

对于计算机程序的专利侵权案件而言，尤其应该注意第一要件和第五要件，尊重发明授权文本公示作用，客观理解"发明本质部分"，准确把握"禁止反悔"原则在等同侵权判定中的重要作用。

例如，在东京地方法院 2005 年判决的"图形显示装置及方法"案②中，法院认为在同一申请人使用同一实施例在同日申请的多个专利中，专利申请人在其他专利申请中作出的实施例与现有技术的说明，对于本案的权利要求解释具有限定作用。再如，在知识产权高等法院 2012 年判决的"医疗用可视照片的制作方法"案③中，说明书称现有技术对于立体像素等数据进行间断运算，而专利的技术方案是将平面坐标上的每个点的色度和不透明度彼此在每个视轴相乘进行全部运算。被控侵权物为不间断运算。法院认为，专利权人很容易将权利要求撰写为现有技术反面的"不间断运算"，但是实际撰写为"全部运算"，而且在说明书中公开了候补的其他技术方案，因此这些没有记载在权利要求中的技术方案，在专利权人主张属于等同范围时，都应当认为不符合要件五而得不到支持。

3. 计算机程序专利的间接侵权

《日本专利法》中关于间接侵权的规定是在 1959 年修订时增加的，体现在现行专利法的第 101 条第 1 款和第 4 款："专利为产品发明时，以经营活动为目的，生产、转让、进口、许诺转让仅能用于生产该产品的物品的；专利为方法发明时，以经营活动为目的，生产、转让、进口、许诺转让仅能用于

---

① 张晓都. 美国与日本专利侵权诉讼中的禁止反悔原则 [J]. 中国发明与专利，2008（4）：82-84.

② 东京地方法院："图形显示装置及方法"案，平成 17. 12. 27，平成 15 年（ワ）第 23079 号。

③ 知识产权高等法院："医疗用可视照片的制作方法"案，平成 24. 9. 26，平成 24 年（ネ）第 10035 号。

使用该方法的物品的。"其中"仅能用于"的限定在实践中往往被严格解释，以至于间接侵权的适用空间较小，因此，在 2002 年修订时增加了第 101 条第 2 款和第 5 款的规定，当生产该产品的物品/使用该方法的物品（在日本国内广泛且普遍地流通的除外）对实施该发明必不可少时，具有"明知"的主观侵权故意时，以经营活动为目的的生产、转让、进口、许诺转让行为也构成间接侵权。

在 2005 年的知识产权高等法院判决"一太郎"案①中，专利权人拥有一件信息处理系统产品和与该系统对应的信息处理方法的发明，在点击了画面上第一个图标后再点击第二个图标时，就会显示第二个图标的功能，从而解决了现有技术中忘记或不知道关键字时无法获取功能说明服务的问题。被告制造和销售了具有同样功能的文字处理软件，在安装了被告产品的电脑中可以实现上述技术效果，原告主张被告产品是解决本发明的技术问题不可缺少的产品，其构成对于产品和方法的间接侵权。

被告在诉讼过程中提出了专利无效的抗辩意见，并且认为该"帮助显示功能"实际上是利用微软公司的 Windows 操作系统的功能，被告产品中包含的 API 函数执行系统中调用了"Winhlp32. exe"的执行文件实现了相应功能，API 函数被广泛公开，是软件开发中的通用产品，属于类似螺钉等"在日本国内广泛流通的产品"，应该按照《日本专利法》第 101 条第 2 款的规定从间接侵权中排除。

最终法院认定：被告生产的软件产品一旦安装到个人电脑上，就符合了专利程序产品的构成要件，实现了本发明的课题。虽然被告产品通过调用"Winhlp32. exe"来实现功能，但是在没有安装被告产品的电脑中也没有足够证据证明实现了相同的功能，而且被告产品就是为了在电脑上使用而制造的，是被告产品的程序和"Winhlp32. exe"等执行文件合为一体时实现了相应的功能。因此，被告产品属于"解决该发明的课题必不可少"的，也不是"在日本国内广泛且普遍地流通的"，安装了被告产品的电脑等同于原告的专利产品，被告软件产品属于"仅能用于"生产该产品的物品，被告构成了对于信息处理系统这一产品的间接侵权。

但是被告的产品只有在安装到个人电脑上之后才符合方法专利的构成要件"仅能用于使用该方法的物品"，因此以经营活动为目的，生产、转让、进口、许诺转让该个人电脑属于间接侵权，但是被告产品仅帮助生产了该构成

---

① 知识产权高等法院："一太郎"案，平成 17. 9. 30，平成 17 年（ネ）第 10040 号，判时 1904 号 47 页。

间接侵权的物品，其本身并不构成对于相应方法的间接侵权，即法院对"间接的间接侵权"并不认同。

此外，在计算机程序的方法专利实施过程中，可能出现多人共同参与，每人执行其中部分步骤共同实施专利技术，但是任何人都没有单独实施发明的情形，也就是多主体实施的计算机程序方法构成间接侵权还是共同直接侵权。对此，不同法院的判决也体现了不同的观点。例如"电子图像的形成方法"案①中，被告（即终端产品的制作方）实施了除最终步骤之外的所有步骤，而由终端产品的购买者，即终端用户行使了最后步骤实施发明。法院认为被告是将购买者作为工具去实施专利，因此应当视同自己实施了全部专利，应该承担相应的专利侵权责任。

第四节 我国计算机程序的专利保护

一、专利审查标准

涉及计算机程序的专利授权和确权程序与其他技术领域并无不同，只是在授权和确权程序中其所依据的具体理由的审查标准具有其特殊性，以下将从历史和现实的角度进行介绍。

（一）技术发展引领审查标准发展

毋庸置疑，计算机是世界上最伟大的发明之一，而赋予它灵魂（让它学会思考）的计算机程序也是从其诞生之日起经历了几次重大技术变革，从"计算机系统结构阶段"、"计算网络和视窗阶段"到"复杂信息系统阶段"，再到可预见的"人工智能阶段"，相应地，涉及计算机程序的专利审查标准，伴随着技术的发展也经历了较大的转变和更新，目前还在继续完善中。

作为鼓励发明创造，促进科学技术进步的专利法，伴随着相关技术的不断发展，专利法、专利法实施细则及相关审查标准也在不断调整，技术发展引领法律调整，法律调整推动技术更新。纵观涉及计算机程序的审查标准发展历程，其始终围绕着三方面不断演进：是否属于专利法保护客体、说明书和权利要求的撰写要求，以及新颖性和创造性的相关要求。从最初纠结于计

---

① 东京地方法院："电子图像的形成方法"案，平成 13.9.20，判时 1764 号 112 页。

算机程序能不能授权、怎么写才能授权，到之后发展到哪些能授权、权利要求的多种撰写方式，再之后又对特殊领域的发明专利申请做了相关规定。

1986 年"暂属内部文件"且"是审查员工作时必须遵循的指导性文件"的《审查指南》第二部分第十二章"关于计算机程序发明专利申请的若干规定"将"计算机程序"定义为"为了操作计算机或者说为了操作电子数据处理设备，连同机器可读介质协同作业，为解决某一课题或执行某一过程控制而设计的一系列指令的集合。通过计算机或者机器对程序指令的执行，使计算机或者说机器完成特定的功能或任务"，该章对于能否授予专利权的计算机程序、说明书和权利要求撰写做了初步规定。此时的计算机程序还是作为计算机硬件的附属品存在的，因此，《审查指南》特别强调计算机程序对应硬件技术上的改进。如果"不引起硬件设备的任何变革，仅增加了一些新的功能"，属于智力活动的规则和方法，不能授予专利权；只有"能够使机器硬件技术发生相应的变革"，才能授权专利权。相应地，说明书也要"说明所对应硬件技术上的改进"，权利要求书应写成"方法权利要求"。

随着计算机技术的迅猛发展，方法权利要求在专利保护上的局限性日益凸显，诉讼对象的难以确定导致基于计算机程序的发明创造得不到有效的保护①，且计算机程序的可专利性问题一直属于争议焦点。

1993 年 4 月 1 日起施行的《审查指南 1993》第二部分第九章"含有计算机程序的发明专利申请的审查"将计算机程序和计算机硬件作为一个整体来考虑，相应地赋予计算机程序较为独立的地位，因此也允许涉及计算机程序的发明撰写成装置权利要求。在客体方面，"涉及计算机程序本身或者数学方法本身的发明专利申请是不能授予专利权的"，而涉及自动化技术处理过程、计算机内部运行性能改进、测量或测试过程的发明专利申请可授予专利权。在说明书撰写方面，含有计算机程序的发明专利申请的说明书必须清楚、完整地描述该计算机程序的设计构思及其技术特征以及达到其技术效果的实施方式，说明书附图中还应当给出该计算机程序的主要流程图，说明书应当根据所给出的流程图对该计算机程序的主要技术特征作出详细的说明，但不需要提交该计算机程序的源程序。在权利要求书撰写方面，除了写成方法权利要求的形式，也可以写成装置权利要求，如果写成装置权利要求，应当具体描述该装置的各个组成部分及其各组成部分之间的联系，并详细描述计算机程序的各个功能是由哪些组成部分完成以及是如何完成这些功能的。

---

① 周胡斌，张宪锋，戴磊.《专利审查指南》修改解读 [J]. 专利代理，2017（2）：3-12.

《审查指南 2001》则在上一版的基础上，明确提出了"技术三要素"的概念，即，凡是为了解决技术问题，利用技术手段，并可以获得技术效果的涉及计算机程序的发明专利申请属于可给予专利保护的客体；同时，明确扩充了可给予专利保护的另一种类型，用于外部数据处理的涉及计算机程序的发明专利申请，并用改善图像质量的图像处理来进行举例。对于说明书的撰写，明确了以计算机程序流程的时间顺序，以自然语言对该计算机程序的各步骤进行描述。对于权利要求书的撰写，对于同一发明创造给出了方法权利要求和装置权利要求两种撰写示例。

随着计算机技术的发展，软件越来越普及。《审查指南 2006》明确规定了涉及计算机程序的解决方案并不必须包含对计算机硬件的改变，也就是允许了纯软件的解决方案；并且给出了可专利性的判断原则，考察对主题名称进行限定的全部内容，是否包含了技术特征，从整体考虑权利要求的方案；对技术三要素作出了更清楚的说明，且明确给出了涉及可专利性判断的 9 个示例来理解上述可专利性的判断原则。对于说明书的撰写，增加了对于涉及计算机程序的发明专利申请中包含有硬件结构改变的专利申请说明书的撰写要求。由于允许了纯软件的解决方案，在满足得到说明书支持和整体反映发明的技术方案的情况下，对于该类解决方案的权利要求的撰写具体提出了"功能模块架构"的装置权利要求，这种装置权利要求中的各组成部分与计算机程序流程的各个步骤或方法权利要求中的各个步骤完全对应一致，则这种装置权利要求中的各组成部分应当理解为实现该程序流程各步骤或方法各步骤所必须建立的功能模块，由这样一组功能模块限定的装置权利要求应当理解为主要通过说明书记载的计算机程序实现该解决方案的功能模块架构，而不应当理解为主要通过硬件方式实现该解决方案的实体装置。

《专利审查指南 2010》2017 年 4 月 1 日施行的修改的第二部分第一章第 4.2 节和第九章第 2、3、5.2 节，在第一章第 4.2 节第（2）项之后新增"涉及商业模式的权利要求，如果既包含商业规则和方法的内容，又包含技术特征，则不应当依据专利法第二十五条排除其获得专利权的可能性"，对商业模式创新中的技术方案给予积极鼓励和恰当保护；在第九章中，主要明确了计算机程序流程限定的计算机可读介质、硬件+程序的装置权利要求、程序模块的装置权利要求可以作为权利要求的保护主题。此次修改明晰了智力活动规则和方法的判断标准，更好地表达和保护了涉及计算机程序的发明专利申请，遵循了计算机程序的相关发明的特点，扩大了客体的标准，对于创新主体和社会公众来说，能更直观地了解和表达该计算机产品的实际内容以及改进方式，……这样会更符合计算机领域客观事实，更有利于计算机软件业持续良性发展。[①]

《专利审查指南2010》自2020年2月1日施行的修改后的第二部分第九章，在第九章增加了第6节"6. 包含算法特征或商业规则和方法特征的发明专利申请相关规定"，结合具体示例，对此类申请的授权客体、新颖性和创造性、说明书和权利要求书撰写方面进行了明确规定。此次修改回应了创新主体对进一步明确涉及人工智能、商业方法等新业态、新领域专利申请审查规则的需求，支撑创新驱动发展。

《专利审查指南2023》第二部分第九章增加了计算机程序产品作为权利要求的保护主题，进一步在第6节明晰了客体和创造性的相关审查标准，具体包括人工智能、大数据客体审查基准及示例，算法实现内部性能改进的创造性审查和用户体验提升在创造性评判中的考量。

（二）现行审查标准

目前，涉及计算机程序的审查标准除了具有与其他领域的发明专利申请的相同的一般性，还具有一定的特殊性，该特殊性主要体现在《专利审查指南2023》第二部分第九章。

《专利审查指南2023》第二部分第九章第2节规定了涉及计算机程序的发明专利申请的审查基准，其中涉及《专利法》第25条第1款第（二）项、《专利法》第2条第2款，并在第3节中给出八个示例。第5节规定了涉及计算机程序的发明专利申请的说明书及权利要求书的撰写，明确了权利要求可以撰写成方法权利要求，也可以写成产品权利要求，例如硬件+程序的装置权利要求、程序模块限定的装置权利要求、计算机可读存储介质或计算机程序产品。第4节和第6节分别是涉及计算机程序特定领域的专门规定，第4节规定了汉字编码方法和计算机汉字输入法是否属于保护客体及其具体的撰写要求，第6节在第一段即指出"涉及人工智能、'互联网+'、大数据以及区块链等的发明专利申请，一般包含算法或商业规则和方法等智力活动的规则和方法特征，本节旨在根据专利法及其实施细则，对这类申请的审查特殊性作出规定"，该节包括审查基准、审查示例、说明书及权利要求书的撰写，其中审查基准及审查示例均涉及《专利法》第25条第1款第（二）项、《专利法》第2条第2款、新颖性和创造性的审查。以下将主要介绍涉及计算机程序的

[①] 宋洁、王志远、王玉秀，等.《专利审查指南》修改后计算机程序的专利保护研究［J］. 软件，2017（5）：67-70.

发明专利申请的专利法保护客体、说明书和权利要求书的撰写以及新颖性和创造性三方面审查标准。

1. 保护客体

《专利法》涉及是否属于保护客体（可以授予专利权）的规定在第 2 条和第 25 条中。《专利法》第 2 条第 2 款从正面规定了专利法可予以保护的客体，即专利法意义上的"技术方案"。《专利法》第 25 条可以说是对专利法第 2 条的补充，其对典型的不授予专利权的客体进行了严格的规定，旨在更进一步辨析专利法到底保护的是什么，不保护的又是什么，或者说什么是技术方案，什么不是技术方案。

1）智力活动的规则和方法

《专利法》第 25 条第 1 款第（二）项所规定的智力活动的规则和方法是指人的思维运动是一种抽象的东西，是人的大脑进行精神和智能活动的手段或过程，它仅是指导人们对其表达的信息进行思维、判断和记忆，不需要采用技术手段或者遵守自然法则，不具备技术特征，因而不能被授予专利权。要判断什么类型的权利要求属于智力活动的规则和方法或不属于智力活动的规则和方法，关键在于权利要求是否包含有技术特征，无论该技术特征是否属于公知的技术特征，都能够使权利要求整体排除在智力活动的规则和方法之外。具体到计算机程序，如果权利要求仅仅涉及算法或数学计算规则、计算机程序本身或仅仅记录在载体上的计算机程序本身，或者游戏的规则和方法，则该权利要求属于智力活动的规则和方法，不属于专利保护的客体。但如果权利要求中包含了技术特征，则不属于智力活动的规则和方法，有可能属于专利保护的客体。

例如，名称为"一种离散数据一阶导数解算的简便方法"[①] 的发明专利申请的权利要求 1 请求保护一种离散数据的一阶导数解算方法，该方案实质上是一种抽象的数学计算方法，其处理对象、过程和结果都不涉及与具体应用领域的结合，属于对抽象数学算法的优化，属于《专利法》第 25 条第 1 款第（二）项规定的智力活动的规则和方法，不属于专利保护客体。名称为"数字数据处理的方法及装置"[②] 的发明专利申请的权利要求 1~5 均包含技术特征，其整体方案并不属于《专利法》第 25 条第 1 款第（二）项规定的智力活动的规则和方法，属于专利保护客体。

---

① 申请号为 201610087515.9，决定号为 FS286910。
② 申请号为 201310547366.6，决定号为 FS256185。

2）疾病的诊断和治疗方法

《专利法》第 25 条第 1 款第（三）项规定对于疾病的诊断和治疗方法不授予专利权，而随着计算机技术被越来越多地应用于医疗领域，人工智能、大数据等技术获得的检查结果极大地促进了诊断的准确性，其作为"中间结果"为医生更准确地诊断疾病和制定治疗方案提供参考，对于这类发明专利申请则不应以"疾病的诊断和治疗方法"排除在专利保护客体之外；另外，以程序模块限定的装置权利要求属于装置而非方法，因此也不属于"疾病的诊断和治疗方法"。

例如，"基于特征选择的心律失常分类方法"的发明专利申请的权利要求 1 的心律失常分类方法的步骤全部由计算机实施，实质上是一种信息处理方法，该方法的直接目的不是获得诊断结果或健康状况，而是为了获得处理信息参数的"中间结果"，且其所涉及的信息处理对象与疾病不存在唯一对应关系，故不属于《专利法》第 25 条第 1 款第（三）项规定的疾病诊断方法。名称为"利用基因组测序诊断胎儿染色体非整倍性"[①] 的发明专利申请复审阶段在审的权利要求 1 采用了计算机程序模块架构的形式撰写，该装置权利要求并非方法，不属于《专利法》第 25 条第 1 款第（三）项规定的疾病诊断和治疗方法。

3）技术方案

根据《专利法》第 2 条第 2 款的规定，判断一个方案是否属于技术方案，需要从技术问题、技术手段、技术效果三个方面综合判断整体考虑。只有解决了技术问题，采用了利用自然规律的技术手段并获得相应的技术效果才属于技术方案。如果涉及计算机程序的发明专利申请的解决方案执行计算机程序的目的不是解决技术问题，或者在计算机上运行计算机程序从而对外部或者内部对象进行控制或处理所反映的不是利用自然规律的技术手段；或者获得的不是受自然规律约束的效果，则这种解决方案不属于《专利法》第 2 条第 2 款所说的技术方案，不属于专利保护的客体[②]。

例如，名称为"一种带决策因子的航班恢复建模方法"的发明专利申请[③]的权利要求 1 解决航班管理问题，其属于事务管理不属于技术问题；其实质是利用经济规律进行花费的计算，从而获得航班恢复成本最小方案，遵循的是一种经济上的成本最低原则，且其利用的时间、花费等数值也不是技术数据，故采用的手段不是符合自然规律的手段；通过计算得到航班恢复的经

---

① 申请号为 200880108377.1，（2017）京 73 行初 3261 号判决。
② 《专利审查指南 2023》第二部分第九章第 2 节。
③ 申请号为 201810412974.9，决定号为 FS254295。

济成本最小的效果也不是技术效果，因此，权利要求1不符合《专利法》第2条第2款的规定。名称为"一种页岩气储量品质分类的综合评价方法"的发明专利申请①的权利要求1解决的是如何对页岩气储量品质的分类综合评价的问题，页岩气的储量品质评价与页岩气开发直接关联，解决的是技术问题；权利要求1中的各个步骤与页岩气储量品质的评价密切相关，所处理的是页岩气开发领域的技术数据，其所采用的手段是技术手段；并进一步取得了准确、合理、快速评价页岩气储量品质的技术效果。因此，权利要求1属于《专利法》第2条第2款规定的技术方案。

2. 权利要求书和说明书的撰写

涉及计算机程序的发明专利申请有可能涉及计算机程序或是计算机硬件装置两方面的改进，由于其技术领域的特殊性，除了满足通常的说明书和权利要求书的撰写要求之外，还有特殊要求。

涉及计算机程序的发明专利申请如果包含计算机程序的改进，说明书公开充分主要体现在"为了清楚、完整地描述该计算机程序的主要技术特征，说明书附图中应当给出该计算机程序的主要流程图。说明书中应当以所给出的计算机程序流程为基础，按照该流程的时间顺序，以自然语言对该计算机程序的各步骤进行描述。说明书对该计算机程序主要技术特征的描述程度应当以本领域的技术人员能够根据说明书所记载的流程图及其说明编制出能够达到所述技术效果的计算机程序为准。为了清楚起见，如有必要，申请人可以用惯用的标记性程序语言简短摘录某些关键部分的计算机源程序以供参考，但不需要提交全部计算机源程序"。涉及计算机程序的发明专利申请如果包含计算机装置硬件结构的改进，"说明书附图应当给出该计算机装置的硬件实体结构图，说明书应当根据该硬件实体结构图，清楚、完整地描述该计算机装置的各硬件组成部分及其相互关系，以本领域的技术人员能够实现为准"②。所以，涉及计算机程序的发明专利申请通常都包括流程图和实体结构图，说明书中也会详细地描述每个步骤和部件，偶尔涉及计算机程序代码。

涉及计算机程序的发明专利申请的权利要求可以写成五种形式：方法权利要求、硬件+程序的装置权利要求、程序模块限定的装置权利要求、计算机可读介质以及计算机程序产品。如果写成方法权利要求，应当按照方法流程的步骤详细描述该计算机程序所执行的各项功能以及如何完成这些功能；如果写成硬件+程序的装置权利要求，应当具体描述该装置所包括的硬件和程序

---

① 申请号为201610029020.0，决定号为FS259758。
② 《专利审查指南2023》第二部分第九章第5.1节。

及其之间的关系；如果写成程序模块限定的装置权利要求，其各组成部分与该计算机程序流程的各个步骤或者该方法权利要求中的各个步骤完全对应一致；如果写成计算机可读介质，应当详细描述限定其计算机程序流程；如果写成计算机程序产品，应当详细描述限定其计算机程序流程。以上五种权利要求的保护主题虽然不同，但均是基于相同的计算机程序流程而撰写的权利要求，其所体现的计算机程序的技术实质是相同的。之所以赋予涉及计算机程序的发明专利申请多种权利要求的保护形式，是为了适应我国经济社会发展现状的要求，满足创新主体的强化软件保护的诉求，回归发明的实际形态体现其发明构思和实质性贡献，加大涉及计算机程序发明的专利保护力度①。

以下将以"处理系统升级的方法及装置"发明专利申请②答复复审通知书时修改的权利要求为例呈现以上五个权利要求：

"1. 一种处理系统升级的方法，其特征在于，所述方法包括：

在接收到系统升级操作指令后，检测电动载人设备是否处于使用状态，其中，所述电动载人设备为电动平衡车；根据电动载人设备的当前承受重量和/或当前行驶速度确定电动载人设备当前是否处于使用状态；

若所述电动载人设备当前处于使用状态，禁止使用系统升级功能；具体地，检查所述系统升级功能的当前状态；若所述系统升级功能当前处于开启状态，则关闭所述系统升级功能；

若所述电动载人设备当前处于待机状态，响应所述操作指令，对所述电动载人设备进行系统升级；

其中，所述系统升级操作指令根据用户在预设应用界面中针对系统升级按键的触发动作生成，所述关闭所述系统升级功能，包括：在所述预设应用界面中使所述系统升级按键变为灰色不可选状态，以将所述系统升级功能屏蔽。

2. 一种处理系统升级的装置，其特征在于，所述装置包括：

状态检测模块，被配置为在接收到系统升级操作指令后，检测电动载人设备是否处于使用状态，其中，所述电动载人设备为电动平衡车；根据电动载人设备的当前承受重量和/或当前行驶速度确定电动载人设备当前是否处于使用状态；

功能禁用模块，被配置为在所述电动载人设备当前处于使用状态的情况下，停止使用系统升级功能；所述功能禁用模块包括：第一检查子模块，被

① 周胡斌，张宪锋，戴磊.《专利审查指南》修改解读［J］. 专利代理，2017（2）：3-12.
② 申请号为 201610819253.0，权利要求有适当改写。

配置为在所述电动载人设备当前处于使用状态的情况下，检查所述系统升级功能的当前状态；功能禁用子模块，被配置为在所述系统升级功能当前处于开启状态的情况下，关闭所述系统升级功能；其中，所述系统升级操作指令根据用户在预设应用界面中针对系统升级按键的触发动作生成，所述关闭所述系统升级功能，包括：在所述预设应用界面中使所述系统升级按键变为灰色不可选状态，以将所述系统升级功能屏蔽；

升级处理模块，被配置为在所述电动载人设备当前处于待机状态的情况下，响应所述操作指令，对所述电动载人设备进行系统升级。

3. 一种处理系统升级的装置，其特征在于，包括：

处理器；

用于存储处理器可执行指令的存储器；

其中，所述处理器被配置为：

在接收到系统升级操作指令后，检测电动载人设备是否处于使用状态；根据电动载人设备的当前承受重量和/或当前行驶速度确定电动载人设备当前是否处于使用状态；

若所述电动载人设备当前处于使用状态，禁止使用系统升级功能；具体地，检查所述系统升级功能的当前状态；若所述系统升级功能当前处于开启状态，则关闭所述系统升级功能；

若所述电动载人设备当前处于待机状态，响应所述操作指令，对所述电动载人设备进行系统升级。

4. 一种存储介质，其上存储有计算机程序，其特征在于，该程序被处理器执行如权利要求 1 的方法所述的操作。

5. 一种计算机程序产品，包括计算机程序，其特征在于，该程序被处理器执行如权利要求 1 的方法所述的操作。"

3. 新颖性和创造性

《专利审查指南 2023》对于涉及计算机程序的发明专利申请的新颖性和创造性审查标准并没有专门规定，仅在第二部分第九章第 6 节的审查基准和审查示例中有所涉及。因此，计算机程序专利新颖性和创造性的审查标准首先要遵从一般性原则，即第二部分第三、四章的相关规定；其次，包含算法特征或者商业规则和方法特征的发明专利申请要遵从特殊规定，即第二部分第九章第 6 节的相关规定。

值得注意的是，适用一般性原则时其主体本领域技术人员为计算机程序技术领域技术人员，是指一种假设的"人"，假定他知晓申请日或者优先权日之前发明计算机程序技术领域所有的普通技术知识，能够获知该领域中所有的现有技术，并且具有应用该日期之前常规实验手段的能力，但他不具有创造能力。如果所要解决的技术问题能够促使计算机程序技术领域的技术人员在其他技术领域寻找技术手段，他也应具有从该其他技术领域中获知该申请日或优先权日之前的相关现有技术、普通技术知识和常规实验手段的能力。

二、专利侵权判定的特殊问题

大多数计算机程序的专利侵权案件可以适用一般的专利侵权判定规则来解决。但是，涉及计算机程序的专利因其技术方案具有功能性、系统性、易复制性和表达多样性等技术特点从而在权利要求和说明书的撰写及权利要求保护范围的确定方面具有一定的特殊性，这在专利侵权判定过程中也引发了一系列特殊问题。因此，本节将针对计算机程序专利的特点阐释我国计算机程序的专利侵权判定的特殊问题。

（一）计算机程序专利侵权中的权利要求解释

涉及计算机程序的发明专利权保护范围的确定，其解释原则、解释对象和解释方法均适用一般的专利侵权判定规则。

随着计算机技术的高速发展及广泛应用，涉及计算机程序的发明专利除了对计算机程序处理流程本身的改进，更多地涉及计算机程序应用到其他领域为了解决该领域的特定问题进而产生的改进，这无疑对拟制的"所属技术领域的技术人员"或者"本领域普通技术人员"的知识和能力要求更高。一方面，他要跟踪计算机程序领域的前沿科技，例如人工智能、大数据以及区块链等；另一方面，他要熟悉该应用领域的普通技术知识，具有跨领域的实验和逻辑推理能力。只有这样，作为解释权利要求的主体的"所属技术领域的技术人员"或者"本领域普通技术人员"才能准确客观地确定或解释权利要求的保护范围。

正如上部分"专利审查标准"所介绍的，涉及计算机程序的发明专利权利要求可以撰写为方法、硬件+程序的装置权利要求、程序模块限定的装置权利要求、计算机可读介质以及计算机程序产品。计算机程序既可能是执行各项功能的方法流程，也可能是依赖硬件实施的，也可能是实现该解决方案的程序模块架构，也可能是存在云端或者可读介质中的计算机程序产品。当然，我们能够理解的是，无论权利要求保护主题是什么，其技术实质是相同的，均指向其中最核心的内容——计算机程序，每一种权利要求的主题都体现了计算机程序的技术特点。

例如，名称为"一种清单编制方法、装置、计算机设备和存储介质"的发明专利①权利要求 1 和 8 分别为方法和装置权利要求。权利要求 1 的方法权利要求以实现特定功能的计算机程序流程为基础，采用自然语言描述计算机程序流程的执行过程。通常，计算机程序流程顺序执行，即按照步骤的先后顺序依次进行。有些情况下，计算机程序的步骤只有在触发条件满足时才能执行，即不同的触发条件执行不同的步骤，最典型的一种情形是 if 条件 then 分支流程一，else 分支流程二。本领域技术人员在理解该类权利要求时，注意将计算机程序作为整体，先从主流程入手，再细化到各分支流程，从而厘清各步骤之间的逻辑关系。此外，还可以按照与上述方法权利要求中的各个步骤完全对应一致的方式撰写装置权利要求，装置权利要求 8 中的各组成部分应当理解为实现该程序流程各步骤或该方法各步骤所必须建立的程序模块，对于其理解应当与方法权利要求遵循相同的逻辑。具体到本案，权利要求 1 要求保护一种清单编制方法，该方法由一个清单创建指令发起，根据创建指令，该方法发出是否引用清单模板的第一提示信息，根据对提示信息的选择，该方法进入两条分支流程；一个分支是引用清单模板，引用清单模板分支还包括对清单模板的修改步骤，另一个分支是不引用清单模板；最终两个分支都完成于生成目标清单（即权利要求 1 的最后一个步骤）。此外权利要求 8 要求保护一种清单编制装置，其各程序模块实现方法权利要求的步骤，理解上亦当同理。

（二）被诉侵权方案举证及认定

计算机程序专利侵权的举证责任分配往往存在一些难点，这是由计算机程序的技术特点带来的。高度抽象的计算机程序，是以逻辑运算的方式实现具体的控制和功能，除了具体的研发人员，对于大多数人（甚至包括专利权人）而言，计算机程序相关的产品是一个"黑匣子"，公众了解输入条件和输出功能，却无法获知其后台实现的技术手段，例如控制思路、算法架构和逻辑编码。因此计算机程序专利的侵权判定过程中，不同事实的侵权责任可能会在纠纷双方之间来回转移。

例如，原告为支持其关于侵权的主张，已证明被诉侵权产品与涉案专利保护的计算机程序具有相同的输入输出，但是由于计算机程序的"黑匣子"

① 专利号为 201811064345.8，决定号为 WX562401。

特点，原告无法获得其后台实现的技术方案。此时如果原告证据成立，而被告无法提出反证，则可以视为原告完成了自身的举证责任，被告应当承担相应的不利后果，视为侵权行为的事实已经得到了证明。除非被告披露自身产品的"黑匣子"内容，通过展示代码、披露技术路径等方法，证明其产品并没有使用受到专利保护的技术构思，则被告完成了举证责任从而侵权不成立。当然，被告披露产品内核可能还面临着额外的技术秘密泄露等风险，尤其是相应的技术细节将会直接暴露在庭审对方（往往也是竞争对手）的面前，实际上可能给原告带来不合理的竞争优势。

更进一步，计算机程序往往伴随着持续的测试、迭代和升级，因此所谓"被诉侵权产品"本身就处在动态过程中，原告应该及时通过公证或财产保全等方式固定证据，否则可能面临证据的灭失。同样，即使被告能够举证其当下所使用的"被诉侵权产品"与涉案专利的技术方案不同，也有可能难以在时间层面上获得高度确定性的结论。所以在计算机程序专利侵权中，相应证据材料存在易失性、复杂性、不确定性等特点。

另外，对于"被诉侵权产品"具体技术内容的认定也要遵循计算机程序所呈现的输入输出和后台实现的特点。后台实现体现的是具体程序处理方法，相同的输入输出可能采用多种处理方法、多种程序语言来实现，输入输出与后台实现不一定为一一对应关系。理想状态下，被告公开其后台实现方式；本领域技术人员也可以通过技术手段，例如反编译、逆向工程等解析还原后台实现方式；还可以通过不同的输入输出内容分析确定后台实现方式。

（三）多主体实施专利的侵权责任

多主体实施的技术方案并非涉及计算机程序专利所特有的，但是随着计算机和互联网技术的迅速发展和广泛应用，计算机程序的多主体实施特点确实变得越来越显著。例如，现代软件系统往往采用分布式架构，不同的计算任务被分散到多个服务器、客户端或其他设备上执行；物联网设备通常需要与其他设备或系统进行通信和数据交换，这些设备可能由不同的制造商生产，运行不同的操作系统和软件，它们共同实现一项完整的功能。

基于上述技术现状和发展趋势，面对多主体分步骤实施专利侵权的行为，被控侵权人是否承担侵权责任以及承担哪些侵权责任，是值得关注的问题。

通常，涉及计算机程序的专利的核心在于方法权利要求，其描述了执行该计算机程序所实现的功能，涉及上述专利侵权行为主要包括《专利法》第11条规定的"使用其专利方法"的情形。在涉及计算机程序专利的侵权诉讼中，实际使用该计算机程序的终端用户使用了该专利方法但并非"为生产经营目的"，主动制造、销售装载计算机程序的侵权产品的厂家从中获利，难以被判定为"直接侵权"；另外，依据《侵权责任法》规定的共同侵权制度，共同侵权行为要求各主体的行为均涵盖专利权利要求的所有技术特征从而单独构成侵权，但多主体实施显然不满足该条件。

故而，我国司法理论和实践中对追究多主体实施的侵权责任进行了多方面探索：

第一，通过教唆侵权和帮助侵权规制多主体实施专利行为，其中可能会考虑以下因素来判断是否存在教唆或帮助侵权：行为人是否明知其行为涉及的专利权状态、行为人是否采取了积极措施诱导或帮助他人实施专利、行为人提供的产品或服务是否专门用于实施专利且对实现专利侵权行为起到了关键作用、行为人的主观意图和行为的客观结果。

第二，在不动摇全面覆盖原则的前提下扩充共同侵权的范围，通过对《侵权责任法》第 12 条涉及的无意思联络的数人侵权的相关要件作出合理解释从而达到规制多主体实施专利行为的目的。

第三，2011 年格力公司与美的公司、泰锋公司关于空调专利侵权案结合产品说明书认定被诉侵权产品在"舒睡模式 3"运行方式下的技术方案中的技术特征包含涉案专利权利要求 2 中记载的全部技术特征，美的公司制造被诉侵权产品的行为包含使用涉案专利技术方案的行为从而构成直接侵权。

第四，2018 年索尼公司与西电捷通公司关于数据接入通信专利侵权案从"举证责任分配"的视角认定索尼公司在被诉侵权产品的设计研发、样品检测和制造过程中实施了涉案专利从而构成直接侵权。

第五，2019 年敦骏公司与腾达公司关于多主体实施专利侵权案认定腾达公司将专利方法的实质内容固化在被诉侵权产品中，该行为或者行为结果对专利权利要求的技术特征被全面覆盖起到了不可替代的实质性作用，从而认定相应的被诉侵权行为构成直接侵权。

以上探索均是适应技术发展，从专利侵权行为性质认定的角度出发，试图在现有规则的框架下从直接侵权或共同侵权中寻找突破口来解决多主体实施专利侵权责任认定的问题。让我们换个角度，试着从涉及计算机程序的专利权利要求保护范围出发来分析上述问题。

第一，关于多侧方式和单侧方式撰写权利要求。有一种观点，既然上述问题的产生是因为专利要求保护多主体分步骤执行的方法，即通过多侧方式撰写权利要求，那可以考虑采用单侧方式撰写权利要求。例如，涉及共享单车的技术方案包括手机端、车端和服务器端，可以就这三端所实现的功能和结构分别撰写相应的权利要求，方法权利要求仅描述同一执行主体所实施的各个步骤，装置权利要求仅描述该装置包含的部件和构造，这样在侵权诉讼中取证和主张侵权更为容易。诚然，这是一种解决方案，但多主体实施的技术方案通常需要多方参与共同协作才能实现，如果强行采用单侧方式撰写很可能不能反映技术全貌及其实质，从而陷入文字游戏并导致权利要求不清楚。

第二，关于权利要求的保护主题。权利要求的保护主题不仅对权利要求的撰写给出了清晰的指引，更重要的是，其所限定的权利要求的保护范围直接影响诸如被控侵权产品是否侵权的判断，强化了涉及计算机程序的专利保护。最早，涉及计算机程序专利的权利要求可以撰写为方法及装置权利要求，之后增加了功能模块架构（程序模块架构）的装置权利要求，为了适应技术发展和创新需求，2017年4月1日和2024年1月20日施行的《专利审查指南》分别增加了计算机可读介质和计算机程序产品作为涉及计算机程序专利的权利要求的保护主题。以计算机程序作为产品的通常存在的两种形态为例，第一种是计算机程序单独作为商品，存储在存储介质中或者云端（严格来说，存储在云端的计算机程序其实也是存储在某存储介质中，只不过其是通过网络传播的），在通用计算设备上运行从而实现其功能，例如某应用软件，该形态对应计算机存储介质和计算机程序产品的保护主题；第二种是计算机程序嵌在专用设备中，在专用设备中运行从而实现其与专用设备匹配的功能，例如固化在空调中的专用软件，该形态对应硬件+程序的装置权利要求这一保护主题。对于多主体实施的技术方案，可以撰写为上述五种权利要求，从而实现其最适合的专利保护。

第五节　计算机程序专利保护的典型问题

如前文所述，随着计算机程序及互联网技术的蓬勃发展和广泛应用，涉及计算机程序的专利保护在技术和法律层面涌现出多种多样的问题。以下将通过七个案例的深入分析来阐述涉及计算机程序的权利要求的理解、相关证据认定、创造性审查标准及侵权判定规则等典型问题。

一、结合说明书的记载确定权利要求的保护范围

案例1-1　三星公司与华为公司关于组件显示处理无效案

■ **案件信息**

【案件编号】4W104839

【决定号】WX31835

【法院判决号】（2017）京73行初5031号、（2018）京行终2646号

【专利号】ZL201010104157.0

【发明名称】组件显示处理方法和用户设备

【国际分类号】G06F 9/44、G06F 3/048

【申请日】2010年1月28日

【无效请求人】惠州三星电子有限公司、天津三星通信技术有限公司、三星中国投资有限公司

【专利权人】华为终端有限公司

【法律依据】《专利法》第22条第2款、第64条

■ **案情介绍**

本专利涉及在移动终端中移动桌面程序图标的方法。权利要求1保护一种组件显示处理方法，其特征在于，包括：移动终端获取组件处于待处理状态的指示消息；所述移动终端根据所述指示消息对容器中显示在屏幕上的显示区域进行缩小处理，以使所述屏幕在所述显示区域缩小后空余出的区域显示所述容器的隐藏区域，所述容器包括容纳组件的显示区域和隐藏区域。

无效决定认为，根据证据3-7[①]公开的内容可知，移动装置接收用于指示对主屏幕的页面进行编辑的输入信号，该输入信号并不涉及屏幕上的组件本身，而且证据3-7中处于编辑页面状态下的组件要完成移动等操作时，只靠上述输入信号的指示信息是做不到的，仍需对要操作的组件进行激活然后进行相应的操作，可见，证据3-7公开的指示页面可编辑的输入信号的作用不同于权利要求1中的组件的指示信息，因此证据3-7不能影响权利要求1的新颖性，进而作出了维持涉案专利权有效的审查决定。

---

① CN102439558A。

一审判决认为，根据本专利说明书第【0035】-【0038】段和权利要求 1 的记载可知，权利要求 1 中的"指示消息"应当是在组件已经处于待处理状态后，用于向移动终端指示该组件已经处于待处理状态的消息（下称 A 方案）。根据证据 3-7 第【0027】段的记载可知，通过用户的一个操作（例如用户转动移动装置），从而产生一个信号（例如旋转产生的运动信号），该信号是用于指示移动装置后续应当进入页面编辑状态，而并非指示移动装置已经处于页面编辑状态。因此，证据 3-7 中"指示页面编辑的信号"不能相当于权利要求 1 的"指示消息"。

在一审法院作出上述解释和认定之后，无效宣告请求人和专利权人均向北京市高级人民法院提出上诉。

二审判决认为，根据本专利说明书第【0036】-【0038】段的记载，当用户完成触发操作时，移动终端就会根据"指示消息"使组件处于待处理状态（下称 B 方案）。用户操作只是从外部的角度描述用户的行为，而权利要求 1 中的"移动终端获取组件处于待处理状态的指示消息"则是从移动终端的角度描述其根据用户的行为获取了"指示消息"，并且根据该消息使"组件处于待处理状态"。根据说明书第【0040】段所记载的内容，既然移动终端根据该指示消息才获知用户需要对组件进行处理，则不可能是移动终端将组件处于待处理状态之后，才生成该指示消息，从而向移动终端指示组件已经处于待处理状态了。因此，当移动终端将组件处于待处理状态时，必然已经获知了用户需要对组件进行处理，不可能根据用于表明组件已经处于待处理状态的指示消息才获知用户需要对组件进行处理。一审判决关于权利要求 1 中的"指示消息"应当是在组件已经处于待处理状态后，用于向移动终端指示该组件已经处于待处理状态的消息的认定有误。证据 3-7 的技术方案中，移动装置接收用于指示用于主屏幕的页面进行编辑的输入信号是为了指示主屏幕的页面可以进入编辑页面，并不涉及屏幕上的组件本身。而且证据 3-7 中处于编辑页面状态下的组件要完成移动等操作时，只靠输入信号的指示消息是做不到的，仍需对要操作的组件进行激活然后进行相应的操作，因此证据 3-7 公开的指示页面可编辑输入信号的作用不同于权利要求 1 的组件的指示信息。

■ **案件精解**

专利制度的法律价值是建立在权利要求保护范围正确、界限划定合理的基础上的，公开换保护的基本价值逻辑隐含着社会公众对于权利要求保护范围稳定、清晰的内在要求。为了减少主观差异对于技术事实的理解偏差，在授权、确权和侵权判定程序中认定权利要求保护范围时，都应当充分尊重授权公告文本的公示作用，从本领域技术人员的角度出发，基于公示信息的客观含义，作出符合技术逻辑和发明目的的解释。这也是《专利法》第64条规定"保护范围以其权利要求的内容为准，说明书及附图可以用于解释权利要求的内容"的内在含义。

就本案而言，首先，权利要求的文字记载是确定保护范围的主要依据。根据本专利权利要求1的记载，A方案和B方案均落入权利要求1的保护范围。

其次，以本领域技术人员的认知水平来认定技术事实，充分尊重专利文献的作用，基于发明目的理解技术方案。说明书的记载和附图的内容，本来就是重要的"内部证据"，用于帮助理解权利要求，以弥补文字记载的抽象、概括和局限。这些经过公布和确认的专利文献信息，不仅是专利确权的依据，也是社会公众获取技术信息、理解权利界限的基础，是客观存在的"专利权"的具体文字表达，理应被优先采纳。

本专利是涉及输入输出和后台处理的计算机程序专利，如果移动终端产生的内部指示消息通知移动终端，在外部用户看来就是用户触发后移动终端处理而已，因此从外部用户的使用角度来看，A方案与B方案的表现完全相同。根据说明书第【0036】-【0040】段的记载，"该指示消息可以是某一组件或者某些组件处于选定状态的指示消息"可能是A方案也可能是B方案，"用户点击移动终端的某一按键后触发的指示消息"应当是B方案，因此，仅根据说明书文字记载的内容，可以认为其包含有A方案和B方案。

进一步地，B方案较之A方案更符合本发明的发明目的和技术逻辑，为了提高用户的操作体验，用户点击后呈现待处理状态，即无需移动终端将用户的触发事件转为一个组件处于待处理状态，再将组件处于待处理状态的指示信息发给移动终端，移动终端再进行后续操作，而直接将用户的触发事件作为指示消息发给移动终端，移动终端马上进行后续操作。因此，如果本领域技术人员根据本发明的发明目的、输入输出与后台处理的逻辑关系来理解权利要求1的话，应当理解为B方案。

■ **案件小结**

无论在专利授权确权程序还是专利侵权判定程序中，都需要依据权利要求来界定专利权人与社会公众间的利益边界。在确定一项权利要求的保护范围时，应该站位本领域技术人员，同时考虑权利要求及说明书的内容，结合说明书记载的内容，对权利要求进行合乎发明目的的理解，这样得出的权利要求的保护范围才客观准确。

涉及输入输出和后台处理的计算机程序专利权利要求的理解亦应遵循上述规则，基于本专利的发明目的，充分考虑输入输出与后台处理的逻辑关系，合理划定权利要求的保护范围。

二、如何准确确定表达方式为程序语言或伪代码的现有技术公开的内容

案例 1-2 知博搜公司与索意互动关于搜索排序无效案

■ **案件信息**

【案件编号】4W112817

【决定号】WX53485

【专利号】ZL200810105725.1

【发明名称】对搜索结果重新排序的方法和系统

【国际分类号】G06F 17/30

【申请日】2008 年 5 月 4 日

【无效请求人】常州知博搜科技信息咨询有限公司

【专利权人】索意互动（北京）信息技术有限公司

【法律依据】《专利法》第 22 条第 3 款

■ **案情介绍**

本专利涉及一种对搜索结果重新排序的方法和系统，通过设置重排序表达式，用户可以对同一个搜索结果根据需要进行多个不同的排序，并能够首先关注他最期望看到的结果，同时可以完整地看到其他结果。

本专利授权公告时的独立权利要求 1 如下：

"1. 一种对搜索结果重新排序的方法，包括：

步骤一：根据接收到的搜索表达式对数据源进行搜索并获得搜索结果；

步骤二：获得用户兴趣，该用户兴趣是由用户输入的重排序表达式，其中重排序表达式包括重排序内容，其中重排序表达式与搜索表达式同时输入，根据重排序表达式，对步骤一的搜索结果中的所有文档进行重排序；

步骤三：以所述排序来显示所述搜索结果中的所有文档。"

无效请求人的无效理由之一是以证据1①作为最接近的现有技术，权利要求1相对于证据1与公知常识的结合不具备《专利法》第22条第3款规定的创造性。

无效决定认定：

证据1公开了一种使用代表性语义空间优化搜索文档数据库的方法和系统，并具体公开了如下内容：

下面介绍的是伪代码，用于根据聘用标准实施文档数据库的示例性搜索。

示例：假设一个概念数据库由加权术语词典，从简历存储库构建的简化术语矩阵以及带索引的可搜索文档工作描述的文档数据库组成：

查询："我是一名C++程序员，在面向对象的分析和设计方面经验丰富，正在寻求高级开发职位"（相当于重排序内容），要求的条件为"oop"，字段的要求为"Salary>＄60,000"。

布尔查询的形式可以是："body contains'oop'"and"Salary>'60000'"（相当于搜索表达式），返回符合这些条件的文档子集（即根据接收到的搜索表达式对数据源进行搜索并获得搜索结果）。接下来，通过计算查询文本的伪文档与文档数据库中存储的伪文档之间的余弦距离来生成结果的排序列表（即根据重排序内容，对搜索结果中的所有文档进行重排序；以所述排序来显示所述搜索结果中的所有文档）。

结果：

1. <key>Job6531</key>

<Job-title>高级软件工程师</job-title>

<salary>75000</salary>

<body>Acme software 正在寻找用于信号处理应用程序设计和开发的高级软件工程师。候选人应精通C++，并具有OOAD和OOP的经验。</body>

得分：0.78

2. <key>Jobl345</key>

<Job-title>高级软件开发人员</job-title>

<salary>62000</salary>

<body>这家初创公司寻找具有四（4）年以上动手C++和OOP编程经验并且至少有五（5）年整体软件工程经验来开发文本消息系统的程序员。</body>

得分：0.76

---

① US6847966B1.

由证据 1 公开的内容可知，其公开的搜索方法虽然也可以实现搜索与显示的排序，但表示其显示需求的重排序内容并不是以重排序表达式的方式与搜索表达式同时输入，进而实现搜索与显示的。因此，权利要求 1 与证据 1 相比存在如下区别技术特征：重排序表达式包括重排序内容，其中重排序表达式与搜索表达式同时输入。基于该区别技术特征可以确定权利要求 1 相对于证据 1 实际解决的技术问题是在搜索结果不减少的情况下，如何提高用户对搜索结果的浏览效率，使用户能够更快更准确地获得需要的信息。

综上所述，证据 1 未公开上述区别技术特征，目前也没有证据证明该区别技术特征是本领域的公知常识。权利要求 1 由于采用了上述处理手段，实现了在搜索结果不减少的情况下，使用户能够更快更准确地获得需要的结果的技术效果。因此，无效请求人所主张的权利要求 1 以证据 1 为最接近的现有技术结合公知常识的组合不具备《专利法》第 22 条第 3 款规定的创造性的无效理由不成立。

■ **案件精解**

（一）计算机程序的表达方式

如前所述，计算机程序是一组指示计算机或其他具有信息处理能力装置执行动作或作出判断的指令，通常用某种程序设计语言编写，运行于某种目标计算机体系结构上。也就是说，在实际的计算机系统中，驱动计算机硬件运行的计算机程序则可以采用不同的程序语言来进行编写。

最初的计算机程序是用机器语言编写的，这种内置在计算机电路中的指令复杂且难以记忆，有些程序员就开发了人工程序设计语言，即汇编语言。随着硬件日趋强大，系统软件与应用程序分离，视窗技术的崛起以及万维网的普及，出现了类似于英语语句编写指令的高级语言，例如 C、Java、HTML、Python 等。也许有一天，连人类语言都能成为一种程序语言驱动计算机，但由于人类语言有不少模糊不清楚之处，目前会采用介乎自然语言和程序语言之间的伪代码来表达计算机程序的解决方案。伪代码并非一种计算机语言，而更像一种人们用来说明操作的便捷语言，伪代码语句通常包括变量、赋值、输入/输出、重复、选择等。

由此可见，不同的程序语言、伪代码以及权利要求请求保护的方法和装置都可以是同一计算机程序的不同表达方式。这些表达方式之间是可以"翻译"的，例如，高级语言通过编译器转换成机器语言，一个伪代码语句可以被翻译成汇编语言，一种涉及计算机程序的方法可以通过多种程序语言来实现。如何做好"翻译"工作是考验所属领域的技术人员技术水平的重要内容，无论是开发了计算机软件之后申请专利时，还是在考量专利申请是否具备新颖性或创造性时，都需要客观准确地将涉及计算机程序语言或伪代码的现有技术"翻译"成涉及计算机程序的方法和装置。

（二）从"程序语言"或"伪代码"到"涉及计算机程序的方法和装置"

众所周知，涉及计算机程序的专利申请底层均会涉及程序语言（或伪代码），但由于程序语言（或伪代码）非自然语言，且受到程序语言语法本身的限制，因此涉及计算机程序的专利申请的技术方案不会直接以程序语言（或伪代码）的形式予以呈现。事实上，程序语言（或伪代码）体现了技术方案本身并承载了技术方案的实现，因此当现有技术以程序语言（或伪代码）的方式予以呈现时，需要从中解析其表达的含义，进而准确确定现有技术公开的内容。本案所涉及的证据 1 是采用伪代码来表达计算机程序的现有技术，如何将其"翻译"成涉及计算机程序的方法和装置并与本专利权利要求请求保护的技术方案进行对比是本案的难点。

作为最接近现有技术的证据 1 是名称为"使用代表性语义空间优化搜索文档数据库的方法和系统"的美国专利文献，具体使用的部分为以伪代码的形式表述的一项技术方案，伪代码是一种介于自然语言与程序语言之间的表述形式，类似于一种简写的自然语言或是一种类程序语言，重在表达计算机程序的语义和算法过程，而不在于运行，故而需要结合伪代码的特点解析其表达的含义，确定其记载的方案。

证据 1 假设文档数据库索引具有以下示例字段结构：

```
<key>Job0001</key>
<Job-title>job title here</job-title>
<salary>45000</salary>
<body>this is the body of the job description</body>
```

以上采用伪代码的方式分别表明聘用标准的文档数据库的字段，类 XML 语言，例如<key>表示字段开始，</key>表示字段结束，包括关键字、工作职位、薪水、工作要求等。

接下来，布尔查询的形式可以是"body contains 'oop'"and "Salary > '60000'"，以上是布尔表达式，布尔表达式是评价为真或假的表达式，所属领域的技术人员知晓其表明要求的条件为具有 OOP（面向对象开发）的经验

且薪水高于 $ 60,000，如果符合此条件则显示该查询结果，如果不符合则不显示，随后显示的结果 1 和结果 2 均符合该条件，并通过其得分表明其排序。

通过分析证据 1 可知，其采用"body contains 'oop'" and "Salary > '60000'"的布尔表达式在文档数据库中进行搜索，相当于本专利权利要求 1 的步骤"根据接收到的搜索表达式对数据源进行搜索并获得搜索结果"，最后显示的结果 1 和结果 2 等，相当于本专利权利要求 1 的步骤 "以所述排序来显示所述搜索结果中的所有文档"。即所属领域的技术人员通过分析伪代码，可以确定其所公开的计算机程序的方法步骤从而与本专利权利要求所请求保护的技术方案进行对比。

以上是所属领域的技术人员对伪代码的解读，对程序语言的解读也类似。相对伪代码而言，程序语言具有严谨的语法，更加严密且可执行，不仅是计算机程序的一种表达方式，更是计算机程序的一种实现方式。对于诸如编程人员等涉及计算机程序领域的技术人员来说，伪代码或程序语言就如同他们用自然语言交流一般熟悉且常用，而且从某种程度上来说，伪代码或程序语言较之自然语言更精确更周整，所属领域的技术人员运用其所知晓的程序语言知识分析程序语言，可以获得该计算机程序所实现的功能及其具体实现的步骤，从而确定涉及该计算机程序的方法和装置。

■ 案件小结

当现有技术以程序语言或伪代码的方式予以呈现时，需要从所属技术领域的技术人员角度解析上述程序语言或伪代码所表达的含义，进而准确确定现有技术公开的内容。

具体来说，所属技术领域的技术人员运用其所熟知的程序语言的语法或伪代码所表达的计算机程序的语义和算法过程，将上述程序语言或伪代码解读成涉及计算机程序的技术方案。

三、输入输出能否确定后台处理的实现方式

案例1-3　二三四五公司与奇虎公司、奇智公司关于网络支付无效案

■ 案件信息

【案件编号】4W107478

【决定号】WX38354

【专利号】ZL201210517618.6

【发明名称】网络支付方法及系统

【国际分类号】G06Q 20/16、G06Q 20/40、G06Q 20/42、H04L 29/06

【申请日】2012 年 12 月 5 日

【无效请求人】上海二三四五网络控股集团股份有限公司

【专利权人】北京奇虎科技有限公司、北京奇智商务咨询有限公司

【法律依据】《专利法》第 22 条第 3 款

■ 案情介绍

本专利涉及网络支付方法及系统。本专利授权公告时的独立权利要求 1 如下：

一种网络支付方法，包括：接收来自客户端的第一支付请求，所述第一支付请求包括目标对象信息和用户信息，所述目标对象适于由用户进行操作并适于在一个或者多个服务器上提供，所述目标对象信息包括提供该目标对象的服务器信息；以及根据预先存储的用户关联信息，对第一支付请求进行验证，并根据验证结果确定是否允许进行网络支付；其中，所述第一支付请求通过在目标对象所在的官方网站上选择相应的充值接口的方式来发送或者由用户访问具有所述目标对象信息和所述用户信息的 URL 来发送；所述用户关联信息包括用户的用户信息以及与该用户相关联的服务器列表，以及对第一支付请求进行验证包括确定所述目标对象信息中的服务器信息是否包含在所述用户关联信息中的与该用户相关联的服务器列表中。

无效决定认定：证据 1-2① 公开了一种手机支付及支付宝直充支付的方法，支付流程为：

1. 输入手机支付页面网址或者在光宇社区充值兑换页面选择手机支付选项。2. 输入光宇社区账号和密码。3. 选择充值类型，如果选择充值光宇币，则只需输入想充值金额，点击确定即可；如选择充值游戏元宝，则需填入游戏区服。4. 点击充值，跳转到验证页面，输入验证码，点击确定，即可进入中国移动支付页面，输入手机支付账号和密码，即可充值成功。

其中，证据 1-2 中的图 2 为用户输入界面，该界面显示向用户提供了如下输入选项："选择充值类型"（使用单选框显示"光宇币"或"游戏元宝"）、"选择兑换游戏"（使用下拉菜单选项并显示选项"问道"）、"线路选择"（使用下拉菜单选项并显示选项"网通"）、"服务器"（使用下拉菜单

---

① 手机支付及支付宝直充支付功能开启公告［EB/OL］.（2010-12-23）［2024-06-11］. http://wd. gyyx. cn/News/News/NewsDetail_New. aspx？NewsID=53212.

选项并显示选项"紫气东来")、显示文本信息"还没有激活服务器？点此激活"、"填写光宇币数量"（使用文本输入框）、"支付金额"（使用文本输入框）、显示文本信息"充值账号：test1224"。

由证据1-2公开内容可知，其公开的手机支付方法显然也是一种网络支付方法，手机相当于权利要求1中的客户端，网络系统通过上述用户界面接收来自手机用户的支付请求（相当于权利要求1中的第一支付请求），用户可以在下拉菜单选项中选择兑换的游戏（相当于权利要求1中的目标对象），并且在下拉菜单选项中选择相应游戏对应的服务器（相当于权利要求1中的目标对象的服务器信息，并且由使用下拉菜单选项可知，所述服务器为一个或多个）为充值账号（相当于权利要求1中的用户信息）进行充值，且用户的上述支付请求是通过输入手机支付页面网址来发送的。

对于如何认定软件系统中用户界面的公开内容，应当从方案的所属领域、用户界面所呈现信息以及软件系统自身特点等方面综合考虑，并且是能够从其记载内容直接地毫无疑义地确定的内容。本案中，证据1-2涉及网络游戏领域，具体涉及网络游戏中如何为玩家提供便利多样的充值方式。用户在充值的时候将面临游戏角色和游戏对应区服的选择，选择正确才能充值成功，否则将可能导致充值错误或无法充值。而对于用户界面而言，其首要功能是实现用户与软件系统的交互，即数据的输入。从证据1-2界面显示可以看出，其向用户提供了进行游戏、服务器等数据的输入接口，满足了项目数据输入的功能需求，但交互是否充分友好即所选定的游戏和服务器是不是用户想要或应当选取的、该软件系统后台实现上是否对此作出了处理，仅从当前记载并不能得知，虽然界面显示在选项下面显示文字内容"还没有激活服务器？点此激活"，其也仅是以询问的语气对用户进行释明，由此仅能得出如果没有激活服务器可在此处执行点击操作以激活服务器，并不能必然得出该信息是在用户执行了游戏、服务器的选择之后，系统后台进行了判断并据此对用户的充值资格进行鉴权之后发出的系统提示。综上，证据1-2未公开"所述用户关联信息包括用户的用户信息以及与该用户相关联的服务器列表"。最终，无效决定维持专利权有效。

■ **案件精解**

随着互联网的普及，越来越多的网页被作为证据使用，根据网页上的输入输出能否获得其后台处理的实现方式往往成为案件争议焦点。

通常，网页上呈现的内容往往是其实现的功能和达到的效果，而上述功能和效果是如何实现的并不能通过网页上呈现的内容获知，即使网页上的输入内容和输出内容相同，也可能会存在多种后台程序实现方式。本案即是这种情形，请求人认为网页上的一句提示语言就可以得到游戏充值之前需要激活服务器并对用户充值资格进行鉴权，并进一步推知用户信息必然包括与该用户信息关联的服务器列表。但实际上，从网页上体现的内容或者网页的充值流程步骤并不能确定网页的后台程序执行了鉴权操作，也无法确定后台程序将用户信息与服务器列表进行了关联。

那么，如何根据现有的网页证据或者计算机程序产品确定后台程序的实现方式？

在某些情况下，本领域技术人员可以通过尝试不同的输入内容来获得相应的输出内容，如果多个不同的输入内容都能指向同一输出内容，或者从多个输入内容和相应的输出内容能够指向同一个后台程序实现方式的话，上述尝试获得的程序后台实现方式就是能够确定的技术方案。此外，本领域技术人员如果能够利用技术手段，解析还原获得该网页内容后台对应的程序代码，则该程序代码中所体现的技术内容是能够作为比对基础的技术方案，因而也就是能够确定的技术方案。

如本案中，当事人可以通过多个不同权限用户充值的过程来证明后台程序确实需要鉴权，并通过多个不同权限的用户所对应的服务器列表不同来证明用户与服务器列表进行了关联。或者通过还原网页源代码并在源代码中找出相应的鉴权程序代码以及用户信息与服务器列表关联的程序代码。

不仅网页证据中存在上述问题，计算机软件也同样存在这样的问题。计算机软件安装运行后，呈现给用户的是其输入输出所显示的功能和效果，由于编制计算机软件的程序不同以及不同程序员的编程方式不同，并不能根据计算机软件输入输出的内容唯一确定该程序的实现方法步骤，仅能确定其实现的功能和效果，因此，如果需要确定实现该功能和效果的具体方法步骤，就需要解析出其程序代码内容。同样地，本领域技术人员也可以通过尝试验证的方式来获得计算机程序的后台实现方式。

■ **案件小结**

对于软件系统和网站网页中输入输出公开内容的认定，应当从方案的所属领域、输入输出所呈现信息以及软件系统或者网站网页的自身特点等方面综合考虑。本领域技术人员可以根据所掌握的知识，通过反向工程的手段获得后台数据，从而确定后台程序的实现手段。也可以通过多组输入输出数据的比对，获得输入输出数据的规律，总结出实现该输入输出规律的特定方法，从而确定其后台程序实现手段。

四、计算机程序数据处理流程特征在创造性判断中的考量

案例1-4　维盟公司与敦骏公司关于虚拟Web服务器无效案

■　案件信息

【案件编号】4W105447

【决定号】WX33077

【法院判决号】（2017）京73行初8629号、（2020）最高法知行终282号

【专利号】ZL02123502.3

【发明名称】一种简易访问网络运营商门户网站的方法

【国际分类号】G06F 9/06、G06F 17/00

【申请日】2002年6月28日

【无效请求人】深圳维盟科技股份有限公司

【专利权人】原为华为技术有限公司，后变更为深圳敦骏科技有限公司

【法律依据】《专利法》第22条第3款

■　案情介绍

现有技术是一种强制Portal技术，简称为目的地址转换+源地址转换+重定向技术（DNAT+SNAT+Redirect），包括：在接入服务器端正常的IP包处理流程中引入目的地址转换（DNAT）和源地址转换（SNAT）相结合的技术，和在门户网站（Portal_Server）端引入重定向（Redirect）的技术。

本专利的技术方案由于去掉了目的地址转换（DNAT）和源地址转换（SNAT）的过程，故简化了强制门户网站的处理过程，同时由于"虚拟Web服务器"是在接入服务器的软件上实现的，对它的访问要比访问实际网站快，故提高了强制门户网站的速度。本专利权利要求1和2如下：

"1.一种简易访问网络运营商门户网站的方法，其特征在于包括以下处理步骤：

A.接入服务器底层硬件对门户业务用户设备未通过认证前的第一个上行HTTP报文，直接提交给'虚拟Web服务器'，该'虚拟Web服务器'功能由接入服务器高层软件的'虚拟Web服务器'模块实现；

B.由该'虚拟Web服务器'虚拟成用户要访问的网站与门户业务用户设

备建立 TCP 连接，'虚拟 Web 服务器'向接入服务器底层硬件返回含有重定向信息的报文，再由接入服务器底层硬件按正常的转发流程向门户业务用户设备发一个重定向到真正门户网站 Portal_Server 的报文；

C. 收到重定向报文后的门户业务用户设备的浏览器自动发起对真正门户网站 Portal_Server 的访问。

2. 根据权利要求 1 所述的一种简易访问网络运营商门户网站的方法，其特征在于：所述的步骤 A，由门户业务用户在浏览器上输入任何正确的域名、IP 地址或任何的数字，形成上行 IP 报文；所述的步骤 B，由'虚拟 Web 服务器'虚拟成该 IP 报文的 IP 地址的网站。"

证据 2[①] 涉及把用户从一个所请求的网络目的地改向到一个或多个不同的网络目的地的系统和方法。根据该发明的一个实施例实现改向方法的计算机系统 10，计算机系统 10 包括多个计算机 14，它们能经由网关装置 12 与一个或多个在线服务 22 通信，网关装置 12 提供计算机 14 与各网络 20 或在线服务 22 之间的接口。该发明的系统和方法中断这一传统的过程，把用户改向到与用户请求的目的地不同的一个目的地，这由上述网关装置或类似硬件完成，它们位于用户计算机和网络目的地之间以允许网络访问。用户改向可由维持这种硬件的实体来完成，例如 ISP 或维持本地网络的实体。根据本发明的一个实施例，对用户改向是由主页改向（HPR）过程完成的，该过程由网关装置 12 进行，或由改向单元 28 进行，该单元与网关装置 12 通信并位于网关装置 12 的内部或外部。在收集了来自用户的任何附加登录信息并确定该用户有权访问一个第二网络之后，把该用户的计算机改向到与目的地址不同的地址处的入口页，为实现把用户改向到一个入口页，网关装置 12 拦截由用户浏览器向原始服务器发送的原始网页请求（方框 40、42），并记录该原始服务器的标识，在拦截该请求之后，网关装置 12 修改该请求（方框 42），从而把该请求发送到改向服务器，它是位于该网关装置 12 的内部或外部的一个临时服务器；在收到被改向的网页请求（方框 42）之后，改向服务器通过网关装置（方框 46）向用户浏览器发送一个响应（方框 44），网关装置 12 可以修改该响应中的 IP 报头，以表明网关装置 12 是用户请求的网页（方框 46），来自改向服务器的响应表明该改向服务器是所请求的网页，该响应还包括把浏览器改向到入口页的指令，以及一个自动刷新消息，在用户浏览器收到改向消息（方框 48）之后，浏览器将触发一个对该入口页的获取请求，该请求由入口

---

① WO01/31886A2.

页接收（方框52），然后把该入口页发送（方框52）到用户浏览器（方框54）。根据本发明的一个方面，改向服务器的协议栈假装为用户输入的目的地，其长度足以完成连接或"握手"，在此之后该协议栈把用户引导到入口服务器，它对网关装置而言可以是本地的，以利于高速通信。

无效决定认为，当改向单元位于网关外部时，如图1-1所示的位于网关装置外部的改向服务器44，证据2中公开了在网络改向的过程中网关装置要拦截并修改用户浏览器的请求从而将该请求发送到改向服务器，以及网关装置拦截并修改从改向服务器返回的响应，例如修改源IP地址等；其中网关装置修改请求实质上就是将用户要访问的网页地址修改为改向服务器的地址，即目的地址转换的过程，网关装置修改响应实质上就是将改向服务器的地址修改为用户要访问的网页地址，即源地址转换的过程。此外，证据2中还公开了网关装置和改向服务器均是由硬件实体来实现的，以及根据用户附加登录信息确定用户有权访问第二网络后才从目的地址改向到另一地址的入口页。可见，权利要求1与证据2的区别技术特征在于：（1）权利要求1中的A步骤，即接入服务器底层硬件对门户业务用户设备未通过认证前的第一个上行HTTP报文，直接提交给"虚拟Web服务器"，该"虚拟Web服务器"功能由接入服务器高层软件的"虚拟Web服务器"模块实现；以及（2）权利要求1中的B步骤，即由该"虚拟Web服务器"虚拟成用户要访问的网站与门户业务用户设备建立TCP连接，"虚拟Web服务器"向接入服务器底层硬件返回含有重定向信息的报文，再由接入服务器底层硬件按正常的转发流程向门户业务用户设备发一个重定向到真正门户网站Portal_Server的报文。针对上述区别特征（1）和（2），证据2还提及了改向服务器的协议栈假装为用户输入的目的地，其长度足以完成连接或"握手"，在此之后该协议栈把用户引导到入口服务器，它对网关装置而言可以是本地的，由此可见，证据2上述内容仅仅公开了改向服务器的协议栈假装为用户输入的目的地并通过改向服务器的协议栈把用户定向到入口服务器，然而其并未公开将用户定向到入口服务器的操作流程，也未公开任何关于用户浏览器端和网关装置、网关装置和改向服务器以及改向服务器和入口服务器之间的操作流程、数据转发的流程以及实现手段，因此其并未公开上述区别特征（1）和（2），也未给出相关的明确启示和教导。而且，虽然对于本领域技术人员来说，通过软件模拟实现计算机硬件设备的功能已属常用技术，但目前尚无证据能够证明上述区别特征所涉及的具体实现手段属于本领域技术人员为解决上述技术问题而惯常采用的手段或公知常识。因此，请求人关于权利要求1相对于证据2结合公知常识不具有创造性的主张不成立。据此，维持专利权有效。

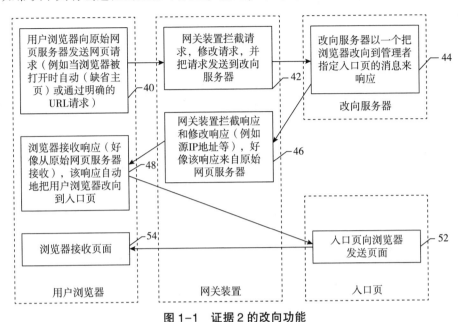

图1-1　证据2的改向功能

一审判决认为，改向服务器系作为硬件实体的网关装置内部的临时服务器，尽管单纯从技术层面上看，其既可以是硬件形式的，也可以是软件形式的；然而证据2并没有明确公开该改向服务器可以是软件形式的，也没有任何内容可以直接地、毫无疑义地确定该改向服务器是一个软件形式的服务器。而且，按照本领域技术人员的通常理解，"服务器"通常用来指硬件服务器，如果是软件形式的服务器，则通常会称为"虚拟服务器"。尤其需要考虑的是，证据2的申请日系2000年，按当时的技术水平来讲，"服务器"一词更大的可能是指硬件服务器。综上，本领域技术人员基于证据2公开的内容，无法直接地、毫无疑义地确定其"改向服务器"采取的是以软件形式实现的服务器。因此，不能认为证据2已经公开了权利要求1中的"虚拟Web服务器"。据此，被诉决定认定的权利要求1与证据2相比存在的区别特征并无不当，一审判决维持被诉决定。

二审判决认为，首先，在本案无效宣告请求行政审查和行政诉讼一审阶段，无效请求人并未提交在本专利申请日之前，通过软件实现证据2所公开的"改向服务器"属于本领域公知常识或者常规技术手段的相关证据。其次，关于本案二审中提交的相关证据。（1）上诉人二审提交的证据均为期刊论文，并非公知常识性证据；（2）上诉人二审提交的证据（除证据8外）所涉及的

"虚拟 Web 服务器"均属于直接应用于计算机的技术方案，而本专利的"虚拟 Web 服务器"则应用于宽带接入设备上，两者的应用场景明显不同。(3) 上诉人二审提交的证据中所称的由软件实现的"虚拟 Web 服务器"和本专利的"虚拟 Web 服务器"作用明显不同：上诉人二审提交的证据中的"虚拟 Web 服务器"并不能生成指向门户网站 Portal_Server 的重定向报文，不涉及重定向到门户网站。最终，二审法院驳回了上诉人的上诉请求。

■ **案件精解**

本案关于创造性判断的焦点在于，证据 2 中的改向服务器能否相当于权利要求 1 中的虚拟 Web 服务器。其中包含两个层次的考量，第一，如何考量处理流程；第二，如何考量软件和硬件的实现，如果从硬件实现的服务器改进为软件实现的虚拟服务器是否容易想到。

关于第一层次，涉及计算机程序的发明专利的权利要求不仅可以包含装置部件特征，也可能包含数据处理流程或者信号流向的技术特征。在考虑权利要求的创造性时，除了将装置部件特征进行比对来确定其功能是否相同，还需要对比数据处理流程或者信号流向，从而判断权利要求是否相对现有技术作出了创造性的改进。无效决定首先从服务器与网关装置（接入服务器）的关系入手确定从形式上看权利要求 1 与证据 2 的服务器不同，然后通过具体分析证据 2 中的网页请求发送和处理流程与权利要求 1 中的报文处理流程从而确定上述处理流程不同，以上区别也成为创造性的考量因素。

关于第二层次，正如二审判决所述，应当站在对比文件公开的日期来确定对比文件公开的技术内容，并且应当站在本专利的申请日时本领域技术人员的知识和能力来确定本专利的创造性。本专利申请时间为 2002 年，本领域技术人员根据证据 2 的记载无法直接地、毫无疑义地确定其"改向服务器"采取的是以软件形式实现的服务器。而本专利的"虚拟 Web 服务器"可以运行在任何计算装置上而不需要特定的服务器，其通过软件实现从而获得节省与外部服务器的数据传输、减小数据传输的延时、减少底层硬件负担的技术效果。进一步地，以申请时本领域技术人员的知识和能力，根据证据 2 公开的技术内容，在无其他现有技术的启示下，并不容易想到将其中硬件实现的改向服务器改进为本专利的软件实现的虚拟服务器。

引申地，如果证据公开的是软件实现的虚拟装置，本领域技术人员是否容易想到将其改进为硬件实现的装置？这种情况下，需要考虑该硬件装置是纯硬件装置，还是存在运行在硬件装置上的软件。这里所说的纯硬件装置是基于电子电路搭建起来的实现特定功能的运算电路，该运算电路无须加载任何软件，而如果加载了软件，则应当是具有运行在硬件装置上的软件。如果是纯硬件装置，则需要看是否需要付出创造性劳动。而如果包含了运行在硬件装置上的软件的装置实现了相同功能，那么由虚拟装置则是容易想到的。

计算机程序作为一种软件，其必须要在硬件设备上运行，因此，一般提到软件，本领域技术人员会认为必然存在运行该软件的硬件设备。虽然本领域技术人员普遍有上述认识，但是，为了明确权利要求的保护范围，在涉及计算机程序的专利申请文件中，还是应当在说明书相关部分内容中明确记载相关装置具有硬件、软件两种实现方式。相应地，在权利要求中，相关装置特征也会被认为是包含了硬件、软件两种实现方式的技术手段。根据需要，也可以在权利要求书中分别撰写装置权利要求和方法权利要求。但在涉及计算机程序的发明专利的说明书和权利要求书中，如果仅记载计算机程序流程的各个步骤或与其完全对应一致的各组成部分，往往会被认为属于软件实现的方式，而不包含硬件实现方式。

■ 案件小结

涉及计算机程序的发明专利如果不仅包含装置部件的技术特征，还包含数据处理流程、信号流向等技术特征，在判断其是否具备创造性时，不仅需要对比装置部件是否相同，还要具体对比数据或者信号在装置部件间传输的步骤是否相同，并综合考虑上述区别技术特征是否给权利要求的技术方案带来了相应的技术效果，进而综合判断权利要求的技术方案相对于现有技术是否具有预料不到的技术效果。由于计算机程序中的数据处理流程、信号流向等技术特征可能由硬件装置作为载体来实现真实的数据传输，也可能仅仅是由计算机程序流程实现的数据处理和数据传输，因此，在某些案件中，还需要结合技术方案来判断数据处理流程、信号流向等技术特征的具体实现方式。

五、发明构思对创造性判断的影响

案例1-5 飞利浦公司关于病例报告示意图复审案

■ 案件信息

【案件编号】1F208905

【决定号】FS124774

【专利申请号】201180061512.3

【发明名称】解剖结构中异常的图片报告示意图的生成

【国际分类号】G06F 17/27、G06F 19/00

【申请日】2011 年 12 月 16 日

【复审请求人】皇家飞利浦电子股份有限公司

【法律依据】《专利法》第 22 条第 3 款

■ 案情介绍

现有技术中，每位病患在整个护理周期可能会发生病变部位（即权利要求的"异常部位"）的转移或扩散，通常需要借助多种成像模态（例如 X 射线、超声）采集图像来对病患的病变部位进行追踪，并生成相应文字研究报告。医生需要阅读大量的文字研究报告来了解病情的发展，这是费时费力的工作，且容易出现误诊。

为解决上述技术问题，本申请提出一种用于从报告中自动提取病变部位相对于解剖结构的位置的系统，该系统对病患的研究报告进行语义分析，确定出病变部位在解剖结构中的位置，并将其在解剖结构示意图上进行注释，从而使医生可以直观准确地获取相应信息。

本申请复审时的权利要求 1 如下：

"1. 一种用于从报告中自动提取异常部位相对于解剖结构的位置的系统（SYS），所述系统包括：

－分词器（U10），其用于将所述报告或者其部分分词，因而产生多个词元；

－分析器（U20），其用于识别包括所述多个词元中的被识别词元的，描述所述异常部位相对于所述解剖结构的位置的语义结构；以及

－映射器（U30），其用于基于所识别的语义结构，在表示所述解剖结构的示意图（31）上通过注释所述示意图指示所述异常部位相对于所述解剖结构的位置。"

对比文件1① 公开了一种报告生成支持装置和相应的方法，并具体公开了（如图 1-2、图 1-3 所示）：

该系统首先要根据已有报告 120 和图像 110 生成病例数据 100，病例数据 100 可以包括病例图像 110 和对应的放射报告 120，优选地，还包括感兴趣区域 ROI 的位置信息。

① US2007/0237377A1.

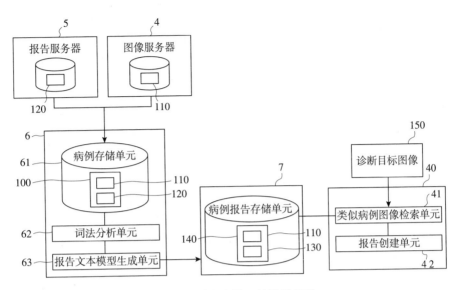

图 1-2　对比文件 1 的装置架构

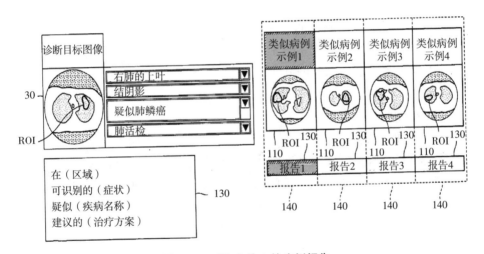

图 1-3　对比文件 1 的病例报告

在模板生成阶段：该系统的报告文本模型生成模块 6 把病例数据中的放射报告中部分涉及病例图像特征的词语或短语变为可替换的，进而生成模板 140，该模板 140 不仅包括病例图像 110，还包括病例图像 110 中 ROI（感兴趣区域）的位置信息。其中，报告文本模型生成模块 6 包括词法分析单元 62，用于对任意格式的放射报告 120 的报告文本进行结构分析，将报告文本分词并将提取的词汇与医学词典等进行查对以确定词汇和片段的含义，提取描述病例的病例图像特征的单词或词组。报告文本模型生成模块 6 还包括报告文本模型生成单元 63，其结合识别选定的单词或词组以及相应的病例图像生成病例报告生成模板 140，病例报告生成模板 140 还包括病例图像 110 中 ROI 的位置信息；从原任意格式的放射报告 120 的报告文本中提取关于区域位置的描述"右肺的上页"、关于症状的描述"结阴影"、关于疾病名称的描述"肺鳞癌"以及治疗方案的描述"肺活检"。

在模板使用阶段：由医生在工作站操作，先在所显示的诊断目标图像上指明 ROI，系统据此检索得到相似病例的图像，此时系统利用病例报告生成模板 140 中 ROI 的位置信息，在图像上标记 ROI。一旦医生选定病例图像，就取出并显示相应的报告文本样本 130。最后，利用该报告文本样本 130 和诊断目标图像，生成诊断目标图像的放射报告 120 并将其存入报告服务器 5 中。

驳回决定认为：对比文件 1 未明确公开权利要求 1 的"分词器"、"分析器"和"映射器"这样的功能单元架构，但该区别特征属于本领域惯用的技术手段，因此，权利要求 1 的方案不具备创造性。

复审决定认为：权利要求 1 请求保护的技术方案相对于对比文件 1 的实质区别仅在于映射器及其功能，但对比文件 1 与权利要求 1 的构思迥异，由对比文件 1 作为最接近的现有技术出发不能显而易见地得到权利要求 1 的技术方案，即权利要求 1 具备创造性，撤销驳回决定。

■ **案件精解**

发明构思一般是指，在发明创造的完成过程中，发明人为解决所面临的技术问题在谋求解决方案的过程中所提出的技术改进思路。涉及计算机程序的专利（申请）通常以方法步骤的形式进行描述，而发明构思不仅体现在某些步骤的提出和运用，同时也可能包含在各步骤间的先后逻辑之中，在进行发明构思的比对时，均应进行考虑。即使权利要求的主题类型为装置，也多是从功能角度对组成装置的各个程序模块进行限定，由于各程序模块与方法步骤一一对应，其限定的方案实质仍体现的是方法步骤的内在逻辑，其考虑方式与方法权利要求一致。

具体到本案，本申请权利要求 1 要解决的技术问题是文字报告不够直观，该方案应用的具体场景为解读已有的报告，采用的技术手段是提取已有文字报告中的位置信息的作用为在图像上标记异常部位相对于解剖结构的位置，因此权利要求 1 的方案先要对已有报告的文字内容进行分词、分析，再据此在示意图上指示异常部位相对于所述解剖结构的位置，也即文字报告的生成在先，在示意图上指示在后。权利要求 1 的主题是系统，属于装置权利要求，其各组成部分实质上体现了包含各步骤先后顺序的上述技术构思。

而从整体上来看，对比文件 1 的发明构思为利用已有报告生成的模板生成新的报告，提取已有报告中的位置信息发生在模板生成阶段，其作用为使得这些信息变为可替换的，进而生成模板，其作用并非用于在图像上指示异常部位相对于解剖结构的相对位置，且也无需应用该信息在图像上指示异常部位的位置，因为对比文件 1 的具体场景为利用已有的报告来生成新报告，由于在新报告的生成过程中，先要在待诊断图像上选定 ROI（即，标记异常部位的位置），基于此才能检索类似病例图像以及相应的报告文本样本，进而生成待诊断图像的文字报告，即在图像上指示异常部位的位置在先，生成文字报告在后。即，对比文件 1 的发明构思起始于先在图像上标记异常部位的位置，才继续后面的文字报告的生成步骤，在客观上并不存在需要根据生成的文字报告在图像上标记异常部位的技术问题，进而本领域技术人员也就不存在对对比文件 1 进行改进的动机。

由此可见，由于本申请和对比文件 1 要解决的技术问题不同，虽然两者均涉及从报告中自动提取异常部位相对于解剖结构的位置的技术手段，但由于该手段在各自方案中的步骤顺序不同，造成该手段在各自的整体方案中起到的作用不同，进而导致两者的发明构思存在显著的差异。当本领域技术人员以对比文件 1 作为技术起点时，即便区别特征"映射器及其作用"属于公知常识，本领域技术人员也没有动机将其结合到对比文件 1 中获得本申请的技术方案，并且，权利要求 1 请求保护的技术方案获得了能够使得临床医生易于理解异常部位相对于解剖结构的位置并易于随时间追踪不同异常部位的有益效果，因此权利要求 1 请求保护的技术方案具有突出的实质性特点和显著的进步，具备创造性。

■ 案件小结

计算机程序专利（申请）的发明构思，不仅蕴含于各步骤的实质内容中，还存在于各步骤之间的逻辑顺序中。无论是以各个步骤限定的方法权利要求，还是由一组程序模块限定的装置权利要求，都应同时关注上述两方面。

在判断涉及计算机程序的专利（申请）的创造性时，应当站在本领域技术人员的角度，将本专利（申请）与现有技术的技术方案进行整体比较。即使对比文件公开了各步骤的部分内容，但某些关键步骤的先后顺序不同，则可能造成与本专利（申请）的发明构思迥异，客观上并不存在与本专利（申请）实际解决的技术问题所对应的缺陷，那么该对比文件并不适合作为最接近的现有技术来评价本专利（申请）的创造性。

六、多主体实施计算机程序方法专利侵权判定

在专利侵权判定过程中，最基本的原则就是"全面覆盖原则"，即要求被控侵权产品或者方法将权利要求所记载的技术方案的全部技术特征再现，既包括相同也包括等同，缺一不可。在传统技术领域，判断技术特征是否落入保护范围相对较为简单，只要对所有技术特征做逐一对比即可，但是在计算机软件专利中，技术特征的对比碰到了一个障碍：涉及计算机程序的专利通常为方法权利要求，并且可能包含多个实施主体，而真正实施侵权行为的往往只是其中一个主体，直接侵权难以判定。

下文将针对一个典型多主体实施侵权案例进行分析，阐释法院对于全面覆盖原则的适用和例外。

案例1-6　敦骏公司与腾达公司关于多主体实施侵权案

■ 案件信息

【法院判决号】（2018）鲁01民初1481号、（2019）最高法知民终147号

【专利号】ZL02123502.3

【发明名称】一种简易访问网络运营商门户网站的方法

【国际分类号】G06F 9/06

【申请日】2002年6月28日

【一审原告及二审被上诉人】深圳敦骏科技有限公司（以下简称敦骏公司）

【一审被告及二审上诉人】深圳市吉祥腾达科技有限公司（以下简称腾达公司）

【法律依据】《专利法》（2008）第11条第1款、第59条第1款、第65条第1款、《最高人民法院关于审理侵犯专利权纠纷案件应用法律若干问题的解释》第7条、《最高人民法院关于审理侵犯专利权纠纷案件应用法律若干问题的解释（二）》第27条。

■ 案情介绍

涉案专利为案例1-4中被提起无效的发明，权利要求1即核心技术方案，为一种简易访问网络运营商门户网站的方法，此处略。

2018年4月24日，敦骏公司通过公证购买方式从两个销售经营部分别购

得腾达公司生产的两种型号路由器各一个，并在公证人员的监督下对其中的"Tenda 路由器 W15E"访问网络运营商门户网站的过程进行了技术演示，演示结果表明使用该路由器过程中具有与涉案专利权利要求 1 和 2 相对应的方法步骤。

据此，敦骏公司于 2018 年 7 月向山东省济南市中级人民法院提起诉讼，请求法院判令腾达公司及两个经营部立即停止侵权、销毁库存及生产模具，并赔偿敦骏公司经济损失及合理费用共计 500 万元。

经过两审裁判，两个经营部被判决立即停止销售涉案的路由器产品，不承担赔偿责任；腾达公司被判决立即停止制造、许诺销售、销售涉案的路由器产品，并承担赔偿费用共计 500 万元。

本专利为涉及计算机程序的方法专利，而计算机程序的实施过程中，涉及多个实施主体，生产和销售相应路由器的厂商，只是其中之一。因此在进行侵权判定时，不仅要充分考虑各种技术特征的对应、技术方案的再现，还需要考虑多主体实施与全面覆盖原则的冲突。在本案的两审过程中，在两级法院都对于技术事实作出了细致谨慎认定的基础上，二审法院还对于全面覆盖原则作出了一定的突破。

（一）一审中的侵权判定

一审焦点集中在侵权产品使用过程与本专利所请求保护的方法步骤的技术对比上。

腾达公司辩称：原、被告访问任意网站时实现定向的方式不同，被告的技术方案在实现访问的过程上亦不等同，因此被告没有侵犯原告的涉案专利权。

1. 基于证据的事实认定

一审法院根据原告提交的证据，具体对比了被控侵权路由器访问网站过程与涉案专利的方法步骤：

用户电脑通过网线与腾达路由器连接，腾达路由器通过网线与检测电脑连接，检测电脑通过 Wi-Fi 与网络服务器直接连接，从而使用户电脑和腾达路由器通过检测电脑与网络服务器间接连接。

在用户电脑和检测电脑中均安装有 Wireshark 软件，能够抓取两台电脑传输的数据。若腾达路由器中无虚拟 Web 服务器，则用户电脑与检测电脑中 Wireshark 软件抓取的数据应当一致。

然而在公证演示中，用户电脑中抓取的报文 184 至 191，在检测电脑中未抓取到相对应数据。上述报文是将用户电脑发出上行 HTTP 报文转换为指向门户网站的重定向 HTTP 报文并发送给用户电脑的过程。这说明 HTTP 报文转换的过程并不是通过门户网站的网络服务器的 Web 服务器实现的，而是由腾达路由器内部程序实现的，也就是在腾达路由器中必然存在能够执行这一功能的程序，该程序即为"虚拟 Web 服务器"。

因此，一审法院对腾达公司的上述抗辩理由不予采信。

2. 基于权利要求的特征比对

一审法院认为公证演示使用被控路由器实现了以下方法步骤：

A. 接入服务器（被控侵权产品）底层硬件对门户业务用户设备（公证处的联想笔记本）未通过认证前（用户在认证前不可以上网）的第一个上行 HTTP 报文（报文 184"http://www.sina.cn"），直接提交给"虚拟 Web 服务器"，该"虚拟 Web 服务器"功能由接入服务器高层软件的"虚拟 Web 服务器"模块实现（被控侵权产品的软件实现了 HTTP 响应功能，HTTP 响应是 Web 服务器软件实现的）。

B. 由该"虚拟 Web 服务器"虚拟成用户要访问的网站与门户业务用户设备建立 TCP 连接（报文 185 的 TCP 报头用于建立 TCP 连接），"虚拟 Web 服务器"向接入服务器底层硬件返回含有重定向信息的报文（报文"185HTTP302moved"，是 HTTP 重定向报文），再由接入服务器底层硬件按正常的转发流程向门户业务用户设备发一个重定向到真正门户网站 Portal_Server 的报文（报文 185"http:/192.168.244.244/webpage...",是真正门户网站 Portal_Server 的地址）。

C. 收到重定向报文后的门户业务用户设备的浏览器自动发起对真正门户网站 Portal_Server 的访问（报文 191"http 请求访问 http:/192.168.244.244/webpage...",用户设备能显示该页面）。

上述 A～C 再现了涉案专利权利要求 1 的方法步骤。

D. 由门户业务用户在浏览器上输入正确的域名（www.sina.cn）形成上行 IP 报文；由"虚拟 Web 服务器"虚拟成该 IP 报文的 IP 地址的网站（报文 184"ip 地址是 180.149.136.228",即被控侵权产品的"虚拟 Web 服务器"虚拟成用户要访问的网站 www.sina.cn 的 IP 地址 180.149.136.228）。

上述 D 覆盖了涉案专利权利要求 2 的全部附加技术特征。

综上，业务用户使用被控侵权的路由器访问网络运营商门户网站时，再现了涉案专利权利要求 1、2 的全部技术方案。因此，腾达公司未经原告许可，制造、销售、许诺销售被控侵权的路由器产品，其行为侵犯了原告的涉案专利权，应承担停止侵权、赔偿经济损失的责任。

(二) 二审中的侵权判定

一审宣判后，腾达公司向最高人民法院知识产权法庭提起上诉称：被诉侵权产品使用过程不落入涉案专利权的保护范围，而且腾达公司仅是制造了被诉侵权产品，并未实施涉案专利方法，而涉案专利保护的是一种网络接入认证方法，根据该方法并不能直接获得任何产品（包括被诉侵权产品），因此对于涉案专利的保护并不能延伸到产品，故不存在侵权行为。

因此，在一审法院对于证据公开的事实作出准确认定的基础上，二审的争议焦点集中在：被控侵权的产品是否足以构成对方法专利的侵权，更进一步，由多个主体实施的方法专利侵权判定中，是否可以突破全面覆盖原则。

1. 基于专利技术事实认定

二审过程中，二审法院对于一审查明的事实予以确认，并进一步查明了技术事实：

涉案专利背景技术中记载：Portal 业务是网络服务提供商提供给用户的一种新型的宽带接入业务，用户在上网时，可以通过标准的 WWW 浏览器，通过运营商提供的 Portal_Server 访问其门户网进行。

涉案专利说明书第 5/9 页-6/9 页记载："本发明仅提取这个重定向的思想，设计了一种可以不需要作 DNAT 和 SNAT 的强制 Portal 技术方案。"

其公开的设计思想为，在接入服务器端实现一个简易的"虚拟 Web 服务器"来接收用户需作强制 Portal 的报文，虚拟成用户要访问的网站与之建立 TCP 连接，然后由该"虚拟 Web 服务器"向用户端发一个重定向到 Portal_ Server 的报文，以便用户直接访问。

由于该"虚拟 Web 服务器"是在接入服务器端通过软件实现的，因此当服务器底层硬件接收到第一个报文时，只需要判断是否是需要作强制 Portal 的报文，如果是就直接提交给"虚拟 Web 服务器"，然后该"虚拟 Web 服务器"向用户端返回的报文就相当于用户要访问的 Portal_Server 网站返回的报文，不必再做源地址转换（SNAT）了，完全可按照正常 IP 转发流程处理。

最后用户端收到重定向报文后，浏览器就会自动发起对真正 Portal_Server 的访问，实现强制 Portal。即本发明的主要技术是利用"虚拟 Web 服务器"向客户端发重定向报文，从而实现强制 Portal，形成一种利用"Redirect"实现的强制 Portal 技术。

2. 基于证据和推定的法律认定

腾达公司在二审中主张，无法根据用户电脑捕获的 184 号、185 号和 191

号报文直接确定腾达 W15E 路由器中是否存在腾达 W15E 路由器的底层硬件、高层软件模块（即"虚拟 Web 服务器"）与用户电脑三者之间的数据交互，因此无法认定腾达 W15E 路由器的强制 Portal 过程与涉案专利权利要求保护的技术方案相同。

对此，在进一步查明技术事实的基础上，二审法院根据证据公开的内容，以及被控侵权方怠于举证证明自己主张的情形，认定被诉侵权产品使用过程落入涉案专利权利要求的保护范围。

首先，根据公证检测结果可以合理推定腾达 W15E 路由器具有虚拟 Web 服务器，因此二审法院认为：腾达 W15E 路由器在"Web 认证开启"模式下，与涉案专利权利要求 1 和 2 所限定的方法步骤具有对应关系的是 184 号、185 号和 191 号报文，并且从上述报文的内容和流转过程来看，腾达 W15E 路由器强制 Portal 过程与涉案专利权利要求 1 和 2 所限定步骤方法相同，因此腾达 W15E 路由器的使用过程落入了涉案专利权利要求 1 和 2 的保护范围。

其次，二审法院认为：腾达公司的上述抗辩主张，系对根据公证测试结果和经验法则推定事实的简单否定。然而考虑到其作为制造商，举证腾达 W15E 路由器内部的具体工作方式并不存在困难，因而在腾达公司并未就此积极举证，缺乏相反证据的情况下，法院对腾达公司该项抗辩理由不予采信。

3. 制造、销售特定产品的行为构成对于方法专利的侵权

二审法院指出，计算机软件方法的专利侵权判定，应当充分考虑技术领域的特点和发展规律，以确保专利权人的合法权利得到实质性保护，实现行业的公平竞争和持续创新。如果被诉侵权行为人以生产经营为目的，将专利方法的实质内容固化在被诉侵权产品中，该行为或者行为结果对专利权利要求的技术特征被全面覆盖起到了不可替代的实质性作用，也即终端用户在正常使用该被诉侵权产品时就能自然再现该专利方法过程的，则应认定被诉侵权行为人实施了该专利方法，侵害了专利权人的权利。

在本案中：

第一，腾达公司虽未实施涉案专利方法，但其以生产经营为目的制造、许诺销售、销售的被诉侵权产品，具备可直接实施专利方法的功能，在终端网络用户利用被诉侵权产品完整再现涉案专利方法的过程中，发挥着不可替代的实质性作用。

首先，根据前述已认定的事实，被诉侵权产品是具备了可直接实施专利方法功能的路由器。网络用户只需要在正常网络环境下，利用具备上网功能的普通电脑，除了必须借助被诉侵权产品之外，无须再借助其他专用装置或

依赖其他特殊网络条件，就能完整地实施涉案专利方法，故被诉侵权产品对于实施涉案专利要求保护的方法具有实质性作用。

其次，根据涉案专利说明书的记载，实现强制 Portal 并非只能通过涉案专利方法来实现，涉案专利方法区别于其他方法的显著特征是在接入服务器内设置了具有重定向功能的虚拟 Web 服务器，通过该虚拟 Web 服务器实现强制 Portal 功能。而被诉侵权产品之所以能够用于实现与涉案专利方法相同的强制 Portal 过程，正是因为其内部也设置了与涉案专利完全相同的虚拟 Web 服务器，因此，除了专利权人授权的产品，被诉侵权产品在再现涉案专利方法的过程中不可替代。

第二，腾达公司从制造、许诺销售、销售被诉侵权产品的行为中获得不当利益与涉案专利存在密切关联。

涉案专利方法并非实现强制 Portal 功能的唯一方法，但腾达公司大量制造并销售的涉案 3 款被诉侵权产品却采用了涉案专利方法来实现强制 Portal 功能，并且在其官网和大型电商网站的旗舰店上，针对被诉侵权产品的特点功能介绍中，对被诉侵权产品具有的 Web 认证功能（Web 认证过程涉及强制 Portal 技术）在多处予以公开宣传，二审法院据此认定腾达公司因涉案专利获得了原本应当属于专利权人的利益。

第三，因终端网络用户利用被诉侵权产品实施涉案专利方法的行为并不构成法律意义上的侵权行为，专利权人的创新投入无法从直接实施专利方法的终端网络用户处获得应有回报，而专利权人的利益无法得到补偿，必将导致研发创新活动难以为继。与此同时，腾达公司却因涉案专利获得了原本属于专利权人的利益，利益分配严重失衡，有失公平。

综合以上因素，二审法院认为：在本案中应当认定腾达公司制造、许诺销售、销售被诉侵权产品的行为构成专利侵权，并应承担停止侵害、赔偿损失的民事责任。

■ 案件精解

本案涉及接入服务器、门户业务用户设备、门户网站三个主体，这些主体协同作用共同实施了涉案专利方法，判决中对于多主体实施计算机程序方法中的侵权判定作出了系统分析和说明。

具体来说，涉及计算机程序的方法专利在实际应用中，往往是以软件的形式安装在某一硬件设备中，由终端用户在使用该设备时触发软件在后台运行。专利方法早已在被诉侵权产品的制造过程中得以固化，终端用户在使用终端设备过程中再现专利方法的实质，仅仅是此前固化在被诉侵权产品内专利方法的一次次机械重演。因此，被诉侵权方虽未实施涉案专利方法，但其以生产经营为目的的制造、许诺销售、销售的被诉侵权产品，具备可直接实施专利方法的功能，在终端网络用户利用被诉侵权产品完整再现涉案专利方法的过程中，发挥着不可替代的实质性作用，因此，被诉侵权方的上述行为构成专利侵权。

（一）多主体实施计算机程序方法专利的技术限制

在网络通信领域，具有互联互通、信息共享、多方协作、持续创新等特点，因此，本领域大量专利的撰写方式为方法权利要求，且方法实施过程中需要多个主体参与，否则难以表达出发明的实质技术内容。

在实际应用中，这些方法往往是以软件的形式安装在某一硬件设备中，由终端用户在使用终端设备时触发软件在后台自动运行。因此，终端用户虽然完成了方法的实施过程，却并没有实际参与技术方案，也没有因此获得不正当利益。而终端设备的制造方，可以在未获得专利权人许可的情况下，将专利方法以软件方式固定在产品中进行规模生产，并通过对外销售获得不当利益。

因此，终端用户虽然是专利方法的实施者，但是仅仅是将此前固化在终端设备中的专利方法机械重演，而被控侵权方制造并销售这一终端设备的行为才是专利方法未经授权即实施的自然、必要前提。

（二）对于全面覆盖原则的适当突破

如果按照专利侵权判定的一般规则，制造、销售具备可直接实施专利方法的被诉侵权产品的行为，如果尚未全面覆盖权利要求限定的技术特征则不侵权；测试被诉侵权产品过程中实施专利方法可以被认定为侵权，但是该测试行为未获得不当利益，其停止也无法制止侵害；终端用户虽然直接实施了专利方法，但无生产经营目的且已经支付了相应对价，显然也无法成为专利权人主张侵权赔偿的对象。因此，依照现有的侵权判定规则来考虑多主体实施的计算机软件方法专利侵权时，将难以保护专利权人的合法权益。

因此本案二审作出了突破性的认定，实际上确立了新的规则："如果被诉侵权行为人以生产经营为目的，将专利方法的实质内容固化在被诉侵权产品中，该行为或者行为结果对专利权利要求的技术特征被全面覆盖起到了不可替代的实质性作用，也即终端用户在正常使用该被诉侵权产品时就能自然再现该专利方法过程的，则应认定被诉侵权行为人实施了该方法专利，侵害了专利权人的权利。"即认定被告构成直接侵权。

当然，本案的侵权判定过程中，除了实施主体的认定有所突破，其具体实施方法和步骤的技术特征认定，是完全贯彻全面覆盖原则要求的：从权利要求的解释、技术特征的比较和侵权行为细节判断中，两审法院都作出了细致严谨的认证和推理。因此这种全面覆盖原则的例外适用，也是受到严格限制的。

除此之外，最高人民法院将上述判决作为指导案例予以公布，除了进一步完善计算机程序专利侵权判定规则，也为创新主体在计算机程序方面的专利申请和维权提供了启示。一方面，创新主体在申请专利时，就应当充分考虑到相关产品和方法在具体应用时所面对的场景和需求，将真正具备商业价值的创新优势和价值体现在权利要求中；另一方面，类似的多主体实施方法专利，一旦遭遇侵权风险需要维权时，应该充分参考指导案例给出的"被诉侵权人制造并销售被诉侵权产品的行为是导致专利方法被侵害的真正原因"的判断标准，积极搜集证据、固定证据，为后续侵权诉讼打好基础。

■ 案件小结

未来的多主体实施方法专利侵权判定中，应该利用和借鉴上述指导案例中的判定规则和思路，尤其是应当充分考虑涉案专利所属领域的技术特点、专利方法在被诉侵权产品的制造过程中的固化，以及终端设备中的再现。而且伴随着《专利审查指南 2023》的全新修订，一种通过计算机程序执行的方法，也可以在说明书充分公开的基础上，撰写为"一种计算机程序产品，包括计算机程序/指令，其特征在于，该计算机程序/指令被处理执行时实现权利要求 1 所述方法的步骤"。因此我们可以期待和展望，未来计算机程序相关的发明专利也可以获得更大、更全面的保护范围，以加大鼓励创新、保护发明的力度。

七、权利要求撰写方式的比较

案例 1-7　握奇公司与恒宝公司关于 K 宝侵权案

■ 案件信息

【法院判决号】（2015）京知民初字第 411 号
【专利号】ZL200510105502.1

【发明名称】一种物理认证方法及一种电子装置

【国际分类号】H04L 9/32

【申请日】2005 年 9 月 23 日

【一审原告】北京握奇数据系统有限公司

【一审被告】恒宝股份有限公司

【法律依据】《专利法》（2008）第 11 条第 1 款、第 59 条第 1 款、第 65 条第 1 款、《最高人民法院关于审理侵犯专利权纠纷案件应用法律若干问题的解释》第 4 条

■ 案情介绍

本案专利权利要求 1 保护一种物理认证方法，适用于网络环境下的客户端通过电子装置执行操作命令的系统，其特征在于，设置操作命令与物理认证方式的对应关系，当进行安全运算操作时，包括以下步骤：S1. 客户端向电子装置发送进行安全运算操作的第一操作命令；S2. 系统查询所述的操作命令与物理认证方式的对应关系，获知所述第一操作命令对应的第一物理认证方式；S3. 用户向设置于电子装置上的对应于所述第一物理认证方式的物理认证执行机构发起第一物理认证操作，如果第一物理认证操作通过，表明客户端发送的第一操作命令为该用户所认可的，进入步骤 S4，否则，结束流程；S4. 电子装置执行所述第一操作命令。

本案专利权利要求 16 保护一种电子装置，与网络环境下的客户端相连，其特征在于，包括：操作运算模块，用于执行安全运算操作命令；数据存储模块，用于保存用户数据和应用数据；操作控制对应关系模块，设置有操作命令与物理认证方式的对应关系；物理认证模块，用于接收用户输入的物理认证信息，并对其进行物理认证，如果认证结果为通过，表明客户端向本电子装置发送的进行安全运算操作的命令为该用户所认可的，并将认证结果发送给处理模块；处理模块，用于接收客户端向本电子装置发送的进行安全运算操作的命令信息，根据所述操作命令向操作控制对应关系模块请求对应的物理认证方式，并接收物理认证模块发送的认证结果；在接收到物理认证模块发送的认证结果为认证通过时，还用于向操作运算模块发送执行相关安全运算操作的命令，并接收操作运算模块的执行结果。

一审法院认为：被诉侵权技术方案是在网络环境下由计算机终端通过电子装置（包括 USBKEY）执行操作命令，体现为"一种数字签名方法，适用于网络环境下的客户端通过 USBKEY 执行数字签名"，与权利要求 1 中的"一

种物理认证方法，适用于网络环境下的客户端通过电子装置执行操作命令的系统"特征相同，从被诉侵权产品转账交易的演示过程看，被诉侵权方法使用的技术方案包含与权利要求 1 记载的全部技术特征相同的技术特征，落入了权利要求 1 的保护范围。

权利要求 16 为产品权利要求，但其特征部分记载的内容均属于功能性特征，即结构、组分、步骤、条件或其之间的关系等，通过其在发明创造中所起的功能或者效果进行限定的技术特征，应当结合说明书和附图表述的该功能的具体实施方式及其等同的实施方式确定该技术特征的内容。鉴于权利要求 16 是产品权利要求，受保护的应当是产品的部件或部件之间的配合关系。结合本专利说明书的记载，对权利要求 16 中的技术特征进行理解，将权利要求 16 中的各个模块理解为说明书中对应的模块结构和功能。

被诉侵权产品中存在与权利要求 16 中的各个模块的功能相同的部件，即使被诉侵权产品采用的某些部件以及部件间的配合关系与本专利说明书中的部件以及部件间的配合关系不同，但是属于以基本相同的手段，实现相同的功能，达到相同的效果，且本领域普通技术人员无需经过创造性劳动就能够联想到。因此，被诉侵权产品的技术方案包含与权利要求 16 记载的全部技术特征相同或等同的技术特征，落入了权利要求 16 的保护范围。

■ **案例精解**

（一）涉及计算机程序的发明专利的功能性限定

功能性特征来源于美国，即我们常说的"Means/Step Plus Function（功能性结构/步骤）"类型权利要求。但实际上，美国的"功能性特征"与我国专利审查指南中的"功能性限定"并不是同一概念。美国的功能性特征是权利要求技术特征的一种特定撰写形式，而我国的功能性限定是限定了某一特征具备特定功能，因此美国的相关功能性特征的理解适用并不适用于我国。那么，我们来看看我国专利审查指南以及专利法相关司法解释中对于功能性限定的规定。

根据《专利审查指南 2023》第二部分第二章第 3.2.1 节以及《最高人民法院关于审理侵犯专利权纠纷案件应用法律若干问题的解释（二）》第 8 条第 1、2 款的规定，专利审查指南中的功能性限定是指"使用功能或者效果特征来限定"，而司法解释中的功能性特征是指"在发明创造中所起的功能或者效果进行限定的技术特征"，虽然上述两者在语言表述上存在不同，但表述的意思相同。

对于权利要求中涉及功能性限定的保护范围问题，根据《专利审查指南 2023》第二部分第二章第 3.2.1 节的规定，权利要求中的功能性限定的保护范围应当理解为覆盖了所有能够实现所述功能的实施方式，即包含了说明书实施例，以及对实施例的所有等同替代方式或明显变型方式。根据《最高人民法院关于审理侵犯专利权纠纷案件应用法律若干问题的解释》第 4 条的规定，功能性特征的保护范围仅是说明书实施例及实施例的等同实施方式。如果司法解释中的等同实施方式与专利审查指南中规定的等同替代方式范围相同，那么专利审查指南中规定的明显变型方式则不包含在司法解释规定的保护范围内。如果司法解释中的等同实施方式包含专利审查指南中规定的明显变型方式，则两者规定的权利要求保护范围就完全相同。涉及计算机程序的发明专利的说明书往往仅是记载计算机程序的功能，不会记载实现该功能的具体程序代码，如果该功能是本领域技术人员能够实现的，也通常并不会认为公开不充分。

（二）方法权利要求和装置权利要求在侵权诉讼中孰优

对于涉及计算机程序的发明专利，通常认为单纯的方法专利不能很好地保护专利权人的权益，因此很多专利权人都会在权利要求书中撰写装置权利要求，以期使发明能够获得更好的保护。目前的装置权利要求主要包含两类，一类是该装置的组成部分既包含硬件也包含程序；另一类是由于很多专利仅仅包含对计算机程序作出的改进，装置权利要求往往是被撰写为与方法权利要求的步骤一一对应的权利要求，该装置权利要求应当理解为实现该程序的程序模块架构。

从本专利权利要求来看，权利要求 1 保护一种物理认证方法，权利要求 16 保护一种电子装置，该电子装置也是用于执行物理认证的装置，权利要求 16 未撰写成与权利要求 1 的方法权利要求一一对应的形式，因此，权利要求 16 属于前一类装置权利要求，与权利要求 1 的保护范围实质上不同。

从本专利的侵权诉讼来看，法院将被诉侵权产品的使用过程与本专利权利要求 1 的方法权利要求进行了比对，得出了"被诉侵权方法使用的技术方案包含与权利要求 1 记载的全部技术特征相同的技术特征"的结论。而在涉及被诉侵权产品是否落入权利要求 16 的装置权利要求的保护范围的分析上，首先认定了除前序技术特征外的其他特征部分均属于功能性特征，进而根据《最高人民法院关于审理侵犯专利权纠纷案件应用法律若干问题的解释》第 4

条的规定，结合本专利说明书和附图中记载的技术方案对权利要求 16 中的技术特征进行解释，并在解释后的权利要求保护范围基础上进行了侵权特征比对，其中部分技术特征认定为等同而非相同。

最高人民法院的司法解释中并没有限定功能性特征的应用范围，也就是说，装置权利要求和方法权利要求均可能被认定为功能性特征。本专利权利要求 1 中的物理认证的方法步骤实际上与权利要求 16 中的电子装置中执行的数据交换执行过程是一致的，那么既然同样的过程步骤，为何权利要求 1 并未被认定为功能性技术特征？从权利要求 1 的撰写形式来看，其描述了客户端与电子装置间进行安全运算操作时的信号传输与处理过程，从而避免了被认为是功能性特征。权利要求 16 为了撰写为装置权利要求，对于客户端和电子装置中的模块，其也只能通过功能性特征的方式来描述。

从本专利的侵权诉讼过程来看，法院认定被诉侵权产品的技术方案落入权利要求 1 的保护范围相对容易，而认定被诉侵权产品落入权利要求 16 的保护范围则相对复杂，因此，并不是像很多专利权人通常认为的装置权利要求相对于方法权利要求容易维权。

随着技术的发展，审查标准也在随之变化，正在以更加有效的方式保护技术发展成果。目前，专利审查指南已经允许涉及计算机程序的专利申请撰写为一种存储介质或计算机程序产品等权利要求形式，这使得权利要求能够更好地反映发明实质，也是引导当事人撰写能够真正反映其发明实质的权利要求，从而使得发明人作出的贡献能够与其获得的利益更好地匹配，进一步平衡发明人与社会公众之间的利益。

■ 案件小结

根据专利法的立法本意，权利要求的保护范围应当与发明人的创造性劳动相适应。在判断权利要求的功能性限定内容能否覆盖所有能够实现所述功能的实施方式时，需要结合说明书公开的内容来确定。

涉及计算机程序的发明专利可以采用方法权利要求和装置权利要求等获得保护，专利权人应当根据其发明实际内容来正确选择权利要求的撰写形式，以使得专利权人的发明获得更好的保护。

第一节　概　述

一、商业方法和商业方法专利

众所周知，商业方法并非新生事物，其随着商品经济的出现而产生。商业方法最初表现为商品交换活动中约定俗成的各种规则和方法。随着社会的发展和技术的进步，商业方法的形态也在不断变化发展。特别是随着移动互联网、云计算、物联网、大数据等技术的发展，商业方法呈现百花齐放的局面，涌现出大量利用计算机和网络技术实现或实施的新商业方法，极大提高了社会生产和生活效率，促进了社会经济的发展。

虽然商业方法早已成为人类社会生活的一部分，然而对于商业方法的概念，截至目前，尚未形成统一规范的定义。国家知识产权局于 2004 年曾发布用于规范专利审查工作的《商业方法发明专利申请的审查规则（试行）》，其中认为："商业方法涉及商业活动和事务，这里所说的商业比传统意义上的商业含义更为广泛，例如包括：金融、保险、证券、租赁、拍卖、投资、营销、广告、旅游、娱乐、服务、房地产、医疗、教育、出版、经营管理、企业管理、行政管理、事务安排等。"由此可见，在我国专利理论和实践体系中，商业方法的含义并不仅限于传统意义上的商业活动和事务，旅游、服务、教育以及管理等方面也被纳入商业方法的范畴，其实质上是从人类社会经济活动广义的角度阐释商业方法。

随着涉及商业方法的专利申请量的迅猛增长，为了对商业方法专利进行方便快捷的界定、分类和检索，2003 年 6 月，世界知识产权组织（WIPO）各成员在日内瓦召开会议，会议决定在国际分类体系中为商业方法创建专门的类目，最终将商业方法划分到 G06Q 小类，并正式纳入第 8 版《国际专利分类表》（IPC）。2024 年 1 月版 IPC 分类表中 G06Q 类名定义为：专门适用于行政、商业、金融、管理、监督或预测目的的信息和通信技术［ICT］；其他类目不包含的专门适用于行政、商业、金融、管理或监督目的的系统或方法。G06Q 小类下包括 7 个大组，其中 G06Q 10/00 涵盖行政、管理相关类目；G06Q 20/00 涵盖支付体系结构、方案或协议相关类目；G06Q 30/00 涵盖商业相关类目；G06Q 40/00 涵盖金融、保险、税务策略、公司或所得税的处理相关类目；G06Q 50/00 涵盖信息和通信技术［ICT］特别适用于特定商业行业的业务流程执行，例如公用事业或旅游业相关类目；G06Q 90/00 涵盖专门适用于行政、商业、金融、管理或监督目的的系统或方法，不涉及重要数据处理相关类目；G06Q 99/00 涵盖本小类的其他各组中不包含的技术主题。通过确立商业方法专门分类号，不仅有利于商业方法概念的厘清，也对相关理论研究和实践产生重要推动作用。

　　涉及商业方法的专利申请通常可分为单纯的商业方法专利申请和商业方法相关专利申请两种类型。单纯的商业方法专利申请通常是指由传统商业方法所构建的方案，其内容一般体现为直接作用或约束商业活动参与者的商业规则，实质上仅是一种单纯的商业运作规则或方法，仅通过人类智力活动就能制定或实施的商业规则或方法本身。而与之相对应，随着计算机和网络技术的不断应用，信息技术与各种传统行业不断深度融合，催生了大量利用计算机和网络技术实现或实施的商业方法，进而涌现出大量商业方法相关专利申请。基于此，商业方法相关专利申请通常是指利用计算机和网络技术完成商业方法所形成的方案，通过计算机和网络技术与商业方法的结合从而实现特定目的。此类专利申请的方案既包括商业方法的规则或流程，也包括计算机和网络技术等相关技术内容。其中，商业方法的规则或流程的执行主体通常是计算机，计算机的处理对象为计算机可识别的商业方法相关数据或程序。目前绝大多数商业方法专利申请属于这种类型，也代表了新一代信息技术与商业方法结合的发展方向。目前各国均普遍认为，只有利用了计算机和网络技术来完成的商业方法才有可能作为商业方法相关专利申请而被授予专利权。

　　综上所述，本章所讨论的商业方法是指实现各种商业活动和事务的方法，比传统意义上商业的含义更为广泛。应从人类社会、文化和经济层面对商业方法进行广义的理解，将广告、旅游、娱乐、服务、教育、管理及事务安排等方面也纳入商业方法的范畴。由于单纯的商业方法专利申请通常被认为属于智力活动的规则和方法而不具备授予专利权的可能，因此，本章所讨论的商业方法专利特指利用计算机和网络技术完成的包含商业规则和方法特征的专利或专利申请。

二、相关促进政策

(一) 产业促进政策

随着信息技术的蓬勃发展,特别是云计算、大数据等信息技术的发展,信息技术不断与各种传统行业深度融合,催生了大量新的商业方法。党中央和国务院都高度重视商业方法的基础研究和产业发展,出台了一系列产业促进政策,从多方面支持商业方法相关产业的发展。

2014年10月,国务院印发《关于加快科技服务业发展的若干意见》,指出要充分应用现代信息和网络技术,依托各类科技创新载体,整合开放公共科技服务资源,推动技术集成创新和商业模式创新,积极发展新型科技服务业态;并鼓励科技服务机构的跨领域融合、跨区域合作,以市场化方式整合现有科技服务资源,创新服务模式和商业模式,发展全链条的科技服务。

2015年5月,国务院印发《中国制造2025》,指出要加快制造与服务的协同发展,推动商业模式创新和业态创新,促进生产型制造向服务型制造转变;要坚持政府推动、企业主导,创新商业模式,鼓励高端装备、先进技术、优势产能向境外转移。

2016年5月,中共中央、国务院印发《国家创新驱动发展战略纲要》,指出要发展支撑商业模式创新的现代服务技术,驱动经济形态高级化;以新一代信息和网络技术为支撑,积极发展现代服务业技术基础设施,拓展数字消费、电子商务、现代物流、互联网金融、网络教育等新兴服务业,促进技术创新和商业模式创新融合。同年11月,国务院印发《"十三五"国家战略性新兴产业发展规划》,指出要促进互联网、电子商务、大数据、云计算等战略性新兴产业的技术创新和商业模式创新。

2017年10月,在党的十九大报告中,明确提出"推动互联网、大数据、人工智能和实体经济深度融合,在中高端消费、创新引领、绿色低碳、共享经济、现代供应链、人力资本服务等领域培育新增长点、新功能"。

2021年,国务院印发《"十四五"数字经济发展规划》,指出要推进数字技术、应用场景和商业模式融合创新,形成以技术发展促进全要素生产率提升、以领域应用带动技术进步的发展格局;要推动数据技术产品、应用范式、商业模式和体制机制协同创新。

2022年3月,中共中央、国务院印发《关于加快建设全国统一大市场的意见》,指出要大力发展第三方物流,支持数字化第三方物流交付平台建设,推动第三方物流产业科技和商业模式创新，培育一批有全球影响力的数字化平台企业和供应链企业。

经过以上对商业方法相关产业促进政策的梳理，可以发现，我国已将商业方法等新业态的创新发展作为国家重大发展战略，通过不断出台各种产业促进政策，有效促进商业方法相关新兴产业的蓬勃发展。

（二）知识产权促进政策

随着商业方法等新业态的不断创新发展，国家十分重视其知识产权保护，积极探索有效促进商业方法相关产业发展的知识产权保护机制，陆续推出了一系列强化商业方法相关产业的知识产权保护政策。

2015年3月，中共中央、国务院印发《关于深化体制机制改革加快实施创新驱动发展战略的若干意见》，指出要研究商业模式等新形态创新成果的知识产权保护办法。同年5月，国务院印发《关于大力发展电子商务加快培育经济新动力的意见》，指出要加强电子商务领域知识产权保护，研究进一步加大网络商业方法领域发明专利保护力度。同年7月，国务院印发《关于积极推进"互联网+"行动的指导意见》，指出要加快推动互联网与各领域深入融合和创新发展，由国家知识产权局牵头加大对新业态、新模式等创新成果的保护力度。同年12月，国务院印发《关于新形势下加快知识产权强国建设的若干意见》，继续指出要加强新业态新领域创新成果的知识产权保护，研究完善商业模式知识产权保护制度，加强互联网、电子商务、大数据等领域的知识产权保护规则研究，推动完善相关法律法规，制定众创、众包、众扶、众筹的知识产权保护政策。

2020年12月，中共中央印发《法治社会建设实施纲要（2020—2025年）》，指出要健全互联网技术、商业模式、大数据等创新成果的知识产权保护方面的法律法规。

2021年9月，中共中央、国务院印发《知识产权强国建设纲要（2021—2035年）》，为我国加快建设知识产权强国作出了全面部署，其中明确提出建立健全新技术、新产业、新业态、新模式知识产权保护规则，研究完善算法、商业方法、人工智能产出物的知识产权保护规则。

由此可见，作为实现经济增长方式转变的重要配套措施，在商业方法突飞猛进的背景下，知识产权保护制度必将有所作为，为其创新发展保驾护航。

三、国外商业方法的专利保护

(一) 美国

美国商业方法专利同样属于涉及计算机程序的专利，其保护政策的发展变化主要体现在商业方法专利是否属于专利保护客体的判断规则上，经历了拒绝保护期、有限保护期、完全保护期等多个阶段。

1. 专利审查标准

1) 客体

本书第一章第三节中介绍了推动美国计算机程序专利的客体保护规则发展变化的多个重要判例，其中相当一部分都是商业方法专利的判例。

如前所述，美国用于规范专利保护客体的法条始终为 1793 年版美国《专利法》第 101 条，并在不同时期通过大量判例对该法条的适用进行不同的解读，从而产生了多种不同的客体判断准则。

由于美国联邦最高法院在司法实践中，将自然规律、自然现象、抽象概念排除在法定客体之外，理由是它们属于科学研究、技术开发的基本工具，授予专利权会对自然规律、自然现象、抽象概念形成独占垄断，不利于技术创新。基于此，自 1793 年美国《专利法》实施以来，虽然美国专利商标局也偶尔授予一些所谓的金融专利，但单纯的商业方法一直被认为属于抽象概念，不属于发明或者技术方案，因而没有被纳入专利法的保护范围。典型地，在 1908 年的酒店安全检查（Hotel Security Checking）案①中，CAFC 的判决虽然没有作出诸如"商业方法不具有可专利性或不属于专利保护客体"的明确判断，却用判例确立了一个"商业方法除外"（business methods exception）原则。此后，本案确立的"商业方法除外"原则被多次引用，凡是涉及商业方法的专利申请基本上按照该原则被排除在专利保护之外。

这种境遇直到 1998 年的街道银行（State Street Bank）案②才得以扭转。该案涉及一种管理共同投资基金投资经营的计算机会计系统，在一审判决中，马萨诸塞州地区法院以不符合法定主题为由判定该专利无效。但该判决在上诉审判中被 CAFC 推翻，CAFC 认为该数据处理系统不应该因为它涉及了一种商业方法而被排除在专利之外，涉诉商业方法通过对数学算法的使用，以机

---

① Hotel Security Checking Co v. Lorraine Co，160 F 467（2d Cir 1908）.

② State Street Bank & Trust Co. v. Signature Financial Group，Inc.，149 F. 3d 1368，47 USPQ2d 1596（Fed. Cir. 1998）.

器的方式将一系列不连续的数字进行了整理、加工，最后形成股票的价格，这样的一个结果是"实用、具体和有形的结果"，满足专利保护客体的要求。由此，CAFC 推翻了可专利主题的"商业方法除外"原则，而确立了新的用于判断商业方法专利保护客体的"实用、具体和有形的结果"测试标准。

由于"实用、具体和有形的结果"测试标准容易通过撰写技巧来克服，此后十年，美国商业方法专利的申请及授权数量急剧增长，也因而导致产生大量低质量的商业方法专利，影响了商业方法专利的整体质量。2008 年，CAFC 在比尔斯基（Bilski）案[1]的判决中摒弃了对商业方法专利惯用的"实用、具体和有形的结果"的测试标准，而确认"机器或转换"（Machine or Transformation Test）测试是判断发明创造是否属于专利保护客体的唯一标准，即如果符合下列两个条件之一，就满足客体要求：结合到特定机器或设备，或将一特定物品转化为另一不同的状态或事物。"机器或转换"测试的建立体现了对商业方法专利逐渐采用更加严格的审查标准，收紧了商业方法专利的授权标准。

仅仅两年后，美国联邦最高法院在 2010 年对比尔斯基（Bilski）案[2]作出了最终判决，虽然其结论与 CAFC 相同，也认定涉案发明不属于专利保护客体；但是美国联邦最高法院在否定了"实用、具体和有形的结果"测试标准的同时，也不同意使用"机器或转换"测试作为判定发明创造是否属于专利保护客体的唯一标准，仅认可该方法作为一个有用指引和重要的线索和调查工具。该判决对商业方法专利的授权标准进行了选择性的放松，使得原来的"标准"不再是唯一标准，但由于美国联邦最高法院也回避了对判断标准作出明确的规定，使得商业方法专利的客体判断标准重新回到不确定状态。

为了提升对专利保护客体审查的一致性和可预测性，美国联邦最高法院在同年的梅奥（Mayo）案中提出了一个判定专利是否属于专利保护客体的框架，并在 2014 年的爱丽丝（Alice）案中对该框架进行了完善，从而形成了著名的"爱丽丝/梅奥（Alice/Mayo）两步判断法"（也被称作"Alice/Mayo 测试法"，具体流程见图 2-1）。自此，"Alice/Mayo 测试法"成为美国判断商业方法专利是否属于专利保护客体的标准。由于对于绝大多数商业方法专利，往往会在步骤 2A 中被认定为属于司法例外的抽象概念，然后在步骤 2B 中被认定为仅仅是利用了通用计算机实现常规的商业方法或组织行为等，不满足"显著多于"的概念，因而不属于专利保护的客体。可见，美国对于商业方法

---

[1] In re Bilski, 545 F. 3d 943, 959-60, 88 USPQ2d 1385, 1394-95（Fed. Cir. 2008）.

[2] Bilski v. Kappos, 561 U. S. 593, 95 USPQ2d 1001（2010）.

专利的保护政策又转变为严格收紧的状态。

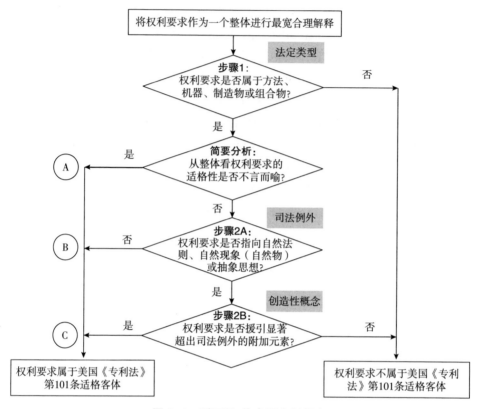

图2-1 爱丽丝/梅奥两步判断法

2019 年，美国专利商标局公布了新的《专利适格主题指南》（2019 Revised Patent Subject Matter Eligibility Guidance），对"Alice/Mayo 测试法"中的步骤 2A 进行拆分，将其分成了分支一（Prong One）和分支二（Prong Two）两部分，具体方法可以参见图 2-2。由于修订后的"Alice/Mayo 测试法"新增了通过将法定排除情形"整合至实际应用"这一途径来满足客体适格性，在不远的将来，是否能扭转美国商业方法专利的申请和授权数量下降趋势，则有待进一步观察。

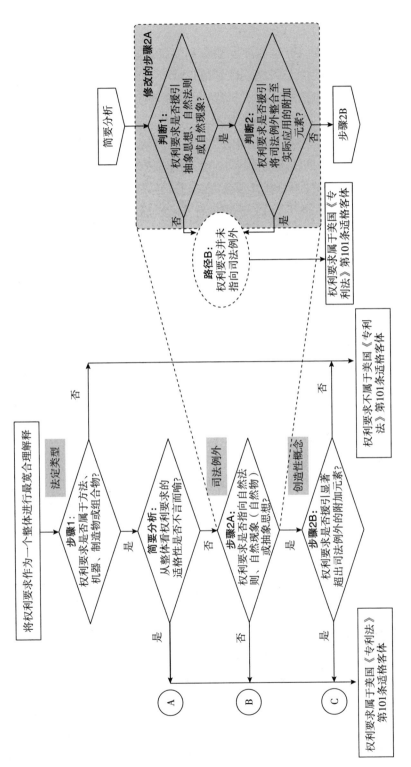

图2-2　修订的爱丽丝/梅奥两步判断法

2）创造性

目前，美国没有专门针对商业方法专利的创造性审查标准，仅是将商业方法专利作为计算机软件专利的一种具体形式，因此其创造性审查标准与计算机软件专利是一致的。即，商业方法专利的创造性判断遵从美国《专利法》第 103 条的相关规定。

美国在商业方法专利的创造性审查中，将权利要求的方案作为一个整体进行判断，既要考虑其中的技术特征也要考虑商业规则等非技术特征，不再区分方案中的特征是否属于技术特征。商业方法创造性采用与一般领域相同的 Graham-TSM 判断法，步骤如下：（1）确定现有技术的范围和内容；（2）确定权利要求与现有技术之间的区别；（3）确定有关领域里本领域技术人员的水平；（4）评价所有与非显而易见性有关的证据。总体来看，由于在商业方法专利的创造性审查中将非技术特征和技术特征整体考虑，因此与一般领域的创造性判断标准基本一致。目前从世界范围来看，美国在商业方法专利创造性审查标准上相对宽松。

综上所述，由于美国商业方法专利的客体判断遵从"Alice/Mayo 测试法"的判断标准，近年来，美国不断对其进行修正调整，其商业方法专利的客体判断也在宽松和严格之间摇摆。由于美国在商业方法专利创造性判断上遵从一般领域的创造性判断标准，因而美国商业方法专利的审查标准的宽严与其客体判断标准的变化有直接关系。

2. 专利侵权判定

本书第一章第三节已经对美国计算机程序专利侵权判定特别注意的情形作出了介绍，美国商业方法专利作为计算机程序专利的一种，其也适用。下面将从案例出发，具体阐述在美国商业方法专利侵权诉讼中如何适用"衡平四要素检验标准"以确定是否颁发初步禁令。

1）案情

亚马逊公司的"一键购物"专利是商业方法领域具备较大影响力的专利，该专利发明名称为"通信网络订购商品的方法和系统"。在现有技术中，通常利用虚拟购物车进行商品的购买。买家使用客户端系统（例如 Web 浏览器或 App 程序）从商品条目中选择想要购买的商品，然后点击"添加到购物车"按钮以将商品放入购物车，可以反复循环上述操作将商品条目中的商品依次添加到购物车中。当买家完成商品选择并点击"结算"按钮后，转到商品结算页面，其中包括买家收货地址、买家姓名、订单号、价格明细以及付款方式信息。最后，买家点击"提交订单"按钮进行付款以最终完成商品的订购。

由此可见，现有技术中商品的购买需要经过将商品加入购物车、查看购物车、提交订单、订单结算等多个步骤。由此导致买家购买商品的过程操作复杂、效率低下，严重影响了用户的购物体验。为了解决上述问题，亚马逊公司提供了一种"一键购物"的方案，在买家通过购物网站购买过商品的情况下，由于该买家的支付账号和收货信息已事先保存到系统中，那么再次购买商品时就无须再次重复填写提交这些信息，买家只需要点击一次鼠标就可直接完成商品购买。

该专利独立权利要求 1 如下：

"1. 一种订购商品的方法，包括：在客户端显示所述商品的标识信息；并且响应于客户端仅执行的单个操作，向服务器发送订购该商品的请求以及购买者标识信息；所述服务器通过单个操作订购组件接收所述商品订购请求；根据购买者标识符信息检索先前购买所存储的购买者附加信息；并根据检索到的购买者附加信息生成商品购买订单；以及提交上述商品购买订单以实现商品的购买，从而在不使用购物车模式的情况下订购商品。"

亚马逊公司于 1997 年 9 月 12 日向 USPTO 提起专利申请，并于 1999 年 9 月 28 日获得授权。该专利授权文本共包括 26 项权利要求，其中 4 项独立权利要求。独立权利要求 1 和 11 是针对商品订购的方法权利要求，独立权利要求 6 是用于订购商品的客户端系统，独立权利要求 9 是用于生成商品订单的服务器系统。此外，亚马逊公司就相关方案积极在海外进行布局。其在澳大利亚、加拿大、日本等国家的申请过程较为顺利，先后于 2003 年 6 月、2012 年 1 月、2012 年 3 月获得专利授权。然而，其在欧洲的申请过程则颇为曲折，欧洲专利局经过审查后，于 2003 年 4 月颁发了欧洲专利。然而，随后数月，欧洲专利局收到了三份异议，异议理由包括客体问题、公开不充分、修改超范围、创造性等。欧洲专利局异议部经过审理后作出决定，以修改超范围和全部权利要求不具备创造性为由，撤销了该授权专利。申请人就该异议决定向欧洲专利局申诉委员会提起申诉，申诉委员会判令异议部继续就部分权利要求再次进行异议审查。2013 年 6 月，欧洲专利局异议部再次作出决定，以全部权利要求不具备创造性为由，最终撤销了该授权专利。相应地，其在多个欧洲国家的申请也未获得通过。至此，该专利在欧洲的布局最终折戟，这也印证了欧洲对于商业方法专利审查的严苛。

2）一审侵权诉讼

1999 年 10 月 21 日，亚马逊公司就该专利权利要求 1-3、5-12、14-17 和 21-24 向美国华盛顿西区地方法院起诉巴诺公司（Barnes & Noble）侵权，主张巴诺公司的一项称为"快速通道"（Express Lane）的网上购物快速结算系统侵犯了其专利权，同时要求对巴诺公司颁发初步禁令，禁止巴诺公司使用其网站上的"快速通道"功能。对此，巴诺公司主张多个理由反对颁发初步禁令，包括"快速通道"功能并未侵犯亚马逊公司的专利，以及亚马逊公司的专利有效性存在实质性问题。1999年12月1日美国华盛顿西区地方法院作出决定，认为亚马逊公司已经举证证明"快速通道"功能侵权的可能性较大，而巴诺公司对涉案专利有效性的挑战缺乏足够的说服力，因此地区法院支持了亚马逊公司的主张，颁发了初步禁令救济。

在一审法院的判决中指出，根据美国《专利法》第283条的规定，初步禁令的颁发应该根据衡平四要素测试标准进行综合判断：（1）诉讼结论的可能性，包括专利权有效性和侵权的考量；（2）无法弥补损害的考量；（3）双方利益的平衡；（4）公共利益的考量。

在专利有效性的考量中，被告共提交5份证据作为现有技术用于挑战涉案专利的有效性。对此，法院认为：（1）被告提交的所有证据并没有公开涉案专利的全部特征，这些证据均未预见①（anticipation）到涉案专利权利要求的方案；（2）一项权利要求显而易见性的判断是基于Graham事实调查法进行的，按照Graham事实调查法分析，被告提交的证据均未公开权利要求"一键购物"相关内容，对于本领域技术人员来说也未有任何教导、启示或动机将上述证据结合以获得涉案专利权利要求的方案，被告无法明确和令人信服地证明涉案专利是显而易见的。综上所述，被告所提交的证据和理由不构成对涉案专利权利要求有效性的实质性挑战。

在侵权的考量中，侵权判定通常包括两个步骤：（1）确定权利要求的保护范围；（2）基于确定的权利要求保护范围与被控侵权产品进行比较，从而判断被控侵权产品与权利要求是否构成相同侵权或等同侵权。亚马逊公司"一键购物"功能与巴诺公司采用的"快速通道"功能存在高度相似性，亚马逊公司在其专利侵权指控中侵权成立的可能性高。

在无法弥补损害的考量中，法院认为：在确定专利权有效性和持续侵权成立的情况下，通常可以推定造成无法弥补的损害。如果原告对专利权有效性和侵权行为进行了有力的证明，可以推定造成无法弥补的损害成立，只有在以下情况下被告才能推翻无法弥补的损害，例如：被控侵权活动已经结束或即将结束；商务部门发放了许可证或专利权人无正当理由的情况下拖延提

---

① 类似于新颖性，判断标准为：在单个现有技术中公开所有元素的相同方式的组合。

起诉讼的时间。在没有上述事实或被告未"提供相关证据"的情况下，通常侵犯有效专利本身会造成无法弥补的伤害。以下因素都有利于认定无法弥补的损害：双方是试图争夺同类客户的直接竞争对手；亚马逊公司花费了大量的时间和精力进行市场开发；被告的持续侵权可能会破坏亚马逊公司的市场地位；被告不受约束的侵权行为会鼓励他人侵权。被告辩称，亚马逊公司无权获得禁令，因为其损害可以通过金钱赔偿来补偿，法院认为，任何一方都无法提供任何现成的公式来确定可能的损害赔偿，被告也未能证明专利的使用价值可以用美元计算。

在平衡双方利益的考量中，法院认为：如果初步禁令被授予，法院必须权衡对被控侵权者的威胁和损害，如果不授予禁令，则需要权衡对专利权人的损害。有证据表明，巴诺公司可以相对容易地修改"快速通道"功能，以避免侵犯专利权。此外，巴诺公司还提供多步骤的"购物车"订购系统，因此修改"快速通道"功能并不会导致其订购网站无法运行，因此对巴诺公司的损害相对较轻。对亚马逊公司的危害更为严重，如果不颁发禁令，亚马逊公司将失去"一键购物"专利这一重大竞争优势，它是用户区分亚马逊公司和竞争对手的主要价值所在。因此在双方的利益平衡上，有利于亚马逊公司。

在公共利益的考量中，网络购物产业目前处于快速发展阶段，获得创新收益的窗口期是短暂的，保护创新有利于专利权人提升市场地位，进一步促进持续创新。另外，如果允许竞争对手搭上专利权人发明的"便车"，将对创新主体造成极大的损害，从而阻碍创新发展。保护知识产权将有效地促进竞争和创新。授予亚马逊公司的初步禁令将符合公共利益，专利制度的目的在于鼓励发明创造，鼓励亚马逊公司持续创新，并激发竞争对手自我创新，无疑是最符合公众利益的。

综上所述，根据衡平四要素测试标准综合判断，一审法院支持了亚马逊公司主张而颁发了初步禁令救济，禁止巴诺公司继续侵犯亚马逊公司的专利权。

3）二审侵权诉讼

巴诺公司不服一审颁发的初步禁令，提起上诉，巴诺公司主张多个理由反对颁发初步禁令，包括"快速通道"功能并未侵犯亚马逊公司的专利，以及亚马逊公司的专利有效性存在实质性问题。CAFC 于 2001 年 2 月 14 日作出决定，被告巴诺公司提交的证据构成对涉案专利非显而易见性的质疑，即涉案专利权利要求的有效性遭受了实质性挑战。在此情况下，亚马逊公司无权获得初步禁令救济，因此二审法院撤销了地区法院关于初步禁令的决定，并将案件发回重审。

二审法院进一步强调颁发初步禁令需要满足衡平四要素测试标准，判决中重点分析了第一条标准，即诉讼结论的可能性，包括判断被告侵权行为是否成立，以及原告专利权利要求是否合法有效。

在侵权的考量中，法院认为，侵权判定通常包括两个步骤：（1）确定权利要求的保护范围；（2）基于确定的权利要求保护范围与被控侵权产品进行比较，从而判断被控侵权产品与权利要求是否构成相同侵权或等同侵权，并强调侵权判定和专利有效性判断中对于权利要求保护范围的确定应该保持一致。综合考虑权利要求、说明书以及申请阶段专利权人的意见陈述等内部证据后，二审法院对权利要求中"一键购物"相关内容理解为"首先，购买者通过浏览商品目录、搜索商品、点击商品链接或其他方式找到需要购买的商品，在找到商品后，购买者只需执行单个操作生成订单"。巴诺公司的被诉侵权产品，为购买者提供了两种购物方式，一种是传统的"购物车"方式，另一种是"快速通道"方式。其中"快速通道"方式允许已注册购买者通过"快速通道"按钮购买商品，购买者通过浏览商品目录选择商品，在选择商品后，购买者只需单击"快速通道"按钮生成订单。根据对权利要求 1 和被诉侵权产品的比对，可以得出巴诺公司的"快速通道"购物方式对权利要求 1 构成直接侵权的可能性很大。颁发初步禁令只需要确定原告在侵权诉讼中胜诉可能性较大，而不需要确定最终侵权成立的法律结论。因此对于一审判决中关于侵权成立的可能性很大的结论予以支持。

在专利有效性的考量中，二审法院认为一审法院存在明显错误，误解了巴诺公司提交的现有技术证据的事实内容，并且没有认识到巴诺公司所提交的证据构成了对涉案专利权利要求有效性的实质挑战，因而二审法院不同意一审法院的认定。被告在阻止颁发初步禁令时，不需要像无效审查那样提交证明专利权应该被无效的充分、明确、令人信服的证据和理由，在专利有效性的挑战中对被告所提交证据的要求通常低于专利无效审查所提交的证据。一审法院基于专利权无效审查的目的和要求，驳回了巴诺公司所提交的现有技术证据，认为这些证据并没有公开涉案专利的全部特征，涉案专利相对于被告提交的证据是非显而易见的。二审法院认为，巴诺公司所提交的每一份现有技术证据均清楚地教导了涉案专利权利要求的关键特征。基于此，二审法院认为巴诺公司所提交的证据构成了对涉案专利权利要求有效性的实质挑战。这一结论只是用于破坏颁发初步禁令的先决条件，而不是关于专利有效性的无效决定，关于专利有效性的问题需要在专利无效审查中进行确定。

综上所述，虽然巴诺公司的"快速通道"购物方式对亚马逊公司专利构成直接侵权的可能性较大，但巴诺公司对涉案专利的有效性提出了实质性挑战。因此，二审法院得出结论，目前发出初步禁令的必要先决条件不足，撤销一审法院的初步禁令，并将案件发回重审。

2002年3月，基于CAFC的二审判决，双方向西雅图美国地方法院提交和解协议，结束了电子商务竞争对手之间的争端。

4）案件小结

本案一审法院和二审法院均运用"衡平四要素测试标准"综合判断是否颁发初步禁令，但两审法院在专利有效性这一要件的判断上出现分歧，二审法院认为只要当事人提交的现有技术证据构成了对涉案专利权利要求有效性的实质挑战就构成了破坏颁发初步禁令的先决条件，对专利有效性的挑战中对被告所提交证据的要求通常低于专利无效审查，不需要像无效审查那样提交证明专利权应该被无效的充分、明确、令人信服的证据和理由。可见，在美国计算机程序专利的侵权诉讼程序中，"衡平四要素测试标准"中关于专利有效性的判断，重点依据当事人提交的现有技术证据是否清楚地教导了涉案专利权利要求的关键特征，即是否构成对涉案专利权利要求的实质挑战。

（二）欧洲

众所周知，欧洲专利制度历来注重对方案技术性的考察，基于商业规则和方法特征的非技术性特点，欧洲对商业方法专利保护相对保守，欧洲各国对商业方法专利保护长期持否定立场。

2000年，为了回应各界对商业方法专利审查实践的困惑，由欧洲专利局、美国专利商标局、日本特许厅组成的三边机构（The Trilateral Offices）发布了一个《关于商业方法相关发明的比较研究》（Report on Comparative Study Carried Out Under Trilateral Project B3b Business Method Related Inventions）。① 在该研究报告中，欧洲专利局认为商业方法大致可以分为三种类型：（1）抽象的商业方法，在执行该方法时不指定使用任何特定装置，因此其属于EPC第52条中被排除的事项；（2）某些步骤是由计算机、计算机网络或其他传统的程序、电子装置来执行的商业方法，应当将这些商业方法同其他与计算机相关的发明同等对待；（3）某些步骤是由计算机以外的其他特定装置，如移动电话来实施的商业方法，对于这些商业方法的审查，应当适用与计算机实施的

---

① The Trilateral Office. Report on Comparative Study Carried Out Under Trilateral Project B3b Business Method Related Inventions [EB/OL]. (2000-06) [2024-06-11]. https://link.epo.org/trilateral/main.pdf.

发明相同的审查标准①。由此可见，除了抽象的商业方法外，欧洲专利局将商业方法相关发明分成由计算机执行的商业方法和由其他特定装置实施的商业方法两种类型，欧洲专利局通常将上述两种类型的商业方法与计算机相关发明及计算机实施发明等同对待，所采用的审查标准与计算机相关发明或计算机实施发明一致。

1. 专利审查标准

1）客体

欧洲专利局在商业方法专利客体审查上遵循 EPC 第 52 条，其中明确例举商业方法本身不属于专利保护客体，而对于商业方法的具体应用则并不被排除在专利保护客体之外。在判断商业方法是否构成具体应用时，欧洲专利局通常采用是否满足"技术性"要求的判断方式。在进行商业方法方案的"技术性"判断时需要注意：一方面需要整体考虑方案的"技术性"，既要考虑其中的技术特征，也要考虑其中的商业规则和方法特征；另一方面不需要考虑现有技术的状况，即确定方案满足"技术性"要求所涉及的"技术特征"可以是现有技术已知的。对于一项商业方法专利是否满足"技术性"要求通常有三种判断方式，即"技术手段"、"进一步的技术效果"以及"技术性考虑"判断法，在满足任一种判断要求的情况下，就属于专利保护客体。该判断方法在第一章第三节中已进行过详细介绍。

在欧洲专利局审查实践中通常采用第一种"技术手段"的判断方式。如果商业方法专利的方案中采用了"技术手段"，则满足"技术性"要求。比如，权利要求整体方案中的执行或实施商业规则时利用了计算机、计算机网络、存储介质或其他特定装置等相关技术手段，即使该相关技术手段属于本领域现有技术，那么通常也认为该方案采用了"技术手段"满足"技术性"要求，因而属于专利保护客体。但是，仅有使用技术手段的可能性还不足以避免被排除，即使说明书公开了技术实施例。② 并且，应该认真对待像"系统"或"数据库"这样的术语，因为如果不能从上下文中推断出这些术语专指技术实体的话，"系统"可能是指一个金融架构，而"数据库"可能是指定数据的任何集合，则其并不足以使方案满足客体要求。③

由上述欧洲专利局商业方法客体判断的标准可知，商业方法本身不属于

① President of the European Patent Office, Appendix 6 Examination of "Business Method" Applications（EPO）［EB/OL］.（2000-05-19）［2024-06-11］. https://link. epo. org/trilateral/6. pdf.

② 参见判例 T 388/04、T 306/04、T 619/02。

③ 参见判例 T 154/04。

专利保护客体，而商业方法的具体应用，特别是采用了"技术手段"执行或实施的商业方法是被纳入了专利保护客体的。

2）创造性

商业方法专利的创造性判断方法与其他领域总体一致，均是采用"问题解决法"。然而基于商业方法的专利既包括技术特征，又包括商业规则和方法等非技术特征的领域特殊性，相比于其他领域，在判断商业方法专利创造性时需要判断权利要求中商业规则和方法特征是否具有技术贡献。

为了使"问题解决法"更好地适用于这种混合型权利要求的创造性判断，欧洲专利局上诉委员会在判例 T 641/00 中提出"COMVIK 方法"，在后续商业方法专利的创造性判断中被广泛使用，逐渐成为商业方法专利创造性判断的标准判断方法。

在利用"COMVIK 方法"进行商业方法专利创造性判断时，通常包括权利要求特征划分、确定最接近现有技术、非显而易见性的判断三个步骤。具体来说，在权利要求特征的划分步骤中，首先整体考虑权利要求方案的技术效果，确定出对方案有技术贡献的特征和对方案无技术贡献的特征，通常方案中的商业规则和方法特征会被认定属于对方案无技术贡献的特征。然而需要注意的是，如果商业规则和方法特征与技术特征共同作用，对解决技术问题所产生的技术效果具有贡献，那么该商业规则和方法特征也被认为是对方案有技术贡献的特征，也就是说商业规则和方法特征有可能被认定属于对方案有技术贡献的特征。

在确定最接近现有技术的步骤中，基于上述对方案有技术贡献的特征进行检索并确定最接近现有技术，通常在检索确定最接近现有技术时，重点考虑的是现有技术所公开技术特征的情况，而较少考虑商业规则和方法特征的公开情况。

在非显而易见性的判断步骤中，首先确定权利要求与最接近现有技术的区别特征，整体考虑权利要求方案，确定出区别特征给权利要求带来的技术效果，并根据该技术效果确定区别特征中有技术贡献的特征和无技术贡献的特征，通常区别特征中的商业规则和方法特征会被认定属于无技术贡献的特征。如果区别特征仅包括商业规则和方法特征，且这些商业规则和方法特征未对该方案作出技术贡献，则该方案整体对现有技术未作出技术贡献而不具备创造性。如果区别特征中既包括技术特征，又包括商业规则和方法特征，且该商业规则和方法特征未对该方案作出技术贡献，那么在进行非显而易见性判断时，这些商业规则和方法特征可以不予考虑，仅基于区别特征中的技术特征确定其客观解决的技术问题，进而判断对本领域技术人员来说用于解决该技术问题的技术方案是不是显而易见的。

根据上述商业方法创造性判断标准可知，欧洲专利局在创造性审查中需要区分技术特征与商业规则和方法特征，通常会将商业规则和方法特征与技术特征两者分开考虑，商业规则和方法特征因未作出技术贡献在非显而易见性判断时可以不予考虑。

《欧洲专利局审查指南》（EPGL）第 G 部分第 II 章第 3.5.3 节介绍了商业方法专利的技术特征和非技术特征的划分及其技术贡献的考量。权利要求中属于本领域技术人员考量的特征部分，通常是对权利要求的方案有技术贡献的特征，在评述创造性时应予以考虑；而权利要求中属于商业领域专家考量的特征部分，通常是对权利要求的方案无技术贡献的特征，在评述创造性时可以不予考虑。该部分还举例说明哪些特征属于本领域技术人员或商业领域专家考量的范畴。例如，权利要求请求保护一种计算机网络系统，客户可以通过各销售网点的计算机选取音视频资料，每个销售网点可以销售不同内容的音视频资料合集，上述计算机连接到中央服务器，中央服务器包括存储音视频资料的数据库。客户可以通过两种方式获取音视频资料，其中一种是直接从中央服务器的数据库下载音视频资料，另一种是中央服务器向各销售网点发送音视频资料，将这些音视频资料预先存储在各销售网点计算机的本地数据库中，客户可以从本地数据库中直接检索获取该音视频资料。这两种获取音视频资料技术实现的相关特征属于本领域技术人员（例如软件工程师）考量的范畴，其属于对方案有技术贡献的特征。而每个销售网点提供不同内容的音视频资料合集相关特征，则通常属于商业领域专家考量的范畴，其属于商业规则和方法特征，对方案无技术贡献。

从上面这个示例可以看出，欧洲专利局在审查商业方法专利时，将本领域技术人员界定为熟知计算机等技术领域的知识，其通常不具有商业领域的知识和能力，其所获得的商业知识由为解决技术问题而进行软件设计时的软件需求方提供。

EPGL 还指出，在针对商业方法的技术实施提出专利申请时，如果对商业规则进行修改以解决技术问题，而不是从技术角度加以改进以解决该技术问题，则该实施方案被认为未对现有技术作出技术贡献。在将商业方法以自动化方式实现的情况下，对商业规则的改进所带来的固有效果不属于技术效果。例如，一种避免冗余记账的自动化会计方法，具有降低计算机工作负荷和存储需求的效果。然而这些效果其实是由于会计方法的商业规则发生改变，从而减少了计算设备需要执行的操作次数和处理的数据量，即其属于商业规则的改变所带来的固有效果，因此不属于技术效果。另一个例子是在网络竞拍中，通过连续叫价的方式进行，直到收到首位出价为最终价格的远程参与者的竞价信息为止。由于可能出现的网络传输延迟，竞价信息的接收顺序可能会被打乱，因此每条信息都需包含时间戳信息。如果权利要求通过改变竞拍规则达到了消除对时间戳信息的需要的效果，等于规避了网络传输延迟这一技术问题，但其采用的是改变商业规则以规避这一问题，而不是通过技术手段解决这一问题，则权利要求中的竞拍方法不被视为对现有技术作出技术贡献。[①]再比如，在销售点使用信用卡进行电子金融交易的方法中，授权交易时免去获取买方姓名或地址，可以实现节省时间和减少数据流量的效果。然而，上述方案并不是从技术角度解决通信线路带宽瓶颈和服务器计算设备容量有限这一技术问题，而只是通过改变管理手段规避上述技术问题，因而该商业规则未对所请求保护主题作出技术贡献。EPGL同时指出，仅凭商业方法的输入是真实世界的数据这一事实，并不足以使商业方法对请求保护主题作出技术贡献，即使这些数据与物理参数有关（如销售点之间的地理距离）[②]。

由此可见，欧洲专利局创造性判断标准中强调技术内容而弱化商业内容，使其创造性审查标准较为严格，只有对现有技术作出技术贡献的商业方法专利才有可能具备创造性，从而获得授权。

2. 专利侵权判定

众所周知，网络经济是没有国界的，建立在网络经济和计算机技术基础之上的商业方法专利，从诞生的那天起就注定了其可能会被跨国界侵权。这种侵权挑战着传统的法院地域管辖。第一章借助典型案例介绍了德国关于跨境实施专利侵权的判定规则，本节则尝试通过一件典型案例来探讨英国的专利侵权制度在跨境实施商业方法专利情况下的适用规则。

为便于理解案件中涉及的法律知识，首先介绍一下《英国专利法》的相关条款。现行《英国专利法》是1977年版本，其第60条规定了"侵权的含义"，其中第1款规定的直接侵权主要包括在英国对专利产品的制造、处理（dispose of）、许诺处理（offer to dispose of）、使用、进口等行为，对专利方法的使用等行为，和对根据专利方法直接获得产品的提供、许诺提供、使用、进口等行为；第2款规定的间接侵权行为主要包括在英国提供或许诺提供任何有关发明基本要素的手段的行为，其中这些手段适合并旨在使该项发明在

---

① 参见判例 T 258/03。

② 参见判例 T 154/04、T 1147/05、T 1029/06。

英国实施（原文为 putting into effect in the UK，其具体含义为本案争议焦点之一）；第 3 款规定的侵权行为属于一种特殊情形，即第 2 款的间接侵权行为不适用于提供或许诺提供大宗商品，但以诱导被提供人或被许诺提供人实施第 1 款直接侵权行为为目的的除外。

1）案情

该案涉及一项题为"具有远程终端的计算机互动游戏系统"的专利，权利要求 1 保护"一种用于玩互动式博彩游戏的游戏系统，包括一台主机、至少一台构成用户站点的终端计算机、用于将终端计算机连接到主机的通信装置以及用于操作终端计算机、主机和通信装置的程序装置……其特征在于终端计算机位于远离主机的位置……"。

该案的原告是梅纳谢公司（Menashe Business Mercantile Ltd.），其声称持有该专利的排他许可。被告威廉希尔公司（William Hill Organisation Ltd.）是一家著名的博彩公司，其子公司经营一种游戏系统，供英国拥有电脑的用户使用。用户通常通过 CD 光盘获得一个程序，该程序可将用户的计算机转化为权利要求所限定的终端计算机，通过网络与主机进行通信。游戏系统的服务器具有权利要求中提到的主机的特性和功能。

2）一审侵权诉讼

2001 年 10 月 26 日，原告向英国专利法院提起诉讼，认为被告向英国用户提供计算机程序的行为构成《英国专利法》第 60 条第 2 款规定的对本专利的间接侵权。被告则认为他们把服务器（即权利要求中的主机）放在了英国境外，根据英国专利的地域性原则，其行为并不构成侵权。

对此，原告提出了三点理由：（1）《英国专利法》的间接侵权中规定的"在英国生效"（putting into effect in the UK）并不等于说发明必须全部在英国实际使用，只要有在英国使用的效果就足够了。其遵从的《共同体专利公约》第 26 条第 1 款[①]的相应语句对应的各国语言版本均不能解读出"完整的装置必须位于任何特定的国家"这样的要求，这种解读也不可能是《共同体专利公约》制定者的本意，否则其会导致出现这样的明显漏洞：欧洲各国接壤是极其常见的事，以某个人或组织安装和销售跨越法国和德国边境的电信设备为例，权利要求中该设备包括部件 A 和 B，其中部件 A 在法国，部件 B 在德

---

① 《共同体专利公约》（1989 年 12 月 15 日第 89/695/EEC 号协议，https：//www. wipo. int/wi-polex/zh/text/312370）第 25 条规定直接侵权，第 26 条第 1 款和第 2 款分别规定间接侵权的帮助侵权和教唆侵权，英国作为该公约的缔约国，其《英国专利法》第 60 条第 1-3 款关于侵权的规定分别遵从上述三个条款。

国，按照被告的理论，该设备将不会侵权，但这明显违反常识。（2）作为并列条款，《共同体专利公约》第 26 条第 2 款规定的诱导侵权引用了第 25 条，第 25 条规定了直接侵权的地域性规则，相比于诱导侵权鲜明地提及在境内的直接侵权行为，第 26 条第 1 款规定的帮助侵权的"在缔约国内生效"明显表达了一个更广泛的概念，并不要求在国内执行全部专利方法步骤。（3）EPC 和《共同体专利公约》是同时起草的，在确定其一般目的的范围内，应将它们放在一起解释。EPC 第 69 条议定书中关于侵权理念的关键条款要求"为专利权人提供公平的保护"。如果英国的用户正在使用该系统，但却认为该系统并未在此生效，将不符合"提供公平保护"的理念。

被告也提出了三点理由支撑其观点：（1）《英国专利法》第 60 条第 2 款重复提及"在英国"，与《共同体专利公约》第 26 条第 1 款中"在缔约国领土内"（within the territories）和"在该领土内"（therein）的双重使用相对应，而《共同体专利公约》的"在该领土内"（therein）在原始版本中并没有，而是制定部门在深思熟虑后加入其中的，其明显是应该被考虑的因素。（2）原告所指出的明显漏洞的出现其实是专利代理人的失误所造成的，其完全可以从单方主体的视角，对终端和主机分别提出权利要求，例如"用于游戏系统的终端（主机）计算机，终端（主机）计算机包括……"。专利撰写的缺陷造成的不利后果不应由公众来承担。（3）《英国专利法》第 60 条第 5 款 d 项（源自《共同体专利公约》第 27 条 d 项）包含了船舶和飞机免责条款，即在缔约国水域内的临时船只上使用发明不构成侵权。根据该条款，船只上不存在侵权行为，但根据原告的逻辑，为船只提供发明基本要素的物件的供应商将涉及间接侵权。这也是不合常理的。最后，被告还抛出了一个问题：按照原告的理论，"只要有在英国使用的效果就足够"，但产生什么样的效果（财务、经济、直接或间接）才算生效是不确定的，其没有可操作性。

对此，一审法官认为，（1）并不否认"双重国内关联"的观点，即只有满足"双重国内关联"才被视为间接侵权，但重点是第二重关联是指在英国境内生效，而不是在英国境内使用。（2）该专利并非由于专利代理人的失误，而是为了满足专利法对创造性的要求才采用这种撰写方式，发明要保护的是整个系统，其实质上是各种部件的组合，各种部件本身可能是现有的或显而易见的，但其组合却不是。（3）通过一个不太相关的例外条款来解释一个主要条款几乎是没有结果的，特别是在国际条约的背景下。一艘临时到英国进行修理的船只不会侵权，但如果某人提供的装置是船上使用的发明的基本要素，其确实会构成侵权。（4）《布鲁塞尔公约》将侵权的管辖权赋予"有害事件发生地"的成员国法院,该"有害事件发生地"的标准比"生效"更加模糊,但它已被证明是合理可行的。无论如何,不能因为可能存在困难的边缘案件,就否认明显的案件属于该规则的范围。就本案而言,没有哪个商人会认为发明的生效不在英国境内,因为被告系统的全部意义就在于让英国的用户使用他们的系统。

基于上述理由,一审法官支持原告的观点,判定被告间接侵权成立。

3)二审侵权诉讼

被告不服一审判决,向英国最高法院提起上诉,除了坚持一审时的观点,还通过援引先前判例(Fort Dodge Animal Health Ltd v. Altzo Nobel NV [1998] FSR 222)以及二审法官在先前判例(Plastus Kreativ v. Minnesota Mining and Manufacturing Co [1995] RPC 438 at 442)的判决书中的一段话"根据《英国专利法》第 71 条发表声明的权力仅限于英国境内的行为。所指的行为是该法第 60 条规定的侵权行为。该条明确规定,只有在未经专利权人同意而在英国境内实施的行为才属于侵权行为",来证明专利具有地域性的事实。

对此,二审法官首先回应了上诉人的援引,认可专利具有地域性,但同时解释两个判例针对的均是第 60 条第 2 款(间接侵权)中的第一个地域限制(即在英国境内提供或许诺提供与发明基本要素相关手段的行为)和第 60 条第 1 款(直接侵权)中的唯一地域限制(即在英国境内实施侵权行为),判例对理解第 60 条第 2 款后半部分的真正含义并无帮助。

在解读第 60 条第 2 款后半部分的地域限制时,二审法官同意了上诉人的观点,而否定了一审判决对"putting into effect therein"的解读,重新明确其正确的含义应该是"在英国境内实施"而非"在英国境内生效",理由包括:(1)第 60 条第 2 款的目的是阻止将第 1 款中的直接侵权行为扩大到也包括第 2 款的间接侵权行为。1975 年关于共同体专利的卢森堡会议记录证明了这一点,该记录显示,在第 26 条第 1 款中插入"在该领土内"(therin)一词是为了澄清第 1 款"禁止在缔约国领土内提供或供应使用发明的手段"。因此,委员会认为第 26 条第 1 款涉及的是使用发明所必需的手段,而手段的提供和使用都应在相关领土内进行。第 25 条和第 26 条的标题(禁止直接/间接使用发明)也证明了所提出的解释,如果第 26 条第 1 款涉及的是生效问题,那么该条的标题应该与第 25 条的标题不同。(2)《共同体专利公约》第 26 条的其他语言的版本也表明该条涉及的是实施而非生效。(3)第 60 条第 3 款中使用的"侵权"一词所考虑的是直接侵权行为。如果是这样的话,起草者很可能认为第 60 条第 2 款涉及的是旨在使发明处于侵权状态的手段。如果对第 60

条第 2 款进行解释，将其扩展至产生效果的情况，则与这一理念不符。

二审法官由此得出结论：《英国专利法》第 60 条第 2 款涉及的是将发明付诸实施的行为，它并不关注仅仅在英国境内产生效力的事物。

然而，虽然二审法官否定了一审判决对间接侵权含义的解释，却仍然同意一审判决的最终结论，认为一审被告构成间接侵权，其给出的理由是：在我们生活的这个时代，主机在哪里并不重要，它可以在英国，也可以在卫星上，甚至可以在两个国家的边界上。它的位置对于本发明的用户和所要求保护的游戏系统来说并不重要。对用户来说，重要的是主机的输入和输出，从真正意义上说，用户使用的是英国的主机。在这种情况下，即使主机位于安提瓜等地，英国的用户也会在英国使用整个系统，就好像它是在英国一样。因此，在英国境内向英国的用户提供光盘的目的是使发明在英国实施，故一审被告的行为构成间接侵权。

4）案件小结

通过该案可以看出，不同于德国法官将"双重地域关联"的解读重点放在将其划分为"从德国开始在国外结束"和"从国外开始在德国结束"这两种情形，英国法官对"双重地域关联"的解读重点放在对第二重关联的认定上，即究竟是"在英国境内生效"还是"在英国境内实施"，并最终确定了正确解读应该是"在英国境内实施"的结论。同时，英国法院通过将"主机"虚拟化为一个"输入输出节点"，把游戏系统的重点放在终端用户侧，认定这种跨境游戏系统构成间接侵权，从而达到拓展本国专利权的域外效力，规制商业方法专利的跨境实施侵权行为的效果。

（三）日本

2000 年，在由欧洲专利局、美国专利商标局、日本特许厅组成的三边机构发布的《关于商业方法相关发明的比较研究》中，日本特许厅明确表示涉及商业方法的发明大多属于计算机程序发明的一种，应当适用计算机程序发明的审查标准。日本特许厅相应地修订了《日本发明·实用新型审查指南》，明确了由计算机程序实现的商业方法，在满足相关审查标准的情况下是可以被授予专利权的。

1. 专利审查标准

1）客体

目前，日本特许厅在商业方法专利的客体审查标准上首先遵循一般领域的客体审查标准，即按照《日本专利法》第 2 条第 1 款"利用自然法则进行的技术思想创作"的标准进行判断。如果一项商业方法专利按照一般领域的客体审查标准无法判断是否属于"利用自然法则进行的技术思想创作",那么需要进一步按照计算机程序的客体标准进行判断,最终确定该商业方法专利是否属于专利保护客体。

对于一般领域的客体审查标准,只有"利用自然法则进行的技术思想创作"的发明才属于专利保护的客体,对于商业方法专利重点考察是否利用自然法则。日本特许厅审查指南采用排除法的方式明确列举出商业方法本身不属于利用自然法则,因此商业方法本身不属于专利保护客体。此外,如果商业方法方案涉及对特定设备和装置(例如:电饭煲、洗衣机、自行车、化学反应装置等)进行控制或处理,或者商业方法方案利用事物的物理、化学、电学等技术特性(例如:引擎转数、压延温度、聚合物的物理或化学关联性)进行信息处理,在上述两种情况下该商业方法属于利用了自然法则,可以被认为是"利用自然法则进行的技术思想创作",因而上述商业方法的方案属于专利保护客体。

在通过上述一般领域的客体判断后,商业方法本身由于未利用自然法则而不属于专利保护客体,控制具体设备的商业方法和利用技术特性进行信息处理的商业方法则属于专利保护客体。除此之外,对于利用了计算机和网络实现的商业方法,且尚无法判断其是否属于专利保护客体,则需要进一步按照计算机程序的客体判断标准,判断该商业方法是否属于"利用硬件资源具体实现软件的信息处理"。具体来说,商业方法方案中需要通过硬件资源(例如运算单元、存储器等装置)与软件相互作用形成具体信息处理的手段或流程,体现出软件与硬件资源进行信息处理的交互过程,从而构建出符合使用目的的特定信息处理装置或操作方法。在这种情况下,该商业方法方案属于"利用硬件资源具体实现软件的信息处理",因而属于专利保护客体。此外,在商业方法方案中即使利用了硬件资源,但是对商业规则的信息处理仅进行上位功能性的概括,并未体现出通过硬件资源具体实现该商业规则的信息处理手段或流程,则该方案并不属于"利用硬件资源具体实现软件的信息处理",因而不属于专利保护客体。

根据上述日本特许厅关于商业方法的客体判断标准可知,商业方法专利通常需要在进行一般领域的客体判断和计算机程序的客体判断后,才有可能被认为属于专利保护的客体。商业方法本身会被认为未利用自然法则而不属于专利保护客体。控制特定设备、利用技术特性进行信息处理以及利用硬件资源具体实现信息处理的商业方法,均属于"利用自然法则进行的技术思想创作"，因而可以纳入专利保护客体的范畴。可见，日本特许厅对于商业方法客体的判断标准相对宽松，申请人可以相对容易地克服商业方法专利申请中的客体问题。

2）创造性

目前，在日本特许厅的发明专利申请实质审查阶段，当商业方法专利申请通过客体审查后，通常将进一步判断该发明是否具备创造性。日本特许厅认为，通过客体审查的商业方法专利申请实质上是计算机程序专利的一种具体形式，因此其创造性审查标准与计算机程序专利申请的审查标准是一致的。

商业方法专利的创造性审查通常将权利要求中的方案作为一个整体来理解，不能将权利要求中的特征划分为技术特征和商业规则等非技术特征分开考虑。但基于商业方法专利的特殊性，在创造性判断中还有其特殊考虑，例如，本领域技术人员的知识和能力。

在进行商业方法专利创造性审查时，本领域技术人员是来自计算机领域与商业领域的"专家团队"，本领域技术人员除了应该具有申请日前计算机等相关技术领域的知识和能力，还应该具有商业相关领域的知识和能力，日本特许厅在商业方法专利创造性审查时的判断主体的知识和能力已经涵盖了商业领域的普通知识。通过对本领域技术人员知识和能力的拓展，能够有效地确保在商业方法专利创造性审查中对于现有商业规则以及现有技术的把握，从而更加客观地评价商业方法专利的创造性。

由于日本特许厅在商业方法专利创造性审查中将非技术特征和技术特征整体考虑，因此与一般领域的创造性判断标准基本一致，通过拓展本领域技术人员应具有的知识和能力，避免将仅通过简单商业规则的应用、变化及组合的商业方法纳入专利保护。

2. 专利侵权判定

本书第一章第三节已经对日本计算机程序专利侵权判定的特殊性作了介绍，日本商业方法专利作为计算机程序专利的一种形式，其也适用。日本等同侵权的判定方式具有鲜明特点，在等同侵权判定时，需要进行非实质性、替换可能性、易替换性、非公知性以及非故意排除五个要件的考量。其中非实质性要件的考量是等同侵权判定的基础，商业方法专利等同侵权的非实质性要件的考量则更为复杂。

商业方法专利在审查过程中，日本特许厅将商业规则和方法特征与技术特征置于同等地位进行整体考量。由此获得授权的商业方法专利，通常商业规则和方法特征与技术特征交织混杂在一起，如何确定商业方法专利中的实质性内容和非实质性内容，这给等同侵权的非实质性要件的考量带来极大困难。此外，在进行等同侵权的非实质性考量时，如何考量商业规则和方法特征与技术特征至关重要。如果重点考虑商业规则和方法特征属于非实质性内容，那么他人采用类似商业规则构成等同侵权的可能性较大，这样势必造成侵权判定的尺度宽松，容易侵犯公众利益。如果重点考虑技术特征属于非实质性内容，那么他人仅需简单调整商业规则就可避免构成等同侵权，这显然与专利权人希望保护商业方法专利的初衷是不相符的。因此，在商业方法专利等同侵权判定中需要站位本领域技术人员，整体考虑权利要求，综合考量计算机领域现有技术状况及商业领域的现有普通知识，客观、准确考量等同侵权的非实质性、替换可能性、易替换性、非公知性以及非故意排除这五个要件。

下面将从案例出发，具体阐述在日本商业方法专利侵权中等同侵权的适用。

1）案情

涉案专利的专利号为 JP5503795B1，发明名称为"一种记账装置、方法及程序"，专利权人为自由株式会社，申请日为 2013 年 10 月 17 日，授权日为 2014 年 5 月 28 日。

该专利权利要求如下："一种通过网络服务器进行云记账的方法，其特征在于：网络服务器识别每笔交易的网络报表数据，获取每笔交易网络报表数据中的交易详情信息，根据映射表将每笔交易自动计入一个特定账户生成记账数据，其中该映射表中包括交易详情信息中所有关键词与账户名称对应的映射表，所述记账数据至少包含日期、交易详情信息、金额和账户名称，将该记账数据发送到用户计算机并显示于记账处理界面中，所述记账处理界面包括一更改账户名称的菜单，其中根据映射表自动生成记账数据时，在每笔交易的交易详情信息包含多个关键字的情况下，利用优先级最高的关键字获取映射表中的账户名称。"

2）侵权诉讼

原告（专利权人）自由株式会社是一家为中小型企业提供和开发自动化会计软件的公司。被告前锋资金株式会社是一家从事家庭账簿软件和会计软件开发的公司，两者在技术、产品和目标客户上存在着相当程度的竞争关系。原告认为被告的"MF 云会计"软件涉嫌侵犯其专利权，"MF 云会计"软件从 2016 年 8 月开始提供自动记账功能，该软件通过互联网获取网上银行的交易数据和信用卡使用数据，根据上述数据选择最合适的账户进行自动记账，同时可将记账数据发送给用户更改账户名称，该软件也是通过网络服务器实现云记账。根据《日本专利法》第 100 条第 1 款和第 2 款的规定，请求东京地方法院判定被告停止侵权并销毁被控侵权产品。

原告主张：即使认为"MF 云会计"软件采用人工智能机器学习算法获取账户名称，而涉案专利权利要求"利用优先级最高的关键字获取映射表中的账户名称"，两者获取账户名称的方式存在区别，但是该区别也满足等同侵权非实质性、替换可能性、易替换性三个要件，并且也不存在否定非公知性、非故意排除的事由，因此"MF 云会计"软件的自动记账功能与涉案专利权利要求构成等同侵权。

被告主张："MF 云会计"软件采用人工智能机器学习算法获取账户名称，而涉案专利权利要求"利用优先级最高的关键字获取映射表中的账户名称"，由于两者上述区别的非实质性、替换可能性、易替换性、非故意排除四个要件均不成立，因而两者不构成等同侵权。具体来说，对于非实质性要件，在本专利申请过程中，日本特许厅以权利要求 1 相对于对比文件 1[①] 和对比文件 2[②] 的结合不具备创造性为由发出审查意见通知书，原告在答复审查意见通知书时将上述"利用优先级最高的关键字获取映射表中的账户名称"加入权利要求 1 中，从而获得授权。因此上述"利用关键字优先级获取账户名称"属于本专利的实质性内容，不满足等同侵权的非实质性要件。对于替换可能性和易替换性两个要件，涉案专利权利要求是选择优先级最高的关键字获取映射表中的账户名称，而"MF 云会计"软件是将网上银行的交易数据和信用卡使用数据输入到机器学习算法以获取账户名称，两者确定账户的方式和技术完全不同，确定账户精准度的效果也不相同，本领域技术人员是不容易想到对两者进行替换的，因而不满足等同侵权替换可能性和易替换性这两个要件。对于非故意排除要件，原告在申请过程中为了克服不具备创造性的缺陷，将"利用优先级最高的关键字获取映射表中的账户名称"加入权利要求中，因此原告特意将不属于上述获取账户的方式排除在权利要求保护范围之外，因而不满足非故意排除要件。

由此可见，双方争议的焦点在于："MF 云会计"软件采用人工智能机器学习算法获取账户名称，而涉案专利权利要求"利用优先级最高的关键字获取映射表中的账户名称"，两者是否构成等同侵权。

在东京地方法院的判决中，针对双方当事人的意见，对是否构成等同侵

---

① 　JP2011170490.
② 　JP2004326300.

权进行了认定，其中对等同侵权的非实质性和非故意排除这两个要件进行详细阐述，最终作出等同侵权不成立的判决。法院判决认为：

非实质性要件。通常可以根据现有技术的状况来确定涉案专利权利要求的实质性内容。涉案专利权利要求1中"通过网络服务器获取交易详情信息，根据交易详情信息中所有关键词与账户名称对应的映射表自动生成记账数据"均已被现有技术（对比文件1和对比文件2）公开。此外，上述现有技术还公开了将记账处理后的交易详情信息一览表显示于用户计算机，用户点击某一交易详情信息后再将对应的记账处理界面和账户更改菜单显示给用户，然而对于本领域技术人员来说，在现在技术的基础上直接在交易详情信息一览表进行账户更改也是很容易想到的，因而权利要求中的上述内容均不属于权利要求的实质性内容。只有"利用优先级最高的关键字获取映射表中的账户名称"构成权利要求中的实质性内容，关于这一点也可以从本专利的申请过程得到进一步印证。在原告将"利用优先级最高的关键字获取映射表中的账户名称"加入权利要求后，克服了不具备创造性的缺陷而获得授权。鉴于被控侵权的"MF云会计"软件与涉案专利权利要求的上述区别属于实质性内容，因而不满足等同侵权非实质性要件。

非故意排除要件。根据前述本专利的申请过程，原告将"利用优先级最高的关键字获取映射表中的账户名称"加入权利要求，说明原告已认可通过修改权利要求将不属于上述获取账户的方式排除在权利要求保护范围之外，因而不满足非故意排除要件。

在此基础上，在等同侵权的非实质性和非故意排除要件均不成立的情况下，无须再讨论等同侵权的其他要件，原告关于等同侵权的主张不成立。

3）案件小结

日本商业方法专利等同侵权判定时需要确定权利要求中的"非实质性"特征，由于商业方法专利包括商业规则和方法特征与技术特征的特点，裁判者需要站位本领域技术人员，整体考虑权利要求中的商业规则和方法特征与技术特征，综合考量计算机领域现有技术状况及商业领域的现有普通知识。必要时，可以参考专利申请过程中的相关文件，以便于裁判者得到客观、准确的结论。

四、我国商业方法的专利保护

(一) 专利审查标准沿革

我国通常认为商业方法专利是包含商业规则和方法特征的计算机程序专

利，如本书第一章所述，其审查标准与涉及计算机程序专利的审查标准一致。

为鼓励新商业模式中技术方案的创新，《专利审查指南2010》（2017年修订）在第二部分第一章第4.2节第（2）项之后新增"涉及商业模式的权利要求，如果既包含商业规则和方法的内容，又包含技术特征，则不应当依据专利法第二十五条排除其获得专利权的可能性"。同时，在第二部分第九章中，明确了计算机程序流程限定的计算机可读介质、硬件+程序的装置权利要求、程序模块的装置权利要求可以作为权利要求的保护主题。

《专利审查指南2010》（2019年修订）在第二部分第九章专门增加了第6节"6. 包含算法特征或商业规则和方法特征的发明专利申请相关规定"，结合具体示例，对此类申请在专利保护客体判断、新颖性和创造性审查、说明书和权利要求书撰写方面进行了明确规定。

《专利审查指南2023》在第二部分第九章第6.1.3节进一步明确了"如果发明专利申请的解决方案能够带来用户体验的提升，并且该用户体验的提升是由技术特征带来或产生的，或者是由技术特征以及与其功能上彼此相互支持、存在相互作用关系的算法特征或商业规则和方法特征共同带来或者产生的，在创造性审查时应当予以考虑"。

（二）现行专利审查标准

1. 保护客体
1)《专利法》第2条第2款
《专利法》第2条第2款正面规定了专利法可予以保护的客体。根据《专利审查指南2023》第二部分第九章第6.1.2节的规定可知，判断一个方案是否属于技术方案，需要从技术问题、技术手段、技术效果三个方面综合判断、整体考虑。只有解决了技术问题，采用了利用自然规律的技术手段并获得相应的技术效果才属于技术方案。此外，应该避免割裂看待技术三要素，要从整体上理解和看待技术三要素之间的关系。一般来说，技术问题和技术效果之间存在因果关系，发现并提出技术问题构成因，而技术效果是解决该技术问题所获得的果，两者是相互对应的。技术手段通常由技术特征来体现，如果技术手段能够解决技术问题，必然会带来相应的技术效果。

2)《专利法》第5条
考虑到国家和社会的利益，《专利法》对专利保护的范围作了某些限制性规定，将违反法律、社会公德或者妨害公共利益的发明创造排除在专利保护客体之外。随着信息技术与商业方法的融合发展，部分商业方法专利的滥用可能会存在违反法律的情况，但是，只要该商业方法专利本身没有违反法律，则该商业方法专利不属于《专利法》第 5 条所述的发明创造违反法律的情形。此外，如果发明创造的实施或使用未给公众或社会造成伤害，未使国家和社会的正常秩序受到影响，则该发明创造不属于《专利法》第 5 条所述的发明创造妨害公共利益的情形。本章第二节案例 2-1 将给出该种情形的具体判断方法。

3）《专利法》第 25 条第 1 款第（二）项

《专利法》第 25 条第 1 款第（二）项的立法目的在于区分抽象规则与具体应用的解决方案，防止科学发现、数学定理、物理定律等人类智力活动成果的不合理垄断。为了实现上述目的，根据《专利审查指南 2023》第二部分第九章的规定可知，在商业方法专利客体判断中，需要判断其是否属于智力活动的规则和方法。从方案整体来看，只有单纯的商业规则和方法，除了主题名称外，方案中不包括任何技术特征的发明创造，才属于智力活动的规则和方法。如果方案中同时包含商业规则和方法特征与技术特征，那么该方案并不属于智力活动的规则和方法。即只要方案中包括技术特征，那么该方案就不属于《专利法》第 25 条第 1 款第（二）项所规定的智力活动的规则和方法。在具体判断方案中是否包含技术特征时，特别需要注意的是技术术语和技术特征的区别。技术术语并不必然构成技术特征，只有在技术术语发挥了技术作用的情况下才能认为是技术特征。因此，不能一看到方案中存在技术术语就武断地认为该方案中包含技术特征。本章第二节案例 2-4 将给出该种情形的具体判断方法。

2. 新颖性和创造性

新颖性、创造性是一项发明能够被授予专利权最为重要的实质性条件。在《专利审查指南 2023》第二部分第九章关于商业方法专利新颖性审查标准中，重点强调了整体考虑原则。即在新颖性判断过程中需要考虑权利要求记载的全部特征，既要考虑技术特征，也要考虑商业规则和方法特征。采用单独对比原则，将方案整体与现有技术或抵触申请相比，判断两者的技术领域、所解决的技术问题、技术方案和预期效果是否实质上相同。

在《专利审查指南 2023》第二部分第九章关于商业方法专利创造性审查标准中，规定了对于功能上彼此相互支持、存在相互作用关系的商业规则和方法特征与技术特征需要整体考虑，而不能将二者割裂分开考虑。也就是说，在创造性审查中可能存在将商业规则和方法特征与技术特征整体考虑和割裂分开考虑两种情况，其中整体考虑的前提在于商业规则和方法特征与技术特征"功能上彼此相互支持、存在相互作用关系"。《专利审查指南2023》中的上述规定构成了商业方法专利创造性审查的基本原则和指导思想。

总的来看，相较于《专利审查指南2010》（2017年修订），《专利审查指南2023》在客体审查标准上并未有实质性的变化，依然沿用过去"智力活动规则和方法"和"技术三要素"的判断方法。最大的变化在于创造性的审查标准，重点强调了商业规则和方法特征与技术特征的整体考虑原则。通过整体考虑原则，能够确保审查中重点把握发明构思的实质，关注发明实质作出的技术贡献和价值，从而对能够推动技术、经济以及社会发展的商业方法创新成果给予恰当的专利保护。

（三）专利侵权判定

本书第一章第四节已经对我国计算机程序专利侵权判定的特殊问题作出了介绍，商业方法专利侵权判定也具有类似问题。《专利法》第64条规定："发明或者实用新型专利权的保护范围以其权利要求的内容为准，说明书及附图可以用于解释权利要求的内容。"《最高人民法院关于审理侵犯专利权纠纷案件应用法律若干问题的解释（二）》第5条规定："在人民法院确定专利权的保护范围时，独立权利要求的前序部分、特征部分以及从属权利要求的引用部分、限定部分记载的技术特征均有限定作用。"可见，在进行一般专利的侵权判定时，应当以权利要求记载的内容作为专利权的保护范围，并以此为基础与被控侵权技术方案进行特征比对。

虽然商业方法专利的权利要求中既包括商业规则和方法特征，又包括技术特征，但其保护范围仍然以其权利要求记载的内容为准。因此，在侵权判定时，其与一般专利的侵权判定规则相同，均应当依据全面覆盖原则，准确比对被控侵权技术方案是否落入权利要求的保护范围，而不应当对权利要求中的商业规则和方法特征另眼相待。

当然，商业方法专利基于其天然的与商业和技术均相关的属性，在侵权判定过程中也有其自身的特点。

首先，商业方法专利侵权中的多主体实施问题非常普遍。传统的专利发生侵权时，涉及侵权产品的各组成部件或者方法的各个步骤通常位于同一个国家内。由于互联网、云计算技术的发展，社会分工变得更加精细，一项商业方法专利很可能并不是由一个主体来实施，甚至会出现跨越国界的不同主体共同实施的情况，基于专利权地域性的特征，如果有实施主体位于商业方法专利的法域外，如何实现对权利人的保护，这给商业方法专利的保护带来了困惑与挑战。

其次，商业方法专利侵权判定时要注意各步骤之间的时序关系。《最高人民法院关于审理侵犯专利权纠纷案件应用法律若干问题的解释（二）》第5条规定："方法权利要求未明确记载技术步骤的先后顺序，但本领域普通技术人员阅读权利要求书、说明书及附图后直接、明确地认为该技术步骤应当按照特定顺序实施的，人民法院应当认定该步骤顺序对于专利权的保护范围具有限定作用。"商业方法专利的权利要求中通常会涉及条件判断等与方法步骤的时序相关的内容，因此，在进行侵权判定时，尤其是在判断是否构成等同特征时，应当站位本领域技术人员，才能准确判断时序的差异是否构成等同特征。

本章第五节将结合两个实际案例，具体阐述我国商业方法专利侵权诉讼的相关制度。

五、小结

世界各大专利局对商业方法专利的保护均呈现从绝对排除到有条件保护的发展路径，这与商业方法和信息技术的融合发展的紧密程度呈现正相关。

综合对比中国、美国、欧洲、日本这四个世界主要经济体的商业方法专利保护规则后，我们不难发现，这四个世界主要经济体对于此类专利的司法保护均面对如跨越法域的侵权行为如何定性等问题的共同挑战。而四个世界主要经济体在商业方法专利的客体、新颖性、创造性判断等方面还是有一些差别的。具体而言，体现在以下两个方面。

在商业方法专利的客体判断方面，中国和欧洲较为接近，均要求权利要求所要求保护的方案要具有"技术性"。二者不同的是，中国要求整体考虑权利要求中记载的全部特征，从是否解决技术问题、是否采用了利用自然规律的技术手段、是否由此获得符合自然规律的技术效果三个方面（技术三要素）综合判断该方案是否属于专利保护客体；而欧洲则相对宽松，只要权利要求中存在"技术特征"，即认可其属于专利保护客体。日本则通过"利用硬件资源具体实现软件的信息处理"的方法判断权利要求是否属于专利保护客体，相对而言较为宽松，该规定更倾向于要求申请人将专利申请充分公开，本领域技术人员在阅读说明书后可以实现软件与硬件具体结合，以实现专利申请的发明目的。美国近几年变化较大，对权利要求所要求保护的方案具有"技术性"的标准时松时紧，规则不太稳定，不断对其进行修正调整，因而美国的商业方法专利客体判断标准也在宽松和收紧之间摇摆，当前主要通过"两步判断法"判断权利要求是否属于专利保护客体。

在商业方法专利新颖性、创造性判断方面，中国对于在权利要求中功能上存在相互支持、相互作用的商业规则和方法特征会与技术特征一起做整体考虑，而不是割裂开来分别考虑。欧洲由于在客体判断时要求宽松，但在新颖性、创造性判断时，则严格区分技术特征和非技术特征，仅对为权利要求带来技术贡献的特征在新颖性、创造性判断时予以考虑，要求较高。日本则将计算机程序领域中本领域技术人员的知识和水平作出了特别规定，认为本领域技术人员具有特定领域的一般常识以及计算机技术领域的技术常识，本领域技术人员不是一个人而是来自多个领域的"专家团队"，由此在进行创造性判断时，不能将权利要求中的特征划分为非技术特征和技术特征分开考虑，而是需要将权利要求中的方案作为一个整体来理解。美国对于商业方法专利的新颖性、创造性审查是较为宽松的，一旦商业方法专利通过了客体审查，按照一般领域的创造性判断标准进行审查，相对而言比较容易获得授权。

第二节　违反法律、社会公德或者妨害公共利益

大数据、人工智能、区块链等技术的发展，引领了商业方法等新领域、新业态的不断创新。目前，对相关新兴领域创新成果的专利保护存在着诸多疑惑，特别是在涉及《专利法》第5条第1款的理解和适用方面较为突出。作为商业方法专利的重要表现形式，金融交易类专利申请始终较为活跃。随着科技的进步和互联网的发展，尤其是区块链技术的兴起，虚拟货币作为其热门应用愈来愈频繁地出现于专利申请文件中。然而，根据我国现行法律，比特币类的虚拟货币不具有法定货币的法律地位，与此类虚拟货币相关的金融行为涉嫌非法交易。那么，此类虚拟货币相关的专利是否会因为不符合《专利法》第5条第1款的规定而无法被纳入专利法的保护范围？本节旨在通过具体案例，阐释商业方法专利适用《专利法》第5条第1款的具体规则。

一、基于区块链技术的商业方法专利是否违反法律或妨害公共利益

案例2-1　央行数字货币研究所关于数字货币申请案

■ **案件信息**

【申请号】201710493213.6

【发明名称】基于数字货币实现筹资交易的方法和系统以及装置

【国际分类号】G06Q 40/02

【申请日】2017 年 6 月 26 日

【申请人】中国人民银行数字货币研究所

【法律依据】《专利法》第 5 条第 1 款；《中国人民银行法》第 2 条、第 20 条

■ **案情介绍**

随着互联网技术与金融业的发展，涌现了大量向用户提供金融交易服务的互联网平台，如 P2P 网络借贷、网络众筹等。现有技术中，互联网平台通常建立有一个总的存管账户，现有资金存管系统通过该存管账户进行统收统付，出资人和筹资人在该存管账户下建立各自虚拟账户以完成金融交易。然而在筹资交易过程中，在该存管账户会沉淀大量在途资金，虽然银行会监管该存管账户，但仍无法杜绝互联网平台虚假挪用资金的风险。此外，出资人将投标款交付筹资人后，出资人、筹资平台以及其他参与方均难以监控资金后续的流向及使用情况，因此存在筹资人单方变更资金用途的风险。

为了解决上述问题，本申请提出一种基于数字货币实现筹资交易的方法，利用数字货币为筹资平台提供筹资资金划拨的支付和交易途径，该数字货币为由数字货币发行机构（中国人民银行）发行或授权发行的包含多个标识的加密字串，其中所述标识至少包括出资人标识和筹资人标识，出资人为该数字货币的所有者，筹资人具备该数字货币的使用请求权，筹资人可以就该数字货币的使用发起支付和交易等请求，每项请求必须经过出资人的签名许可才可进行。通过该方法可以防止筹集资金被挪用或变更用途，使得资金路径透明可控，增强了对资金的监管。此外，本申请说明书中明确记载"本申请的数字货币系统是由数字货币发行机构提供的，提供数字货币的发行、转移、验证、生产、作废、管理等运行操作"。

本申请的权利要求 1 如下：

"1. 一种基于数字货币实现筹资交易的方法，其特征在于，包括：

出资人钱包应用装置根据交易智能合约向出资人银行钱包发送所述支付请求；其中，所述支付请求包括：支付数字货币的金额、筹资人银行钱包标识、联合签名智能合约申请和授权使用智能合约申请；

所述出资人银行钱包在收到所述支付请求后，向数字货币系统发送所述支付请求；

所述数字货币系统受理所述支付请求后，按照所述支付请求，将出资人

的原有数字货币作废，重新生成带有联合签名标识的数字货币，然后将该数字货币发送至筹资人银行钱包；

其中，所述联合签名标识包括签名规则标识和使用规则标识；所述签名规则标识对应联合签名智能合约，所述使用规则对应授权使用智能合约；所述数字货币是加密字串，所述加密字串包括所述数字货币的金额、发行方标识和所有者标识。"

本申请于 2020 年 12 月 24 日被授予发明专利权。

■ **案件精解**

（一）本申请是否属于《专利法》第 5 条第 1 款规定的"违反法律"的情形

与数字货币相关且属于《专利法》第 5 条第 1 款范畴的"法律"，主要包括于 1995 年由全国人民代表大会通过，并于 2003 年由全国人大常委会修订的《中国人民银行法》。其中第 2 条规定："中国人民银行是中华人民共和国的中央银行。中国人民银行在国务院领导下，制定和执行货币政策，防范和化解金融风险，维护金融稳定。"第 20 条规定："任何单位和个人不得印制、发售代币票券，以代替人民币在市场上流通。"

从本申请的权利要求和说明书来看，其方案主要涉及的是在数字货币发行之后如何利用技术的手段增强资金的监管以及提升数字货币验证的便利性和可靠性，并不涉及《中国人民银行法》相关条款所禁止的印制、发售代币票券的行为，也不会造成代替人民币在市场上流通的结果，因此本申请并不属于《专利法》第 5 条第 1 款的"违反法律"的情形。

（二）本申请是否属于《专利法》第 5 条第 1 款规定的"妨害公共利益"的情形

2017 年 9 月 4 日，中国人民银行等七部门联合发布《关于防范代币发行融资风险的公告》，认为"代币发行融资是指融资主体通过代币的违规发售、流通，向投资者筹集比特币、以太币等所谓'虚拟货币'，本质上是一种未经批准非法公开融资的行为，涉嫌非法发售代币票券、非法发行证券以及非法集资、金融诈骗、传销等违法犯罪活动，……，代币发行融资中使用的代币或'虚拟货币'不由货币当局发行，不具有法偿性与强制性等货币属性，不具有与货币等同的法律地位，不能也不应作为货币在市场上流通使用"，并规定"任何组织和个人不得非法从事代币发行融资活动"。

本案申请日为 2017 年 6 月 26 日，适用《专利审查指南 2010》（2019 年修订），其中第二部分第二章第 3.2.2 节规定："一般情况下，权利要求中的用词应当理解为相关技术领域通常具有的含义。在特定情况下，如果说明书中指明了某词具有特定的含义，并且使用了该词的权利要求的保护范围由于说明书中对该词的说明而被限定得足够清楚，这种情况也是允许的。但此时也应要求申请人尽可能修改权利要求，使得根据权利要求的表述即可明确其含义。"

本申请权利要求 1 中明确限定了"所述数字货币是加密字串，所述加密字串包括所述数字货币的金额、发行方标识和所有者标识"，且说明书中亦有如下记载："所述数字货币系统是由数字货币发行机构提供的，提供数字货币的发行、转移、验证、生产、作废、管理等运行操作。"根据以上记载可知，本申请中的"数字货币"由特定的数字货币发行机构（中国人民银行）发行，而不是由中国人民银行之外的其他组织和个人非法发行虚拟货币进行融资活动，其目的是通过技术的手段提升数字货币验证的便利性和可靠性，本申请中相关方案的实施并不会使国家和社会的正常金融秩序受到负面影响。

综上所述，本申请中的"数字货币"是由特定的数字货币发行机构（中国人民银行）发行，相关方案主要解决资金监管和数字货币验证的可靠性和便利性的问题，并未扰乱金融秩序，也未给公众或社会造成伤害，未使国家和社会的正常秩序受到影响，因而不属于《专利法》第 5 条第 1 款所述的"妨害公共利益"的情形。

■ 案件小结

筹资交易行为涉嫌《专利法》第 5 条第 1 款规定的"违反法律"的情形，主要是指专利申请的方案涉及《中国人民银行法》所禁止的印制、发售代币票券，造成代替人民币在市场上流通结果的行为。而筹资交易行为涉嫌《专利法》第 5 条第 1 款规定的"妨害公共利益"的情形，主要是指专利申请的方案涉及《关于防范代币发行融资风险的公告》所禁止的不由货币当局（中国人民银行）发行，而是由其他组织和个人非法发行的"虚拟货币"，上述非法发行"虚拟货币"的行为会造成扰乱金融秩序的后果。

如果专利申请并不存在前述情形，则不属于《专利法》第 5 条第 1 款所述的"违反法律"或"妨害公共利益"的情形。为避免出现前述情形，建议申请人在权利要求或说明书中对数字货币的发行方等内容进行明确限定或说明。

二、从发明创造实质出发整体判断是否妨害公共利益

案例2-2　恒宝公司关于区块链技术复审案

■ **案件信息**

【案件编号】1F311054

【决定号】FS209830

【专利申请号】201610567480.9

【发明名称】一种用于缓解节点存储压力的方法和系统

【国际分类号】G06Q 40/04

【申请日】2016 年 7 月 18 日

【复审请求人】恒宝股份有限公司

【法律依据】《专利法》第 5 条第 1 款

■ **案情介绍**

区块链技术不断发展并应用于各个领域，区块链数据存储量随时间呈线性增长，当前的区块大小已经不能将最近广播到网络中的全部交易包含进去，本申请说明书以比特币为例具体说明其技术方案。未来比特币扩容方案实施后，区块链存储的数据量会增长更快，这会造成比特币全节点的存储压力越来越大。现有的修简（prune）模式运行方式可以将最老的区块删除，同时继续同步较新区块，并将区块数据和回溯信息维持在指定大小，从而一定程度上缓解存储压力的问题。但是，在这种模式下，老区块中的所有交易信息都会被删除，包括未成功交易的信息（即本申请中所述的"未花费交易"），造成未成功交易的信息无法验证其来源，因此部分功能将不再被支持，导致用户使用不便。

基于此，本申请提出一种用于缓解节点存储压力的方法，通过对未成功交易的信息发起多次自动转入交易，将该未成功交易的信息移至新的区块，再删除已将未成功交易的信息转移的区块，从而在保证未成功交易的信息的来源可验证的前提下，缓解了节点存储压力。

复审请求时的权利要求 1 如下：

"1. 一种用于缓解节点存储压力的方法，其特征在于，包括：

步骤 S1. 确认高度低于特定区块的所有区块中未花费交易输出的比例；

步骤 S2. 将未花费交易输出的比例与特定比例进行比较；

步骤 S3. 在未花费交易输出的比例小于或者等于特定比例时，发起多次自动转入交易，自动转入交易与未花费交易输出——对应；在自动转入交易中，输入地址和输出地址均为未花费交易输出的地址，输入金额和输出金额均为未花费交易输出的金额，以将该未花费交易输出转移至新的区块中；

步骤 S4. 删除已将未花费交易输出转移的区块。"

复审决定以本申请权利要求不属于《专利法》第 5 条第 1 款所述的妨害公共利益的情形为由，撤销了驳回决定。

■ **案件精解**

本案的焦点在于：本申请涉及对区块链节点数据存储的优化，说明书中以比特币这一热门应用场景为例对相关技术进行说明，本申请因而被认定为"妨害公共利益"是否正确。

根据《专利审查指南 2010》（2019 年修订）第二部分第一章第 3.1 节的规定，发明创造如果仅仅存在滥用而违反法律或者可能妨害公共利益的，通常不属于《专利法》第 5 条第 1 款所排除授权的情形。

判断一项发明创造是否属于《专利法》第 5 条第 1 款规定的情形，需从发明创造的实质内容出发进行整体判断。该法条的审查对象为整个专利申请文件，既包含权利要求书，也包含说明书及附图。具体到本申请，权利要求的方案要解决的问题是"为了在区块链中保持数据的完整性和可追踪性，需要缓解节点的存储压力"，其通过"对未花费交易发起多次自动转入交易，将该未花费交易输出移至新的区块，删除已将未花费交易输出转移的区块"等手段实现了"在保证未花费交易输出的来源可验证的前提下，缓解节点存储压力"的效果。可见，本申请的方案涉及的是区块链节点存储的技术问题，说明书中有关比特币的记载只是以比特币这一热门应用场景为例对相关技术进行说明，以便于对该方案的技术问题、技术手段及技术效果等方面的理解。从整个权利要求书及说明书记载的内容可以确定其实质涉及区块链节点数据存储的优化。众所周知，比特币的支付、交易行为会对国家金融秩序带来负面影响，属于国家明令禁止的行为，因而说明书中以比特币为例说明技术方案的方式，很容易造成普通社会公众的困惑和误解，建议申请人在申请文件中将发明创造限定在合法使用的范围内，删除申请文件中易造成困惑和误解的表述。

在此基础上，基于上述《专利审查指南 2010》（2019 年修订）的规定，本申请不属于《专利法》第 5 条第 1 款规定的妨害公共利益的情形。

■ **案件小结**

判断虚拟货币相关的方案是否属于《专利法》第 5 条第 1 款所述的 "妨害公共利益" 的情形，除了要考虑专利申请的方案是否涉及虚拟货币的支付、交易等扰乱金融秩序的融资活动，还应当从发明实质出发进行整体判断。

三、小结

随着计算机技术与金融行业的融合发展，产生了许多与金融创新有关的商业方法专利，并由此带来了此类商业方法专利如何适用《专利法》第 5 条第 1 款的问题。本节通过两个案例对此问题予以了说明。

《专利法》第 5 条第 1 款规定："发明创造违反了法律、社会公德或者妨害了公共利益的，不能被授予专利权。"其中所称的法律，是指由全国人大或者全国人大常委会依照立法程序制定和颁布的法律，不包括行政法规和部门规章等其他法律规范文件。《专利法》第 5 条所称违反法律的发明创造，不包括仅其实施为法律所禁止的发明创造。应该将商业方法专利中方案实施行为的法律性质与该方案本身的法律性质区别开来，严格区分 "技术方案违法" 与 "技术方案的实施可能违法" 之间的界限。

如果发明创造存在滥用而可能造成妨害公共利益的，为进一步明确发明创造不属于《专利法》第 5 条第 1 款规定的 "妨害公共利益" 的情形，建议申请人在申请文件中将发明创造限定在合法使用的范围内，删除说明书特别是权利要求中易造成普通社会公众困惑和误解的涉嫌违法实施的表述。

第三节　客　体

除了金融交易行为等传统意义上的包含商业规则和方法特征的专利或专利申请，企业的运营管理也是该类专利或专利申请的一大重要分支，此类专利或专利申请的显著特点是商业规则和方法特征与传统技术领域的技术特征大量并存。以传统电力领域为例，涉及电力系统、电网公司、发变电站的经营管理类专利，通常会被划归到商业方法分类领域，这种专利或专利申请通常是将电力技术与互联网、商业模式等相结合，形成解决特定问题的方案。《专利审查指南 2010》（2017 年修订）、《专利审查指南 2010》（2019 年修订）、《专利审查指南 2023》均明确了商业方法专利的权利要求只要包含技术特征，则不应当依据《专利法》第 25 条排除其获得专利权的可能性。那么此类专利或专利申请在进行客体判断时，重点和难点在于判断解决方案是否属于《专利法》第2条第2款所规定的技术方案。接下来，我们通过两个案例，具体分析一下《专利法》第2条第2款在电力领域包含商业规则和方法特征的专利或专利申请的适用规则。

一、技术三要素的理解和运用

案例2-3 国网青岛公司、国家电网公司关于配电变压器复审案

■ **案件信息**

【案件编号】1F345654

【决定号】FS316447

【专利申请号】201610820624.7

【发明名称】一种配电变压器供电区域合理性判断方法及装置

【国际分类号】G06Q 10/06、G06Q 50/06

【申请日】2016年9月13日

【复审请求人】国网山东省电力公司青岛供电公司、国家电网有限公司

【法律依据】《专利法》第2条第2款

■ **案情介绍**

为了用电管理，需要确定每台配电网变压器的供电区域，以便更加科学高效管理人员分工、设备维护、电量计算、线损统计等。随着电网的不断发展，客户对电能质量的要求越来越高，其中低电压现象是目前低压用户反映较多的电能质量问题之一。一般从配电变压器到用户的供电半径越长，越容易出现低电压现象。因此，只有合理划分每台配电变压器的供电区域，才能够有效减少低电压现象，提高电能质量。但是，现有技术中缺少一种判断配电变压器供电区域是否合理的有效方法。

为解决上述问题，本申请提出一种判断方法，先获取每台配电变压器的地理位置信息，根据几何作图方法确定出每台配电变压器的合理供电区域，在该区域内，任意一点离该配电变压器的距离比离其他配电变压器要远，然后将配电变压器的实际供电区域与该作图法确定出的合理供电区域进行比较，并调整实际供电区域，直至二者完全一致。根据该方法，保证了各用户离配电变压器的距离尽可能短，从而有效避免低电压现象的发生。

驳回决定认为：本申请解决了特定的问题，但是否构成技术方案不能仅

基于是否解决特定问题来判断，重点还在于解决问题所采用的手段是否为技术手段。具体而言，本申请采用的手段是仅依据供电半径最短规则来判断供电区域是否合理。然而，本申请采用的用于判断供电区域合理性的规则，与实际供电分配中供电合理性的设置方式并不完全一致。例如，实际供电中通常受实际特殊地形地貌的影响，某些用电终端只能由特定配电变压器进行供电（并非根据最短供电半径规则指定配电变压器供电）。因此，本申请采用的供电合理性判断规则是人为设定的，并不符合自然规律。本申请并未采用符合自然规律的技术手段来解决相应的技术问题、达到任何技术效果，本申请权利要求不属于《专利法》第 2 条第 2 款规定的技术方案。

复审请求时的独立权利要求 1 如下：

"1. 一种配电变压器供电区域合理性判断方法，其特征在于，包括：

获取每台配电变压器的合理供电区域，其中每个所述合理供电区域内仅包括一台配电变压器，且每个所述合理供电区域内的任意一点到各个所述合理供电区域内的配电变压器的距离中，到该点所在的合理供电区域内的配电变压器的距离最短；

将每台所述配电变压器的实际供电区域与该台配电变压器的合理供电区域进行比对；

若每台所述配电变压器的实际供电区域与该台配电变压器的合理供电区域完全吻合，判断该台配电变压器的实际供电区域具有合理性；

所述获取每台配电变压器的合理供电区域包括：获取每台配电变压器的地理位置信息，根据所述地理位置信息确定每台所述配电变压器的配变分布点；每个多边形内的任意一点与各配变分布点的距离相比，距离该多边形内的配变分布点距离最近，每个配变分布点所在的多边形作为其对应的配电变压器的合理供电区域，则能够使供电区域内用户的供电半径符合供电半径最短原则；连接相邻的 n 个所述配变分布点，构建出以所述配变分布点为顶点的 n 边形或者三角形，n 为大于或等于 3 的正整数；获取每个所述 n 边形的外接圆；获取每个所述外接圆的圆心；连接每个所述相邻外接圆的圆心，构建出多个多边形作为每台配电变压器的合理供电区域；

若某台所述配电变压器的实际供电区域与该台配电变压器的合理供电区域未能完全吻合，判断该台配电变压器的实际供电区域不具有合理性；

若某台所述配电变压器的实际供电区域与该台配电变压器的合理供电区域未完全吻合，根据该台配电变压器的合理供电区域对该台配电变压器的实际供电区域进行调整；

所述配电变压器供电区域合理性判断方法最大限度避免配电变压器供电区域内出现低电压现象，为配电网改造提供了有力支持。"

复审合议组经过审查后认为，权利要求1的方案构成技术方案，属于《专利法》第2条第2款规定的保护客体，因此撤销了驳回决定。

■ 案件精解

权利要求是否构成技术方案，主要从是否利用技术手段解决技术问题并获得技术效果（技术三要素）方面加以考量。需要注意的是，要结合手段判断问题是否构成技术问题，也就是说，只有利用技术手段解决的问题才有可能构成技术问题。一般情况下，技术手段通常是由技术特征来体现的，能够解决技术问题并获得技术效果的手段，才能构成技术手段；技术问题和技术效果是相互对应的，方案能够解决技术问题，必然会带来相应的技术效果。因此，技术三要素属于彼此关联的统一整体，审查实践中通常会将三者作为一个整体加以考虑。例如，在本案复审决定作出时适用的《专利审查指南2010》（2019年修订）中，列举不属于保护客体的案例时，均对各案例的全部技术三要素进行否定①。

具体到本案，权利要求1采用的手段包括"获取每台配电变压器的地理位置信息，根据几何作图方法确定出每台配电变压器的合理供电区域，并依据该合理供电区域来对实际供电区域进行判断和调整"等。在供配电领域，本领域技术人员知晓，一般而言，用电终端离配电变压器越远，则线路上的损耗越大，终端获得的电压等级越低，这是电网系统中存在的客观事实，属于自然规律。当然，前述这些自然规律是有其特定适用条件的，在满足其适用条件的情况下，就可以得到既定结果。本领域技术人员可以确认，实际供电中出现的特殊地形地貌的情形明显不属于前述这些自然规律的适用条件。但是，并不能因此而认定在满足其适用条件时前述这些自然规律属于人为规定。

本申请在满足上述自然规律适用条件的情况下，采用了"获取配电变压器实际地理位置、根据几何画图法确定离各配电变压器距离最短的理论区域、根据该理论区域调整实际供电区域"的手段，这些手段即为利用自然规律的技术手段。基于这些技术手段保证了用户终端距配电变压器的供电路径最短，则线路损耗最低，从而最大限度地避免发生低电压现象，这也属于符合自然

---

① 参见《专利审查指南2010》（2019年修订）第二部分第九章第6.2节例5、例6。

规律的技术效果。根据技术问题与技术效果的对应性，本案实际上解决了用户终端距离配电变压器较远所造成的接收电压较低的技术问题。

因此，本申请权利要求 1 的方案解决了技术问题，采用了符合自然规律的技术手段并获得了相应的技术效果，则该权利要求请求保护的方案构成技术方案，符合《专利法》第 2 条第 2 款的规定。

■ **案件小结**

《专利法》第 2 条第 2 款是对发明的一般性定义，审查实践中主要通过考量权利要求是否同时满足"技术三要素"的要求，判断该权利要求是否属于《专利法》第 2 条第 2 款规定的技术方案。本案审查决定阐释了在电力供配电领域如何判断权利要求的方案是否同时满足"技术三要素"。

《专利审查指南 2010》（2019 年修订）第二部分第一章所说的自然规律，通常是有其特定适用条件的，在满足其适用条件的情况下，就可以得到既定结果，并不以人的意志为转移。不能因为专利申请的方案在未满足自然规律适用条件的情况时不能得到其既定结果，进而认定在满足其适用条件时该自然规律属于人为规定，并得出该方案不属于专利保护客体的结论。

二、包含技术术语及商业规则和方法特征的客体判断

案例 2-4 中电飞华等公司关于微电网复审案

■ **案件信息**

【案件编号】1F324087

【决定号】FS274314

【专利申请号】201610377737.4

【发明名称】一种适用于电改的微电网经济运营优化方法和系统

【国际分类号】G06Q 10/04、G06Q 50/06

【申请日】2016 年 5 月 31 日

【复审请求人】北京中电飞华通信股份有限公司、北京国电通网络技术有限公司、国家电网有限公司、国网天津市电力公司、国网浙江省电力公司

【法律依据】《专利法》第 2 条第 2 款

■ **案情介绍**

微电网（Micro-Grid）也称微网，是指由分布式电源、储能装置、能量转

换装置、负荷、监控和保护装置等组成的小型发配电系统。微电网在促进分布式电源与可再生能源的大规模接入、实现对负荷多种能源形式的高可靠供给、实现主动式配电网，使传统电网向智能电网过渡等方面都发挥着重要作用。微电网有效运营的前提是相关主体之间成本和收益分配的合理化，因此从整体的角度识别并科学计量微电网的成本和效益，有利于微电网的可持续发展。然而，目前的微电网运营模式仅考虑了部分因素，没有考虑基于电力体制改革和电网传输的多用户主体间能量交换的运营模式，因此，该运营模式并非最佳。

基于此，本申请提出一种微电网经济运营优化方法和系统，通过获取影响微电网的成本及效益的各方面因素，例如配电网多源、多用户能量交换、政府补贴及激励政策等，分别建立微电网成本因素模型和微电网效益因素模型，确定微电网优化规划经济模型，进而决定合理的微电网外部能量交换方式，从而对多源微电网的适用性、电网传输的多用户能量交换以及政策导向等方面进行填补，构建了一种适应于电力体制改革的微电网优化规划经济模型。

复审请求时独立权利要求 1 如下：

"1. 一种适用于电改的微电网经济运营优化方法，其特征在于，包括步骤：

获取微电网成本因素和微电网效益因素，分别建立微电网成本因素模型和微电网效益因素模型；所述微电网成本因素包括等年值设备投资总费用 a1；安装、运行维护费用 a2；燃料费用 a3；废弃后拆卸、治污费用 a4；排污惩罚费用 a5；停电赔偿费用 a6；备用容量费 a7 以及过网费 a8；所述微电网效益因素包括售电效益 b1；政府补贴效益 b2；节能效益 b3；降低损耗效益 b4；碳贸易效益 b5；可靠性效益 b6；减缓电网投资效益 b7；参与电网辅助服务收益 b8；

确定微电网优化规划经济模型；

根据建立的微电网成本因素模型和微电网效益因素模型，计算微电网优化规划经济模型；

根据所述微电网优化规划经济模型确定合理的微电网外部能量交换方式。"

复审合议组经过审查后认为，权利要求 1 的方案不构成技术方案，不属于《专利法》第 2 条第 2 款规定的保护客体，因此维持了驳回决定。

■ **案件精解**

传统的电力领域专利申请大多利用该领域的自然规律来解决电网系统自

身的问题，例如对并网变换器电路及其控制算法进行改进以提升电能转换效率、在合适的位置安装无功补偿装置或谐波滤除装置以提高电能质量、将蓄电池和光伏/风电等新能源联合使用以提升电源供电稳定性等。

　　然而，随着商业方法专利的兴起，大量涉及电力领域的经营管理类专利申请也不断涌现。例如，电网的评估、电价的制定、电力的调配等相关专利申请。这类专利申请的权利要求中往往既包含电力领域中的技术术语，例如"发电机、变压器"等硬件设备或者"电流、电压、功率、谐波"等物理量，同时也会包含"收益、费用"等金融术语。实践中，判断这类方案是否属于《专利法》第2条第2款规定的技术方案存在诸多难点。

　　为解决这类问题，在本案复审决定作出时适用的《专利审查指南2010》（2019年修订）第二部分第九章第6.1.2节（参见本章第一节第四部分）作出了明确规定。电力领域的商业方法专利也要遵循上述规则，既要避免因为包含技术术语直接将其认定为符合自然规律的技术手段而全盘接受，也不宜因出现了商业术语而直接认定其不属于技术方案，进而认为其不属于专利保护的客体。应该将权利要求中记载的全部特征作为一个整体，考量其是否对要解决的问题采用了利用自然规律的技术手段，并且由此获得符合自然规律的技术效果。

　　具体到本案，根据权利要求1所记载的内容，本申请的微电网经济运营优化方法在微电网运营活动中，对配电网多源、多用户能量交换、政府补贴及激励政策等方面带来的成本因素和效益因素加以考虑，其出发点和落脚点都在于微电网运营优化所带来的经济效益增长，这属于经济问题，而不是技术问题。关于是否利用技术手段，权利要求中主要包括各种成本和效益，其中"治污费用a4、排污惩罚费用a5、停电赔偿费用售电效益b1、政府补贴效益b2、碳贸易效益"等属于人为制定规则的产物，不属于技术特征的范畴；而权利要求中出现的诸如"备用容量费、可靠性收益"等配电网的技术术语，其背后的确可能存在着与其相关联的自然规律，这些自然规律通常需要遵守电力领域中不以人的意志为转移的各种客观约束。例如，采用先进的控制方法使备用容量得以充分利用从而减少备用容量降低费用等。然而，自然规律的存在并不意味着其一定会被利用，比如，降低设备的售价同样可以达到降低备用容量费的目的。权利要求1的方案整体仅是将这些电网中的事务与成本、效益等经济因素相关联，设计和构建经济模型进行计算，并未体现出利用电力领域中的自然规律作出任何技术上的改进；即本申请的方案整体上是为了解决上述经济问题而对一系列经济指标进行数学建模和计算的方法，并没有体现出采用任何遵循自然规律的技术手段。通过实施本申请权利要求的方案所达到的效果，则是通过建立模型实现微电网项目的经济性优化，进而提高经济效益，这显然并不属于符合自然规律的技术效果。因而，本申请权利要求所记载的方案并未采用遵循自然规律的技术手段，没有解决技术问题，也并未获得符合自然规律的技术效果，该方案不属于《专利法》第 2 条第 2 款所规定的技术方案。

■ **案件小结**

电力领域的商业方法专利的权利要求中一般均会包含电力领域的技术术语和金融术语，技术术语的背后通常存在着自然规律，这种自然规律通常需要遵守电力领域不以人的意志为转移的各种约束。只有利用了这样的自然规律，才属于利用了专利法意义上的技术手段。客体判断的重点通常需要考量该解决方案的整体是否利用了技术术语背后的自然规律，若利用自然规律解决了电力领域的特定技术问题，且实现了符合自然规律的技术效果，则该解决方案属于《专利法》第 2 条第 2 款所述的技术方案；反之，则该解决方案通常不属于《专利法》第 2 条第 2 款规定的技术方案。本申请的权利要求 1 的方案整体上是为了解决上述经济问题而对一系列经济指标进行数学建模和计算的方法，并未体现出采用其中的技术术语背后的电力领域中的自然规律来作出任何技术上的改进，因此，并不属于《专利法》第 2 条第 2 款所规定的技术方案。

三、小结

本节以电力领域的两个案例为例，介绍了商业方法专利的客体判断方法。实际上，商业方法专利的客体判断方法是一致的，即判断商业方法专利是否属于《专利法》第 2 条第 2 款规定的技术方案，就是要判断商业方法专利是否具备"技术性"，审查实践中主要基于权利要求是否同时满足"技术三要素"加以判断，即权利要求的方案必须同时满足"采用技术手段、解决技术问题并获得了技术效果"。权利要求中应当体现"技术三要素"，仅有技术术语并不表示该权利要求必然具备"技术三要素"。

第四节　创造性

为了积极推进商业方法创新成果的知识产权保护，《专利审查指南 2023》

在第二部分第九章第 6 节对包含商业规则和方法特征的发明专利申请的创造性判断标准作出规定，并进一步规定可以提升用户体验的方案的创造性判断规则。然而，在审查实践中，对于创造性判断标准的理解和适用仍然存在诸多疑惑，如何准确判断包含商业规则和方法特征的技术方案的创造性是审查实践中的一个难点。特别是如何看待方案中的商业规则和方法特征、如何适用整体考虑原则及如何考虑应用场景变化对创造性判断的影响等问题，属于审查实践中的重点和难点。本节旨在通过具体案例，阐释包含商业规则和方法特征的发明专利或专利申请的创造性适用规则。

一、创造性判断中整体考虑原则的适用

案例 2-5　诺基亚公司关于移动通信收费示例案

■ 案件信息
【专利申请号】200680023074.0
【发明名称】通信系统中的服务
【国际分类号】G06Q 20/00
【申请日】2006 年 5 月 4 日
【申请人】诺基亚公司
【法律依据】《专利法》第 22 条第 3 款

■ 案情介绍
本申请涉及名称为"通信系统中的服务"的专利申请。

在本申请背景技术中记载，现有技术如图 2-3 所示，移动运营商（MO）核心网的用户通常使用移动运营商的接入网络来访问第三方服务提供商提供的内容服务，目前第三方服务提供商仅向用户提供内容服务本身的费用开销，而无法向用户提供内容服务所消耗的流量费用。虽然在第三方服务提供商和移动运营商之间提供了计费接口，第三方服务提供商可以使用计费接口来从移动运营商处请求计费信息，但该计费接口并不是为了向用户提供特定内容服务总开销而设计的。因此，目前现有技术存在着计费提示不能使用户得到包括内容费用和接入费用（流量费用）总开销的问题。

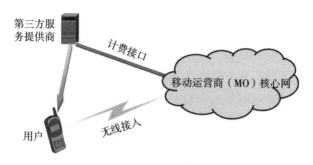

图2-3　本申请的现有技术

　　为了解决上述问题，本申请提出了一种通信系统的服务架构，如图2-4所示，其中在移动运营商处增加了计费服务器以及数据库结构（统称为接入系统），在第三方服务提供商和计费服务器之间设置计费接口，对计费接口进行改进使得可以将与第三方内容服务相关的接入费用报告给第三方服务提供商。用户向第三方服务提供商发送计费请求，第三方服务提供商向移动运营商计费服务器发送数据流量的计费请求，移动运营商响应请求并将接入费用通过计费接口发送给第三方服务提供商，第三方服务提供商将内容费用和接入费用（流量费用）的总开销返回给用户。

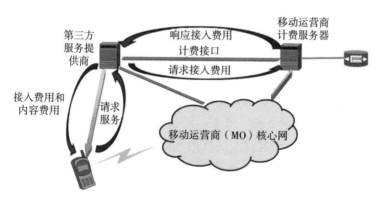

图2-4　本申请的服务架构

　　此外，为解决根据网络的拥堵程度快速准确调整接入费率的问题，在本申请说明书中进一步提供了移动运营商动态地基于用户的使用时间段来调节接入费率价格的实施例。比如，空闲时间段调低价格，繁忙时间段调高价格。其中移动运营商通过接入系统按时段统计全网流量，并将全网流量统计数据保存在高速缓存器中，从高速缓存器中读取相邻两时段的全网流量统计数据，并比较该两时段的全网流量统计数据的差值，当该差值超过一定阈值，更改后一时段的接入费率。

对比文件①公开了一种在移动网络中向用户设备呈现计费信息的方法和系统，如图2-5所示，为了保障用户得到内容计费以及流量计费的准确信息，提供一种在移动网络中向用户设备呈现计费信息的方法和系统，当用户向第三方服务提供商请求服务时，计费系统基于移动运营商核心网提供的网络接入费用以及第三方服务提供商提供的内容服务费用数据，计算总的服务费用，并向用户设备呈现，解决了准确提供网络计费信息的技术问题。

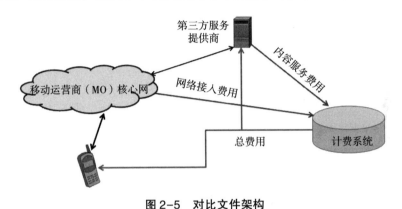

图2-5　对比文件架构

■ **案件精解**

《专利审查指南2023》第二部分第九章第6节规定了包含商业规则和方法特征的专利或专利申请创造性判断的整体考虑原则，即将功能上彼此相互支持、存在相互作用关系的商业规则和方法特征与技术特征作为一个整体进行考虑。此外，进一步规定"功能上彼此相互支持、存在相互作用关系"是指商业规则和方法特征与技术特征紧密结合、共同构成了解决某一技术问题的技术手段，并且能够获得相应的技术效果。

根据上述规定可知，在包含商业规则和方法特征的专利或专利申请的创造性判断中，存在商业规则和方法特征与技术特征整体考虑和分别考虑两种情况，整体考虑的前提在于商业规则和方法特征与技术特征"功能上彼此相互支持、存在相互作用关系"。在运用三步法对包含商业规则和方法特征的专利或专利申请进行创造性的具体判断时，通常可以从商业规则和方法特征与技术特征是否紧密结合、是否共同构成了解决某一技术问题的技术手段并获

---

① US 2004/0039656A1.

得相应技术效果等方面，考虑两者是否"功能上彼此相互支持、存在相互作用关系"。

在判断商业规则和方法特征与技术特征是否紧密结合时，通常可以从以下方面进行考量：技术特征相关技术手段的实施是否依赖于商业规则和方法特征所限定的特定规则，商业规则和方法特征的变化是否会影响或改变技术特征所涉及的系统架构、数据处理或数据变换，技术特征所涉及的系统架构、数据处理或数据变换的变化是否会影响或改变商业规则和方法特征，技术特征中能否体现从技术上具体实现商业规则和方法特征所限定的特定规则等。一般来说，如果技术特征涉及从技术上具体实现商业规则和方法特征所限定的特定规则，技术特征中体现出与商业规则和方法特征相关的数据处理或数据变换的内容，技术特征所涉及的系统架构、数据处理以及数据变换需要针对商业规则和方法特征所限定的特定规则的改变作出适应性变化，那么可以认为商业规则和方法特征与技术特征是紧密结合的。

在判断商业规则和方法特征与技术特征是否共同构成解决某一技术问题的技术手段并获得相应技术效果时，通常可以从以下方面进行考量：商业规则和方法特征解决的是否仅是商业问题，在解决商业问题的过程中是否涉及技术问题的解决，所要解决的技术问题是否依赖于商业问题的解决，所要解决的技术问题是否依赖于商业规则和方法所限定的特定规则等。一般来说，如果商业规则和方法特征解决的仅是商业问题、在解决商业问题过程中并未涉及技术问题的解决、商业问题的解决和商业规则的改变并不影响所要解决的技术问题，那么商业规则和方法特征与技术特征并未共同构成解决某一技术问题的技术手段并获得相应技术效果。

下面假设几种情形，根据案件的不同情况更全面地阐述包含商业规则和方法特征的专利或专利申请创造性判断中整体考虑原则的具体适用。

（一）区别特征仅包括商业规则和方法特征的情形

本申请权利要求 1 如下：

"1. 一种用于向用户设备提供关于服务的信息的方法，包括：

生成关于接入系统的接入费用的信息；

将所述关于该接入系统的接入费用的信息与第三方服务提供商的内容费用的信息一起传送给该用户设备；

其中接入费率按照不同时间段来设定。"

将权利要求 1 中记载的所有内容作为一个整体进行分析可知，权利要求 1

中的特征"接入费率按照不同时间段来设定"所涉及的仅仅是接入费率的计费规则，属于商业规则和方法特征。权利要求1中的其他特征"一种用于向用户设备提供关于服务的信息的方法，包括：生成关于接入系统的接入费用的信息；将所述关于该接入系统的接入费用的信息与第三方服务提供商的内容费用的信息一起传送给该用户设备"则属于技术特征。进一步分析这些商业规则和方法特征与方案中的技术特征是否"功能上彼此相互支持、存在相互作用关系"。

具体来说，权利要求1中的特征"接入费率按照不同时间段来设定"所涉及的仅仅是接入费率的计费规则，至于如何规定接入费率以确定接入费用并不会涉及或影响权利要求1中的上述技术特征的整体系统架构和数据处理，即使接入费率的规则不同，相应的系统架构和数据处理等技术特征也可以是相同的，不必作出改变。因此，上述接入费率规则与上述系统架构和数据处理等技术特征并非紧密结合。此外，权利要求1中的上述技术特征所解决的是如何同时向用户提供包括接入费用和内容费用的总网络费用信息的技术问题，然而上述商业规则和方法特征所解决的仅仅是如何规定接入费率的计费规则，属于费用管理的商业问题，该商业问题的解决并不会涉及或影响向用户提供总网络费用信息的技术问题，因此上述接入费率规则与上述系统架构和数据处理等技术特征分别各自解决其相应的问题，两者并未共同构成解决某一技术问题的技术手段，亦未获得相应的技术效果。

由此可见，权利要求1中的商业规则和方法特征"接入费率按照不同时间段来设定"与权利要求1中系统架构和数据处理等技术特征并未实现"功能上彼此相互支持、存在相互作用关系"，因此在进行创造性判断时应当对上述商业规则和方法特征单独考量。

将权利要求1与对比文件比较后可知，权利要求1相对于对比文件的区别特征为：其中接入费率按照不同时间段来设定。即，两者的区别特征仅在于商业规则和方法特征。

基于上述区别特征可以确定权利要求1实际解决的问题是如何确定接入费率，该问题是费用管理的商业问题，所采用的手段也仅是接入费率的计费规则，上述区别特征并未解决技术问题，也没有为权利要求1带来任何技术效果，也就是说，该区别特征并未给权利要求1带来技术上的贡献。因此，权利要求1不具备创造性。

（二）区别特征既包括商业规则和方法特征，又包括技术特征的情形

1. 商业规则和方法特征与技术特征分别考虑的情形

本申请权利要求 1 如下：

"1. 一种用于向用户设备提供关于服务的信息的方法，包括：

生成关于接入系统的接入费用的信息；

将所述关于该接入系统的接入费用的信息与第三方服务提供商的内容费用的信息均经由该第三方服务提供商服务器一起传送给该用户设备；

其中接入费率按照不同时间段来设定。"

如前所述，权利要求 1 中的特征"接入费率按照不同时间段来设定"所涉及的仅仅是接入费率的计费规则，属于商业规则和方法特征。当前权利要求中，权利要求 1 中除前述商业规则和方法特征外，其他特征则属于技术特征。需要进一步分析这些商业规则和方法特征与方案中的技术特征是否"功能上彼此相互支持、存在相互作用关系"。

具体来说，在权利要求 1 中，上述商业规则和方法特征"接入费率按照不同时间段来设定"所涉及的仅仅是接入费率的计费规则，至于如何规定接入费率以确定接入费用并不会涉及或影响上述技术特征中通过第三方服务提供商服务器向用户传送总费用信息等技术特征的整体系统架构和数据处理，即使接入费率的规则不同，通过第三方服务提供商服务器向用户传送总费用信息的系统架构和数据处理的技术手段也可以是相同的，不必作出改变；同时，上述技术特征中通过第三方服务提供商服务器向用户传送总费用信息的系统架构和数据处理，也不会涉及或影响上述商业规则和方法特征中接入费率的设置，即使向用户传送总费用信息的系统架构和数据处理发生变化，接入费率的规则也可以是相同的，不必作出改变。因此上述接入费率规则与上述通过第三方服务提供商服务器向用户传送总费用信息等技术特征并非紧密结合。此外，权利要求 1 中的技术特征所解决的是由系统架构中的哪个部件向用户设备传送总费用信息的技术问题，然而上述商业规则和方法特征所解决的仅仅是如何规定接入费率的计费规则，其属于费用管理的商业问题，该商业问题的解决并不会涉及或影响由系统架构中的哪个部件向用户设备传送总费用信息的技术问题，因此上述商业规则和方法特征与上述技术特征分别各自解决其相应问题，两者并未共同构成解决某一技术问题的技术手段，亦未获得相应技术效果。

经特征对比可知，权利要求 1 相对于对比文件的区别特征为：（1）其中

接入费率按照不同时间段来设定；（2）接入费用的信息和内容费用的信息均经由第三方服务提供商服务器传送给用户设备，而对比文件中的网络接入费用和内容服务费用数据是经由计费系统传送给用户设备。

由此可见，权利要求1与对比文件的区别特征既包括商业规则和方法特征，又包括技术特征，即上述区别特征（1）为商业规则和方法特征，上述区别特征（2）为技术特征。

如前所述，权利要求1中的商业规则和方法特征与技术特征未实现"功能上彼此相互支持、存在相互作用关系"，因此在进行创造性判断时应当将上述区别特征（1）和区别特征（2）分别考虑。

基于上述区别特征（1）和区别特征（2）分别考虑，对于上述区别特征（1），其评述理由与上述"区别特征仅包括商业规则和方法特征的情形"时一致，即该区别特征（1）未能给权利要求1带来技术上的贡献。基于上述区别特征（2），可以确定权利要求1相对于对比文件实际解决的技术问题是由系统架构中的哪个部件向用户设备传送总费用信息。然而，对于本领域技术人员来说，无论通过第三方服务提供商服务器向用户传送总费用信息，还是通过计费系统向用户传送总费用信息均属于本领域常用手段。因此，权利要求1相对于对比文件和本领域常用手段的结合不具备创造性。

2. 商业规则和方法特征与技术特征整体考虑的情形

本申请权利要求1如下：

"1. 一种用于向用户设备提供关于服务的信息的方法，包括：

生成关于接入系统的接入费用的信息；

将所述关于该接入系统的接入费用的信息与第三方服务提供商的内容费用的信息一起传送给该用户设备；

其中接入费率按照不同时间段来设定，通过接入系统按时段统计全网流量，并将全网流量统计数据保存在高速缓存器中，从高速缓存器中读取相邻两时段的全网流量统计数据，并比较该两时段的全网流量统计数据的差值，当该差值超过一定阈值，更改后一时段的接入费率。"

如前所述，权利要求1中的特征"接入费率按照不同时间段来设定"所涉及的仅仅是接入费率的计费规则，属于商业规则和方法特征。当前权利要求中，权利要求1中除前述商业规则和方法特征外，其他特征则属于技术特征。需要进一步分析这些商业规则和方法特征与方案中的技术特征是否"功能上彼此相互支持、存在相互作用关系"。

具体来说，权利要求1中的商业规则和方法特征"接入费率按照不同时间段来设定"所涉及的是接入费率的计费规则。权利要求1中的特征"通过接入系统按时段统计全网流量，并将全网流量统计数据保存在高速缓存器中，从高速缓存器中读取相邻两时段的全网流量统计数据，并比较该两时段的全网流量统计数据的差值，当该差值超过一定阈值，更改后一时段的接入费率"则属于技术特征，该些技术特征所采用的是从技术上具体实现"接入费率按照不同时间段来设定"这种计费规则的技术手段，为实现分时段设定接入费率，权利要求1方案中移动运营商核心网、移动运营商计费服务器、数据库结构之间的系统架构和数据通信方式作出了相应调整，比如在系统架构中需引入高速缓存器以存取全网流量统计数据、比较各时段全网流量统计数据等技术手段，上述接入费率计费规则和上述调整接入费率具体实现方式等技术特征是紧密结合、共同构成了解决如何根据网络的拥堵程度快速准确调整接入费率这一技术问题的技术手段，共同实现了根据网络拥堵程度快速准确调整接入费率的技术效果。因此，在进行创造性判断时应当将上述商业规则和方法特征与技术特征作为一个整体加以考量。

经特征对比可知，权利要求1相对于对比文件的区别特征为：其中接入费率按照不同时间段来设定，通过接入系统按时段统计全网流量，并将全网流量统计数据保存在高速缓存器中，从高速缓存器中读取相邻两时段的全网流量统计数据，并比较该两时段的全网流量统计数据的差值，当该差值超过一定阈值，更改后一时段的接入费率。

由此可见，权利要求1与对比文件的区别既包括技术特征又包括商业规则和方法特征。基于上述区别特征，权利要求1相对于对比文件实际解决的技术问题是：如何根据网络的拥堵程度快速准确调整接入费率。首先，对比文件中未涉及需要调整接入费率的问题，更未涉及根据网络拥堵程度快速准确调整接入费率的问题，因此对比文件中并不存在任何从中寻找相应技术手段的动机；其次，当前的现有技术中也不存在对上述对比文件作出改进从而获得本申请权利要求的解决方案的技术启示，并且对于本领域技术人员来说，上述区别特征整体上并不属于本领域常用手段。综上所述，权利要求1相对于对比文件具备创造性。

■ **案件小结**

对既包含技术特征又包含商业规则和方法特征的发明专利申请进行创造性判断时，应将与技术特征功能上彼此相互支持、存在相互作用关系的商业规则和方法特征与所述技术特征作为一个整体考虑。通常可以从商业规则和方法特征与技术特征是否紧密结合、是否共同构成了解决某一技术问题的技术手段并获得相应技术效果等方面加以考虑，以确定两者是否"功能上彼此相互支持、存在相互作用关系"。本案例分三种情形，具体介绍了如何在综合考虑上述几个方面的情况下，更准确地适用商业规则和方法特征与技术特征的整体考虑原则。

二、商业规则和方法特征对方案技术贡献的考量

案例 2-6　国际商业机器公司关于超市商品货位分派复审案

■ **案件信息**

【案件编号】1F200618

【决定号】FS119380

【专利申请号】201010624751.2

【发明名称】用于在超市中分派商品货位的方法和系统

【国际分类号】G06Q 30/02、G06K 17/00

【申请日】2010 年 12 月 30 日

【复审请求人】国际商业机器公司

【法律依据】《专利法》第 22 条第 3 款

■ **案情介绍**

如何将待售商品摆放在超市的适当位置，以方便顾客购买，对于商家和顾客来说都非常重要。为了扩大超市的整体营业额，目前现有的大型超市采用了多种方式来管理商品货位。例如，通过商品货位管理人员现场观察或监控录像监控超市顾客的购物路径及客流量分布情况，在客流量较大的地点摆放热门或收益率高的商品以获得较好的销售收益。此外，还可以将关联商品摆放在一起以促进销售。然而，由于超市销售空间的限制，零售商通常会将商品按品类分区域摆放，不同类的商品通常无法摆放在一起。而且，不同的客户群感兴趣的商品也不同，将所有相关联的商品摆在一起没有考虑客户群的差异性，从而难以真正有效地促进顾客消费。

为了解决现有技术中存在的上述问题，本申请提出一种管理超市中商品货位的方法，以系统化的方式确定商品的摆放位置从而提高收益。本申请的方案通过自动化的技术手段获取顾客的购物路径，并综合考虑各种类别顾客的频繁购物路径，在关联商品无法摆放在相邻位置时，可以将关联商品摆放

在同一条频繁购物路径的货位上，从而实现关联商品的促销，不但有助于超市提高销售额，而且方便顾客快速找到想要购买的商品。

本申请权利要求1如下：

"1. 用于在超市中分派商品货位的方法，包含：

获取超市中顾客的购物路径，其中通过部署在超市中不同位置的RFID读写器检测顾客使用的购物车上的RFID标签，记录购物车的动态位置，从而导出顾客的购物路径；

按照预定标准划分顾客类别；

根据顾客的购物路径，确定每类顾客中的较多顾客采用的一个或多个购物路径，作为该类顾客的频繁购物路径；

根据顾客的购物清单和购物路径，计算每类顾客对商品的看购率，其中，某类顾客对某商品的看购率是指该类顾客看到该商品并购买该商品的概率；

对于一个商品集合，计算使所述商品集合在一定时期的总期望收益最大时所述商品集合中每种商品分别所在的货位，其中，总期望收益包括所述每种商品位于各自货位时所述每种商品基于看购率和频繁购物路径的期望收益之和。"

对比文件1[①]公开了一种超市商品摆放的方法，将一定时期内高利润、销量好的商品摆放在超市货架客流量大的黄金位置，而将利润低、销量小的商品放在货架相对偏僻的位置，通过各种商品摆放位置的合理规划能够提高消费者关注度，同时获得更大成交量，从而实现超市收益最大化。

对比文件2[②]公开了一种超市管理系统，超市货架上均安装有RFID读写器，购物车上附着有RFID标签，主机单元根据货架上的RFID读写器检测购物车的RFID标签获取顾客位置信息，其中顾客位置信息包括顾客当前位置信息和顾客移动路径信息。

本案的争议焦点在于：如何判断商业规则和方法特征是否给权利要求1的方案带来技术贡献。

复审决定认定：权利要求1与对比文件1的区别特征包括：（1）按照预定标准划分顾客类别；根据顾客的购物路径，确定每类顾客中的较多顾客采用的一个或多个购物路径，作为该类顾客的频繁购物路径；根据顾客的购物清单和购物路径，计算每类顾客对商品的看购率，其中，某类顾客对某商品的看购率是指该类顾客看到该商品并购买该商品的概率；根据每种商品位于各自货位时基于看购率和频繁购物路径的期望收益之和最大时分派每种商品

---

① 宁立春. 超市物品摆放有说道 [J]. 现代营销（经营版），2009（10）：59.
② CN101809600 A.

的货位。（2）获取超市中顾客的购物路径，通过部署在超市中不同位置的 RFID 读写器检测顾客使用的购物车上的 RFID 标签，记录购物车的动态位置，从而导出顾客的购物路径。

对于上述区别特征（1），基于该区别特征可以确定权利要求 1 实际解决的问题是如何分派商品货位以提高销售收益，该问题属于商业经营管理问题，并非技术问题。为解决上述问题所采用的手段也仅是根据每类顾客的看购率和频繁购物路径分派商品货位的商业规则，其未能给方案带来任何技术效果。因此，上述区别特征（1）既没有解决技术问题，也没有使得权利要求 1 的方案取得任何技术效果，因此上述区别特征（1）并未给权利要求 1 的方案带来技术上的贡献。

对于上述区别特征（2），对比文件 2 公开了在超市货架不同位置安装有 RFID 读写器，购物车上附着有 RFID 标签，主机单元根据货架上的 RFID 读写器检测购物车的 RFID 标签获取顾客移动路径信息。即对比文件 2 公开了上述区别特征（2），所解决的技术问题也是如何快速自动地获取顾客购物路径，因此对比文件 2 中给出了在超市中通过 RFID 标签和 RFID 读写器快速自动获取顾客购物路径的技术启示，本领域技术人员在对比文件 1 的基础上结合对比文件 2 所给出的上述技术启示，容易想到在超市货架和购物车上分别设置 RFID 读写器和 RFID 标签以快速自动获取顾客购物路径。

综上所述，复审决定认定：权利要求 1 相对于对比文件 1 和对比文件 2 的结合不具备《专利法》第 22 条第 3 款规定的创造性。

■ **案件精解**

本案审查决定作出日为 2017 年 1 月 16 日，适用《专利审查指南 2010》。审查决定中体现了如何准确判断商业规则和方法特征对方案是否作出技术贡献。

首先，前述区别特征（1）为商业规则和方法特征。本申请背景技术中记载通过现场观察或监控摄像记录顾客的购物路径及客流量分布情况确定热门商品货位以获得较好收益。根据本申请背景技术及权利要求 1 的整体方案可以确定其所解决的技术问题是：如何快速自动地获取顾客购物路径。然而上述商业规则和方法特征所解决的仅仅是如何分派商品货位以提高销售收益的商业问题。该商业问题的解决并不会影响或改变如何快速自动地获取顾客购物路径的技术问题，同样上述技术问题的解决也不会影响或改变上述如何分派商品货位的商业问题的解决，并且上述商业规则和方法特征亦未影响或改变整体技术方案的技术效果。

其次，上述商业规则和方法特征所采用的手段仅是分派商品货位的商业规则，至于如何设定分派商品货位的商业规则并不会影响权利要求 1 通过 RFID 相关技术快速自动获取顾客购物路径技术方案的系统架构和数据处理，即使分派商品货位的商业规则发生调整或改变，方案中通过 RFID 相关技术获取顾客购物路径的技术手段也可以是相同的，不必作出改变。同时，方案中通过 RFID 相关技术获取顾客购物路径的系统架构和数据处理，也不会影响上述商业规则和方法特征中分派商品货位这一商业规则的设置，即使方案中通过 RFID 相关技术获取顾客购物路径的系统架构和数据处理发生变化，分派商品货位的商业规则也可以是相同的，不必作出改变。

综上所述，上述商业规则和方法特征所解决的仅是商业问题，该商业问题的解决并不会影响或改变权利要求技术方案所要解决的技术问题，上述商业规则和方法特征所采用的仅是商业手段，并不会影响权利要求技术方案的整体系统架构和数据处理，上述商业规则和方法特征亦未获得相应的技术效果。因此该商业规则和方法特征并未给权利要求技术方案带来技术上的贡献。

在此基础上，复审决定认定：上述商业规则和方法特征并未给权利要求 1 的方案带来技术上的贡献，且上述技术特征被对比文件 2 公开，最终得出权利要求 1 相对于对比文件 1 和对比文件 2 的结合不具备创造性的结论。

■ **案件小结**

在进行商业方法专利的创造性判断时，通常需要考量商业规则和方法特征是否对权利要求的技术方案作出技术贡献。如果商业规则和方法特征所解决的问题并未影响或改变技术方案所要解决的技术问题，其所涉及的手段并不会影响技术方案的整体系统架构和数据处理，亦未影响或改变技术方案的技术效果，那么可以认为该商业规则和方法特征并未给权利要求的技术方案带来技术上的贡献，从而不会因为该商业规则和方法特征使得权利要求的技术方案具备创造性。

三、公知常识的认定以及在通用计算机设备上实施商业规则时技术贡献的考量

案例2-7　支付宝公司与电通应用公司关于第三方支付无效案

■ **案件信息**

【案件编号】4W101152

【决定号】WX22510

【专利号】ZL200310118825.5

【发明名称】管理交易和清算的方法，通知关于消费动向的信息的方法

【国际分类号】G06F 13/00、G06Q 20/00、G06Q 30/00

【优先权日】2000 年 4 月 26 日、2000 年 7 月 6 日

【申请日】2001 年 4 月 25 日

【无效请求人】支付宝（中国）网络技术有限公司

【专利权人】电通应用股份有限公司

【法律依据】《专利法》第 22 条第 3 款

■ **案情介绍**

本专利涉及互联网第三方支付操作流程，属于第三方支付领域的基础性专利。专利权人日本电通应用股份有限公司对阿里巴巴旗下支付宝、淘宝等提起专利侵权诉讼，同时向另外 6 家相关公司发出了侵权警告函。为此，相关企业针对该专利提起无效宣告请求。鉴于案情重大，国家知识产权局专利局复审和无效审理部成立五人合议组进行审理，并最终作出宣告该专利权全部无效的审查决定。该案结论的作出对第三方支付商业模式和市场产生了深远影响，为第三方支付商业模式在中国广泛应用起到了积极作用，被称为中国互联网支付行业专利无效第一案。

在本专利的说明书中介绍到：在本专利申请日前，现有技术中并不存在将账单信息、支付期限以及银行账户收支等信息进行自动清算管理的系统和装置。交易双方对上述信息只能通过手动方式进行管理，因而需要付出大量人力、物力成本。为了解决该问题，使交易双方能够通过计算机图形用户界面（GUI）直观方便地管理商业交易和清算中的各种信息，在交易双方的计算机系统之间通过通信网络交换电子信息，能够自动实现双方各种交易信息的管理和清算。

为解决现有技术存在的上述问题，本专利提供一种管理交易与清算的装置与方法，如图 2-6 所示，该装置包括卖家系统（供应者系统）、买家系统（买主系统）、卖家银行系统（供应者银行系统）、买家银行系统（买主银行系统）以及第三方支付服务器（服务器），其中卖家系统用于卖家发布账单，买家系统用于买家接收账单，卖家银行系统和买家银行系统分别用于管理卖家银行账户和买家银行账户。

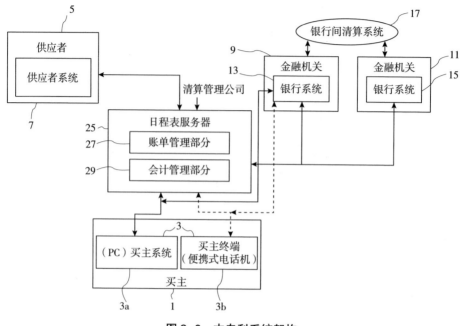

图 2-6　本专利系统架构

　　在达成交易买卖双方需要进行资金交割时，卖家通过第三方支付服务器将电子账单发送给买家，买家输入相应支付信息（比如，支付账户、支付密码等信息）对账单进行支付，并在电子账单上形成转存委托电文发送至买家银行系统，买家银行系统与卖家银行系统根据转存委托电文进行相应的资金划拨处理，同时生成电子收支明细，并将电子收支明细返回给第三方支付服务器或卖家系统，从而完成整个交易与清算处理。其中在电子账单、转存委托电文、电子收支明细中设置有固有识别码，因此第三方支付服务器或卖家根据电子收支明细中的固有识别码，可以特定哪一个电子账单已支付。

　　本专利权利要求 1 如下：

　　"1. 一种管理交易与清算的方法，该方法使用：

　　发布账单的供应者使用的供应者系统；

　　接收账单的买主使用的买主系统；

　　供应者银行系统，管理供应者的银行账户；

　　买主银行系统，管理买主的银行账户；

　　服务器，通过通信网络与上述供应者系统、上述买主系统、上述买主银行系统及上述供应者银行系统可通信地连接，所述管理交易与清算的方法包括如下步骤：

上述服务器从上述供应者系统接收由上述供应者系统记载了用于确定是哪个账单的固有识别码的电子账单；

上述服务器将上述接收到的电子账单登录在数据库中；

（a1）上述服务器向上述买主系统发送 GUI 画面并使之显示该 GUI 画面，该 GUI 画面使上述买主看见上述电子账单的内容，并且使上述买主输入对于上述电子账单的支付要求；

（a2）上述服务器或买主系统对于上述买主系统上所显示的上述 GUI 画面，接受由上述买主输入的对于上述电子账单的支付要求，制作具有在上述电子账单上由上述供应者系统所记载的上述固有识别码的转存委托电文，并向上述买主银行系统发送；和

（a3）上述买主银行系统接受具有上述固有识别码的转存委托电文，对于上述供应者银行系统进行用于对具有上述固有识别码的电子账单进行转存的收支处理，上述供应者银行系统将具有上述固有识别码的电子收支明细向上述服务器或者上述供应者系统进行发送，

其中，通过以上处理，作为上述服务器或者上述供应者，可以根据从上述银行系统接收到的电子收支明细所持有的上述固有识别码，特定已经支付的电子账单是哪一个。"

如图 2-7 所示，对比文件①公开了一种电子账单呈递和支付系统，能够实现买卖双方的资金交割，其中卖家（账单发单者）通过第三方支付服务器（电子账单呈递器）将电子账单发送给买家（账单支付者），买家（账单支付者）输入相应支付信息（比如，支付账户、支付密码等信息）对账单进行支付，并在电子账单上形成转存委托电文发送至买家银行（账单支付者银行），买家银行（账单支付者银行）与卖家银行（账单发单者银行）根据转存委托电文进行相应的资金划拨处理，同时生成包括付款金额和相应客户的支付明细，并将电子收支明细（支付明细）发送至卖家（账单发单者）。

---

① CN1141454A.

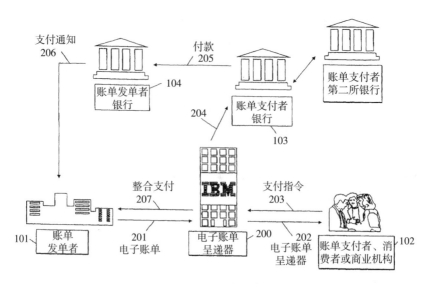

图 2-7 对比文件系统架构

电子账单呈递和支付系统包括：账单发单者 101、账单支付者 102、账单发单者银行 104、账单支付者银行 103 以及电子账单呈递器 200，上述各部件之间可通信地连接。

该电子账单呈递和支付方法包括如下步骤：

步骤 1：电子账单呈递器 200 从账单发单者 101 接收一电子账单 201 并保存于数据库；

步骤 2：电子账单呈递器 200 将电子账单 201 发送至账单支付者 102，并通过 GUI 显示使账单支付者 102 能够看见该电子账单的内容，账单支付者 102 可输入金额等支付信息；

步骤 3：电子账单呈递器 200 或账单支付者 102 通过 GUI 接收输入的上述支付信息，在电子账单 201 上形成转存委托电文并发送至账单支付者银行 103；

步骤 4：账单支付者银行 103 接收上述转存委托电文，与账单发单者银行 104 进行电子账单 201 转存的收支处理，账单发单者银行 104 向账单发单者 101 发送支付通知信息 206，其中详尽列出付款金额及所涉及的客户；同时，电子账单呈递器 200 向账单发单者 101 发送整合支付信息 207，以将整合支付信息 207 与支付通知信息 206 进行比较。

本案的争议焦点在于：（1）权利要求 1 中"在交易与清算环节所涉及的电子账单、转存委托电文、电子收支明细中设置固有识别码以区分电子账单"

这一特征，是否属于本领域的公知常识。（2）权利要求 1 中"供应者银行系统将具有固有识别码的电子收支明细向服务器发送，由服务器特定已经支付的电子账单是哪一个"这一特征，是否能给权利要求 1 带来技术贡献。

无效决定认为，权利要求 1 与对比文件的区别在于：（1）权利要求 1 中采用了固有识别码，即在电子账单、转存委托电文、电子收支明细中均具有固有识别码，服务器或者供应者可以根据从银行系统接收到的电子收支明细所持有的固有识别码，特定已经支付的电子账单是哪一个，而对比文件未公开采用固有识别码来特定账单；（2）权利要求 1 的步骤（a3）中包括向服务器发送电子收支明细的操作，而对比文件未明确公开上述操作。

根据上述区别特征（1）、（2）可以确定权利要求 1 实际解决的问题是：（1）如何区分账单以便于销账；以及（2）如何实施交易与清算过程中的收支管理。

对于上述区别特征（1），对比文件公开了将整合支付信息 207 与支付通知信息 206 进行比较以区分已支付电子账单，虽然对比文件和权利要求 1 在区分已支付电子账单时所采用的手段不同，但是根据本领域技术人员的常识可知，早在 1993 年，上海电信公司就已在纸质账单上打印条形码区分账单，并且从功能上讲，在纸质账单上打印条形码与权利要求 1 中在电子账单加入固有识别码具有相似功能和作用，均是用于区分账单以便于清算管理。此外，对于在电子文档中加入具有唯一标识作用的识别码以区分电子文档，也属于本领域的公知常识。因此，为了解决上述"如何区别账单以便于销账"的问题，在电子账单及其相关电子文档中加入固有识别码是本领域技术人员无需付出创造性劳动即可实现的。

对于上述区别特征（2），虽然对比文件未公开向服务器发送电子收支明细的操作，但是根据权利要求 1 整体方案及说明书相关内容可知，服务器收到电子收支明细后，服务器根据其中的固有识别码确定哪一个账单已支付，从而实现对已清算账单销账的目的。由此可见，权利要求 1 中的上述操作实际上只是基于完成销账处理需求作出的，其仅是执行基于实施交易与清算中收支管理需求而人为规定的商业规则的操作，因此该区别特征（2）未给权利要求 1 的管理交易与清算方法带来任何技术效果，进而也未带来任何技术上的贡献。

综上所述，本领域技术人员在对比文件的基础上，结合本领域的公知常识即可获得本专利权利要求 1 所要求保护的方案，因此权利要求 1 相对于对比文件和公知常识的结合不具有突出的实质性特点和显著的进步，从而不具备《专利法》第 22 条第 3 款规定的创造性。

■ **案件精解**

本案无效审查决定作出日为 2011 年 9 月 6 日，适用《专利审查指南 2010》。

首先，该无效审查决定体现了在包含商业规则和方法特征的专利或专利申请中如何进行公知常识的判断。权利要求 1 与对比文件的区别特征（1）包括两方面的内容：一方面，权利要求 1 中通过固有识别码区分电子文档，属于技术特征；另一方面，权利要求 1 中固有识别码具体应用于交易与清算过程所涉及的电子账单、转存委托电文、电子收支明细中以区分已支付的电子账单，属于商业规则和方法特征。本案的一个争议焦点在于上述区别是否属于本领域的公知常识。对此，该无效审查决定将其中的"商业规则和方法特征"与"技术特征"作为一个整体，站位本领域技术人员进行公知常识的判断。经了解，早在 1993 年，上海电信公司在纸质账单上打印固有识别码以区分账单，此类做法已广泛使用，即将固有识别码用于商业领域区分账单以便于清算管理属于商业领域的常识。此外，在电子文档中加入固有识别码以区分电子文档也属于计算机技术领域的公知常识。因此，对于本领域技术人员而言，将商业领域所涉及的纸质账单及相关文档电子化并加入固有识别码以区分电子账单，也是显而易见的。在面对如何区分电子账单以便于销账的问题时，在电子账单及其相关电子文档中加入固有识别码是本领域技术人员无需付出创造性劳动即可想到的。

其次，该无效审查决定给出了仅利用通用计算机设备实施的"商业规则和方法特征"对方案是否作出技术贡献的判断方式。权利要求 1 与对比文件的区别特征（2）仅是基于商业规则在通用计算机设备上执行相应操作，未带来技术上的贡献。具体来说，根据权利要求 1 整体方案以及说明书相关描述可知，服务器收到电子收支明细后，由服务器确定哪一个账单已支付，从而达到对已清算账单销账的目的。由此可见，向服务器发送电子收支明细只是基于本专利需要完成销账处理目的所做的操作，其仅是执行基于交易与清算过程中收支管理需求而人为规定的商业规则，权利要求 1 中仅限定出商业规则（即特征"根据电子收支明细特定已支付电子账单"）实施于服务器（即通用计算机设备），整体来看上述区别特征（2）并未解决技术问题，进而未给本专利权利要求 1 带来任何技术效果，因此上述区别并未给该权利要求的方案带来技术上的贡献。

综上所述，本案合议组通过整体考虑"商业规则和方法特征"与"技术特征"，准确把握"商业规则和方法特征"对方案作出的技术贡献，最终得出权利要求相对于对比文件和公知常识的结合不具备创造性的结论。

■ 案件小结

商业方法专利最为鲜明的特点在于通常包含"商业规则和方法特征"。在对商业方法专利进行创造性判断时，如果出现有关商业规则和方法相关的公知常识争议，当事人既可以积极举证计算机技术领域的相关公知常识性证据，也可以积极举证商业领域的相关常识性证据，以便更好地支持其主张。

通常来说，如果一项发明的权利要求与最接近的现有技术相比，其区别仅在于将人为规定的商业规则实施于通用计算机设备上执行相应操作，且整体来看上述区别并未解决技术问题，进而未给整体方案带来技术效果，那么可以认为该区别并未给该权利要求方案带来技术上的贡献，该权利要求也不会因为该区别使得整体方案具备创造性。

四、应用场景的简单替换

案例2-8　青岛福元运通公司关于银行客户信息传递复审案

■ 案件信息

【案件编号】1F201038

【决定号】FS114884

【专利申请号】200610086456. X

【发明名称】民营银行与客户之间沟通的信息传递系统

【国际分类号】G06Q 40/00

【申请日】2006 年 6 月 21 日

【专利申请人】青岛福元运通投资管理有限公司

【法律依据】《专利法》第 22 条第 3 款

■ 案情介绍

目前民营银行与客户之间沟通大多利用计算机发送短信息、打电话或者信件。随着银行产品和服务种类增多，客户迫切希望了解银行最新产品的信息，利用传统的方法根本不可能将银行的最新信息按时通知客户，银行职员的工作效率较低。另外，客户需要了解自己的账户及已购买产品，迫切希望了解其将来的发展趋势以及收益情况。客户的这种需求和现有的民营银行与客户之间沟通方式的矛盾日益突出。

本申请要解决的问题是提供一种能够提高工作效率的民营银行与客户之间沟通的信息系统，包含民营银行端、总行服务器端、Web 服务端及客户端，民营银行端负责数据的采集、打包存储、编码，并将编码后的数据发送到所述总行服务器，总行服务器负责信息的接收、解码、存储和发布，Web 服务器可将所述总行服务器发布的信息在 Web 上发布并发到所述客户端以建立网络沟通服务，客户端可接收银行的各类信息和在网站查阅自己的各类信息，及与民营银行沟通。基于该信息系统，可以有效提高民营银行与客户之间的沟通效率，解决签收问题。该系统的具体架构如图 2-8 所示。

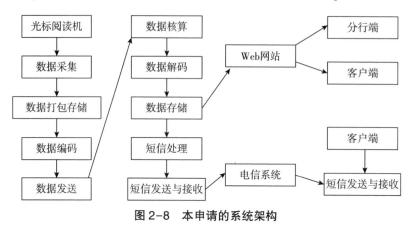

图 2-8　本申请的系统架构

前述信息系统即为该申请权利要求 1 所要求保护的信息传递系统，具体方案如下：

"1. 一种民营银行与客户之间沟通的信息传递系统，利用互联网通讯技术、移动通信技术、大型数据库技术；其特征在于，包含民营银行端、总行服务器端、Web 服务端及客户端，其中：

所述民营银行端，用于信息采集、收集，输入以及打包存储并进行编码，将所述信息发送到所述总行服务器端；

所述总行服务器端，用于信息的接收、解码、存储和发布；所述总行服务器端包括：信息处理模块、用于生成短信的短信模块、机读设备、信息采集和处理模块、打包存储模块；所述打包存储模块执行下述操作：信息的分类，查看并将信息保存在本地数据库，将所述本地数据库加密；

所述 Web 服务端，用于将所述总行服务器端发布的信息在 Web 上发布并发到所述客户端以建立网络沟通服务；

所述客户端，用于接收银行的各类信息和在网站查阅自己的各类信息，及与民营银行沟通；

所述的信息传递系统还包括用于定制短信格式的分行端；

所述信息指客户的理财产品、账户、基金以及银行的最新讯息等相关的数据；

所述客户端执行下述操作：

初始化光标阅读机并调用光标阅读机监控函数；

当光标阅读机返回有数据时，读取数据；

初始化数据库，写数据库并置数据标志；

定期判断数据标志，建立网络通讯连接以发送数据。"

对比文件①公开了一种实现学校与学生家长之间沟通的信息传递系统，利用互联网通讯技术、移动通信技术、大型数据库技术，建立一个服务网络，由学校端、总公司的服务器端、Web 服务端、分公司端及学生家长端五部分构成。学校端负责信息搜集，输入机读设备，软件自动采集信息，自动打包存储，进行编码，发送到服务器；总公司服务器端负责信息接收，信息解码，信息存储以及发布，短信处理以及个性化短信生成；总公司还读取数据库的原始数据以及配置数据，实现数据采集处理并将所述数据发送给客户端；总公司根据分公司所提供的个性化短消息格式对每个学校传送到服务器的数字信息进行解析归类，并分类存储在大型数据库中，其中自动打包存储包括信息的分类、查看，本地数据库保存，本地加密；Web 服务端负责个性化短信格式的发布，在网站上发布相应学生的各类信息，建立网络沟通服务；学生家长端可以用手机接收学生的各类信息，也可在网站查询学生的各类信息及与学校沟通；分公司端负责个性化短信格式的设定。对比文件系统架构如图 2-9 所示。

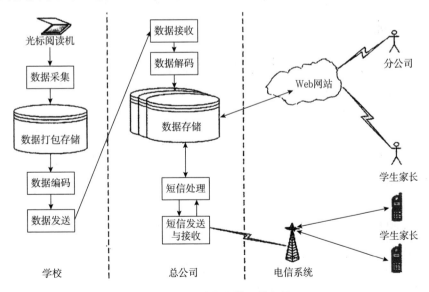

图2-9　对比文件系统架构

---

① CN1484424A.

将本申请权利要求 1 与对比文件进行特征比对后可以发现，二者的技术架构完全相同，区别仅在于处理的数据信息不同。由此，可以确定该权利要求相对于对比文件实际要解决的问题是：如何利用现有的技术架构实现民营银行与客户之间的信息沟通。

银行和客户之间传递理财产品、账户、基金以及银行的最新讯息均为银行常见的业务形式，为了实现民营银行与客户的沟通，本领域技术人员很容易想到通过对比文件中的信息传递系统处理客户的理财产品、账户、基金以及银行的最新信息，从而实现银行和客户之间的信息沟通，在对比文件的基础上结合本领域的常用手段得出该权利要求所要求保护的技术方案是显而易见的。因此，本案合议组以权利要求 1 不具备《专利法》第 22 条第 3 款规定的创造性为由，维持了驳回决定。

■ **案件精解**

本复审决定在 2016 年作出，其适用的《专利审查指南 2010》中还没有对既包含技术特征又包含商业规则和方法特征的发明专利申请的审查规则作出特别规定，该决定体现了当时对于既包含技术特征又包含商业规则和方法特征的发明专利申请进行创造性审查的思路。

从本申请和对比文件的两张附图可以非常直观地看到，二者的技术架构完全相同，其区别仅在于：由于二者的应用场景不同而导致二者处理的数据信息不同。复审决定认为，对比文件 1 中已经公开了与权利要求 1 相同的系统架构和模块，在银行常见的业务流程中都需要涉及银行和客户之间传递理财产品、账户、基金以及银行的最新讯息，为了实现民营银行与客户的沟通，本领域技术人员很容易想到通过对比文件中的信息传递系统处理前述最新讯息。

本案的实质在于，在对比文件的基础上将对比文件中的学校数据信息替换为本申请权利要求 1 中的银行业务数据信息后，得出的方案对于本领域技术人员而言是显而易见的。具体来说，如果将对比文件中的学校数据信息替换为本申请权利要求中银行业务数据信息后得出的方案中，数据处理过程中的信号走向、信息控制方式等技术手段并不会发生变化，即应用场景的变化并没有引起数据处理过程中信号走向、信息控制方式等技术手段发生变化，本领域技术人员可以将对比文件中的学校数据信息替换为本申请权利要求中的银行业务数据信息，直接得到本申请权利要求 1 的方案，并解决相应的问题。也就是说，本申请权利要求 1 中并没有体现出其相对于对比文件的技术手段的改变，这种数据信息的替换不需要技术手段的调整或改进，本申请权利要求1中的技术手段与对比文件完全相同，因此可以得出该权利要求不具备创造性的结论。

■ **案件小结**

对于既包含技术特征又包含商业规则和方法特征的发明专利申请进行创造性审查时，不能简单地以专利申请将商业规则和方法应用于不同于现有技术中的应用场景中，而直接得出其具备创造性的结论，应当判断该应用场景的不同是否导致权利要求中技术手段的调整或改进，并进一步判断这种调整或改进对本领域技术人员而言是否显而易见。

五、应用场景变化后商业规则和方法特征的考量

案例2-9 来电公司与挚享公司、街电公司关于共享充电宝无效案

■ **案件信息**

【案件编号】4W106886、4W106797

【决定号】WX44977

【法院判决号】（2020）京73行初11284号

【专利号】ZL201580000024.X

【发明名称】一种移动电源的租借方法、系统及租借终端

【国际分类号】G06F 17/30、H02J 7/00、H04L 29/08

【申请日】2015年2月14日

【专利权人】深圳来电科技有限公司、北京博合智慧科技有限公司

【无效请求人】挚享科技（上海）有限公司、深圳街电科技有限公司

【法律依据】《专利法》第22条第3款

■ **案情介绍**

本案获评2020年度国家知识产权局十大典型专利复审无效案件，北京知识产权法院一审判决维持本案无效宣告请求审查决定有效。各方当事人未对一审判决提起上诉，本案无效宣告请求审查决定已经生效。

涉案专利涉及共享充电宝领域的基础技术，是共享充电宝系列专利纠纷的重头戏。自2017年8月1日起至今，涉案专利被先后8次提起无效宣告请求，且本案的当事人均是共享充电宝领域的头部企业，其审理结论对市场具

有较大影响。

随着科技的发展，人们现在越来越离不开手机、电脑等便携式电子设备。但这些电子设备都存在一个痛点：耗电量普遍较高，经常出现需要使用电子设备时电池电量耗尽的情况。这一痛点给用户带来了焦虑和烦恼。

近年来，在商场、饭店、宾馆、机场等人流量较大的地方都能见到共享充电宝设备，有体积较大的立式机器，也有放置在柜台上的小型机器，里面放着移动电源，俗称充电宝，用户可以随时支付取走充电宝，使用后归还即可。这给我们使用手机带来了很大的便利，在一定程度上消除了人们的焦虑和烦恼。

涉案专利就涉及这样一种共享充电宝的解决方案。该专利依据移动电源租借流程，在手机（下称移动终端）、服务器、移动电源租借终端（下称租借终端）完成相应的数据传输，实现了用户从移动电源租借终端中租借移动电源。

本专利的权利要求 1 如下：

"1. 一种移动电源的租借方法，其特征在于，所述方法包括：

移动终端接收第一借入移动电源的指令；

移动终端接收移动电源租借终端的身份识别号码；

移动终端向云端服务器发送第二借入移动电源的指令，以由云端服务器判断发送第二借入移动电源的指令的用户是否有租借移动电源的权限；如果有权限，则云端服务器对所述身份识别号码对应的移动电源租借终端中移动电源的数量进行核对，如果移动电源租借终端有库存，则由云端服务器向所述身份识别号码对应的移动电源租借终端发送第三借入移动电源的指令，以由移动电源租借终端传出移动电源，所述第二借入移动电源的指令携带了移动电源租借终端的身份识别号码；

移动终端接收云端服务器发送的处理结果；

移动终端提示处理结果；

所述云端服务器向所述身份识别号码对应的移动电源租借终端发送第三借入移动电源的指令具体包括：

云端服务器根据预先存储的移动电源租借终端中的所有移动电源的状态信息生成第三借入移动电源的指令，所述第三借入移动电源的指令携带可供租借的移动电源的身份识别号码；

云端服务器向所述身份识别号码对应的移动电源租借终端发送第三借入移动电源的指令。"

对比文件1① 公开了一种充电器租售机，用于提供可供租借的移动电源。如图 2-10 所示，该租售机内存放有可供租借的移动电源，用户通过在该租售机刷银行卡或投币的方式缴纳租金。该租售机确认用户缴费成功后，提供给用户可供租借的移动电源。

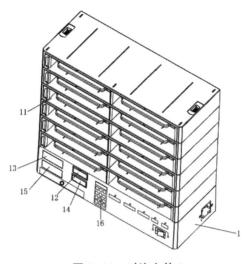

图 2-10　对比文件 1

对比文件2② 公开了一种基于手机 App 的自行车租赁管理方法和系统，是一种实现在固定站点租、还自行车的方法和系统，如图 2-11 所示，系统包括服务器、锁车车墩、自行车，服务器通过站点控制器与锁车车墩连通，自行车可锁定在锁车车墩上，自行车上设有识别芯片，锁车车墩上设有可供扫描的二维码，锁车车墩上设有芯片阅读器，手机设有定位器，服务器设有 App 服务平台，手机与服务器无线连接。设有识别芯片的自行车可实现 App 用户租车时与自行车的绑定，还车时通过设在锁车车墩上的芯片阅读器确定所还自行车的用户 App 身份及账户，无须用户重复验证身份。该基于手机 App 的自行车租赁管理系统的具体使用过程是：手机用户从服务器上下载自行车租赁管理系统 App，以手机号码等个人识别信息注册并绑定银行卡，支付押金后，即可随时通过手机将锁车车墩上的二维码扫描到服务器上，并在 App 上选择租用自行车，服务器接收用户选择信息后，可发出指令，通过站点控制器传至锁车车墩，打开锁在该锁车车墩上的自行车，供用户使用，用户使用

---

① CN103646470A.

② CN103593919A.

自行车完毕后，可在 App 上查找归还自行车点，找到后直接将自行车推进锁车车墩，锁车车墩自动上锁并发送还车指令至后台服务器，服务器计算用户租车时长和费用，扣除使用费并反馈信息至用户 App。

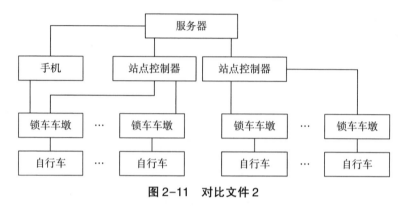

图 2-11　对比文件 2

将本专利权利要求 1 与对比文件 1 进行特征比对后，可以得出表 2-1 所示的结论。

表 2-1　特征对比

本专利权利要求 1	对比文件 1
在移动终端、云端服务器、移动电源租借终端三方之间实现的移动电源的租借，具体包括在租借过程中的第一、第二、第三借入移动电源的指令在三方之间进行的发送与接收，还包括如何通过身份识别号码识别移动电源、移动电源租借终端的身份以及根据上述数据信息进行移动电源租借的具体过程	移动电源的租售设备、租借过程及租借方式，仅在用户和租借设备之间产生数据交互，不涉及移动终端、云端服务器、移动电源租借终端三方之间的数据交互

专利权人、无效宣告请求人对于表 2-1 中本专利权利要求 1 与对比文件 1 的区别均不持异议。但是，双方当事人就本专利权利要求 1 相对于对比文件 1、对比文件 2 的结合是否具备《专利法》第 22 条第 3 款规定的创造性存在较大争议。

请求人认为：对比文件 1 公开了投币式移动电源租赁设备，涉及共享充电宝，对比文件 2 涉及共享单车，均是共享性智能设备，都是从租借终端把设备借走。二者本质相同，本领域技术人员看到投币式租赁设备的不足，技术发展到智能手机、互联网技术的阶段，本领域技术人员必然想到将二者进行结合形成本专利。

专利权人认为：对比文件 1 没有移动终端，是在租借终端直接操作。对比文件 2 是租借自行车，一个车墩对应一个单车，不存在移动电源租借终端一对多的关系，不存在通过服务器判断电源信息择优选取，也不存在如本专利权利要求 1 中所述的状态信息。

可见，双方当事人争议的焦点在于：将商业规则和方法特征应用于不同于现有技术中的应用场景时，权利要求 1 是否具备《专利法》第 22 条第 3 款规定的创造性。

无效决定认为：

本专利租借的对象是移动电源，而对比文件 2 租赁的是自行车。尽管对比文件 2 的技术架构与本专利权利要求 1 中的移动终端、移动电源租借终端、云端服务器的技术架构类似，但二者的应用场景差异较大，对比文件 2 中的自行车租借过程是租赁人在能够观察到被租物品（自行车）的情况下完成自行车的租用，与本专利权利要求 1 中的移动电源租借不同，本专利中用户租用的移动电源是在云端服务器的控制下包括核对移动电源的相应状态信息后得到的，也就是说在得到移动电源之前，用户并不知晓所借电源的情况，完全由权利要求 1 中的移动终端、移动电源租借终端、云端服务器组成的技术架构进行判断、选择和提供，二者的处理过程存在较大的差异。

可见，对比文件 2 也未公开前述区别技术特征：在租借过程中的第一、第二、第三借入移动电源的指令在移动终端、云端服务器、移动电源租借终端三方之间进行的发送与接收，通过身份识别号码识别移动电源、移动电源租借终端的身份，以及根据上述数据信息进行移动电源租借的具体过程。

对比文件 1 公开的充电器租售机、对比文件 2 公开的自行车租赁管理方法和系统与涉案专利请求保护的移动电源租借方法，三者的信息处理过程中信号走向、信息控制方式差异较大，导致三者的处理过程存在较大的区别，本领域技术人员在对比文件 1、对比文件 2 的基础上，需要技术手段的调整或改进，才能得到本专利权利要求 1 要求保护的技术方案。因此，在进行创造性审查时，应当考虑商业规则和方法特征对技术方案作出的贡献。

在对比文件 1、对比文件 2 的基础上，本领域技术人员不经过创造性劳动无法得到包含上述区别技术特征的技术方案，即无法通过移动终端、云端服务器、移动电源租借终端三方架构实现最优移动电源的租借。此外，也没有证据证明上述区别技术特征属于本领域的公知常识，而且上述区别技术特征使得所述技术方案取得了最优移动电源的方便租借的有益技术效果。

因此，本专利权利要求 1 相对于对比文件 1、对比文件 2 的结合具有突出的实质性特点和显著的进步，符合《专利法》第 22 条第 3 款有关创造性的规定。

■ **案件精解**

本章第一节第四部分已经介绍过我国包含商业规则和方法特征的专利或专利申请保护规则，在此不再赘述。但是，在审查实践中如何适用前述的保护规则是很多从业者所困惑和关心的问题。本案就是一个能够解答前述问题的典型案例。

该无效审查决定作出日为 2020 年 6 月 19 日，适用《专利审查指南 2010》（2019 年修订）。涉案专利权利要求 1 中体现了利用计算机软件实现移动电源的商业租借方法，该方案与对比文件 2 在应用场景上有所不同，本案的无效审查决定诠释了在权利要求的创造性判断过程中如何看待在不同应用场景中的商业规则和方法特征。下面我们从案件事实出发，阐述此类专利的创造性判断规则在审查实践中如何适用。

本案无效决定依照专利审查中创造性判断的"三步法"，确定出本专利权利要求 1 与对比文件 1 的区别特征后，进一步判断本专利权利要求 1 相对于现有技术是否显而易见。尽管对比文件 2 采用了与本专利类似的技术架构，但二者实现租赁商业规则的具体应用场景存在显著差异。这种差异进而表现为二者在数据信号的控制和处理过程上的差异，由此导致在实际应用过程中产生了不同的技术效果。对比文件 2 涉及的是实现在固定站点租、还自行车的方法，用户在该场景下租赁自行车时，可以通过观察被租赁物品（自行车），从可供租赁的自行车中选择合适的车辆，此过程依赖用户进行自主选择。而本专利中移动电源的租赁无需用户过多的参与即可实现最优移动电源的租赁，该过程由服务器和租借终端确定，包括电源本身的状态、可用情况等，无需用户的干预，便能够得到最优的移动电源，使得电源租赁过程变得可靠、高效。基于本专利与对比文件 2 应用场景的不同，为实现对最优移动电源的租赁，本专利权利要求 1 的技术方案相对于现有技术而言，需要在数据处理过程中对信号走向、信息控制方式等技术手段进行调整或改进，才能实现方便租借最优移动电源的技术效果。可见，在本专利权利要求 1 中，租赁商业规则与移动终端、云端服务器、移动电源租借终端等技术手段紧密结合、共同构成解决了方便租借最优移动电源这一技术问题的技术手段并获得相应技术效果。因此，如本案这样，在不同的应用场景下，本专利与对比文件 2 产生了完全不同的技术效果，这种效果是技术特征与不同应用场景下所述商业规则的融合带来的。合议组确认了本专利权利要求 1 中的技术特征与不同应用场景下租赁商业规则在功能上彼此相互支持、存在相互作用关系，在创造性判断过程中整体考虑了本专利权利要求 1 中的商业规则和方法特征与技术特征对技术方案作出的技术贡献，由此得出该权利要求相对于现有技术取得了方便租借最优移动电源的有益技术效果，进而得出了维持该权利要求有效的审查结论。

本案在对既包含技术特征又包含商业规则和方法特征的发明专利进行创造性审查时，遵循了审查指南中"将与技术特征功能上彼此相互支持、存在相互作用关系的算法特征或商业规则和方法特征与所述技术特征作为一个整体考虑"的规定，对新领域、新业态的商业方法专利创造性判断标准具有示范作用。

■ 案件小结

对于将商业规则应用于不同应用场景中的商业方法专利，应将与技术特征功能上彼此相互支持、存在相互作用关系的商业规则和方法特征与所述技术特征作为一个整体考虑。如果权利要求相对于现有技术的区别特征包括了商业规则和方法特征，不应将其与技术特征简单割裂开来，一味地否定商业规则和方法特征的作用，而应从两者是否存在"功能上彼此相互支持、存在相互作用关系"的角度进行考量，判断两者是否紧密结合、共同构成解决某一技术问题的技术手段并获得相应技术效果。如果商业规则在应用场景中的技术处理过程相互支持、相互作用，需要对该处理过程中的信号走向、信息控制方式等技术手段进行调整或改进，进而导致该处理过程相对于现有技术而言发生了较大的变化，且这种应用能够获得不同于现有技术的有益技术效果，则该应用具备《专利法》第 22 条第 3 款规定的创造性。

六、小结

本节通过多个案例的梳理和分析，介绍了不同时期商业方法专利的创造性判断的思路和方法。本书面世时，商业方法专利的创造性判断应当适用《专利审查指南 2023》，其中的重点和难点在于以下两点：（1）准确确定权利要求中的商业规则和方法特征与技术特征；（2）正确判断商业规则和方法特征与技术特征是否存在"功能上彼此相互支持、存在相互作用关系"。当然，这两点也是相互关联的，需要在准确理解发明创造的基础上，分析各特征的功能和作用，综合加以判断。

第五节　专利侵权判定

商业方法专利大多是以计算机软件为基础的方法专利，在该类专利的侵权判定过程中，既有一般方法专利的共同属性，也有其特有的判断规则，本章以同一个专利的两个不同侵权诉讼案例为视角，阐述该类案件的侵权判定规则。

一、方法步骤的时序关系不同对侵权判定的影响及启示

案例2-10　来电公司与街电公司、安克公司关于共享充电宝侵权案

■ 案件信息

【法院判决号】（2017）京73民初455号、（2018）京民终466号、（2019）最高法民申3135号

【专利号】ZL201580000024.X

【发明名称】一种移动电源的租借方法、系统及租借终端

【国际分类号】G06F 17/30、H02J 7/00、H04L 29/08

【申请日】2015年2月14日

【一审原告及二审上诉人】深圳来电科技有限公司

【一审被告及二审被上诉人】深圳街电科技有限公司、安克创新科技股份有限公司（原名湖南海翼电子商务股份有限公司）

【法律依据】《专利法》第11条第1款、《民事诉讼法》第64条第1款

■ 案情介绍

涉案专利的技术事实可以参见第四节案例2-9，需要指出的是，涉案专利包括6项独立权利要求，分别是权利要求1、6、11、16、21、25，上述各权利要求均涉及同一种移动电源的租借方法，其保护范围的区别仅在于，方法权利要求1及其对应的系统权利要求6从"移动终端"角度进行描述，方法权利要求11及其对应的系统权利要求16从"云端服务器"角度进行描述，方法权利要求21及其对应的系统权利要求25从"移动电源租借终端"角度进行描述。

一审判决认为：被诉侵权产品及其使用方法未落入涉案专利权利要求的

保护范围，不构成专利侵权。

二审法院审理后，归纳本案争议焦点为：被诉侵权产品的使用方法是否落入涉案专利权利要求1的保护范围。

根据双方当事人提交的证据所显示的租借过程，二审法院认定被诉侵权产品的使用方法是先核对移动电源的数量，然后发送租借请求，最后核对用户权限，与权利要求1限定的"先判断权限，然后判断库存"的具体步骤先后顺序不同。此外，街电公司提交的第一段租借视频显示，对于没有充电宝的机器，用户发送租借请求后，系统首先告知用户无法提供租借服务，而非先核对用户是否具有租借权限。街电公司提交的第三段租借视频显示，即使机器中有充电宝，但由于充电宝没电而不能提供服务时，系统也会先根据移动电源的状态告知用户无法提供租借服务，即在用户具体选择充电端口类型发送租借请求之前，系统不仅会考虑移动电源的数量，还会考察移动电源的状态，首先告知用户能否提供租借服务。街电公司提交的以上两段租借视频是普通用户在使用移动电源租借设备时可能遇到的情况，并非极端情况，上述租借视频同样能够证明被诉侵权产品的使用方法是先核对移动电源的数量，然后再由用户根据情况发送租借请求，最后核对用户权限。在没有移动电源可提供服务的情况下，系统不会要求用户先缴纳押金具备租借权限，相对于涉案专利"先判断权限，然后判断库存"的技术方案而言，其优化了用户体验，并能够避免云端服务器由于接收租借指令、判断用户权限、接收用户缴费等被占用系统资源。

因此，二审法院认为：被诉侵权产品使用方法的流程步骤与涉案专利权利要求1限定的"第二借入移动电源的指令"的具体步骤具有不同的效果，两者不相同也不等同，故被诉侵权产品的使用方法未落入涉案专利权利要求1的保护范围。来电公司的上诉请求不能成立。

再审法院裁定认为：被诉侵权产品未落入涉案专利权利要求保护范围，来电公司相关再审申请理由不能成立。

案例2-11 来电公司与友电公司、创信公司关于共享充电宝侵权案

■ 案件信息

【法院判决号】（2017）粤73民初2170号、（2018）粤民终981号
【专利号】ZL201580000024.X
【发明名称】一种移动电源的租借方法、系统及租借终端

【国际分类号】G06F 17/30、H02J 7/00、H04L 29/08

【申请日】2006 年 12 月 29 日

【一审原告及二审上诉人】深圳来电科技有限公司

【一审被告及二审被上诉人】广州市友电科技有限公司、深圳市创信信息科技有限公司

【法律依据】《专利法》第 11 条第 1 款、《最高人民法院关于审理侵犯专利权纠纷案件应用法律若干问题的解释（二）》第 11 条

■ **案情介绍**

本案中的涉案专利与案例 2-10 中的系同一专利，在此不再赘述。

一审判决认为：被诉侵权产品落入涉案专利权利要求 1、21 的保护范围；来电公司主张友电公司、创信公司存在许诺销售、使用涉案侵权产品的共同侵权行为没有事实依据。

二审法院审理后，归纳本案争议焦点为：被诉方法是否落入了涉案专利权保护范围；创信公司是否实施了被诉方法、构成侵权。

（一）关于被诉方法是否落入了涉案专利权保护范围

二审期间，经法院现场勘验，被诉产品已无法开机，友电公司确认被诉产品不能开机的原因为：被诉产品的云端服务器已经更换，友电公司关闭了上述服务器的运行。

二审法院认为，友电公司上诉主张被诉方法与涉案专利权利要求 1、21 不相同，但未提交证据证明其主张，且由于其自身的原因，导致二审期间无法勘验被诉方法实施的具体方案，故应由友电公司承担不利后果。因此，友电公司的该项上诉主张缺乏事实与法律依据，被诉方法落入涉案专利权利要求 1、21 的保护范围。

（二）关于创信公司是否实施了被诉方法、构成侵权

二审法院认为：

第一，创信公司不仅在涉案移动电源租借终端机中设置了关注其微信公众号的功能，还对终端机用户进行操作方法步骤的指引，且在终端机显示屏上载明了创信公司的名称、客服电话等信息。据此，依据涉案移动电源租借终端机的公示信息，从普通消费者的角度出发，必然会认为创信公司亦为制造商，或与制造者之间对涉案移动电源租借终端机的制造或销售存在紧密联

系。因此，应当认定创信公司在涉案移动电源租借终端机的设计、调试以及对终端机用户进行操作方法步骤的指引过程中使用了被诉方法。

第二，创信公司从涉案移动电源租借终端机的充电宝租借中，已获得了充电宝租金收益。故创信公司辩称其仅为涉案移动电源租借终端机善意使用者，没有与友电公司共同实施制造或侵权行为的说法，显然与事实不符。

综上，创信公司与友电公司分工合作、紧密配合，存在共同侵权的行为，二者应对被诉侵权行为所产生的损害结果承担连带责任。因此，应当认定创信公司、友电公司未经来电公司许可，为生产经营目的共同实施了与涉案专利相同的被诉方法，构成专利侵权。

■ **案件精解**

以上两个案例是同一个专利的专利权人针对两个不同被告的不同被控侵权产品，分别提出的侵犯专利权的诉讼，人民法院依据事实，依法分别作出侵犯专利权不成立和成立的判决。这两个案例中涉及的相关问题也非常值得我们思考。

（一）侵权诉讼对撰写涉及计算机程序的方法专利申请文件的启示

《最高人民法院关于审理侵犯专利权纠纷案件应用法律若干问题的解释（二）》第 11 条规定：方法权利要求未明确记载技术步骤的先后顺序，但本领域普通技术人员阅读权利要求书、说明书及附图后直接、明确地认为该技术步骤应当按照特定顺序实施的，人民法院应当认定该步骤顺序对于专利权的保护范围具有限定作用。

以上两个案例均属于侵害方法专利权纠纷，在判断是否侵犯涉及计算机程序的方法专利权时，通常会对照权利要求，按照其中记载的实现技术方案的时序，将被控侵权软件与方法权利要求进行比对，判断被控侵权软件整体是否落入权利要求的保护范围。其中，特别需要注意两点：一是要确认被控侵权软件中是否包含权利要求中的每一个特征；二是要确认被控侵权软件的整体方法步骤是否与权利要求中的时序一致。

在案例 2-10 中，二审判决认定：被诉侵权产品的使用方法是先核对移动电源的数量，然后再由用户根据情况发送租借请求，最后核对用户权限。在没有移动电源可提供服务的情况下，系统不会要求用户先缴纳押金具备租借权限。被诉侵权产品使用方法的流程步骤与涉案专利权利要求 1 限定的"第二借入移动电源的指令"的具体步骤"先判断权限，然后判断库存"具有不同的效果，两者不相同也不等同。相对于涉案专利的技术方案而言，被控侵权软件能够避免云端服务器由于接收租借指令、判断用户权限、接收用户缴费等被占用系统资源。因此，被诉侵权产品使用方法的流程步骤与涉案专利权利要求1限定的"第二借入移动电源的指令"的具体步骤具有不同的效果，两者不相同也不等同，故被诉侵权产品的使用方法未落入涉案专利权利要求1的保护范围。

本案判决对于商业方法专利侵权判定以及如何撰写计算机软件类方法发明的专利申请文件有很大的参考价值。

首先，商业方法专利作为计算机软件类专利的一种，其既具有计算机软件类专利的共性，又有其个性。计算机软件类专利，一般而言，是利用计算机软件处理数据以实现某一功能，其中可能会包括嵌套、迭代、条件转移等非顺序执行的数据处理步骤。商业方法专利的个性在于，其权利要求中既包括商业规则和方法特征，又包括技术特征。在进行商业方法专利的侵权判定时，既不能忽视其共性，又要把握好其个性。在比对被诉侵权技术方案与商业方法专利权利要求的技术方案时，在理解技术方案整体的基础上，可以结合与商业规则和方法特征相互支持、存在相互作用关系的技术特征，准确判断该商业规则和方法特征在技术方案中的功能和作用，为相同侵权或等同侵权的判定夯实基础。

其次，在撰写该类发明专利申请文件时，应当通过检索现有技术，准确确定出该类发明相关的现有技术，需要特别注意的是，现有技术既包括实现该类方法发明的流程步骤，又包括这些流程步骤间的时序。由此确定发明创造相对于现有技术的改进点或发明点，进而可以在申请文件中明确现有技术中的相应流程步骤及时序，发明人或代理师还可以进一步确认是否存在可以实现同一功能但方法步骤时序不同的技术方案，进而可以在撰写申请文件时，在权利要求书中尽可能多地覆盖可以实现同一基本功能的不同技术方案，以维护权利人的合法权益。

（二）侵犯方法专利案件中如何判断在生产经营过程中共同实施了侵权行为

计算机软件类的方法专利，其权利要求是由具有时序的各方法步骤组成的，随着计算机、互联网技术的发展，该类发明创造所要求保护的权利要求，存在由多方主体实施的可能性，进而导致该类方法专利的侵权判定较为复杂。

涉案专利涉及利用移动互联网技术实现共享充电设备的技术方案，在租借终端、云端服务器、移动终端间进行数据传输和交互，需要租借终端方、云端服务器方、移动终端方等多方主体共同参与才能实施，在认定侵权主体时，需要结合案情具体分析权利要求中的方法步骤，才能准确确定出真正的实施主体。

最高人民法院知识产权法庭在（2019）最高法知民终 147 号判决中已经给出了多主体实施方法专利的侵权判定规则："如果被诉侵权行为人以生产经营为目的，将专利方法的实质内容固化在被诉侵权产品中，该行为或者行为结果对专利权利要求的技术特征被全面覆盖起到了不可替代的实质性作用，也即终端用户在正常使用该被诉侵权产品时就能自然再现该专利方法过程的，则应认定被诉侵权行为人实施了该方法专利，侵害了专利权人的权利。"

在案例 2-11 中，首先，创信公司不仅在涉案移动电源租借终端机中设置了关注其微信公众号的功能，还对终端机用户进行操作方法步骤的指引，且在终端机显示屏上载明了创信公司的名称、客服电话等信息。据此，依据涉案移动电源租借终端机的公示信息，从普通消费者的角度出发，必然会认为创信公司亦为制造商，或与制造者之间对涉案移动电源租借终端机的制造或销售存在紧密联系。因此，应当认定创信公司在涉案移动电源租借终端机的设计、调试以及对终端机用户进行操作方法步骤的指引过程中使用了被诉方法。

其次，表面上看是用户在正常使用租借终端的过程中再现了涉案专利所要求保护的方法，实施了侵犯该方法专利的行为。事实上，用户正常使用租借终端的过程，是在租借终端的经营方即友电公司和创信公司的控制之下完成的。友电公司和创信公司在其租借终端中预先设置了使用该租借终端的软件，若用户按照租借终端的引导使用该租借终端，则必然导致其实施了涉案专利所要求保护的方法，并且，用户也只能按照租借终端的引导才能使用该租借终端，否则用户就不能利用该租借终端租借移动电源。

可见，友电公司和创信公司利用在租借终端中预先设置的软件，引导用户按照其预设的方法和步骤实施了侵犯涉案方法专利的行为。在此过程中，上述二公司借助用户实施涉案方法专利。上述二公司在用户实施方法专利的过程中起到了不可替代的实质性作用，并从中获取利益，上述二公司应当承担与其行为相应的侵权责任。

综上，创信公司与友电公司分工合作、紧密配合，存在共同侵权的行为，二者应对被诉侵权行为所产生的损害结果承担连带责任。因此，应当认定创信公司、友电公司未经来电公司许可，为生产经营目的共同实施了与涉案专利相同的被诉方法，构成专利侵权。

（三）当事人的积极举证及诉讼策略对案件结论至关重要

在案例2-10中，被告方通过积极举证，证明了被控侵权产品先核对移动电源的数量，然后发送租借请求，最后核对用户权限，与权利要求1限定的"先判断权限，然后判断库存"的具体步骤先后顺序不同，进而得到法院支持。

而在案例2-11中，经二审法院现场勘验，被诉侵权产品已无法开机，友电公司经与其技术人员确认，被诉侵权产品不能开机的原因为：被诉侵权产品的云端服务器已经更换，友电公司关闭了上述服务器的运行。对此，二审法院认为，友电公司未提交证据证明其主张，且由于其自身的原因，导致二审期间无法勘验被诉方法实施的具体方案，故应由友电公司承担不利后果。

对比以上两个案例可以看出，在侵权诉讼中，通过演示等方法积极举证被诉侵权方法既不相同也不等同于涉案专利所要求保护的方法，可以直接决定案件的结论。当事人可以认真研究涉案专利的具体步骤和各步骤间的时序关系，并对比被诉侵权方法，进而确定二者是否相同。如果二者存在不同之处，可以进一步考虑二者是否存在等同的可能性，并进一步提供二者等同的相关证据。

二、小结

从这两个侵权诉讼案件可以看出，撰写出高质量商业方法专利，准确确定出各方法步骤及步骤间的时序与现有技术的界限，使得该类专利的保护范围与其对现有技术作出的贡献相匹配，更有利于权利人在侵权诉讼中有效地制止侵权行为，维护好自身的合法权益。

虽然商业方法专利的侵权判定规则与一般领域的侵权判定规则相同，但是在侵权判定时，应当把握好商业方法专利的权利要求中既包括商业规则和方法特征又包括技术特征的特点，站位本领域技术人员，在充分理解方法权利要求中各步骤（特别是非顺序执行步骤）之间的时序关系和逻辑关系的基础上，准确确定商业规则和方法特征在技术方案中的功能和作用。

此外，多主体实施方法专利的侵权判定规则已在司法实践中被广泛应用，有利于商业方法专利的专利权人确定侵权主体、减轻举证负担。在侵权诉讼中积极举证及诉讼策略的选择对案件结论至关重要，可以通过演示等方法积极举证证明被诉侵权方法既不相同也不等同于涉案专利方法。

第一节　概　述

一、人工智能技术、产业特点及相关政策

(一) 技术和产业的特点

人工智能 (Artificial Intelligent, AI) 的概念于 1956 年在美国达特茅斯学院举行的 "人工智能夏季研讨会" 上被提出, 其概念与内涵随着相关学科和应用领域的发展持续更新。现在普遍认为, 人工智能是涉及计算机技术、控制论、信息论、语言学、神经生理学、心理学、数学、哲学等多学科领域的交叉学科。[1]

人工智能技术发展至今, 大致经历了三次浪潮:

第一次浪潮 (1956—1974 年): 1956 年达特茅斯会议上, 麦卡塞首次提出 "人工智能" 这一术语。该时期的核心是让机器具备逻辑推理能力, 开发出解决代数应用题、证明几何定理、学习和使用英语等的计算机程序和第一款感知神经网络软件和聊天工具[2]。此时, 计算机的性能低、可操作范围有限, 开发出的计算机程序还无法广泛应用于实际生活中。

第二次浪潮 (1980—1987 年): 计算机进入家庭, 可以解决特定领域问题, AI 变得实用起来。专家系统、知识库系统和知识工程是 AI 研究的主要方向。Hopfield 神经网络和反向传播 (BP) 算法被提出, 计算机拥有计算思维。该阶段面临的问题是无法有效处理复杂问题、特殊情况。

---

① 清华–中国工程院知识智能联合研究中心, 清华大学人工智能研究院智能研究中心, 中国人工智能学会. 人工智能发展报告 2011—2020 [R]. 2021 年 4 月.

② 深圳市人工智能行业协会. 2021 人工智能发展白皮书 [R]. 2021 年 5 月.

第三次浪潮（1993 年至今）：计算机性能的飞跃发展，互联网、云端的普及使得计算机拥有了自主学习能力。2006 年以来，深度学习理论的突破加速了人工智能的第三次浪潮，互联网、云计算、大数据、芯片等新兴技术为人工智能各项技术的发展提供了充足的数据支持和算力支撑，以"人工智能+"为代表的业务创新模式也随着人工智能技术和产业的发展日趋成熟。

人工智能技术和产业的特点是解决当前人工智能领域专利保护问题的基本出发点。人工智能技术来源于交叉学科，具有高迭代的特点，基于人工智能技术的解决方案则主要涉及数据、算法和模型，同时人工智能模型的具体计算机实施还存在"黑匣子"问题。人工智能产业主要分为三个层次，分别是基础层、技术层和应用层，这三层之间的关系也是相互依托、缺一不可的。

（二）产业促进政策

人工智能作为新一轮科技革命和产业变革的新赛场，已经成为抢占未来发展先机的重要突破口。我国高度重视人工智能产业，并出台了一系列政策推动其发展。

2015 年，国务院印发《关于积极推进"互联网+"行动的指导意见》，首次将人工智能领域的发展纳入重点任务。2016 年，四部委联合发布《"互联网+"人工智能三年行动实施方案》，为人工智能产业的发展目标和各项保障指明了细化的可实施举措。2017 年，国务院印发《新一代人工智能发展规划》，确定了新一代人工智能发展三步走的战略目标，至此，人工智能上升至国家战略层面。该规划是我国人工智能发展促进政策的里程碑，为产业的发展指明了方向。其中，还重点提及了建立人工智能技术标准和知识产权体系，从知识产权保护的各方面着手建立保障体系。自 2017 年起，人工智能连续四年被写入全国政府工作报告以及党的十九大报告，各部委及各省、自治区、直辖市也纷纷发布了相关的产业和人才促进政策，为人工智能产业的发展、人才的培养营造了良好的环境，相关的人工智能标准体系建设和立法工作也在进行中。在 2021 年发布的《国民经济和社会发展第十四个五年规划和 2035 年远景目标纲要》中，全文共 6 次提到人工智能，采用了"重大创新领域""战略科技力量""关键领域"等词汇来描述人工智能，这表明在当前我国经济从高速增长向高质量发展的重要阶段中，以人工智能为代表的新一代信息技术，将成为我国"十四五"期间重要技术保障和核心驱动力之一。

（三）知识产权保护政策

针对人工智能技术，如何加强其知识产权保护是国家一直以来高度重视的问题。

如前所述，2017 年印发的《新一代人工智能发展规划》就指出，重点要建立人工智能技术标准和知识产权体系。中共中央、国务院于 2021 年 9 月印发了《知识产权强国建设纲要（2021—2035 年）》，提出加快人工智能等新领域新业态知识产权立法，适时扩大客体保护范围、构建特定的知识产权规则体系、统一完善司法裁判标准等，为人工智能领域的知识产权保护指明了改进方向；并在《"十四五"国家知识产权保护和运用规划》中指出，针对人工智能等新兴战略领域，秉持着鼓励创新、完善知识产权保护制度的原则对其进行保护，尤其是鼓励核心技术的高质量知识产权的保护，从而在经济社会向高质量转变的同时也推动知识产权工作的高质量实施。

近年来，中国司法机关也在积极加大对人工智能等领域在内的知识产权的保护力度。最高人民法院从 2020 年开始将算法、数据、计算机程序及其有关文档纳入商业秘密保护的范畴①，2021 年 10 月为响应前述保护和运用规划进一步提出加强人工智能等新兴领域知识产权保护，积极回应新技术、新产业等知识产权保护司法需求②。

因此，无论是行政层面，还是司法层面，都在加大对人工智能领域的知识产权保护力度，人工智能的知识产权保护环境欣欣向荣、日臻完善，这显然有利于人工智能的创新发展。

二、国外人工智能的专利保护

（一）美国的专利保护政策及审查标准

1. 人工智能的专利保护政策

从 2019 年开始，美国各个机构不断出台各项命令、草案和法案，以期在鼓励创新与保护公众免受人工智能技术的潜在不利影响之间保持平衡。2019年，美国总统签署了名为《保持美国在人工智能领域的领导地位》的行政命令；同年，美国众议院提出第 153 号决议，强调"人工智能的深远社会影响"以及人工智能满足"安全、负责任和民主发展"的需要；此外，通过《人工智能增长研究法案》及其配套的《人工智能政府法案》，美国希望加速经济和国家安全的人工智能研发，以便更好地应用人工智能技术。2020 年，美国联

---

① 参见《最高人民法院关于审理侵犯商业秘密民事案件适用法律若干问题的规定》（法释〔2020〕7 号）。

② 参见《最高人民法院关于加强新时代知识产权审判工作为知识产权强国建设提供有力司法服务和保障的意见》（法发〔2021〕29 号）。

邦政府发布《人工智能应用的监管指南》，提出公众对 AI 信任、公众参与规则制定等十大监管原则；同年，《生成人工智能网络安全法案》出台，其要求美国商务部和联邦贸易委员会明确人工智能在美国应用的优势和障碍，并向国会报告结果以及制定国家人工智能战略的建议。

在医疗保健、生物识别监控、自动驾驶等产业领域，美国各部门也纷纷出台政策对人工智能技术加以监管，但同时也鼓励创新。例如，美国食品和药物管理局要求医疗设备制造商提供一定的透明度和监控；《国家生物特征信息隐私法》要求收集或公开生物特征信息之前必须获得个人同意；美国交通部发布自动驾驶汽车行业监管的最新指南，该指南承诺在不妨碍创新的情况下，解决公众对安全和隐私的合理担忧。

具体到专利乃至知识产权领域，美国专利商标局（USPTO）在 2019 年发布了两次关于人工智能发明专利的征求意见请求（RFC），征求利益相关者关于各种专利及知识产权政策问题的反馈。例如，人工智能对发明人和所有权、主体资格、信息公开以及该领域普通技术人员水平的影响，对版权、商标、数据库保护和商业秘密的影响。公众回复期满后，美国专利商标局组成专家小组检视并回复各界意见，进而于 2020 年发布了名为《AI 及知识产权政策的公众观点》(*Public Views on Artificial Intelligence and Intellectual Property Policy*) 的报告，该报告针对 AI 在整个知识产权领域的影响，从各种利害关系人的观点提出综合看法，包括专利、商标、著作权、商业秘密政策及数据保护相关问题。

报告共分为两部分，第一部分着重于人工智能技术相关专利申请，第二部分则着重于人工智能技术非专利的知识产权保护，包含商标、著作权及商业秘密。报告指出，人工智能发明可分为以下几类：（a）体现人工智能领域进步的发明［例如，改进的机器学习（ML）模型或算法的新神经网络结构］；（b）应用人工智能的发明（适用于人工智能以外的领域）；（c）可能由人工智能本身产生的发明。从报告中可以看到，多数人同意将人工智能视为计算机实施发明的最佳子集合，并认为目前 USPTO 的指南足以应对人工智能的发展，尤其是专利客体适格性和计算机实施发明的公开方面。公众还认为，人工智能技术的普及会影响"本领域技术人员"这一法律拟制的标准，这对于专利权的授予而言非常重要。

2023 年 9 月 29 日，美国专利商标局局长指出人工智能（AI）带来巨大潜力和风险，为此在审查和相关工作中采取创建 AI/ET 伙伴关系，通过一系列与 AI 和创新、生物技术和知识产权政策相关的主题会议收集公众反馈等举措，以确保美国在创新特别是在 AI 等新兴技术（ET）方面保持领先地位①。

2．人工智能的专利审查标准

1）客体

2019 年，美国专利商标局发布了修订的《专利适格主题指南》。该指南修订之前，在审查实践中，人工智能及机器学习的算法常被直接划为抽象的概念，不具有可专利性。虽然在本次修订中，USPTO 并未专门针对人工智能技术出台政策，但该指南在客观上依然为人工智能领域的专利客体适格性判断提供了非常有益的指引，有利于改善美国自 2010 年 Bilski 案以来该方面审查标准相对混乱的现状。其主要贡献在于，一是具体界定了"抽象概念"这一关键术语；二是澄清了当结合实际应用时该权利要求不指向司法例外这一判断基准。另外，步骤 2A（ⅱ）的设置，有力地保障了专利客体适格性的提前有效解析，从而提高了审查标准的一致性和可靠性。

特别值得注意的是，USPTO 在发布该指南的同一天还发布了《计算机可执行的功能性权利要求审查指南》，对计算机可执行的功能性权利要求撰写进一步提供了指导和方向。两个指导性文件的同时发布，可以更好地确保审查规则保持协调一致并在实践中得到更充分的应用。

2）充分公开和清楚支持

美国《专利法》第 112 条从法律规定层面对撰写规范提出了要求，要求说明书应该阐述发明人或共同发明人实施本发明的最佳实施方式。对于功能、软件的描述，本领域的技术人员不仅要知道相关算法，还要知道实现什么目的。从功能的角度，对于计算机实施的发明，必须以足够的细节描述执行该功能所采用的算法或步骤/过程，以便本领域普通技术人员能够理解发明人并预期要执行的功能。如果仅是简单地重述权利要求中所述的功能，即没有解释用于执行计算机功能的算法或步骤/过程，或者没有充分详细解释，则会认为公开不充分。对于撰写的形式要求，USPTO 不要求在申请文件中解释如何运行硬件或执行程序。目前，对于人工智能发明专利申请的权利要求是否清楚、是否得到说明书支持，USPTO 尚没有特殊规定，适用计算机实施的发明的一般审查标准。

3）创造性

USPTO 对涉及人工智能的发明专利申请的创造性审查适用一般审查标准，即在现有技术的基础上整体判断技术方案对于所属领域的技术人员而言是否

---

① Director's Blog：the latest from USPTO leadership ［EB/OL］．（2023-9-21）［2023-12-29］. https://www.uspto.gov/blog/director/entry/latest-updates-on-artificial-intelligence.

显而易见。如果权利要求限定的方案在客体判断阶段被判定为属于适格的专利保护客体，那么在创造性判断过程中，不再区分该方案中的特征是否属于技术特征，是否作出了技术性贡献，而是直接评价整体方案是否具有非显而易见性。

（二）欧盟地区的专利保护政策及审查标准

1. 人工智能的专利保护政策

自2014年开始，欧盟先后出台了《地平线2020战略》《2014—2020欧洲机器人技术战略》《欧盟机器人民事法律规则》等系列人工智能相关规划。相比于其他国家，欧盟格外强调人工智能法律框架的建立、消费者基本权利的保护和成员国之间的协同合作，确保人工智能技术朝着有益于个人和社会的方向发展，并通过国家间合作发挥最大效应。

2018年7月16日，欧盟28个成员国签署了《人工智能合作宣言》，制定人工智能协调计划①。2020年2月，欧盟委员会发布了三份重要的数字战略文件，分别是《走向卓越与信任——欧盟人工智能监管新路径》、《塑造欧洲的数字未来》和《欧洲数据战略》②。2021年4月21日，欧盟委员会通过了《人工智能法》提案，旨在建立关于人工智能技术的统一规则③。

2018年，欧洲专利局举行首届人工智能专利保护会议，探讨人工智能专利保护的机遇与挑战，参会者提议对EPC实施实质性变革，包括可专利性标准，以应对人工智能时代的挑战。

2. 人工智能的专利审查标准

1）客体

在2018年以前，欧洲专利局对于人工智能方面的客体审查并没有明确的规定，其审查主要基于一般的标准，即《欧洲专利公约》（EPC）第52条。根据EPGL规定，按照该一般性的计算机实施的发明的客体审查原则，判定一项申请是否属于保护客体的根本原则就是该申请必须满足"技术性"。在判断申请是否满足"技术性"时需要注意三点：一是需要整体判断该申请是否具有"技术性"；二是明确EPC第52条所排除的仅指所例举主题本身，比如

---

① CIE智库. 欧盟完成《人工智能合作宣言》的签署，共同应对全球竞争［EB/OL］.（2018-08-15）［2021-11-14］. https://www.secrss.com/articles/4619.

② 氪星智能. 从美国和欧盟的最新政策看人工智能的发展和监管［EB/OL］.（2021-09-24）［2021-11-14］. https://www.sohu.com/a/491784859_371013.

③ 中关村互联网金融研究院. 解读｜欧盟委员会2021年《人工智能法》提案［EB/OL］.（2021-05-04）［2021-11-14］. https://www.163.com/dy/article/G96AIGH80538GOD6.html.

算法本身是被排除在可专利性之外的，但是该算法的具体应用是不排除的；三是在判断"技术性"时不应考虑现有技术的状况，即确定方案具有技术性时所涉及的"技术特征"可以是现有技术已知的。

为应对人工智能技术的快速发展对专利审查带来的挑战，2018 年 11 月欧洲专利局对 EPGL 进行了修订，并于 2018 年 11 月 1 日正式生效。新增第 G 部分第Ⅱ章第 3.3.1 节①内容如下：人工智能和机器学习都基于分类、聚类、回归和降维的计算模型和算法，例如神经网络、遗传算法、支持向量机、k 均值、核回归和判别分析。这样的计算模型和算法不管是否可以基于训练数据进行"训练"，其本身都具有抽象的数学性质。因此，第 G 部分第Ⅱ章第 3.3 节的内容通常也适用于这种计算模型和算法。在审查所要求保护的主题整体上是否具有技术性时，应仔细审查诸如"支持向量机"、"推理引擎"或"神经网络"的表达，因为它们通常涉及缺乏技术性的抽象模型。人工智能和机器学习在各种技术领域中得到应用。例如，分类算法，如果是基于低级特征（例如，图像的边缘或像素属性）的数字图像、视频、音频或语音信号的分类，则被认为是分类算法的进一步典型的技术应用，其对技术性作出贡献；而如果该分类结果未产生任何技术用途，其本身也不是技术目的而是其他目的，则该分类不对技术性作出贡献。在分类方法用于技术目的的情况下，如果生成训练集的步骤和训练分类器支持该技术目的的实现，则也被认为对发明的技术性作出了贡献。

从上述新修订的内容可以看出，欧洲专利局对人工智能领域客体审查的几个特点：（a）认定人工智能中所利用的算法模型本身是具有抽象数学性质的，其明确排除了人工智能和机器学习的算法及模型本身的可专利性。（b）如果人工智能的算法和模型用于解决具体应用场景下的具体技术问题，则该情况下的算法和模型被认为是解决某一技术问题的手段，具有相应的技术效果，则其符合可专利性的要求。（c）对技术应用而言，当评估数学方法对发明的技术性所作的贡献时，必须考虑该方法是否用于技术目的，一般目的不足以赋予数学方法技术性，技术目的必须是特定的，仅仅是数学方法可用于技术目的这一事实也是不充分的，权利要求在功能上应明确地或隐含地限于该技术目的，使得数学方法与技术效果建立因果关系；对技术实施而言，如果权利要求是针对数学方法的特定技术实施，并且数学方法特别适用于该实施，则该数学方法也对发明的技术性作出了贡献。

---

① 参见《欧洲专利局审查指南》（2018 年修订）G 部分第Ⅱ章第 3 节"排除的主题"。

《欧洲专利局审查指南》（2023 年修订）包括对欧洲专利局审查人工智能（AI）和机器学习（ML）领域发明的实践的一些重要更新。新指南并没有改变欧洲专利局在 AI 和 ML 领域可申请专利和不可申请专利方面的做法。而是继续其目前的做法，即询问涉及 AI 和 ML 的发明是否服务于"特定技术目的"（如处理音频、图像或视频数据），或是否针对"特定技术实现"（如计算硬件的新布置）。

2）充分公开及清楚支持

欧洲专利局认同人工智能发明属于计算机实施的发明，要求在其申请文件中指出执行或实现人工智能的硬件或软件的实施细节，其公开的程度必须使得本领域的技术人员在没有过度负担的情况下能够制造和使用该产品或使用该方法。在审查实践中，公开的充分性取决于每个特定案例的事实以及技术领域的具体特征，通常情况下，可以通过将实现人工智能算法的模型结构和功能信息以及训练数据在专利申请中予以公开，来满足 EPC 第 83 条关于公开充分的要求。

在具体的人工智能技术实施中，同样的输入数据、采用相同的算法、基于同样的机器学习过程/模型，输出结果可能不完全相同。对于这种情况，普遍掌握的审查规范是，在理论上运算结果应该是一致的，如果结果是任意或随机的，则会导致公开不充分。然而，对于已经充分公开发明点的申请，尽管输出结果不一定完全一样，但是如果已经充分描述了相关数据、算法、模型等情形，就是可接受的[①]。

人工智能领域专利申请的权利要求是否清楚、能否得到说明书的支持，其判断适用一般标准，即权利要求书应明确请求保护的内容，应清楚、简明，并以说明书为基础。但总体来说，在权利要求撰写方面，欧洲专利局对撰写形式的要求略为宽松。

在是否支持方面，欧洲专利局认为权利要求需要得到说明书的支持，除非存在有根据的理由认为本领域的技术人员基于所提交的申请中给出的信息不能通过使用常规的实验或分析方法将说明书的具体教导扩展到所要求保护的整个领域[②]。然而，该支持必须具有技术特性，没有技术内容的模糊语句或声明不能作为是否支持的判断基础。一旦审查员提出了疑问，举证该权利要求得到说明书支持的责任在于申请人。

---

① 国家知识产权局学术委员会. 五局人工智能领域可专利性问题对比研究 [Z].

② 参见《欧洲专利局审查指南》（2021）F 部分第Ⅳ章第 6.3 节。（《Guidelines for Examination in the European Patent Office》（2021），Part F-Chapter IV-38，6.3.）

《欧洲专利局审查指南》（2023 年修订）要求 AI 或 ML 发明所使用的数学方法和训练数据的披露必须足够详细，以便在权利要求的整个范围内再现发明的技术效果。

3）创造性

欧洲专利局对于涉及人工智能领域申请的创造性审查没有专门的法律规定，其审查适用一般领域的审查标准，即 EPC 第 56 条，但由于明确了人工智能发明属于计算机实施的发明，因此，对其创造性的审查沿用一般性的计算机实施的发明的创造性审查规则。

欧洲专利局在进行创造性判断时与其他领域一样总体上是采用"问题解决法"（problem-solution approach）。计算机实施的发明常常撰写为包含技术特征和非技术特征的混合型权利要求，在《欧洲专利局审查指南》第 G 部分第 Ⅶ 章第 5.4 节，对包含技术特征和非技术特征的权利要求的创造性判断作出了具体规定。即，在考虑计算机实施的发明的创造性时，也同样遵循整体考量原则①，评估每一个特征（包含技术特征和非技术特征）在发明中是否对要求保护主题的技术性作出贡献，以避免基于对发明的技术性没有贡献的特征认可其创造性。如果非技术特征与解决技术问题的权利要求的技术主题没有相互作用，即非技术特征"本身"不提供对于现有技术的技术贡献，则在评估创造性时应被忽略。

对于计算机实施的发明（CII）的专利性来说，双重障碍法的相对水平可能已经发生了变化，因为在目前的审查实践中发明申请更容易克服 EPC 第 52 条的客体审查，而更难通过 EPC 第 56 条的创造性条款。作为这种变化的结果，在审查实践中实际上有一个额外的中间步骤来评估"该特征有助于创造性的适格性"，即该附加的中间步骤是一个过滤器，该过滤器用于筛选那些相对于最接近的现有技术、对技术问题的技术解决方案作出技术贡献的特征，只有那些服务于技术目的并能产生相应技术效果的特征才属于对创造性作出贡献的特征。具体到 AI 发明，要考察算法模型或数学运算能否有助于方案的技术目的的实现，即是否带来技术贡献。

《欧洲专利局审查指南》（2023 年修订）在第 G 部分第 Ⅶ 章第 5.4.2.5 节中添加了一个案例，该案例涉及一种使用热喷涂工艺涂覆工件的方法，其中通过基于神经网络的控制器自动调整热喷涂涂层过程的工艺参数，该控制器将神经网络与模糊控制逻辑相结合，从而映射出该控制器输入变量和输出变

_____

① 参见《欧洲专利局审查指南》（2018 年修订）G 部分第 Ⅶ 章第 5.4 节。

量之间的统计关系。在该案例中，神经网络与模糊控制逻辑相结合，其在单独使用时定义了一种数学方法，然而，它与工艺参数调节关联，有助于控制涂层过程，因此，数学方法的输出直接用于特定技术过程的控制，该控制属于一种技术应用（参见第 G 部分第 II 章第 3.3 节 "技术应用"），相关技术特征有助于产生服务于技术目的的效果，因而具备专利适格性。但是，该案例仅仅是使用神经网络分析和模糊控制逻辑的结合来计算工艺参数，没有任何关于热喷涂涂层工艺的具体适应性的细节，特别地，没有证据表明涂层性能或热喷涂方法的质量会因权利要求的特征组合而有所提高。在此情况下，权利要求相对于最接近的现有技术客观解决的技术问题是为该最接近的现有技术已经解决的控制热喷涂过程的工艺参数调整问题提供一种替代解决方案，并且由于其他现有技术公开了将神经网络分析和模糊控制逻辑结合的神经模糊控制器应用于工程领域是现有技术，因此，本解决方案被认为是一种明显的替代方案，该权利要求不具备创造性。

(三) 日本的专利保护政策及审查标准

1. 人工智能的专利保护政策

日本政府以人工智能与本国优势产业相结合的发展思路，采取了一系列政策强化人工智能知识产权的保护，探索有效促进人工智能发展的机制建设。2017 年 5 月 16 日，日本发布了《知识产权推进计划 2017》，提出调整日本的知识产权框架，建立基于 "超智能社会" 的知识产权系统，构建强化人工智能产业竞争力的知识产权制度从而促进人工智能的应用，推进人工智能创造应用的知识产权制度措施的落实。

对于人工智能的知识产权保护，日本在《知识产权推进计划 2017》中重点聚焦于机器学习和深度学习，认为有必要对未来的保护框架进行详细讨论，以促进与机器学习和深度学习相关的 "训练数据"、"人工智能程序"、"学习模型" 和 "人工智能创作物" 的开发、创造和应用。具体来说，对于 "训练数据" 的保护，人工智能的发展水平很大程度上取决于训练数据的数量、质量以及内容，训练数据最好可以在多人之间收集和共享。然而，如果训练数据存在版权问题，那么收集和共享此类数据将引发版权等相关法律问题。因此，将训练数据共享给第三方应在 "灵活版权权利限制" 的框架内进行讨论。此外，公共机构应该根据开放科学和开放数据的精神，努力适当发布和共享数据。对于 "人工智能程序" 的保护，考虑到当前知识产权保护体系已提供相应保护，因此现阶段并无必要再提供进一步的保护激励。对于 "学习模型"

的保护，日本认为人工智能学习模型是"人工智能程序和参数的组合"，在现行的知识产权保护体系下，学习模型可以作为《专利法》规定的"程序产品"或"计算机程序"整体进行保护。对于"人工智能创作物"的保护，日本认为"人工智能自主创作物"本身不在当前知识产权制度的任何保护范围内，然而对于"使用人工智能创作的服务"和"使用人工智能的创作物"有必要探讨一个保护框架以促进其发展；有观点认为对"使用人工智能创作的服务"，可以撰写成一种服务提供方法的形式受到专利权的保护，而在专利申请和审查实践中这种专利保护的方式并未得到充分的认可。对于"使用人工智能的创作物"，如果创作过程中涉及人类对该创作物的创造性贡献，那么该创作物被认为是使用人工智能作为工具的创作，因此认为属于受版权保护的作品；如果未涉及人类的创造性贡献，那么该人工智能创作物将被认为是"人工智能自主创作物"而无法受到版权的保护。

2018年6月12日，日本知识产权战略本部发布《知识产权推进计划2018》，指出加快开放创新，未来价值创造的关键在于利用大数据、人工智能等技术资源满足用户的需求；并在制定新领域知识产权保护框架中强调，加强数据和人工智能等新型信息财产的知识产权战略，普及防止不正当竞争法，制定数据政策和数据管理计划。在《知识产权推进计划2019》中进一步指出，建立相关制度以促进大数据和人工智能的合理利用，将在专利制度中重点讨论如何区分仅由人工智能完成的发明和发明人参与完成的人工智能发明。《知识产权推进计划2021》强调改善促进数据运用知识产权环境，将信息产权政策和数据战略作为知识产权战略共同推进；制定数据流通规则；制定因公共利益使用数据的规则。

2018年3月，日本发布针对人工智能及机器学习方面的审查指南实例 *Case Examples pertinent to AI-related technology*，新增10个案例，其中案例46-51涉及人工智能专利撰写要求的审查实践情况。

2021年1月，日本特许厅（JPO）成立人工智能（AI）审查支持小组，负责关注AI相关发明的审查环境的发展，为审查员提供咨询服务，以实现对AI相关发明优质高效的审查[①]。

2023年10月，日本特许厅发布人工智能相关发明的最新趋势报告，将AI相关发明分为AI核心发明和AI应用发明，其中指出：受第三次AI浪潮的

---

① System for the Team Supporting AI Examinations to be Enhanced to Achieve Efficient and Highest-Quality Examinations of AI-Related Inventions［EB/OL］.（2023-09-21）［2023-12-29］. https://www. meti. go. jp/english/press/2023/0921_001. html.

影响, AI 相关发明自 2014 年以来快速增加, 包括神经网络在内的机器学习起主导作用。近年来, 在深度学习技术中, ChatGPT 等人工智能应用不仅成为学术界评估的主题, 也成为社会讨论的主题, 有望对未来 AI 相关发明产生影响①。

2. 人工智能的专利审查标准

1) 客体

目前, 在人工智能专利客体审查标准上, 首先采用一般领域的客体审查标准来判断, 然后还需要进一步判断其是否遵循计算机软件客体标准。

在通过一般领域的客体判断后, 单纯的人工智能算法由于未利用自然规律因而被排除在专利保护范围之外, 对于那些利用了计算机和网络技术来完成的人工智能专利, 日本需要进一步按照计算机软件相关发明的客体判断方法判断该方案是否属于"使用硬件资源具体实现软件的信息处理"。具体来说, 方案中通过软件与硬件资源相互作用形成具体的手段或流程, 体现出软件与硬件资源的具体交互过程, 阐述硬件资源如何具体实现信息处理, 并将信息处理的过程与硬件资源的交互结合到具体实现的程度, 从而实现符合使用目的的特定计算或信息处理, 构建了符合使用目的的特定信息处理装置或操作方法, 则该方案是"使用硬件资源具体实现了软件的信息处理"。

由此可见, 人工智能专利申请只有通过了一般领域客体判断标准和计算机领域客体判断标准的两步判断后才可以认为属于《专利法》保护的客体。如果权利要求中明确限定人工智能算法由计算机执行或方案整体能体现出人工智能算法由计算机执行, 那么通常认为该权利要求保护的是一种计算机程序, 进而判断该计算机程序是否体现出"使用硬件资源具体实现软件的信息处理"。此时, 如果权利要求中限定了人工智能算法的具体步骤和流程, 那么该方案被认为属于保护客体。可见, 日本对于人工智能客体的判断标准相对比较宽松, 客体审查中只有极少部分人工智能专利申请被排除在可专利性之外。

2) 充分公开及清楚支持

根据《日本发明·实用新型审查指南》中的"充分公开要求"(第二部分第一章第一节)、"支持要求"(第二部分第二章第二节)和"清楚要求"(第二部分第二章第三节)的规定, 对人工智能相关发明的说明书和权利要求的描述要求(充分公开要求、支持要求和清楚要求)的规定, 与其他发明相

---

① Recent Trends in AI-related Inventions-Report [EB/OL]. (2023-10) [2023-12-29]. https://www.jpo.go.jp/e/system/patent/ gaiyo/ai/ai_shutsugan_chosa.html.

同。与人工智能相关的发明，包括在各种技术领域利用人工智能相关技术的发明，以及因人工智能而被推定具有一定功能的产品的发明。

此外，在 *Case Examples pertinent to AI-related technology* 中通过案例的形式对人工智能相关专利申请的说明书公开充分进行了示例性说明。对于使用人工智能的发明，在可以再现人工智能算法结果的情况下，公开算法以及相关训练数据足以满足充分公开的要求。同时，人工智能的贡献有多大，对于解决技术问题的贡献程度，都将成为影响充分公开的因素。

通常，在各种技术领域利用人工智能相关技术的发明中，使用包含多种类型数据的训练数据进行人工智能机器学习。对于此类情况，以下任何一个条件都是满足描述要求所必需的，即根据描述中的披露，可以识别出多种数据类型之间存在某种关系（例如相关性）的条件，或者可以推定视图中的多种数据类型之间存在某种关系（例如相关性）的条件共同的常识。但是，描述并不一定需要公开某种关系，例如多种数据类型之间的特定相关性（参见案例46、案例47、案例48、案例49、案例50和案例54）。

由于人工智能而被推定具有某种功能的产品的发明，如果没有说明书中的具体实施例，即使用实际制造的产品对功能进行评估，则不能满足充分公开要求和支持要求，除非人工智能的评估结果可以替代对实际已做出的产品的评估（参见案例51和案例52）。

还应该注意的是，即使发明与"人工智能的机器学习本身"或"人工智能的评估本身"无关，例如"与训练数据有关的数据生成方法"，但如果"受制于机器学习的人工智能"或"与机器学习有关的训练数据内容"是解决发明问题的手段却没有在权利要求书中被列举出来，则不一定满足支持要求（参见案例53）。

如果考虑到说明书、附图和提交申请时的常识，可以清楚地看出要求保护的发明是"程序"，即使要求保护的主题是"程序"以外的任何词（例如，"模块"、"库"、"神经网络"、"支持向量机"或"模型"），则要求保护的发明将作为"程序"处理。在这种情况下，要求保护的发明不应被视为违反清楚要求，因为要求保护的主题是"程序"以外的任何词语（参见《审查手册》第1章"计算机软件相关发明"附件B"1.2.1.2注意事项（1）"）。另外，如果权利要求的主题是"训练模型"等词，但权利要求中根本没有与"计算机"有关的叙述，并且考虑到权利要求中的描述和常识等，不清楚它是否意味着"程序"，即是不是对计算机的命令，由于发明的类别不明确，因此不符合清楚要求。

3）创造性

日本没有专门就人工智能领域包含算法等非技术特征的权利要求创造性判断提出特殊的处理方式，《日本专利法》中"容易实现"即为人工智能专利创造性的判断标准。此外，需要将权利要求中的方案作为一个整体来理解，不能将权利要求中的特征划分为非技术特征和技术特征分开考虑。在 *Case Examples pertinent to AI-related technology* 中通过增加案例的形式具体诠释了人工智能相关专利申请的创造性的审查。

人工智能相关发明的创造性的认定，是按照《日本发明·实用新型审查指南》中的"创造性"（第三部分第二章第二节）的规定，与其他技术领域相同。新增的案例主要集中在三个方面，即人工智能的应用（参见案例 33 和案例 34）、训练数据的修改（参见案例 34 和案例 35）和训练数据的预处理（参见案例 36），案例列表扩大到包括生成式人工智能的应用（参见案例 37 和案例 38）、人工智能估计方法的变化（参见案例 39）和人类工作的系统化（参见案例 40）。

（四）英国的专利保护政策及审查标准

1. 人工智能的专利保护政策

2021 年 9 月 22 日，英国政府发布《国家人工智能战略》①，阐述了其人工智能战略愿景，提出了三个核心行动支柱，并宣布了一些措施，致力于为英国未来十年人工智能发展奠定基础。

英国政府认为，人工智能将继续重塑社会和经济，重新平衡大国间的科技主导地位。未来十年，人工智能发展的关键驱动力是人才、数据、算力和财力，且面临巨大的全球竞争；人工智能将成为许多经济领域的支柱，但需要采取行动确保英国可以从中受益；人工智能治理和监管应该紧跟其快速变化的需求，英国需要在这方面有所作为以达到持续创新、保护国家和公民安全的目的。

基于以上认识，该战略旨在实现：（a）英国人工智能领域重大发现的数量和类型显著增长，并在本土进行商业化和开发；（b）从人工智能带来的经济和生产力的巨大增长中获益；（c）建立世界上最值得信赖和支持创新的人工智能治理体系。

实现愿景的三个基本行动支柱包括：（a）投资并规划人工智能生态系统

---

① National AI Strategy［EB/OL］.（2022-11-08）［2024-05-14］. https://www.gov.uk/government/publications/national-ai-strategy.

的长期需求，继续保持英国作为科学和人工智能强国的领导地位；（b）支持向人工智能赋能经济转型，从英国创新中获益，确保人工智能惠及所有产业和地区；（c）确保英国获得人工智能技术的治理权，以鼓励创新和投资，保护公众和基本价值观。该战略在三大行动支柱下，分短期、中期、长期部署具体的行动措施，部分重要措施如下：

（1）启动国家人工智能研究和创新计划，促进英国研究人员间的协调与合作，在提升英国人工智能能力的同时，提高商业和公共部门对人工智能技术的使用率及将其推向市场的能力。

（2）启动人工智能联合办公室（OAI）和英国研究与创新（UKRI）计划，继续在伦敦和东南部以外的区域发展人工智能，并侧重于人工智能的商业化，例如政府可以将投资、研究人员和开发人员集中在目前使用人工智能技术不多但潜力巨大的领域，如能源和农业。

（3）与 UKRI 联合审查英国研究人员和机构的算力可用性和容量，包括推动人工智能技术大规模推广所需的物理硬件。审查还将考虑人工智能商业化和部署的更广泛需求，包括其环境影响。

（4）通过知识产权局（IPO）发起人工智能版权和专利磋商，确保英国在版权和专利制度下最好地支持人工智能的开发和使用。此次磋商还将重点关注如何保护由人工智能产生的发明，并采取措施帮助研究人员在人工智能开发中更容易利用受版权保护的材料。

（5）试建人工智能标准中心，协助英国政府参与制定全球规则，与艾伦图灵研究所合作更新适用于人工智能的道德原则和安全指南，并创建实用工具确保人工智能技术的使用符合道德规范。

在英国，涉及人工智能的专利法律法规主要包括 1977 年的《专利法》和 1998 年的《版权、设计和专利法》。此外，英国政府还发布了由英国知识产权局专利法律科编写的《专利实践手册》（MOPP）[①]，该手册列举了上述法律中与专利有关的章节，并且会定期更新以反映法律和司法裁决的变化。

《专利实践手册》在 2020 年 4 月的更新涉及专利法第 1 条，用以澄清与人工智能发明有关的指南和更普遍的排除事项。英国知识产权局于 2022 年 9 月 22 日在其网站上发布了《与人工智能发明相关的专利申请审查：指南》（以下简称《指南》）和《与人工智能发明相关的专利申请审查：场景》（以下简称《场景》），通过审查规则和具体实例相结合的方式来阐述其对与人工

---

① 参见：https://www.gov.uk/guidance/manual-of-patent-practice-mopp。

智能发明相关的专利申请进行审查的各项标准。

英国属于判例法国家，法院的判决对英国知识产权局的审查政策也具有约束力。近期，英国高等法院针对人工智能发明专利申请的保护客体作出判决，认为与人工神经网络（ANN）有关的专利申请不属于英国专利法中的排除主题，属于英国专利法的保护客体。该案涉及 ANN 的训练，使用训练后的 ANN 识别文件内容之间的相似性，进而向用户推荐媒体文件。英国高等法院在判决书中指出，该发明专利申请涉及的 ANN 有硬件 ANN 和软件 ANN 两种类型，硬件 ANN 是一个装有电子元件的实体盒子，包含硬件形式的节点和层，节点类似于大脑中的神经元，层类似于大脑中的神经网络层。软件 ANN 是指 ANN 通过计算机仿真的形式实现，即，传统计算机运行一个软件，使其能够仿真硬件 ANN。英国高等法院认为，硬件 ANN 显然不涉及任何计算机程序，其不属于专利法中的排除主题；软件 ANN 并非执行预先设定的一系列指令或代码，而是通过自我训练不断调整节点参数，从而实现预期的文件推荐功能。软件 ANN 实质上是在不同于基础计算机软件的层面上运行，与硬件 ANN 的运行方式相同，如果硬件 ANN 不是计算机程序，则软件 ANN 也不是。英国高等法院进一步认为，即使涉案专利申请属于计算机程序，但其权利要求中的方案以文件传输的形式将数据转移到了计算机系统之外，解决了计算机外部技术问题，提供了一种外部技术效果，不属于计算机程序本身（as such），不应当认为其属于专利法中的排除主题。

英国高等法院的此项判决直接导致英国知识产权局暂时取消了一年前刚刚发布的《指南》和《场景》，以等待对此判决的审议。尽管《指南》和《场景》被暂时取消，但二者中的部分规则和标准同样来自英国法院甚至是最高法院的生效判决，可以预见，英国知识产权局对于《指南》和《场景》的调整应该不会发生巨大转变，因此，本书还是对《指南》和《场景》作一简略介绍，以使读者了解英国行政及司法系统对于人工智能发明相关的专利申请审查的做法。

2. 人工智能的专利审查标准

英国知识产权局发布的《指南》主要聚焦于人工智能发明专利申请的客体问题和公开充分问题，而《场景》则给出了 18 个具体案例来说明对于人工智能发明专利申请的客体问题如何具体适用。

1）客体

《指南》中首先明确，所有技术领域的人工智能发明均可以获得专利，仅将与数学方法"本身"（as such）和/或计算机程序"本身"有关的发明排除，而这种排除需要考虑"实质而非形式"（substance not form）。

《指南》中采用"贡献论"评价一项人工智能发明专利申请是否属于专利保护的客体，即，要求该发明专利申请作出技术贡献。英国专利局根据英国上诉法院在 *Aerotel v. Macrossan* 一案的判决确定了 Aerotel 方法，用于确定一项发明是否作出技术贡献，该方法包括四个步骤：（a）正确解释权利要求；（b）确定实际贡献；（c）检查其是否完全属于排除的主体；（d）检查实际或声称的贡献是否具有实际的技术性质。

为了更进一步地进行判断，英国高等法院在 *AT&T v. Cvon* 案中又提出了五个"路标"（signposts），满足这五个"路标"中的一个即可被认为作出了技术贡献：（a）所主张的技术效果是否对计算机外进行的过程具有技术影响；（b）所主张的技术效果是否在计算机体系结构的层级上运行，也就是说，无论正在处理的数据或正在运行的应用程序如何，是否都会产生效果；（c）所主张的技术效果是否导致计算机以新的方式运行；（d）该程序是否使得计算机在高效和有效的意义上成为更好的计算机；（e）所认识到的问题是否被要求保护的发明所克服而不是被规避。

《指南》中还从正反两方面对技术贡献进行了说明。如果该发明专利申请体现了存在于计算机之外的技术过程，或帮助解决计算机之外的技术问题，或解决计算机本身的技术问题，或在技术意义上定义一种操作计算机的新方法，则可以认为其作出了技术贡献。而如果该发明专利申请仅涉及排除主题（例如商业方法），或仅涉及处理或操纵信息或数据，或仅对于传统计算机而言有更好的程序效果，则不认为其作出了技术贡献。

《指南》中还指出，人工智能发明可以以纯硬件的形式实现，以纯硬件的形式保护人工智能发明时，其不属于专利法排除的主题。

2）公开充分

对于人工智能发明专利申请的公开充分问题，《指南》中引用了 *Eli Lilly v. Human Genome Sciences* 一案中的原则，并表示除此之外，没有施加其他要求。这些原则是，说明书必须足够清楚和完整地公开发明，以便由本领域技术人员实现。具体而言：

（i）第一步是确定发明，这是通过阅读和解释权利要求来完成的；

（ii）对于产品权利要求而言，这意味着制造或以其他方式获得产品；

（iii）对于方法权利要求而言，这代表处理过程；

（iv）必须根据包括说明书和权利要求在内的整个记载来评估公开的充分性；

（v）公开针对的技术人员，他们可以利用其常识来补充说明书中包含的信息；

（vi）说明书必须足以允许发明在整个权利要求范围内实施；

（vii）说明书必须足以使发明得以实施而没有过重的负担。

《指南》中对于训练数据集本身应该公开至何种程度没有统一的规范，认为这是一个需要根据每个案件本身的价值来决定的问题。

3）场景（Scenario）

囿于篇幅，本节无法展示所有的 18 个场景案例，在此仅挑选一个可能与其他国家的审查标准有所不同的案例进行介绍。

该案例涉及使用经过训练的 AI 分类器识别垃圾邮件的方法。许多用户将未经请求而发送的电子邮件视为一种麻烦。这些电子邮件通常会填满邮箱，并可能阻止用户看到重要的通信。为了处理这种情况，许多众所周知的基于规则的系统将这些邮件标识为垃圾邮件，并将它们移动到垃圾邮件（或类似的低优先级）邮箱。

发明人已经意识到这些已知方法的局限性，因为一组规则并不适合所有用户。一个用户的垃圾邮件不一定适用于另一个用户。此外，垃圾邮件的发件人会调整他们发送的内容以适应任何给定的规则集。

为了解决这些问题，发明人开发了一种通过用户反馈学习的人工智能系统。该系统的工作原理是使用经过训练的 AI 分类器解析所有传入电子邮件的文本，以根据其内容和语义结构对电子邮件进行分类。AI 分类器在以前分类的电子邮件语料库上进行训练。AI 分类器将收到的电子邮件分类为垃圾邮件、非垃圾邮件或不确定邮件。标识为"不确定"的电子邮件可以由用户手动分类。然后使用电子邮件及其分类来适当调整 AI 分类器的训练。完整的系统提供了一个垃圾邮件过滤系统，该系统可以适应用户的需要和垃圾邮件创建者不断变化的行为。

权利要求的具体内容如下：

"一种计算机实现的，将收到的电子消息识别为属于一类消息的方法，该方法包括以下步骤：

使用经过训练的 AI 分类器解析消息的内容，该分类器根据其文本内容和语义结构将内容分类为第一类，第二类或不确定；

如果消息被分类为不确定，则接收来自将消息分类为第一类或第二类的用户的输入；并使用用户分类消息及其分类更新 AI 分类器的训练。"

对此案是否属于专利客体的判断体现为以下两个主要步骤：

首先，评估贡献。此案的贡献是一种使用 AI 分类器根据电子邮件的文本内容和语义结构将电子邮件分类为垃圾邮件、非垃圾邮件和不确定邮件的方法，当 AI 分类器不确定电子邮件是否为垃圾邮件时，它会要求用户作出决定并使用该结果更新分类器。

接着，评估技术贡献。即评估贡献是否完全属于排除的主题；并检查它本质上是否属于技术贡献。在本案中，这种贡献只不过是计算机程序本身。除了仅征求用户的意见外，该贡献只不过是分析电子通信的文本内容，以确定这些通信的分类。它包括对数据的简单操作，除了在计算机上运行程序外，没有技术效果，没有技术贡献。没有一个"路标"指向允许性。因此，本案的结论是：根据《专利法》第 1 （2） 条，要求保护的发明属于计算机程序，从而被排除。

以上是英国知识产权局给出的案例分析，但是如果该案在其他国家申请，则很有可能被认定为，由于采用了经训练的 AI 分类器解析信息的技术手段，解决了高效率过滤垃圾邮件的技术问题，达成了适应用户需求的对垃圾邮件进行过滤的技术效果，从而属于专利法保护的客体。

（五） 专利侵权判定及相关问题

1. 利用逆向工程推断专利侵权成立

欧盟是较早将人工智能发明归类为应用人工智能发明和核心人工智能发明的地区。其主流观点认为，对这两类发明所形成的产品，原则上都可以通过逆向工程来破解其技术方案，进而判断专利方案的技术特征是否存在，最终判断专利侵权是否成立。

所谓的"应用人工智能"类别，是指以创新的方式使用已知的人工智能模型。在这种情况下，如果将应用人工智能发明合并到产品中，则很可能使用开源库来创建和部署机器学习模型。如果在产品中使用了开源库，那么这将可以通过反编译来检测。反编译是一种逆向工程技术，它从编译的可执行代码（不是人类可读的）中重新创建人类可读的高级源代码。尽管反编译允许工程师重建可执行代码调用的函数和变量，但这些变量和函数的原始名称和标签将替换为随机字符串。在整个反编译代码中，替换以一致的方式执行，这意味着变量、函数名称等都替换为单独的随机字符串。虽然反编译代码中各种函数的名称和标签可能难以理解，但这些函数的结构可以交叉引用到开源库中的已知函数。因此，通过这种交叉引用，工程师可以识别反编译代码中调用的函数。因此，有可能识别已知的神经网络代码结构，例如用于创建神经网络层的代码或用于以这种方式执行常见机器学习任务（例如反向传播）的代码。关于反编译代码中特定变量的识别，变量通常可以通过各种函数进行跟踪，并且这种跟踪可以提供关于神经网络输入数据类型的线索。因此，如果专利权利要求描述了具有特定输入的神经网络，则可以从逆向工程代码中确定代码中存在神经网络，并且还可以确定向其提供哪些输入。输出通常更难从反编译代码中识别，尤其是因为可以使用自定义代码来处理这些数据。但是，假设可以通过应用于给定变量的各种函数成功跟踪给定变量，则仍可能得到足够的信息来推断输出数据类型。总之，使用反编译，很大程度上可以确定"使用机器学习模型从 y 预测 x"的特征是否被侵犯。

另一种是核心人工智能发明，即发明者发明了一种新的模型架构，或者一种新的模型训练方法。核心人工智能发明是发明者对人工智能本身领域进行了根本性改进。例如，新的和改进的模型架构，或训练神经网络的新方法。对于这样的发明，发明不太可能仅通过开源代码来实现，因为就其本质而言，这些发明代表了新的机器学习模型或用于训练机器学习模型的过程（例如，最终进入开源库的过程类型）。但是，开源库仍然有可能用于构建新模型——尽管需要额外的特定代码来实现新功能。以具有新的和改进层的新神经网络为例，可以应用上面讨论的交叉引用技术来识别用于构建新模型的各种函数。在这种情况下，与已知的开源代码结构不完全匹配的代码结构可能表示为实现核心人工智能发明而添加的新代码段。如果可以推断出新代码段的功能，则可以证明侵犯核心人工智能发明。

对于新的训练方法，可以用类似的方式识别这些方法——尤其是负责预处理训练数据的函数。也就是说，不太可能使用标准数据处理技术的自定义函数构建商业产品（例如，标准库最有可能用于实现诸如图像旋转、卷积等过程），因此可用于构建新训练方法的此类技术的不同组合可以很容易地从反编译代码中确定。如果模型显示漂移，也可以推断是否存在正在进行的训练本身。例如，未经训练的人工智能模型（即静态人工智能模型）在迭代中被提供相同输入时，预计每次迭代都会产生相同的输出。另外，如果迭代输出偏离初始输出，则表明人工智能模型正在训练（即，它是一个非静态 AI 模型）。

总之，给定一个编译的可执行文件，原则上，机器学习算法的许多商业实现都可以进行逆向工程，使其达到可用于推断专利侵权的水平。然而，尽管如此，这种过程所需的时间和费用在许多情况下可能会使其不可行。此外，上述解决方案也适用于可执行文件可用于反编译的情况；然而，许多人工智能模型将通过云来提供服务，其可执行代码实际上被关在门后。在这种情况下，获取任何信息的唯一可用机制是查询服务。在某些情况下，目标查询模式或许能够获取有关基础模型的某些详细信息。例如，可以建立训练数据（以提取攻击的方式），并且在某些情况下，可以通过围绕决策边界的目标查询来确定模型。

如果有足够的时间，人工智能模型可以被逆向工程（就像许多其他程序一样）。这与它在商业上是否经常可行则是不同的问题。但即使是部分反汇编也足以证明提起法律诉讼是合理的，特别是考虑到诉讼的披露阶段可以用来获得更全面的信息。

最后，即使逆向工程的时间和成本因素令人反感，这也不应阻止申请人申请人工智能专利，因为人工智能监管和标准化的未来发展将影响商业人工智能模型保持隐藏的能力。例如，欧盟正在积极制定监管人工智能的提案，这可能要求某些行业中使用的人工智能产品的内部运作透明，以确保它们符合欧盟地区的监管要求。

2. 专利标准化可否降低侵权风险

人工智能标准化对加快技术创新具有重要意义。一方面，促进科技成果转化，推动科技创新成果推广应用，促进产业升级和技术革新。另一方面，能够固化全球先进技术成果，淘汰落后产能，为产业发展释放更多资源和空间。进一步地，人工智能标准化为产品和服务质量也提供保障。人工智能企业可以积极参与标准制定，在追求高标准中创造更多优质产品和服务。依据标准开展复合型测试，又反过来推动和保障了相关产品和服务的质量。

目前，人工智能领域的标准化还处于早期阶段，但已经成为国家和国际组织广泛研究的主题。国际标准化组织（ISO）人工智能工作组（ISO/IEC JTC 1/SC 42）的工作计划详细介绍了目前正在进行的广泛标准化项目。这些项目的范围从功能安全到人工智能系统的质量评估，从可解释性到风险管理、偏见和道德问题都有所涉及。在欧洲，欧盟委员会已经通过了一项一揽子计划，其中包括《人工智能法案》①，试图将国际标准映射到该法案所构建的法律框架中。

所谓"标准必要专利"（SEP），是指一项专利，其所包含的技术属于标准。这些标准的建立和认定来自相关的国际标准组织。而要成为标准必要专利，权利人需要主动通过声明（declare）的方式来进行，声明过程中很重要的一点就是要证明专利对标准的必要性。对必要性的判断是一个相对复杂的

---

① 欧盟 27 国代表当地时间 2024 年 2 月 2 日投票一致支持《人工智能法案》文本，标志着欧盟向立法监管人工智能迈出重要一步。

工作，这需要说明权利要求所请求保护的人工智能解决方案可以映射到相关标准或标准的一部分。

一项人工智能专利一旦被认定为标准必要专利，那么任何行业中的个人（组织）要在生产、制造过程中满足行业标准要求就必然要使用该专利，由此权利人就可以通过许可的方式允许其他人（组织）使用其所拥有的标准必要专利。这无疑在给权利人带来物质利益的同时还使其巩固了行业中的领先地位，有时甚至是帮助其取得了在某一技术领域的核心位置。在标准必要专利的许可过程中需要遵循 FRAND 原则。一旦权利人发现其标准必要专利受到侵犯，则可以要求法院发出停止侵权的禁令，这可能直接导致被诉侵权方的产品在某个地区甚至全球范围内下架，因此标准必要专利具有强保护的独特属性。也正是基于此，才会有越来越多的专利权人正致力于将自己所拥有的专利变成标准必要专利。

鉴于人工智能应用在当下和未来的盛行，可以想象，随着人工智能标准化的引入，会有越来越多的人工智能专利成为标准必要专利。然而，由于标准必要专利的巨大优势，也使得如今的标准必要专利在实际的声明以及许可中出现了较多问题，比如越来越多的专利权人过度声明（over-declare）标准必要专利，以及为了获得市场支配地位而滥用禁令等。

为了规制过度声明的行为、提高 SEP 许可的透明度和可预测性、保障欧盟中小企业和消费者利益，欧盟委员会于 2023 年 4 月 27 日公布了一份标准必要专利监管新规草案——《关于标准必要专利和修订（EU）2017/1001 号条例的提案》[①]，并在 2024 年 1 月 24 日，以 0 票反对的结果通过了该提案，表明了支持标准必要专利的立场。在标准必要专利诉讼频发、世界各国纷纷争夺司法管辖权与话语权的背景下，欧盟基于其自身在未来要扩大 IoT（Internet of Thing）产业实施的考虑，如互联汽车、智慧城市和减缓气候变化技术等方面，其率先选择通过具有可操作性的政策工具来促进欧盟的技术创新和产业发展，该提案中的各项措施深入聚焦标准必要专利许可中的根源性问题，在全球标准必要专利的治理中率先抢夺话语权。

简而言之，人工智能专利的标准化有助于人工智能领域专利保护范围的清晰和透明，如果在一定法律监管下，减少专利权人的过度行为，规范各专利权人基于 FRAND 原则进行交叉许可，使得人工智能标准必要专利的许可和

---

① Proposal for a regulation of the European Parliament and of the Council on standard essential patents and amending Regulation（EU）2017/1001［EB/OL］.［2023-04-27］. https://single-market-economy. ec. europa. eu/publications/com2023232-proposal-regulation-standard-essential-patents_en.

使用都进入良性循环，势必会减少该领域专利侵权的发生，促进技术的进步，真正实现创设专利制度的初衷。

3. SaaS 模式带来的侵权判定挑战

人工智能技术通常是在软件中被设计和实现的。人工智能与传统软件的不同之处在于，它具有学习的能力，它的核心是基于大数据的深度学习算法。因此，虽然人工智能技术在获得初始训练数据集后可能会达到可接受的能力，但用户通常会希望看到最佳软件性能，通过算法的额外迭代发生更大、更多样化的数据输入。

由于 AI 算法参与迭代学习，因此软件可能会开始执行软件创建者在优化性能时未考虑的其他步骤。例如，以一种特定方式分析数据的算法程序模块可能会开始执行它认为有用的其他分析。某些 AI 算法甚至可以为自己编写子程序，正式将此类分析合并到程序中。通过集成这些新的子程序，人工智能软件在执行任务方面变得更加高效。

人工智能技术的迭代学习功能是它的优势所在，但也随之引入了许多与专利侵权相关的问题。通常，软件在专利中以一系列方法步骤的方式被保护。人工智能技术作为一种软件，一般来说是通过软件即服务的模式（SaaS①）向客户提供服务。在这种服务模式下，提供商在其服务器上部署软件，同时为客户提供订阅以供其使用。

正是由于迭代学习功能的存在，使得人工智能技术方案的实施可能导致其在两种法律理论下侵犯针对同一技术的专利：直接侵权和间接侵权。直接侵权发生在人工智能技术的提供者直接实施专利所要求保护的方法或步骤时。间接侵权则是指提供者本身不直接实施该方法，但提供了同人工智能专利一样的技术供他人使用。要根据这两种理论中的任一种理论发现侵权行为必须满足单独的法律要求，每种要求都提出了作为 SaaS 提供的 AI 技术特有的问题，并影响到根据现行专利法保护 AI 技术的有效性。

1）直接侵权

一般来说，为了证明直接侵权，最好证明单个实施主体执行了方法权利要求的所有步骤。但是，如果无法做到这一点，即无法证明软件提供商与其客户一起执行了 AI 算法的步骤，则提供商本身可能要对基于分割侵权理论的

---

① SaaS 是 Software as a Service 的缩写名称，意思为软件即服务，即通过网络提供软件服务。SaaS 平台供应商将应用软件统一部署在自己的服务器上，客户可以根据工作实际需求，通过互联网向厂商定购所需的应用软件服务，按定购的服务多少和时间长短向厂商支付费用，并通过互联网获得 SaaS 平台供应商提供的服务。

方法权利要求中的专利侵权负责。根据该理论,"负责他人执行部分发明专利的实体"将承担直接侵犯专利的责任,即使其本身没有执行专利的全部范围,所述范围包括"在该主体指导或控制他人执行的情况下,安装和执行人工智能软件的步骤"。例如,如果人工智能技术提供商在云环境中安装人工智能软件供客户按需执行,则人工智能软件由两个主体实施,即提供商及其客户。尽管有两个主体在实施 AI 软件,但根据 Akamai 案的责任理论,专利权人只能成功向提供商提出专利侵权索赔①。

Akamai Technologies, *Inc. v. Limelight Networks*, *Inc.*

事实:

Akamai 技术公司(原告)拥有一项专利,该专利请求保护一种交付互联网内容的方法,包括标记和提供此类内容的步骤。Akamai 起诉 Limelight 网络公司(被告)侵犯其专利权。在庭审中,有证据表明,作为 Limelight 内容交付服务的一部分,Limelight 的客户标记并提供了 Limelight 网络提供的互联网内容。此外,Limelight 要求客户执行一份合同,合同中概述了客户使用 Limelight 服务必须执行的步骤,包括标记和提供内容。Limelight 还指导客户如何使用该服务,包括标记和提供内容,并解释说 Limelight 客户经理将指导服务实施。地区法官指示陪审团,Limelight 的客户对专利方法的标记和服务步骤的执行可归因于 Limelight,因此,如果 Limelight 指导或控制其客户的活动,则 Limelight 可以直接侵犯 Akamai 的专利权。最终,陪审团认为 Limelight 侵犯了 Akamai 的专利权。地区法院将 Limelight 的判决动议作为法律问题予以批准,并作出不侵权判决。美国联邦巡回上诉法院(CAFC)推翻了地区法院的判决,但美国联邦最高法院推翻了联邦巡回上诉法院的裁决,发回重审,要求法院重新考虑《美国法典》第 35 编第 271 (a) 条规定的分割侵权的范围。

问题:

如果不止一方在单个实体的指示或控制下执行所主张的方法的步骤,则所有行为者的行为是否可归因于该实体,谁将受到直接侵权的指控?

法官的观点:

答案是肯定的。如果不止一方在单个实体的指示或控制下执行所主张的方法的步骤,则所有行为者的行为可归因于单个实体,该实体将被指控直接侵权。根据《美国法典》第 35 编第 271 (a) 条,如果索赔方法的所有步骤

---

① Akamai Technologies v. Limelight Networks, 797 F. 3d 1020, 1022 (Fed. Cir. 2015) (en banc).

均由该方执行或归因于该方，则一方应对直接侵权负责。如果不止一个行为者执行这些步骤，则必须确定这些行为是否可归咎于一方，然后该方将承担直接侵权责任。如果发现一方指挥或控制了他人的行为，则该方应对他人的行为负责。当一方以方法中某一步骤的执行为条件并使其他人参与某项活动，并为这种执行的方式和时间设定参数时，就存在指导和控制。在这里，尽管Limelight 的客户执行了该方法的标记和服务步骤，但 Limelight 仍被指控直接侵权，因为客户的行为可归因于 Limelight。Limelight 要求客户签署一份合同，表明客户必须标记和提供内容才能使用 Limelight 的服务。因此，Limelight 根据客户对专利方法的标记和服务步骤的表现来使用其网络。Limelight 还决定了其客户执行步骤的方式和时间。Limelight 提供了如何使用该服务的分步说明，并表示 Limelight 客户经理将控制服务实施。因此，陪审团可以合理地得出结论，Limelight 指导和控制其客户执行标记和服务步骤，因此专利步骤的执行应归因于 Limelight，因此 Limelight 应对直接侵权负责。

由此可见，Akamai 案中，"控制和指导"分析是一项针对具体事实的调查，其中"当被指控的侵权者以执行专利方法的一个或多个步骤为条件参与某项活动或获得利益，并确定该执行的方式或时间时，可以认定侵权责任"。认定考虑了许多因素，包括签署标准合同、欢迎信、使用说明、分配用户标识符、安装指南和提供技术援助。鉴于典型的 AI SaaS 提供商指示 AI 软件的客户遵循执行软件的步骤以获得 AI 技术的好处，同时提供技术支持并遵循使用指南，AI 软件提供商可能直接满足分割侵权的要求，从而在不知不觉中使自己受到直接专利侵权的索赔。

2）间接侵权

人工智能技术提供者可能承担责任的第二个理论是间接侵权。与直接侵权不同，"间接侵权"要求被指控的侵权人知道争议专利，知道可能导致侵权的发生，并主观上愿意造成侵权行为的发生[①]。这反过来又要求专利权人提出合理的事实，表明被指控的侵权人特别希望其客户侵犯有争议的专利，并且知道客户的行为构成侵权。例如：Commil 案：

Commil USA，LLC v. Cisco Systems，Inc.
事实：
初审法院在 Commil USA，LLC（以下简称 Commil）（原告）提起的专利

---

① Commil USA v. Cisco Systems，135 S. Ct. 1920，1925，1928（2015）. 681 F. 3d 1323，1339（Fed. Cir. 2012）.

侵权案件中裁定 Cisco Systems，Inc.（以下简称 Cisco）（被告）败诉。Cisco 对该决定提出上诉。Cisco 坚持认为，法院错误地排除了他们提交的证据，即被告笃定地认为 Commil 的专利是无效的。上诉法院推翻了这一判决，认为被告作为诱导者善意相信无效的证据可能否定诱导侵权的必要意图。最高法院批准了调卷令来决定这个问题。

问题：

被告对专利无效的善意信念是否构成诱导侵权的抗辩？

法官的观点：

答案是否定的。被告对专利无效的善意信念不是诱导侵权的抗辩理由。《美国法典》第 35 编第 271（b）条①要求被告必须主动诱导侵权，才能犯有诱导侵权罪。被告必须故意带来预期的侵权结果。专利的有效性和侵犯专利权是不同的问题，需要不同的负担、推定和证据。由于侵权和有效性是两个不同的问题，因此对有效性的信念不能否定第 271（b）条的要求。根据美国《专利法》，专利被推定为有效。认为专利无效是一种确定的抗辩，可以排除专利所可能导致的侵权行为。被指控的侵权人可以通过成功攻击专利的有效性或成功为侵权指控辩护而获胜。法律经常认为，即使行为人实际上不知道自己的行为违反了法律，就民事责任而言，行为也可能是故意的。在本案中，如果对无效的信念是对诱导侵权的抗辩，那么如果被告合理地认为专利无效，他就可以胜诉。这将大大削弱有效性推定的效力。无效不是侵权的抗辩；这是对责任的辩护。因此，对无效的信念不能否定诱导侵权成立所需的条件。此外，认为专利无效的被指控诱导者有各种适当的方法来获得专利无效的裁决。为无效信念进行辩护会使诉讼更加繁重。每个被指控的诱导者都有动力主张无效理论，并可能提出一些论点。被指控的诱导者可能会发现，在关于无效信念的辩护中胜诉比不侵权更容易。因此，相信专利权是无效的这个信念不会否定第 271（b）条所要求的要件。

可见，在专利的直接侵权中，侵权者的主观意图不是侵权成立的要件。无论侵权者主观上是否知道自己的行为侵犯了他人的专利权，也不论他是否有可能知道自己的行为触犯了他人的专利权，只要有客观的侵权事实存在，就可以判定为侵权。这叫作知识产权侵权中的"无过错责任"。然而，在引诱侵权作为间接侵权中的一种时，行为人的主观意图是侵权成立的要件之一，是行为人故意诱导第二人侵犯了他人的专利权。如果没有这种主观上的故意，

---

① 诱导侵权是专利侵权的次要责任的一种形式。不直接侵权但要求或诱使他人这样做的人，或销售带有广告或说明的产品的人侵权使用可能因诱发侵权而承担责任。

就没有引诱侵权的发生。即使行为人坚信涉案专利不具有有效性，也不能使其诱导侵权的行为合法化。

不过，在判断间接侵权的过程中，法院提出的"知情"和"意图"要求为人工智能技术提出了一个棘手的问题。人工智能技术可能会演变成软件执行步骤，所述步骤侵犯了专利的方法。在该软件被首次销售后和客户继续使用后，即使人工智能软件提供商知道其人工智能软件后来可能在销售点体现侵权特征，仅仅知道可能的侵权并不足以满足间接侵权的"明知"和"故意"要求①。间接侵权的判断标准特别苛刻，因为当被告仅销售适合某些合法用途的商业产品并在销售后侵犯专利权时，法律不愿意追究责任②。

目前对直接和间接侵权的态度凸显了专利权人和被告的几个担忧。根据目前的法律状况，对专利权人来说，谨慎的做法是主张针对人工智能技术的方法权利要求是针对单个实体的活动。如果不可能做到这一点，实体至少应该能够在分割侵权理论下主张直接侵权，而不是应对证明间接侵权的挑战。特别是考虑到软件提供商通常通过 SaaS 模型提供其软件，因此包含由 SaaS 提供商执行或控制的步骤或功能至关重要，以便能够对 SaaS 提供商提起专利侵权诉讼。这些步骤或功能可能包括，在云服务器环境中安装特定软件，或根据客户对软件的执行来配置硬件或软件资源。此外，重要的是要确保方法权利要求书中的所有步骤都由 SaaS 提供商控制或指导，理想情况下是引述 SaaS 服务器在执行 AI 软件时控制的步骤。

相反，在分割侵权理论下，要证明侵权不成立，则需要证明客户在不受控制之下执行了方法步骤。通常由用户执行的对软件提供临时输入等步骤可能属于不受被指控侵权人控制的行为。此外，由于人工智能技术可能被设计为在学习时集成其他方法，因此分发人工智能软件的 SaaS 提供商应保持警惕，维护人工智能算法和子程序的实时映射，以确保软件不会执行意外的数据分析行为，这可能使提供商面临侵权指控。

4. 专利侵权之诉引起的无效抗辩

1）前爱丽丝时代

在美国，按照知识产权侵权审判的管理，如果专利权人有充分的证据显示自己是相关的权利人，自己的专利权正在遭受被告的侵犯，则法院可根据相关的事实下达临时性禁令，禁止被告进一步侵权。另外，如果原告提出了下达临时性禁令的要求，被告可以根据相关的事实或证据提出反驳，如原告

---

① Vita-Mix v. Basic Holding, 581 F. 3d 1317, 1328（Fed. Cir. 2009）.

② DSU Medical v. JMS Co., 471 F. 3d 1293, 1305（Fed. Cir. 2006）（en banc）.

的专利权应予无效，原告是恶意起诉等。

鉴于人工智能从本质上依赖于软件，法院根据最高法院在爱丽丝案中所描述的两步测试方法来分析与人工智能相关的发明的可专利性。在爱丽丝案之后的最初几年（自 2014 年年中以来），分析人工智能相关专利（以及更普遍的软件相关专利）的法院通常在案件的早期/答辩阶段适用爱丽丝测试。CAFC 的梅耶尔法官①在同意意见中写道："从实际的角度来看，在诉讼开始时解决第 101 条的要求有明显的优势"和解决"不必要的诉讼"。于是，各地方法院纷纷效仿。

虽然 CAFC 还没有对一项与人工智能相关的专利进行爱丽丝测试的分析，但至少有一些法官已经发出警告，不要把有关"重要发明"（如人工智能）的问题搞错。

林恩法官②在意见书中提出异议，描述了使用爱丽丝测试进行专利资格审查的不确定性，以及人工智能等新时代技术固有的可能得出错误结果的危险。他认为：尽管有很多案例面临这些问题，并试图提供实际指导，但仍然存在很大的不确定性。对于当今计算机、医疗诊断、人工智能、物联网和机器人等领域的一些最重要的发明来说，把这些问题的答案搞错的危险最大。

类似地，摩尔法官③在意见书中表达了她对爱丽丝案（以及相关的梅奥案）影响的担忧：专利资格的混淆阻碍了发明者在某些技术领域的工作，包括发现新的遗传生物标记物、开发诊断和人工智能技术。（这种）不确定性抑制了推动创新周期所必需的大量研发投资。最近地区法院的判决显示，CAFC 的警告声明可能已经渗透到其他地方，一些法院似乎不愿批准案件的决定性动议，至少在案件的早期阶段是这样。

例如，在 2020 年的一起案件④中，法院驳回了被告声称根据爱丽丝测试所主张的权利要求不符合专利资格的动议，该专利涉及一种处理器或其他设备。专利权所有人认为，这种架构允许更有效地使用计算机的晶体管，从而提高计算机在某些应用程序（如人工智能软件）中的性能。在驳回该动议时，法院将重点放在对现有计算机架构的所谓改进上，认为发现这种改进使所声称的发明看起来具有创造性，这至少足以使专利在抗辩阶段存活下来。

尽管如此，其他法院仍继续裁定与人工智能相关的专利在一开始就无效，

---

① I/P Engine, Inc. v. AOL Inc., 576Fed. Appx. 982 (Fed. Cir. 2014).

② Smart Sys. Innovations, LLC v. Chicago Transit Auth., 873 F. 3d 1364 (2017).

③ Athena Diagnostics v. Mayo Collaborative Servs., 927 F. 3d 1333 (2019).

④ Singular Computing LLC v. Google LLC, 2020 U. S. P. Q. 2d 10708 (D. Mass. 2020).

特别是当各自的索赔缺乏任何人工智能特定元素或架构时。例如，在 2020 年 11 月底的一起案件[1]中，法院批准了规则 12（b）（6）项动议，驳回了缺乏人工智能特定元素的索赔，认为其是"针对优化商业主动性测试参数的抽象概念"。在本案中，尽管说明书描述了使用"神经网络"来执行所称的"测试"的可能，但法院发现，"没有提供关于具体分析类型的具体技术细节"，因此，这些要求被认为广泛涵盖了"历史数据分析"。"争议专利中所阐述的概念专利，将会先发制人地阻止任何分析历史数据以确定特定参数设置如何影响数据的方法。"因此，法院批准了该动议，否定该专利的有效性。

2）后爱丽丝时代

根据美国《专利法》第 101 条和第 103 条，任何具有新颖性、实用性和非显而易见性的发明，都可以获得专利法的保护。受专利法保护的客体，包括方法、产品、机器、物质合成，以及相关的改进。虽然国会的立法意图是用发明专利保护"阳光下人所制造出来的一切东西"[2]。但是，根据专利法的原理和美国联邦最高法院的相关判例，自然法则、物理现象和抽象的思想观念，是不能获得专利法保护的。数学方法则是对于自然法则、物理现象的表达或描述，本身就属于抽象的思想观念，因而也不能获得专利法保护。人工智能技术主要涉及算法和数学模型，所以很容易在爱丽丝测试中被认定为不属于专利法保护的客体。又由于人工智能是一项相对较新的技术，分析人工智能相关专利的法院案件很少。

不过，USPTO 为了解决爱丽丝测法方法仍然存在的客体判断的不确定性问题，开始提供与人工智能相关的案例作为指导。

例如，USPTO 在其 2019 年修订的《专利适格主题指南》中，根据爱丽丝测试提供了几个专利权利要求和各自的分析，参见适格主题示例：抽象概念。其中一个例子（例 39）展示了一项符合专利条件的人工智能发明。特别地，例 39 被标记为"训练用于面部检测的神经网络的方法"，并包含了用于跨两个训练集数据阶段训练神经网络的权利要求要素，以减少面部检测的错误率。USPTO 的分析告诉我们，例 39 的权利要求是符合专利资格的（并且不是"指向"一个抽象的概念），因为该权利要求没有引用任何数学概念、心理过程或基本的经济概念。

作为进一步的例子，美国专利审判和上诉委员会（PTAB）最近在涉及一项人工智能发明的单方面上诉中应用了 2019 年修订的《专利适格主题指南》。

---

① Applied Predictive Techs., Inc. v. Marketdial, Inc.（2020.11.25）.

② Diamond v. Chakrabarty, 444 U. S. 303, 206 U. S. P. Q. 193（1980）.

争议专利①涉及"一种用于改善语音转化为文本的系统和方法"。权利要求包括了几个与人工智能相关的元素,包括"一组训练样本,用于训练神经网络模型"及"用于解释语音翻译的一串字符"。运用爱丽丝测试法,审查员驳回了那些不符合专利资格的权利要求,认为它们仅仅是抽象的想法(例如,数学概念和组织人类活动的某些方法,没有明显的更多内容)。PTAB 不同意这种说法。虽然 PTAB 也赞成专利说明书中包括了数学公式,但这些数学公式"没有在权利要求书中列出"。权利要求书中也没有提到"组织人类活动",至少因为这些权利要求针对的是包含人工智能和计算机语音识别等技术元素的具体实现。最后,也是最重要的是,PTAB 指出了说明书中描述了所声称的发明如何改善语音识别技术领域,PTAB 特别指出,"说明书描述了使用深度语音学习,经过训练的神经网络以及语言模型'在艰难的语音识别任务中实现了比传统方法更高的性能,同时也更简单'"。

随着人工智能产业的发展以及人工智能专利申请数量大幅度增加,相信,会如同当年的计算机软件专利保护的发展历程一样,经过不断的学理探讨和司法探讨,涉及人工智能保护客体的典型案例和判决必将出现。单纯停留在数学算法和模型层面上的人工智能专利申请,不能获得专利法的保护。但是,那些已经转化为具体技术方案的人工智能专利申请,则应当获得专利法的保护。

5. 专利保护与数据开源之间的冲突

算法、模型和数据是人工智能技术的基础。当代人工智能技术的飞速发展则主要基于大量优质的数据。只有将足够数量的优质数据"喂给"训练模型,才能使其不断自我进化,最终获得更加完善的检测模型。

对知识产权,欧洲议会希望欧盟委员会对所有行业包括机器人和人工智能采用技术中立的方式,并且在保护和促进创新的硬件、软件、标准和代码方面采用激励与约束相平衡的态度。2018 年 5 月 25 日生效的欧盟《统一数据保护条例》(GDPR),不仅提供了一系列具体的法律规则,更重要的是秉持和传递出了"数据正义"(data justice)的理念。而人工智能解决方案中大量数据的来源,实际上可能来自"开源"的方式,那么专利的独占性和数据的开源性如何并存,成为新的难题。

下面就以一个真实的案例来加以说明这个摆在我们面前的难题。

1)GitHub Copilot 被集体诉讼案

GitHub 公司于 2008 年成立,后被微软收购。2019 年 7 月,微软向 OpenAI

---

① ex parte Hannun(formerly Ex parte Linden),2018-003323(April 1,2019).

投资了 10 亿美元。2021 年 6 月，GitHub 和 OpenAI 联合推出了敲代码"神器"Copilot，这是一款基于人工智能的产品，承诺通过使用 AI 提供或填充代码块来帮助软件程序员。Copilot 在经过一年的免费试用后正式转为付费工具，其正式版在 2022 年 6 月正式发布，定价 10 美元/月、100 美元/年（面向学生、主流开源项目维护者免费）。

2022 年 11 月，Matthew Butterick 等一众律师（原告）在加州旧金山的美国联邦法院，对 GitHub、微软、OpenAI 等（被告）提出集体诉讼。原告认为被告违反了《数字千年版权法》（DMCA）、《兰哈姆法案》、《不公平竞争法案》、《加州消费者隐私法案》，还违反合同建议许可、GitHub 的服务条款和隐私声明，原告还就被告对原告合同关系的侵权干涉，以及处理敏感数据时的欺诈和疏忽提起诉讼①。该诉讼被称为美国第一个挑战 AI 系统训练和输出的集体诉讼案件。

根据集体诉讼文件，每当 Copilot 提供非法输出，它就违反《美国法典》第 17 编《数字千年版权法》第 1202 节（禁止删除版权管理信息）三次，分别是署名、版权声明、许可条款的许可材料。如果每个用户在使用 Copilot 的整个过程中（早期用户使用 Copilot 最多长达 15 个月之久）只收到一个违反第 1202 节的输出，那么 GitHub 和 OpenAI 就违反了 DMCA 360 万次。如果按每次违反的最低法定赔偿金为 2500 美元计算，换算后相当于 90 亿美元。因此，该诉讼请求美国加州北区地方法院批准 90 亿美元（约 649 亿元人民币）的法定损害赔偿金②。

2）Copilot 案所呈现出的问题

Copilot 案所暴露出的主要问题可以概括为"侵权"二字：包括侵犯众多代码原创者的版权，以及侵犯众多用户的隐私权等，这主要和该系统的两个方面有关：

（1）系统训练。绝大多数开源软件包是在授权许可之下发布的，在授予用户一定权利的同时也要求其承担一定义务（例如保留源代码的精确属性）。而这种授权的合法实现方式，就是由软件作者在代码中声明版权。

因此，要想使用开源软件，使用者就必须作出选择：要么遵守许可证所

---

① 澎湃新闻. GitHub 编程神器 Copilot 被斥"盗版"大量开源代码，面临 90 亿美元集体诉讼［EB/OL］.（2022−12−01）［2023−02−25］. https://www. thepaper. cn/newsDetail_forward_20975628? commTag＝true.

② 新浪网. 索赔 649 亿！GitHub Copilot 惹上官司，被指控侵犯代码版权，是开源社区"寄生虫"［EB/OL］.（2022−11−11）［2023−02−25］. https://k. sina. com. cn/article_1494921451_591ab 0eb019013m99. html.

规定的义务；要么使用那些属于许可证例外的代码（即版权法所规定的"合理使用"情形）。

Copilot 强大的编码能力基于一个叫作 Codex 的 AI，这是 OpenAI 独立开发的一个模型，他们将此模型授权给了微软。Codex 的训练源是数亿行公共代码；其都是出自 GitHub 上的数百万个公共代码仓库。创作者在 GitHub 上根据某些开源许可发布了代码或其他作品，如基于 MIT、GPL、Apache 等开源许可证，这些都要求使用者需注明作者姓名和版权等内容，然而 Copilot 在补全代码时并没有这些版权信息。这些许可证虽然允许各方对代码进行非商业性分发，但却不得修改，而且还有保留原作者姓名在内的其他一些要求。如果微软和 OpenAI 是基于各开源许可来使用这些训练素材，那就得发布大量属性（attribution），这已经算是各类开源许可的底限要求了。

GitHub 前 CEO 就曾在 Copilot 的技术预览会上提到："在公开数据上训练（机器学习）系统属于合理使用的范畴。"微软、OpenAI 和其他多家研究机构一直在强调这种"合理使用"的论点。

然而，软件自由保护组织（SFC）明显不同意"合理使用"这种观点，也曾向微软提出了版权和许可证相关的问题，对于 Copilot 在公开代码上进行训练的合法性提出疑问，但微软等一直拒绝明确回答，也没有提供"合理使用"的可靠依据。对此，SFC 在其官网发文表示，将结束自己对 GitHub 的所有使用，并将协助其他自由软件项目从 GitHub 迁移。虽然 SFC 现在不会强制要求现有会员迁移项目，但其将不再接受从 GitHub 迁移的新会员项目。

目前全美还没有哪个判例能够直接解决 AI 训练中的"合理使用"问题，所有涉及"合理使用"的案例均权衡了大量相关因素。即使法院最终判定某些类型的 AI 训练属于"合理使用"，也不代表其他类型的训练都能高枕无忧。

因此，如果 Copilot 中的 Codex 在没有遵守适用许可条款的情况下，输出了受版权保护的材料，则违反了美国《数字千年版权法》中的相关规定。

（2）系统使用。2021 年，GitHub 前 CEO 声称：Copilot 的输出结果归属于操作者，其性质与使用编译器一样，但这部分代码的版权和许可状态同样模糊不清，毕竟编译器只会改变代码形式，但绝不会注入新的知识产权属性。微软将 Copilot 输出描述为一系列代码"建议"，并强调不会对这些"建议"主张任何权利。但与此同时，微软也不会对由此生成的代码的正确性、安全性或延伸出的知识产权问题做任何保证。"您需要对自己代码的安全性和质量负责。我们建议您在使用由 GitHub Copilot 生成的代码时，采取与使用其他一切非本人所编写代码相同的防范措施，包括严格测试、IP（知识产权）扫描和安全漏洞跟踪。"

由此可见，只要接纳了 Copilot 的上述"建议"就意味着这些问题都要由用户自己承担。也就是说，Copilot 将版权遵循义务转移给了用户。随着该产品的不断改进，用户需要承担的责任也将越来越大。Copilot 的一些用户表示，它生成的代码似乎与现有程序相同（或几乎相同）；还有 Copilot 用户控诉，Copilot 会从可识别的公共代码处一字不差地照搬代码。例如，得克萨斯农工大学的一位计算机科学教授，兼任 ACM、IEEE 和 SIAM 会员的 Tim Davis 也列举了不少证据，表明 Copilot 没有拿到 LGPL 许可证（函数库公共许可证），就擅自发出了大段具有版权的代码，特别是极具个人风格的"Tim Davis 稀疏矩阵转置"。那么使用这样的代码，必然会产生相应的许可遵守义务。但从 Copilot 的设计来看，用户完全接触不到代码的来源、作者和许可证，因此也无从去遵守许可义务。也就是说，微软在 Copilot 这样的商业产品中重复提供有版权的代码而不给予创作者署名，不仅侵犯了开源代码版权，也打击了人们参与开源社区的热情，有违开源编程精神。

3）微软的承诺

GitHub Copilot 被视为当下最好用的 AI 辅助编程工具之一，但由于上述问题，开发者在生产环境中使用它都存在顾虑，毕竟这款工具基于 GitHub 平台上数百万个开源代码库作为基础数据训练而得到。在一系列起诉案件尚未尘埃落定的时候，为了进一步提高 Copilot 商业用户使用该产品的信心，微软于 2023 年 9 月 8 日发布重大公告表示：如果客户在使用 Copilot 相关服务时因侵犯版权而遭到起诉，微软将承担潜在的法律责任涉及的风险。

微软表示，"这项新的承诺将我们现有的知识产权赔偿支持扩展到商业 Copilot 服务，并建立在我们之前的人工智能客户承诺基础之上，具体来说，如果第三方因使用微软的 Copilot 或其生成的输出而对商业客户提起版权侵权诉讼，只要客户使用了我们产品中内置的安全防护和内容过滤器，我们将为客户辩护并支付任何不利判决或和解的金额。"微软的这一举措并不完全是因为财大气粗，而是认真权衡之后作出的决定。

首先，Copilot 是收费的商业产品，客户交费购买了该产品，那么他所使用引起的相关法律问题则应当由销售者买单。其次，要对如此体量的开源代码或数据都明确其署名、版权等权利并做好标记或者发布相关声明，在实践中的确难以实现，因为需要追溯到开源代码和数据最初生成时的状态。并且，即使现有的版权法律非常明确，生成式人工智能也会引发新的公共政策问题。基于此，微软认为世界需要人工智能来推动知识的传播并帮助解决重大社会问题。然而，对于版权所有者来说，保留他们在版权法下的权利并获得对其作品的健康回报是至关重要的。两害相权取其轻，微软的底线是确保用于训练基础 AI 模型的内容不会被一家或特定的几家公司所控制从而阻碍创新和竞争。再次，微软还积极建立防护措施，防止生成式 AI 工具输出的结果侵犯受版权保护的材料，以尊重作者的版权。为了做好防护，微软整合了过滤器和其他技术，旨在降低 Copilot 输出侵权内容的可能性，如分类器、元提示、内容过滤以及操作监控和滥用检测，包括潜在侵犯第三方内容的检测等一系列广泛的安全措施。

在 Copilot 案中，微软的承诺解决了开发者、艺术创作者和程序开发员的后顾之忧。从表面看，微软是在自己的背上画出了一个巨大的靶心，以应对可能出现的任何诉讼。当然，微软有足够的资源来这样做。但这其实是微软选择的一条勇敢尝试之路。在关于开源数据的各项法律法规尚未健全，人工智能的发展很大程度上依赖于数据的前提下，必须寻找一条 AI 专利技术和开源数据之间的和平共处之路。并且，随着 AI 技术及市场的蓬勃发展，让微软也意识到尽可能快地发展这一市场并努力成为其中心才是公司的当务之急。虽然会为此付出一些代价，但这非常符合微软的利益。在没有其他更好方法之前，微软的做法也就具有了合理性和可行性。

目前，Copilot 案是从侵犯原创者版权的角度引发，但是在可以预见的将来，我们还将持续面对人工智能专利的独占性和开源数据（代码）的共享性之间的冲突和交融。也就是说，让包含来自于开源数据库的数据所训练得到的人工智能模型以及由该模型实现的人工智能解决方案获得专利保护的独占性，是否是公平和合理的？以及如何处理专利权人和社会公众（共享开源数据）各自的利益和诉求？这些都将是我们需要面对和解决的问题。

三、我国人工智能的专利保护

（一）专利审查标准

人工智能技术发展至今，在经历了三次浪潮之后，其被大众广泛认可和使用的算法已相对成熟，对人工智能技术的创新主要集中在将相对成熟的各种基础算法应用于各种具体应用领域、结合具体训练数据和训练方法获得各种人工智能模型并将其应用于最终技术解决方案上。因此，此类专利申请一般包含算法特征，由此带来其专利审查的特殊性。

众所周知，技术发展引领法律调整，适当的法律调整又会反过来推动技术更新，人工智能技术发展和人工智能解决方案的应用早已被视为关乎国家战略的问题，我国的专利法规也势必作出相应调整。对于涉及人工智能技术的专利申请的审查标准主要体现在《专利审查指南2023》第二部分第九章中，与人工智能一样受到关注的还包括"互联网+"、大数据以及区块链等技术创新。由于上述发明专利申请一般包含算法或商业规则和方法等特征，因此在第二部分第九章部分特意增加了第6节①，旨在对此类申请的审查特殊性作出规定。

在第6.1节"审查基准"部分强调：审查应当针对要求保护的解决方案，即权利要求所限定的解决方案进行。在审查中，不应当简单割裂技术特征与算法特征或商业规则和方法特征等，而应将权利要求记载的所有内容作为一个整体，对其中涉及的技术手段、解决的技术问题和获得的技术效果进行分析。

1. 客体

首先，如果权利要求中除了算法特征，还包含技术特征，该权利要求就其整体而言并不是一项智力活动的规则和方法，则不应当依据《专利法》第25条第1款第（二）项排除其获得专利权的可能性。

其次，需要对一项包含算法特征的权利要求是否属于《专利法》第2条第2款所规定的技术方案进行审查，判断该权利要求是否记载了要解决的技术问题，并且针对该要解决的技术问题采用了技术手段，并由此获得了技术效果。只有上述三要素都满足，该项权利要求限定的解决方案才属于专利法意义上的技术方案。

具体而言，符合《专利法》第2条第2款规定的人工智能专利申请主要涉及以下两种情形：

第一种情形，权利要求中涉及算法的各个步骤体现出与所要解决的技术问题密切相关，如算法处理的数据是技术领域中具有确切技术含义的数据，算法的执行能直接体现出利用自然规律解决某一技术问题的过程，并且获得了技术效果。

第二种情形，权利要求的解决方案涉及深度学习、分类、聚类等人工智能算法的改进，该算法与计算机系统的内部结构存在特定技术关联，能够解决如何提升硬件运算效率或执行效果的技术问题，包括减少数据存储量、减少数据传输量、提高硬件处理速度等，从而获得符合自然规律的计算机系统内部性能改进的技术效果。

---

① 包含算法特征或商业规则和方法特征的发明专利申请审查相关规定。

2. 充分公开及清楚支持

伴随着算力的提升和大数据的积累，人工智能在沉寂了多年之后，又迎来了新的高潮。在这场涉及大部分科学的革命中，人工神经网络使得机器的人工智能程度有了大幅提升。人工神经网络（Artificial Neural Network，ANN），是一种模仿生物神经网络（动物的中枢神经系统，特别是大脑）的结构和功能的运算模型，其由大量的人工神经网络元相互联结进行复杂的运算。大多数情况下，人工神经网络能在外界信息的基础上改变内部结构，是一种自适应系统。由于自适应特性的存在，科学家们发现，这一关键技术暗含着一个问题：人工神经网络可能就是一个"黑匣子"。

为什么这样说呢？这是因为人工神经网络通常具有三部分：输入层、输出层和隐含层。其中，通过深度学习，对神经网络进行一层一层的叠加训练，以此来有效调整神经网络各级神经元的权重。但是，这里有一个问题，除去输入层和输出层，人们对隐含层发生了什么一无所知，即对神经网络内部逻辑行为无从认知。换句话说，基于人工智能技术运作机制，在模型训练过程中，由于模型的内部处理逻辑、训练参数调整过程，以及输入数据和输出数据之间的逻辑关系等，是机器不断学习和自我优化的过程，因此要理解其具体的执行过程是困难的，由此引发了"黑匣子"问题。"黑匣子"问题放在专利审查的背景下，就可能成为我们所熟知的公开是否充分的问题。

此外，由于人工智能专利申请涉及数据、算法和模型的方方面面，在对这样的方法或者系统进行适度概括从而试图在公众利益和专利权人利益之间找到平衡点的时候，相较于传统发明而言，对权利要求的撰写人来说提出了更多的挑战。因此可以预计到，随着人工智能专利申请的客体审查逐渐"松绑"，要得到高质量、高价值的人工智能专利就必须从《专利法》第26条第3、4款上去作更多的规范和要求。

3. 创造性

如前所述，人工智能领域的技术有着鲜明的自身特性，专利申请多数为以算法和由算法构建的模型为基础。对人工智能领域的发明创造进行创造性审查时，在适用一般性规则的基础上，还应根据其特性把握特定的审查标准，保证发明创造可以获得与其技术贡献相匹配的权利。

对既包含技术特征又包含算法特征的人工智能发明专利申请进行创造性审查时，应将与技术特征功能上彼此相互支持、存在相互作用关系的算法特征与所述技术特征作为一个整体考虑。"功能上彼此相互支持、存在相互作用关系"是指算法特征与技术特征紧密结合，共同构成了解决某一技术问题的技术手段，并且能够获得相应的技术效果。在以下三种具体情形下，需要考虑所述的算法特征对技术方案作出的贡献：

①权利要求中的算法应用于具体的技术领域，可以解决具体技术问题，则可以认为该算法特征与技术特征功能上彼此相互支持、存在相互作用关系，该算法特征成为所采取的技术手段的组成部分。

②权利要求中的算法与计算机系统的内部结构存在特定技术关联，实现了对计算机系统内部性能的改进，提升了硬件的运算效率或执行效果，包括减少数据存储量、减少数据传输量、提高硬件处理速度等，那么该算法特征与技术特征功能上彼此相互支持、存在相互作用关系，该算法特征成为所采取的技术手段的组成部分。

③如果发明专利申请的解决方案能够带来用户体验的提升，并且该用户体验的提升是由技术特征带来或者产生的，或者是由技术特征以及与其功能上彼此相互支持、存在相互作用关系的算法特征共同带来或者产生的，该算法特征成为所采取的技术手段的组成部分。

（二）专利侵权判定及相关问题

在人工智能的创新保护中，虽然已经存在大量已授权的人工智能专利，但基于其自身特点，人工智能专利无效宣告请求案件在实践中鲜少出现，涉及人工智能专利的侵权诉讼更是寥寥无几，下面就以一件人工智能专利侵权案件为视角，让读者得以窥见当前国内人工智能专利的保护现状。

1. 案情回顾

本案①中，原告同创信通科技有限公司（以下简称同创信通公司）于2022年8月8日向山西省太原市中级人民法院提起诉讼，诉请判令：①山西晋南钢铁集团有限公司（以下简称晋南公司）、山西立恒钢铁集团股份有限公司（以下简称立恒公司）停止使用专利号为201910958596.9、名称为"一种收储中的废钢等级分类检测方法"的发明专利（以下简称涉案专利1）和专利号为201910958076.8、名称为"一种建立废钢等级划分神经网络模型方法"的发明专利（以下简称涉案专利2）的行为；②晋南公司、立恒公司、西安智者云集云计算有限公司（以下简称智者云集公司）、阿里巴巴达摩院（杭州）科技有限公司（以下简称达摩院公司）共同赔偿同创信通公司经济损失

---

① （2023）最高法知民终1432号，涉及专利号为201910958596.9、名称为"一种收储中的废钢等级分类检测方法"的发明专利和专利号为201910958076.8、名称为"一种建立废钢等级划分神经网络模型方法"的发明专利的侵权诉讼判决。

20 万元及合理支出 15 万元。同创信通公司是涉案专利 1、涉案专利 2[①] 的专利权人，发现晋南公司在立恒公司实名认证的公众号上发布名为《晋南钢铁集团人工智能废钢定级平台上线运行》的文章，该文所述人工智能废钢定级平台的技术方案分别落入涉案专利 1、涉案专利 2 的权利要求保护范围，构成侵权。

被告晋南公司辩称：晋南公司与智者云集公司、达摩院公司共同合作开发建设涉案系统，晋南公司提供收购废钢场景，智者云集公司、达摩院公司提供人工智能废钢定级项目的系统、软件、技术和方法并负责安装调试维护。涉案系统自 2021 年 2 月试运行以来，因存在技术问题一直未能通过验收，已于 2021 年 12 月全部停用。同创信通公司以公众号文章、新闻报道为依据提起本案诉讼，纯属主观臆断、滥用诉讼权利。晋南公司系立恒公司的子公司，为维护公众号客户群，晋南公司使用立恒公司公众号发布文章，立恒公司与本案无关。

同创信通公司主张保护涉案专利 1 的权利要求 1。其比对意见为：①权利要求 1 的主题名称为"一种收储中的废钢等级分类检测方法"，根据公众号文章中"废钢判级更加方便快捷、客观公正，集团与阿里巴巴合作打造了人工智能废钢定级平台"描述内容，可见权利要求 1 与被诉侵权技术方案的主题名称具有一致性；②公众号文章显示现场摄像头对废钢车辆卸料过程进行实时拍照，逐层密集采样和图片处理，与权利要求 1 中"获取摄像头，从不同角度拍摄车厢内碎钢料在电磁铁吸盘每一次吸起前散落形态的图像"相对应；③公众号文章中"采用深度学习算法和智能识别技术"描述内容与权利要求 1 中"计算不同等级在全部等级划分结构数据的占有率，根据预先设定的占有率百分比确定车厢全部被卸料的废钢等级"相对应。其他的技术特征属于数据特征，存储在服务器中，同创信通公司暂时难以获得。

同创信通公司主张保护涉案专利 2 的权利要求 1。其比对意见为：权利要求 1 与被诉侵权技术方案的主题名称具有一致性。权利要求 1 的特征部分包括获取多个图像，与公众号文章中"对卸料过程中进行实时拍照，逐层密集采样和图片处理"的描述内容相对应。其他的权利要求属于数据特征，存在服务器中，同创信通公司暂时难以获得。

并且，同创信通公司向原审法院提出调查收集证据的申请，请求调查收集涉案废钢定级识别收储现场的照片视频和废钢收储系统服务器中的数据。

---

① 国家知识产权局专利局复审和无效审理部针对该案所作出的第 55072 号无效宣告请求审查决定入选了 2022 年度专利复审无效十大案件。

经查，该系统上线后仅为试运行，并于 2021 年 12 月下线，已不具备调查取证条件，无法再现，故一审法院对该申请不予准许。

一审法院在判决[①]中认为：同创信通公司依据网上检索得到的相关报道内容指控晋南公司、立恒公司、智者云集公司、达摩院公司实施了专利侵权行为。晋南公司上线的"人工智能废钢定级平台"，在相关的公众号或网页中的内容属于新闻宣传报道的简单描述，并非一个完整的技术方案，无法进行侵权比对。涉案专利 1、涉案专利 2 的权利要求具有多项详细的技术特征，同创信通公司针对被诉侵权技术方案没有提出完整全面的对比意见，其举证义务并未完成。晋南公司上线的"人工智能废钢定级平台"早已于 2021 年 10 月停止使用，由于该系统需要多方联合实施，目前已不具备现场展示条件，故同创信通公司申请的调查取证已不可能完成，其应承担举证不利的后果。在专利侵权案件中，专利权人至少应有相应的基础证据，不能仅凭网络检索从字面上来理解判断侵权与否。根据相关证据，涉及人工智能废钢检测的技术是当前流行的研发并使用的技术，并非同创信通公司独创。晋南公司所举证据显示，2021 年 1 月 21 日天津拾起卖循环产业技术研究院官网发表文章《人工智能为废钢验质带来新突破》，记载了三种废钢智能定级技术和方法；2019年，陕西建龙钢铁废钢远程检验项目正式上线等信息。因此，同创信通公司通过网页报道内容猜测性地指控晋南公司、立恒公司、智者云集公司、达摩院公司实施侵权行为没有事实依据。退一步讲，达摩院公司（废钢定级产品解决方案的实际开发和实施者）提供的被诉侵权技术方案与涉案专利 1、涉案专利 2 进行对比，也存在多个技术特征的不同。同创信通公司对不同的技术特征未进一步论述证明，原审法院认定被诉侵权技术方案与涉案专利 1、涉案专利 2 既不相同也不等同，同创信通公司的诉讼请求无事实依据。

同创信通公司不服一审判决，向最高人民法院提起上诉。根据双方当事人的诉辩意见，二审的争议焦点为：①晋南公司、立恒公司、智者云集公司、达摩院公司是否实施了侵害涉案专利权的行为；②原审法院未进行调查取证是否构成程序违法。

1）关于四被告是否实施了侵害涉案专利权的行为

本案中，同创信通公司主张晋南公司、立恒公司、智者云集公司、达摩院公司实施了侵害涉案专利权的行为，应当就其主张的侵权事实承担举证证明责任。其在一审提交晋南公司在立恒公司微信公众号上发布的文章、相关

---

① 详见（2022）晋 01 知民初 271 号民事判决。

网页新闻以及公证书，用以证明晋南公司、立恒公司、智者云集公司、达摩院公司共同实施了侵害涉案专利权的行为，但上述证据既未反映完整、具体的技术方案，无法与涉案专利权利要求的相关技术特征进行比对，也不能表明上述四公司存在共同侵权的主观故意且实施了共同侵权的行为。

退一步讲，即使将上述证据所反映的被诉侵权技术方案与涉案专利权利要求进行比对，根据查明的事实，被诉侵权技术方案"通过现场摄像头对废钢车辆卸料过程进行实时拍照、逐层密集采样和图片处理"，至少不具备涉案专利1权利要求1中"所述车厢内碎钢料在电磁铁吸盘每一次吸起前散落状态的图像，是在电磁铁吸盘移出车厢后拍摄的图像"技术特征；被诉侵权技术方案"采用图像金字塔结构，结合高层语义信息与底层空间信息，检测不同尺度、不同形态的废钢料型和杂质"，至少不具备涉案专利2权利要求1中"对所述图像进行预处理去除无效水印、提高图像对比度，对图像数据进行图像数据特征提取，对提取的不同等级图像数据特征进行卷积神经网络学习形成具有等级分类输出的等级划分神经网络模型"技术特征，且根据同创信通公司一审提交的《科学技术成果鉴定证书》，亦能证明被诉侵权技术方案所采用的语义分割模型算法不同于涉案专利2所采用的图像分类识别模型算法。

2）一审法院未进行调查取证是否构成程序违法

《民事诉讼法》第67条第2款规定："当事人及其诉讼代理人因客观原因不能自行收集的证据，或者人民法院认为审理案件需要的证据，人民法院应当调查收集。"据此，人民法院依据当事人申请进行现场勘验或责令其他当事人提交证据的前提是申请人应初步证明申请现场勘验的待证事实与案件事实存在一定的关联性，且当事人已经提供的证据可以初步证明其主张的待证事实存在较大可能性；同时，申请人也已穷尽合理合法的取证手段仍不能取得相关证据。

本案中，首先，如前所述，涉案专利权利要求的绝大部分特征在同创信通公司提交的证据中均无反映。相关证据的证明力较弱，不能证明其所主张的侵权事实存在较大的可能性，同创信通公司也并未提交证据证明其已穷尽合理合法的举证手段仍不能取得相关证据。其次，从晋南公司二审提交的该公司员工与智者云集公司法定代表人的微信聊天记录来看，可以推定涉案系统自2021年10月起无法启动并于2021年12月下线，所使用的服务器亦于2022年2月过期的事实具有高度盖然性，本案不具备调查取证的条件。综上，一审法院认定同创信通公司未能尽到申请人民法院调查取证的初步证明责任，对其提出的调查取证申请不予准许，并无不当。

最终，最高人民法院认为，同创信通公司的上诉请求不能成立，应予驳回；原审判决认定事实清楚，适用法律正确，应予维持。

2. 案件分析

本案经历了两审，其间涉案专利2还经历了案外人启动的无效宣告请求的审查并最终获得维持有效的结论，但侵权案却因这样的结果而落下帷幕，让人在唏嘘之余会忍不住想从此案去探究诉讼失利的底层原因。

发明人申请专利，就是想用专利制度来保障自己的创新成果。同创信通公司在看到相关新闻报道时敏锐地感觉到了其专利存在被侵害的可能性，在收集了相关新闻报道证据以及对其所拥有的专利进行了科学技术鉴定之后，向一审法院提起了侵权诉讼，其行为无可厚非。但是，阅读了涉案专利1和涉案专利2的权利要求1后会发现，权利要求所请求保护的技术方案是一个概括了很多技术特征的方案，技术细节越多，意味着权利要求所请求保护的技术范围越小，由此被诉侵权技术方案的技术特征与权利要求中的技术特征不同的可能性就越大，就不会落入涉案专利权的保护范围。本案中，仅从新闻报道中涉及的少量的技术细节，如图像的预处理以及模型算法的不同上就已经能够初步推断侵权行为不成立。因此，本案中的权利要求是否相对于现有技术概括了一个合理的范围，尚待商榷。在专利法背景下，权利要求需要满足清楚、完整和能够实现的要求，但并不意味着就要事无巨细地将技术细节公示于权利要求中。如何撰写本领域适度范围的权利要求，目前来看，的确是对国内申请人的一项挑战。

其次，应进一步明确此类案件如何举证，以及完成初步举证的边界。其应用场景是废钢的回收现场，需要摄像头、阿里云服务器以及相关客户端的程序代码的安装和运行等。但是，整个解决方案都是限于晋南公司的内部使用。先抛开该系统未实际上线和使用的情况不谈，即使该系统验收合格并正常使用了，那么作为权利人的同创信通公司要进入晋南公司内部进行证据的收集，在现有的法律框架下要去完成初步举证实际上是非常困难的。尤其是人工智能技术涉及具体的算法模型以及现场数据的采集和预处理等，如果没有司法程序介入进行相应的证据保全和现场勘验，是无法进行具体的技术方案比对的。本案中，两审法院皆认为同创信通公司未尽到初步举证的义务，即新闻报道的证明力较弱，不能证明其所主张的侵权事实存在的可能性较大，也未证明其穷尽了合理合法的取证手段仍不能取得相关证据。虽然，笔者也赞成本案中权利人同创信通公司可以在举证方面更加积极主动，但就人工智能解决方案的特点来看，其相较于一般的计算机系统还有其特殊性。建议为此类专利做特殊的司法解释以帮助权利人可以完成初步举证的责任。让此类专利至少能进入技术特征比对的阶段，而不是止步于初步举证阶段。

3. 专利侵权判定所面临的挑战

笔者基于人工智能技术及专利的特点，对未来侵权诉讼中可能出现的挑战做以下分析：

首先，对"所属技术领域的技术人员"的知识和能力提出了更高要求。人工智能作为正在蓬勃发展的前沿技术，其技术的难度和应用领域的不断拓展，都持续引起业界的关注。在这个技术背景下，由于专利创新处在科技发展的前沿，拟制的"所属技术领域的技术人员"的认知水平和技术能力实际上是在动态变化的，人类对自然规律的认知范围和水平仍然在向着未知扩张。人工智能领域的典型特点之一，就在于计算机以超出量级的计算能力，突破了人类认识世界的常规尺度和路径，通过算力的突破发现了更多的特定技术领域的客观规律。在某种程度上，这些新发现的客观规律是普通技术人员无法充分认知的。这种技术人员认知水平的能力欠缺，可能造成相关具体案件中，对人工智能技术方案的理解以及在人工智能专利保护范围的确定方面都可能存在困难并容易造成误解。因此，人工智能领域的"所属技术领域的技术人员"实际上应该具备各具体应用领域的、交叉学科的知识和运用能力，这就对于专利侵权判定法律实践过程中各个参与者的技术认知和能力提出了相较于传统技术领域而言更加高的要求。

其次，特殊的撰写形式可能造成权利要求保护范围难以确定。人工智能技术的核心是算力的进步、算法的改进和优质模型的构建，因此，可以就以上三个方面采用专利形式对人工智能技术创新进行保护。目前，人工智能专利进一步囊括了算法与应用场景的结合、算法自身的创新或者算法相关的数据采集与处理等方方面面。基于这种特殊的撰写方式，对于人工智能专利公开内容和保护范围的理解，也必须紧密结合人工智能领域相关技术知识，否则将难以确定其技术构思以及实际技术贡献。

再次，"黑匣子"问题可能影响对技术方案的整体理解。如前所述，人工智能模型的训练和实际应用中，存在相当程度的不透明性。这种情况导致社会公众往往对人工智能专利存在误解，认为作为侵权比对基础的专利权中存在不可知、不确定的部分，并且对技术方案的整体理解也存在困难。然而，人工智能领域中模型的难以解释性是可以通过符合规则的说明书撰写方式来克服的，例如，明确了输入数据、输出数据的类型、选择，和不同数据之间的关联意义，以及训练模型的具体构成、改进点和结构流程。经过授权的人工智能专利已经满足了充分公开的要求，那么在侵权判定的环节中，只要以所属技术领域的技术人员的认知水平为起点，基于说明书公开内容和人工智能领域的公知常识，全面准确理解技术方案则是完全可以实现的。

最后，人工智能技术方案高度依赖于数据的采集和模型的训练。对于一个实际使用的人工智能系统而言，海量的数据和超大规模的模型是人工智能产品的常态。在这种情况下，现有侵权比对中所涉及的证据保全、证据勘验和特征比对的常规手段则可能不再满足需求。例如，要证明涉嫌侵权产品落入专利保护的范围，是否要提供相同数量和内容的数据来测试人工智能产品中所使用的模型，实践中又应当如何获取这样的数据？进一步地，如果输入数据和输出结果都和专利技术方案一致，是否就一定能够得出其使用的算法和模型均一致的必然结论？是否还需要其他一些技术细节被公开，用于辅助证明？此外，在海量数据和超大模型的加持下，有的模型的训练常常需要耗费数周、数月甚至更长的时间，那么对于这样的涉案侵权产品，司法实践中又该如何处理？在人工智能解决方案的特殊背景下，如何判定初步举证已完成？

以上种种，都将成为司法实践中所面对的问题，期待未来出现的更多典型案例可以丰富国内司法实践，为如何有效进行人工智能专利保护提供参考。

第二节　客　体

算法是人工智能技术的核心，计算机程序则是实现算法的主要载体。在当前的中国专利法中，不论是纯粹的算法还是计算机程序本身，都被认为属于智力活动的规则和方法从而不能得到专利法的保护，这也成为长期以来困扰人工智能技术创新从业人员的难题。

2021年9月，中共中央、国务院印发了《知识产权强国建设纲要（2021—2035年）》，其中提出加快人工智能等新领域新业态知识产权立法，适时扩大客体保护范围、构建特定的知识产权规则体系、统一完善司法裁判标准等具体要求，为人工智能领域的知识产权保护指明了方向。国家知识产权局于2023年12月发布了《专利审查指南2023》，在其第二部分第九章第6节也通过相关内容的增加，对包含算法特征的发明专利申请的客体审查标准作了新的规定，这给人工智能的专利保护带来了重大影响。

通过指南中相关规定可以看出，对于权利要求中一般包含算法特征的人工智能、大数据等领域的发明专利申请，《专利审查指南2023》放宽了其客体准入的限制。在新的规则下，即便是单纯的算法改进，如果其与计算机系统的内部结构存在特定技术关联，依然可以符合《专利法》第 2 条第 2 款的规定，如第二部分第九章第 6 节的例 5 就是一个典型的案例。

以下将通过一个典型案例来阐述《专利审查指南 2023》中对于人工智能领域的客体审查标准，希望能够对公众理解上述新的审查标准有所帮助。

一、如何让算法模型的改进得到专利保护

案例 3-1 华南师范大学关于构建深度学习神经网络申请案

■ **案件信息**

【专利申请号】201810010058.2
【发明名称】基于有向图的深度学习神经网络构建方法和机器人系统
【国际分类号】G06N 3/08
【申请日】2018 年 1 月 5 日
【申请人】华南师范大学
【法律依据】《专利法》第 2 条第 2 款、第 25 条第 1 款第（二）项

■ **案情介绍**

申请人在提交申请时，权利要求 1 的具体内容如下：

"1. 一种深度学习神经网络构建方法，其特征在于，所述方法包括：

获取初始深度学习神经网络的每个输入节点对应的输入变量之间的连接关系，得到有向图；

确定各个输入节点与待改造隐层的隐层节点之间的匹配关系；

根据所述有向图的所述匹配关系确定所述待改造隐层的各个隐层节点之间的连接关系，得到目标深度学习神经网络。"

第一次审查意见通知书中指出，权利要求 1 的方案属于《专利法》第 25 条第 1 款第（二）项规定的智力活动的规则和方法，不能被授予专利权。

申请人在答复第一次审查意见通知书时将权利要求 1 修改为：

"1. 一种深度学习神经网络构建方法，其特征在于，所述方法包括：

服务器接收终端发送的改造隐层的请求，根据所述改造隐层的请求获取初始深度学习神经网络的每个输入节点对应的输入变量之间的连接关系，得到有向图；

所述服务器确定各个输入节点与待改造隐层的隐层节点之间的匹配关系；

所述服务器根据所述有向图的所述匹配关系确定所述待改造隐层的各个隐层节点之间的连接关系，得到目标深度学习神经网络，所述目标深度学习神经网络用于复杂时序序列的预测；

所述服务器接收所述终端发送的输入数据，并输入所述目标深度学习神经网络，将所述目标深度学习神经网络的输出数据发送至所述终端，以使所述终端将所述输出数据进行显示。"

审查员发出第二次审查意见通知书，指出权利要求1不符合《专利法》第2条第2款的规定。

申请人再次修改权利要求书，审查员在检索后指出创造性的问题，申请人继续修改权利要求书，最终获得了授权，授权的权利要求1如下：

"1. 一种深度学习神经网络构建方法，其特征在于，所述方法包括：

获取初始深度学习神经网络的每个输入节点对应的输入变量之间的连接关系，根据每个输入变量之间的连接关系得到有向图，所述初始深度学习神经网络的每个输入节点对应的输入变量分别为多个地理位置相邻的地区在多个相邻时间段对应的气象数据；

确定各个输入节点与待改造隐层的隐层节点之间的匹配关系；

获取所述有向图中各个所述输入变量之间的匹配关系；

根据各个所述输入变量对应的输入节点与相应的隐层节点之间的匹配关系和所述有向图中各个所述输入变量之间的匹配关系确定所述待改造隐层中各个隐层节点之间的目标连接关系，将所述待改造隐层中各个隐层节点根据所述目标连接关系进行有向连接，得到目标深度学习神经网络，所述目标深度学习神经网络用于预测所述多个地理位置相邻的地区在目标时间段对应的气象数据。"

■ **案件精解**

本案在授权过程中产生了三个不同版本的权利要求，可以呈现出专利法意义下智力活动的规则和方法与技术方案之间的界限。

《专利审查指南2023》对涉及人工智能等新领域的发明专利申请的审查规则进行了规定，着重针对涉及算法改进的解决方案是否构成专利法保护的客体进行了阐明。判断该解决方案是否构成专利法保护客体的重点和难点在于如何确认算法与具体技术领域相结合，或者如何确认该算法与计算机系统的内部结构存在特定技术关联。对于本案而言，根据说明书的内容可以确定，该算法与计算机系统内部结构并无特定技术关联（这一点随后将详细论述），因此，问题就聚焦于如何认定算法与具体技术领域相结合。一般而言，可以通过算法所处理的数据是否为相应技术领域中具有确切技术含义的数据、执行算法是否能直接体现出解决某个技术问题的过程、执行算法后是否达成了技术上的效果等方面来进行综合判断。

具体到本案，在提出申请时，权利要求1中的方案完全是一种深度学习神经网络的构建方法，其通过获取输入变量之间的连接关系来得到有向图，然后确定输入节点和隐层节点的匹配关系，再根据该匹配关系来确定隐层节点之间的连接关系以得到目标神经网络。由于并未指定具体的应用技术领域，权利要求只涉及抽象数据和算法模型，明显是一种抽象的算法，是一种数学计算的规则，属于《专利法》第25条第1款第（二）项规定的智力活动的规则和方法，不属于专利法保护的客体。

在针对第一次审查意见通知书答复时，权利要求1中加入了"服务器""终端"等技术特征，并在权利要求1中载明了"所述目标深度学习神经网络用于复杂时序序列的预测"。修改后的权利要求1除了算法特征，还包含上述技术特征，该权利要求就整体而言就不再是一种智力活动的规则和方法。进一步地，还需要考量权利要求整体是否构成技术方案，也就是说，还需要经过《专利法》第2条第2款的考验。修改后的权利要求虽然具有了一些技术特征，但是从整体方案来看，仍然是通过改进神经网络隐层来改进神经网络模型的构建，依然仅仅涉及算法模型本身的改进。虽然在其中记载了"用于复杂时序序列的预测"，但"预测复杂时序序列"这一目的仍没有应用于某一具体的技术领域，此时的权利要求仍然没有提及其能够用于解决何种实际的技术问题，也没有体现出构建该模型后能够为解决技术问题带来何种具体的技术效果，故没有形成专利法意义上的技术方案，不符合《专利法》第2条第2款的规定。

最终授权时的权利要求1中限定了所述目标深度学习神经网络用于预测多个地理位置相邻地区在目标时间段对应的气象数据，这就使得权利要求1中的方案应用于实际具体的技术领域，即气象预测，输入的变量也是相应的气象数据，这样一来，神经网络处理的数据具有了具体的技术含义，通过对初始深度学习神经网络的隐层进行改造以得到新的深度学习神经网络并应用于气象预测，则是一种处理具体技术数据的技术手段；处理具有时空关系的气象数据序列，就是一个技术问题；处理具有时空关系的气象数据并提高气象预测准确性的效果，亦是一种技术效果，从而权利要求1限定的整个方案成为一个专利法意义上的技术方案，符合《专利法》第2条第2款的规定。

现在回到之前提到的问题，如何确认算法与计算机系统内部结构有无特定技术关联？如果算法与计算机系统内部结构存在特定技术关联，又会导致什么结果呢？

一般而言，如果计算机系统仅仅作为算法运行的载体，即，技术方案仅仅是利用计算机系统固有的运算处理功能执行算法，计算机系统的内部性能（例如，体系结构、存储空间、资源配置等）并未得到改进，那么可以认为算法与计算机内部结构并无特定技术关联。如果算法与计算机硬件在功能上彼此相互支持、存在相互作用关系，并且技术方案整体上改进了计算机系统的内部性能（例如调整了体系结构、减小了存储空间、改善了资源配置等），则可以认为算法与计算机系统内部结构存在特定技术关联。

按照《专利审查指南2023》的规定，如果认定算法与计算机系统的内部结构存在特定技术关联，则包含该算法特征的权利要求的解决方案就被认为是一种技术方案，从而符合《专利法》第2条第2款的规定。《专利审查指南2023》第二部分第九章第6节中的例5就属于这种情况，在这个例子中，深度神经网络模型的训练方法针对不同大小的训练数据适配单处理器或多处理器，从而使得模型训练方法与计算机系统的内部结构（处理器数量）产生了特定技术关联，提升了训练过程中硬件的执行效果，获得了计算机内部性能的改进，从而属于一种技术方案，符合《专利法》第2条第2款的规定。同样的例子可以参考专利号为ZL201610555062.8的中国发明专利，该案通过移位寄存器实现观测矩阵，实现了节省硬件存储空间、降低硬件复杂度等技术效果，因此可以认为其解决方案体现了算法与计算机系统的内部结构存在特定技术关联，该解决方案构成了《专利法》第2条第2款规定的技术方案。

■ **案件小结**

人工智能专利申请的客体审查重点在于根据《专利法》第2条第2款所做的判断。试图通过将说明书中技术特征添加到权利要求中以克服不符合《专利法》第2条第2款的缺陷，其前提之一在于，申请文件整体而言是一个应用于具体技术领域的技术方案，例如，在说明书中详细记载了具有技术含义的外部数据（输入数据）。正是基于这样的外部数据的使用，请求保护的发明获得了解决实际应用场景下的特定技术问题的技术效果，从而可以获得专利法的保护。

二、小结

单纯的算法改进一直被排除在专利法的保护客体之外，不但在中国如此规定，在欧洲、美国、日本也是如此。为了保护人工智能技术的发展创新，我国新修订的《专利审查指南2023》适当平衡了创新主体与社会公众的利益，对包含算法特征的发明专利申请的客体标准作出了新的规定。新的规定适用《专利法》第25条第1款第（二）项和《专利法》第2条第2款这两个条款对包含算法特征的人工智能专利申请的客体问题进行规制。

首先，仅包含单纯算法而没有任何技术特征，并且没有与计算机系统内部结构存在特定技术关联的权利要求依然被认为属于智力活动的规则和方法，从而无法获得授权，这保障了审查规则的连续性；其次，包含算法特征的权利要求必须与具体技术领域紧密结合，或者能够与计算机系统的内部结构产生特定技术关联、提升计算机系统的内部性能，这样才能使得整个方案具备技术性，从而符合《专利法》第2条第2款的规定；最后，权利要求中所处理的数据应当是相应技术领域中具有确切技术含义的数据、执行算法应当能直接体现解决技术问题的过程、执行算法后应当能实现技术上的效果，这样才能认为权利要求与具体技术领域紧密结合，从而符合专利法对客体的要求。

第三节 黑匣子

一个人工智能技术方案，可概括如下：将大量训练数据输入到计算模型中并利用相应的算法对模型进行训练，模型在被训练的过程中不断地调整参数进行自我优化，并输出符合预期的结果。如此反复后，训练好的模型用以解决交付的任务，并自动输出判断结果。

基于专利制度中"公开换保护"的思想，一件专利申请要获得授权，需要满足其技术方案充分公开的要求。如前所述，在深度学习的技术方案中，机器不断学习和自我优化，并且由于其隐含层的存在，要理解其具体的执行过程是困难的，由此引发了俗称的"黑匣子"问题。

那么人工智能方案就不能寻求专利的保护吗？答案是否定的。"黑匣子"问题只是表明在某些情况下基于人工智能算法模型的计算结果具有有限的可解释性，但并不能得出其必然不能满足充分公开要求的结论。

人工智能算法模型通常被视作由三部分组成：输入层、输出层和隐含层。人工智能专利申请为了满足充分公开的要求，其说明书除了应当清楚记载上述三层的具体组成、工作方式及层与层之间的关联性，还需要考虑与训练数据有关的问题是否充分，使得本领域的技术人员能够根据申请文件的记载而实现该技术方案。

本节通过三个典型案例，分别从人工智能专利申请中算法模型的充分公开、训练数据的获取以及输入数据和输出数据之间的关联性三个角度诠释了此类申请充分公开的具体要求，旨在说明"黑匣子"问题不仅有解以及应当如何解。

一、如何判断算法模型是否公开充分

案例 3-2 百度公司关于生成人脸特征复审案

■ **案件信息**

【案件编号】1F288660

【决定号】FS249822

【专利申请号】201711482448.1

【发明名称】用于生成人脸特征的方法和装置

【国际分类号】G06K 9/00、G06K 9/62、G06N 3/04、G06N 3/08

【申请日】2017 年 12 月 29 日

【复审请求人】百度在线网络技术（北京）有限公司

【法律依据】《专利法》第 26 条第 3 款

■ **案情介绍**

驳回决定指出：权利要求 1-16 不具备《专利法》第 22 条第 3 款规定的创造性。

复审请求人对驳回决定不服，向国家知识产权局提出了复审请求，并提交了权利要求书的全文修改替换页。

修改后的独立权利要求 1 的内容如下：

"1. 一种用于生成人脸特征的方法，包括：

获取待识别人脸图像；

将所述待识别人脸图像输入第一卷积神经网络，生成所述待识别人脸图像的特征区域图像集合，其中，所述第一卷积神经网络用于从人脸图像中提取特征区域图像；

将所述特征区域图像集合中的每个特征区域图像输入对应的第二卷积神经网络，生成该特征区域图像的区域人脸特征，其中，所述第二卷积神经网络用于提取对应的特征区域图像的区域人脸特征；

　　根据所述特征区域图像集合中的各特征区域图像的区域人脸特征，生成所述待识别人脸图像的人脸特征集合；

　　其中，所述第一卷积神经网络中还设置有空间变换网络，用于确定人脸图像的特征区域；以及

　　所述将所述待识别人脸图像输入第一卷积神经网络，生成所述待识别人脸图像的特征区域图像集合，包括：

　　将所述待识别人脸图像输入所述空间变换网络，确定所述待识别人脸图像的特征区域；

　　将所述待识别人脸图像输入所述第一卷积神经网络，根据确定的特征区域，生成所述待识别人脸图像的特征区域图像集合。"

　　针对上述文本，合议组发出复审通知书，指出：本申请所请求保护的主题为由多个技术手段构成的技术方案，对于其中的技术手段"第一卷积神经网络中设置有空间变换网络，用于确定人脸图像的特征区域"，"将待识别人脸图像输入所述空间变换网络，确定所述待识别人脸图像的特征区域"，本领域的技术人员按照说明书记载的内容无法理解如何采用空间变换网络来确定人脸图像的特征区域，因此本申请不符合《专利法》第 26 条第 3 款的规定。

　　针对上述复审通知书，复审请求人充分陈述了意见，但未修改申请文件。最终，合议组接受了复审请求人的复审意见，在复审通知书所针对文本的基础上作出了撤销驳回的复审决定。

　　复审决定认为：

　　本申请所要解决的技术问题是在人脸图像识别计算中减少计算数据量、降低资源占用和提高生成结果的准确度。本申请公开的技术方案中采用"第一卷积神经网络中设置有空间变换网络，用于确定人脸图像的特征区域"和"将待识别人脸图像输入所述空间变换网络，确定所述待识别人脸图像的特征区域"的技术手段来解决上述问题。根据说明书第［0050］-［0056］段的记载"为了提高生成结果的准确度，第一卷积神经网络中还可以设置有空间变换网络……空间变换网络在第一卷积神经网络中的具体设置位置在本申请中并不限制。且空间变换网络可以通过不断地学习，来确定不同人脸图像的不同特征的特征区域"；同时本领域的技术人员公知，空间变换网络（Spatial Transformer Networks，STN）是一种卷积神经网络架构模型，由三个部分组成：本地化网络、网格生成器及采样器。其中，本地化网络是一个常规卷积神经网络，可以回归变换参数，本地化网络中的参数为空间变换网络需要训练的参数；网格生成器在输入图像中生成对应于来自输出图像的每个像素的

坐标网格；采样器将变换的参数应用于输入图像。因此，空间变换网络作为一个整体，可以插入到第一卷积神经网络中的任意位置（例如空间变换网络可以作为第一卷积神经网络的第一层，空间变换网络还可以作为第一卷积神经网络的中间层等）。已经训练完成的空间变换网络的本地化网络（卷积神经网络）可以自动提取输入图像的局部区域特征（例如嘴、眼睛等），并生成变换参数，然后采样器应用该变换参数以实现对输入图像的空间变换。

　　基于上述内容，本领域技术人员可以直接地、毫无疑义地确定，空间变换网络也是一种卷积神经网络，其整体嵌入第一卷积神经网络中，实现一种卷积神经网络嵌套另一种卷积神经网络的结构。可见，通过训练，空间变换网络具有了确定不同人脸图像的不同特征所在特征区域的能力。在第一卷积神经网络对输入的人脸图像进行卷积处理的过程中，空间变换网络可以学习到的特征数据相对比较重要，并以此作为参考指导；对于输入的人脸图像，空间变换网络可以先确定初始特征区域。进一步，空间变换网络不仅可以指导第一卷积神经网络进行特征区域切割，还可以对输入数据进行简单的空间变换，有助于提高第一卷积神经网络的处理效果。由此可知，通过在第一卷积神经网络中设置空间变换网络，能够根据空间变换网络确定的特征区域提取与特征区域匹配的图像，进而提高生成结果的准确度。

　　综上所述，本领域技术人员根据说明书的记载可以直接、唯一地确定所采用的算法模型是空间变换网络，并且已经解释清楚了如何采用空间变换网络来确定人脸图像的特征区域，本申请符合《专利法》第 26 条第 3 款的规定。

■ **案件精解**

　　人工智能算法模型是对输入数据进行处理得到输出数据的核心部分。如果人工智能专利申请的技术方案对于本领域的技术人员来说处于不能完全知悉的状态，就不能实现对该发明创造的技术内容的"重现"或"再现"，无法满足专利法意义上充分公开的要求。

　　为了满足充分公开的要求，说明书中应当公开算法模型的类型和结构，清楚地描述算法模型的训练方式、所涉及的具体算法、算法处理的步骤流程等。如果模型中为多层结构，则应清楚描述模型的层级构成、各个层级之间的输入输出关系及每层的配置方式，即需要在专利申请中揭示模型的整体结构及其各组成部分、算法模型的处理步骤或工作流程，例如，选择不同类型的算法、算法处理的步骤流程等。如果采用的模型不是标准模型，或者常规模型中针对特定问题采用了隐藏层设计以实现特定功能，则相关内容应当以数学公式、流程图或任何其他能够将结构充分说明的方式予以详细、充分的描述，以确保本领域的技术人员能够充分了解和实现该人工智能的算法模型结构。

具体到本案，本案中的模型由两层卷积神经网络构成，包括第一卷积神经网络和第二卷积神经网络，其中第一卷积神经网络中还设置有空间变换网络，其模型工作方式是：待识别人脸图像作为输入数据，将其输入第一卷积神经网络，用于从人脸图像中提取特征区域图像；生成所述待识别人脸图像的特征区域图像集合，再输入对应的第二卷积神经网络，用于提取对应的特征区域图像的区域人脸特征；其中，第一卷积神经网络中还设置有空间变换网络，用于确定人脸图像的特征区域。由此可见，本案中所采用的模型层级清楚，各层级之间的输入输出及其之间的关系清楚，其中所采用的卷积神经网络是本领域常用的神经网络形式，本领域的技术人员根据上述记载能够构建相应的模型结构。

在本案的复审审查中，判断的难点在于第一卷积神经网络与其中设置的空间变换网络之间的关系，以及如何通过空间变换网络确定人脸图像的特征区域。

针对上述问题，本领域的技术人员知晓空间变换网络属于卷积神经网络架构模型中的一种具体形式，并包括本地化网络、网格生成器和采样器。空间变换网络作为一个整体，可以插入到第一卷积神经网络中的任意位置。已经训练完成的空间变换网络的本地化网络可以自动提取输入图像的局部区域特征并生成变换参数，然后采样器应用该变换参数以实现对输入图像的空间变换。由此，本领域的技术人员可以直接地、毫无疑义地确定，空间变换网络也是一种卷积神经网络以及内部相互嵌套所形成的结构。被训练后的空间变换网络不仅可以指导第一卷积神经网络进行特征区域切割，还可以对输入数据进行简单的空间变换，从而提高了第一卷积神经网络的处理效果。

因此，本案对于如何判断人工智能专利申请中算法模型的充分公开做了一个充分、详细的诠释。

■ 案件小结

对于人工智能专利申请来说，充分公开其技术方案以使本领域的技术人员能够实现所要求保护的发明，并非要求精确再现人工神经网络模型。对于不易描述的隐含层，如果专利申请中清楚记载所涉及的具体算法、算法处理的步骤流程、训练参数调整过程等，清楚描述模型的层级构成及每层的配置方式、模型的内部处理逻辑、各个层级之间的输入输出关系，使得本领域的技术人员能够构建相应的算法模型，基于所公开的输入数据进行模型训练和使用。在此过程中，本领域技术人员结合所属领域的现有技术和公知常识，能够解释和预期该算法模型的输出数据在一定预设的范围之内，则可以认为该申请对算法模型进行了充分披露，满足了专利法意义上充分公开的要求。

二、如何获取训练数据

案例3-3　支付宝公司关于脑电波支付复审案

■ **案件信息**

【案件编号】1F358028

【决定号】FS1326239

【专利申请号】202010440505.5

【发明名称】一种支付操作的控制方法和系统

【国际分类号】G06Q 20/40、G06K 9/00、G06N 20/00

【申请日】2020 年 5 月 22 日

【复审请求人】支付宝（中国）网络技术有限公司

【法律依据】《专利法》第 26 条第 3 款

■ **案情介绍**

驳回决定中指出：权利要求 1-11 不符合《专利法》第 22 条第 3 款有关创造性的规定。驳回决定所针对的独立权利要求 1、6 分别为：

"1. 一种支付操作的控制方法，所述方法包括：获取待识别目标对象处于目标场景中的目标脑波数据，以及当前支付操作所对应的商品信息；基于所述目标脑波数据、所述商品信息以及机器学习模型，判断所述待识别目标对象的身份；并基于判断结果确定是否生成支付操作请求，所述支付操作请求包括与所述待识别目标对象的身份对应的账户信息；其中，所述机器学习模型用于对所述目标脑波数据及所述商品信息进行处理，且所述机器学习模型的输出数据包括与所述目标脑波数据以及所述商品信息匹配的身份信息。"

"6. 一种支付操作的控制系统，所述系统包括：

获取模块，用于获取待识别目标对象处于目标场景中的目标脑波数据，以及当前支付操作所对应的商品信息；

判断模块，用于基于所述目标脑波数据、所述商品信息以及机器学习模型，判断所述待识别目标对象的身份，其中，所述机器学习模型用于对所述目标脑波数据及所述商品信息进行处理，且所述机器学习模型的输出数据包括与所述目标脑波数据以及所述商品信息匹配的身份信息；

生成模块，用于基于判断结果确定是否生成支付操作请求，所述支付操作请求包括与所述待识别目标对象的身份对应的账户信息。"

复审请求人对上述驳回决定不服，提出了复审请求，但未修改权利要求书。复审请求人认为：在用户身份（账户）未知的情况下，则不存在当前商品信息与用户账户的后台数据之间的对应关系。基于当前商品信息来确认用户身份绝非易事，需要依赖机器学习模型的预测和识别能力，预测当前商品可能对应的用户及其身份，同时还需要结合其他特征进行辅助识别（例如可以反映人体生理特征的脑波数据）。基于上述理由，复审请求人认为本案的技术方案相对于对比文件具有突出的实质性特点。

经审查，合议组发现，本案的发明点正如复审请求人所声称的那样，在于如何依赖机器学习模型来进行身份确定，这个过程需要借助脑波数据来辅助识别。然而，就整个申请文件而言，获取什么样的脑波数据，怎样利用脑波数据去训练机器学习模型，相关内容在说明书中并未有详细说明。本案合议组发出了口头审理通知，并随附审查意见通知书，表达了如下审查意见：

在说明书中对于所需要训练的样本数量、样本特点等样本集的特点要求并无记载，到底应该如何训练这一机器学习模型对于本领域技术人员来说仍然是含糊不清的；说明书中并未具体说明机器学习模型所涉及的输入训练数据、输出训练数据、输入数据与输出结果之间的关联性，亦未给出评估结果或实验数据证明两者的关联性，因此根据说明书记载的内容无法具体实施本申请的技术方案，解决其技术问题，产生预期的技术效果。因此，说明书不符合《专利法》第26条第3款的规定。

复审请求人的代理人参加了本次口头审理，但当庭并未充分说明也未补充提供证据来证明其技术方案是如何具体实现的，最终，合议组以权利要求1-11的技术方案在说明书中未被充分公开为由，作出了维持驳回的复审决定。

■ 案件精解

本案中，权利要求1-5请求保护一种支付操作的控制方法（权利要求6-11是与方法对应的装置权利要求），方案中选择待识别目标对象处于目标场景中的目标脑波数据，以及当前支付操作所对应的商品信息一并输入机器学习模型，以此识别目标的身份。表面上看，说明书中已经给出了上述技术手段，但对于所属技术领域的技术人员来说，该手段是含糊不清的，根据说明书记载的内容无法具体实施。具体理由如下：

首先，本申请中并未具体说明输入数据以及如何利用该输入数据训练机器学习模型。根据说明书的记载，在训练机器学习模型时，输入数据是历史脑波数据和历史购物操作信息，输出数据是身份信息，样本的数量取决于若干用户的数量，样本数据中的历史脑波数据所对应的获取场景需要与实际付款时所要求的目标场景保持一致。然而，"若干"并不是一个较为清晰的数值范围，获取场景需要与目标场景保持一致，并不意味着就明确了该样本的数据特点。比如，是否要对样本区分性别、年龄？具体采集脑波数据的哪些参数？幅度？频率？时间范围？这些在说明书中均无记载。所谓的训练方案看起来更像是一些设想，而不是具体的训练方法。

其次，对于机器学习而言，应当考察学习模型所涉及输入数据与输出结果之间的关联性，但当前的说明书中并未具体说明两者之间为何以及如何存在关联性，亦未给出评估结果或实验数据证明输入数据和输出数据之间存在特定逻辑，可以预期稳定的输出结果。虽然，复审请求人试图用三份证据证明用脑电波数据来确定身份进而完成支付存在可能性，但那只能说理论上可以实现。具体到本申请中，需要体现为实际可操作的技术方案。

基于以上观点，读者可能会问，对于此类申请所需要的训练数据就一定要详细到公开具体数据样本，展示大量实验数据这样的程度吗？答案是否定的。实验数据不是必需的，具体的数据内容也不是必需的，只要让本领域技术人员大致明了获取什么样的输入数据即可，比如数据的属性、分类以及特征等。实验数据主要用于对方案的具体实施以及数据之间的逻辑关系进行进一步的佐证，具体的数据内容则可能属于一种优选方案，供公众参考以帮助其理解方案的实质。

众所周知，人工智能技术经过几代人的研发和更新换代，目前已经形成了几大类较为成熟且被广泛应用的人工智能算法模型。本领域技术人员知道，训练不同的算法模型对具体数据的要求不同，在不同场景下选择具体的算法模型并输入不同的输入数据也会造成输出结果的较大差异，进而影响模型训练的效果。因此，选择什么模型以及与之匹配的数据，获取什么样的训练数据对于人工智能技术方案的具体实现而言应当是基本要求。

本案中，合议组在口头审理中也就上述问题进行了询问，复审请求人答辩称现有的任何机器学习模型均可，训练数据就是采用脑波获取设备所获得的常规脑波数据，采集样本量是若干。基于此，合议组认为：本申请对社会的贡献就在于其提出了用脑波数据判断和识别身份并用于商业支付这样的一个"愿景"，而如何将这个"愿景"落地，则需要本领域技术人员发挥创造性的劳动，比如选择适当的机器学习模型、一定属性和范围的数据，并进行多次反复的训练才可以实现其技术方案。可见，这样的申请文件无法满足说明书充分公开的要求。

■ 案件小结

一个期望获得权利从而得到一定时间范围独占权的发明，需要在 AI 技术上真正作出改进，而不能仅披上 AI 的外衣就可以。AI 技术方案的优劣，关键在于数据的选取，以及如何利用数据去训练模型。因此，在专利场景中，一个人工智能专利申请方案需要在说明书中限定明确的数据含义，包括输入数据和输出数据的类型、属性、特征以及如何获取等，要证明本领域技术人员经说明书的教导可以实现该方案，则需要进一步交代清楚所选择的具体模型是什么、进出模型的数据，以及输入数据和输出数据之间的关联性、模型的建造规则、模型的训练方法等，具体内容和详细程度应以本领域技术人员根据说明书的内容能够实现其请求保护的技术方案为准。

简而言之，人工智能发明可以很大，涉及整个的大模型建构和训练，也可以很小，仅涉及数据的预处理或者模型的优化，但是无论是哪一种，其权利要求的技术方案在说明书中未公开技术细节，而仅仅是一些设想，导致所述技术领域的技术人员不能够实现该技术方案，则这样的说明书就未满足《专利法》第 26 条第 3 款充分公开的要求。

三、如何判定输入数据和输出数据之间所存在的关联性

案例3-4　日局 AI 相关实例中估算受试物质的过敏发生率案

■ 案件信息①

【发明名称】受试物质的过敏发生率的估算方法

【法律依据】《专利法》第 26 条第 3 款②

---

① Case Examples pertinent to AI-related technology［EB/OL］.［2024-03-13］. https://www.jpo.go.jp/e/system/laws/rule/guideline/patent/document/ai_jirei_e/jirei_e.pdf.

② 原文是《日本专利法》第 36（6）（i）条（支持要求）、第 36（4）（i）条（"能够实现"要求）内容。

■ **案情介绍**

权利要求 1、2 的内容如下：

"1. 一种估计人体中受试物质的过敏发生率的方法，包括：

将训练数据输入到人工智能模型中以训练模型，训练数据包括表示培养溶液中人 X 细胞的形状变化的一组数据和由每种物质引起的人过敏反应的发生率的评分数据，其中将每种物质分别添加到培养液中，并且已知每种物质引起的人过敏反应的发生率；

获得表示在添加有受试物质的培养液中测量的人 X 细胞的形状变化的一组数据；

向训练的人工智能模型输入表示在添加了受试物质的培养液中测量的人 X 细胞的形状变化的数据组；和

使训练有素的人工智能模型计算出人类过敏反应发生率的评分数据。

2. 如权利要求 1 所述的过敏发生率的估计方法，其特征在于，表示人 X 细胞的形状变化的数据组是人 X 细胞的椭圆度、粗糙度和扁率的形状变化的组合，过敏反应是接触性皮炎。"

本发明涉及一种使用训练过的人工智能模型估计人体中受试物质的过敏发生率的方法。本发明的一个目的是通过在选择候选物质的早期阶段估计受试物质的人过敏反应的发生率来防止选择候选物质的损失。

在说明书中公开了通过以下方法验证的实验结果：（ⅰ）将已知接触性皮炎发生率的每种候选物质分别添加到人 X 细胞的培养溶液中。（ⅱ）获得表示培养液中的人 X 细胞在添加前后的椭圆度、粗糙度和扁率方面形状变化的一组数据；向一个通用的人工智能模型输入训练数据来训练模型，包括上述 3 种形状变化数据和由每种物质引起的接触性皮炎发生率的评分数据；将尚未用于人工智能模型训练的每种物质（已知接触性皮炎发生率）分别加入人 X 细胞的培养液中；在添加之前和之后获得表示培养溶液中人 X 细胞的椭圆度、粗糙度和扁率的形状变化的一组数据。将获得的数据组输入训练有素的人工智能模型中；并计算由人工智能估计的接触性皮炎发生率的评分数据。

审查结论：权利要求 2 的技术方案在说明书中被充分公开。

■ **案件精解**

众所周知，人工智能算法模型无论多么复杂，都可以将其大体分为三层，即输入层、输出层和隐含层。对于人工智能专利申请来说，除不可描述的

"隐含层"以外，还包括可描述的输入层、输出层以及工程师预先构造的用以训练模型的训练方法（算法），这些构成了人工智能专利申请的通常方式。因此，在整体考虑人工智能专利申请公开是否充分时，本领域的技术人员根据说明书记载的内容，除了判断输入数据和输出数据的数据类型、物理含义等是否明确，还要考量输入数据和输出数据之间是否存在确定的关联性。

本案中，权利要求 1 请求保护一种估计人体中受试物质的过敏发生率的方法。其中，输入数据是指对所述人工智能模型进行训练的数据，该训练数据包括表示人 X 细胞的形状变化的一组数据，输出数据是由人工智能模型计算得出的人类过敏反应发生率的评分数据。但该说明书仅公开了训练数据的一些具体示例，即人类 X 细胞的椭圆度、粗糙度和扁率的组合，输出数据也只有关于接触性皮炎发生率的评分数据。

针对输入数据，除椭圆度、粗糙度和扁率之外，人 X 细胞的形状变化还可以由其他各种参数表示。然而，除这三个因素的组合之外，即使考虑到提交本发明时的公知常识，本领域的技术人员也无法推测其他还有哪些人 X 细胞的形状变化与过敏反应的发病率相关，以及具体还有人 X 细胞的形状变化的哪些参数可以作为输入数据的具体形式。

针对输出数据，本领域公知，除接触性皮炎之外还存在其他各种类型的过敏反应，而各种过敏反应相关的抗体或细胞和发育机制各不相同。因此，本领域的技术人员根据说明书公开的接触性皮炎发生率的具体实施方式也没有合理的理由能够估计其他类型过敏反应的发生率，无法推测哪些关于人过敏反应的发生率的评分数据可以作为输出数据的具体形式。

针对输入数据与输出数据之间的关联性，说明书仅公开了人类 X 细胞的椭圆度、粗糙度和扁率的组合作为输入数据时，经过人工智能模型中加以训练，得到关于接触性皮炎发生率的评分数据，并将训练好的模型用于接触性皮炎发生率的评测数据的具体实施方式。基于说明书中的公开内容和本领域的公知常识，本领域的技术人员无法使用除椭圆度、粗糙度和扁率的形状变化组合之外的人类 X 细胞的形状变化训练数据，经过人工智能模型获知接触性皮炎以外的人类过敏反应发生率评分数据，也即本领域的技术人员无法知晓或者推测输入数据与输出数据之间的关联性。

本案中的权利要求 2 进一步限缩了技术方案，所要解决的技术问题是仅对接触性皮炎的发生率进行评估。针对该技术方案，说明书中公开训练数据为每种已知物质中人 X 细胞的已知形状变化的一组数据，其中已知的接触性皮炎发病率与之相关联，分别包含椭圆度、粗糙度和扁率的组合；以及每种已知物质的已知人接触性皮炎发病率的评分数据作为输出数据。由此可见，包含椭圆度、粗糙度和扁率组合的训练数据与接触性皮炎发生率存在直接的对应关系，输入数据和输出数据之间的关联性已满足了充分公开的要求。

■ **案件小结**

对于人工智能专利申请来说，输入数据、输出数据与算法模型是不可分割的整体。输入数据需要公开输入数据的类型和物理含义、所需数据量、数据是否需要预处理以及如何进行数据预处理等相关内容。关于输出数据，则需要明确其数据类型、物理含义，明确记载输出数据和输入数据之间的关联性等。对于人工智能领域的技术方案来说，算法模型的运算必然依靠数据的注入，在已经明确输入数据类型的情况下，输入数据应当覆盖该数据类型的各种形式，或者在已经公开的数据形式的基础上，本领域的技术人员能够直接、唯一地确定其他形式的数据也能够合理应用于该算法模型中，并与输出数据建立具体的关联性。也就是说，如果当本领域的技术人员根据申请文件的记载结合本领域公知常识，能够确认或者合理推测输入数据的全部类型能够应用于算法模型，并与输出数据能够建立某种确定逻辑关系，则可以认为相关输入数据和输出数据公开是充分的。否则，如果输入数据本身缺乏代表性或者不够全面，或者对输出数据的记载不够准确或者全面，输入数据和输出数据之间缺乏可以确定的具体的关联性，那么根据说明书公开的内容，本领域的技术人员无法实现该发明，则这样的专利申请未能满足专利法意义上充分公开的要求。

此外，作为一种特例情况，有时算法模型需要向其注入特定数据才能够解决其技术问题，则对于用于训练和运行人工智能的特定数据也应当予以公开，只有这样，本领域的技术人员才能够获得足够信息以获得算法模型所要实现的处理结果，使得输入数据和输出数据满足可预期的、具体的关联性，由此达到满足充分公开的程度。

四、小结

人工智能专利申请由于其本身的技术特点，算法模型在其训练和工作过程中不断地进行自我优化而产生"黑匣子"的问题。但是，在实际产业应用中，人工智能相关的发明创造多采用已知的算法和模型，其输入输出的数据类型及其关联性也是确定的，如果在申请文件中清楚记载了算法模型的具体构成，输入输出数据的具体物理含义和类型，算法模型运行过程中关键参数的调整，本领域的技术人员根据该已公开内容能够合理构建特定算法模型，并能理解根据申请文件中描述的输入数据，能够在一定误差范围内获得声称的输出数据，则可以认为上述技术方案满足了专利法意义上充分公开的要求。即便该算法模型使用了特定的算法或模型，需要特定的数据，如果申请文件中对该特定内容予以清楚地披露，本领域技术人员根据该披露的内容能够实施相关技术内容，也可以认为上述技术方案满足了专利法意义上充分公开的要求。相反，如果申请文件中记载的方案中仅仅给出设想，或缺少关键数据信息、缺少参数信息、算法模型描述不清等，使得本领域技术人员根据专利公开的内容不能实现该项发明，则认为其未满足专利法意义上的充分公开要求。

本节通过以上三个具体的案例，详细论述了输入数据（训练数据）、输出数据、输入数据和输出数据之间的关联性以及算法模型等公开程度的具体要求。

具体地，在人工智能专利申请充分公开的要求上，应符合以下条件：

（ⅰ）基于说明书记载的内容，本领域的技术人员可以确认输入数据和输出数据的类型以及具体含义；

（ⅱ）基于说明书记载的内容，本领域的技术人员可以确认输入数据和输出数据之间存在关联性，或者考虑到本领域的公知常识，可以直接、毫无疑义地推测出输入数据和输出数据之间存在关联性；

（ⅲ）基于说明书记载的内容，本领域的技术人员可以明确算法模型的具体算法、步骤流程等，能够构建相应的算法模型，基于所公开的输入数据进行模型训练和使用，并达到预设的精确度范围。

第四节　创造性

人工智能技术包括数据预处理、特征工程、模型选择、模型搭建、模型训练、模型优化、模型评估、模型部署和模型维护等多个步骤。人工智能解决方案主要包括三个阶段：首先，根据应用场景和所要解决的问题，选择合适的算法来搭建初始模型，通常是选择现有的算法或在现有算法的基础上进行调整；其次，选取该应用场景的大量训练数据对初始模型进行训练，计算机会根据训练数据不断地进行反馈处理以调整模型各层级的参数、权重等，实现对模型的进一步优化；最后，通过训练得到产品模型，用来解决该应用场景下的技术问题。

鉴于人工智能解决方案存在以上特点，对人工智能专利申请进行创造性审查，也须与其技术特点相匹配。因此，关注此类申请的创造性，不仅要判断算法或者模型自身的改进是否带来了实质性特点或者显著进步；进一步地，当算法和模型是所属领域的常见算法或者已知模型时，如果其被用到了不同的应用场景中，采用了不同的训练数据及训练方法，解决了不同的技术问题，最终也可能给技术方案带来创造性。

下面将就具体案例，对此类申请创造性审查中遇到的典型问题进行说明。

一、相同算法应用于不同场景是否带来创造性

案例3-5　深兰公司关于容器瑕疵检测申请案

■ **案件信息**

【专利申请号】202010834459.7

【发明名称】容器瑕疵检测方法和装置

【申请日】2020年8月19日

【授权日】2021年3月2日

【申请人/专利权人】深兰人工智能芯片研究院（江苏）有限公司

【法律依据】《专利法》第22条第3款

■ **案情介绍**

本案中，第一次审查意见通知书指出权利要求1相对于对比文件1[①]和公知常识的结合不具备创造性。权利要求1为：

"1. 一种容器瑕疵检测方法，其特征在于，包括以下步骤：

对无瑕疵的容器的图像样本进行图像融合处理，以生成容器内无异物但瓶身有缺陷的第一容器图像样本；

对所述无瑕疵的容器进行人工处理，以获取容器内有异物但瓶身无缺陷的第二容器图像样本；

对所述第二容器图像样本进行所述图像融合处理，以生成容器内有异物且瓶身有缺陷的第三容器图像样本；

根据所述第一容器图像样本、所述第二容器图像样本和所述第三容器图像样本生成容器瑕疵检测数据集；

根据所述容器瑕疵检测数据集对神经网络进行训练，以生成容器瑕疵检

---

① CN111145177A.

测算法模型；

根据所述容器瑕疵检测算法模型对待检测容器进行瑕疵检测。"

本申请涉及一种容器瑕疵检测方法。现有的基于传统规则的机器视觉算法不能很好地满足工厂自动化检测定位的要求。而目标检测深度学习算法的成功运用依赖于大量的有效训练样本数据，对于特定领域的目标检测，例如药瓶内异物和瓶身缺陷检测来说，已有的目标检测开源数据无法适用，仅有厂家提供的少量无缺陷药瓶数据，故而形成了算法训练的巨大瓶颈。为此，本发明要提供一种容器瑕疵检测方法，在特定领域、训练样本数据极度匮乏的情况下，能够合理利用有限资源获取更多有效的样本数据，为神经网络训练提供更多的数据支持，从而提高容器瑕疵检测的准确性。

对比文件1公开了一种用于深度学习的图像样本生成方法和特定场景的目标检测方法，解决深度学习训练样本数据采集、标注难且数据量大的问题，无须现场拍摄大量图像，也无须手动对实拍图像进行标注，为模型训练提供大量可用的带标注信息的样本数据，且提高了目标检测任务的效率和准确率。

第一次审查意见通知书指出，权利要求1与对比文件1相比，其区别在于：权利要求1是一种容器瑕疵检测方法，对无瑕疵的容器的图像样本进行图像融合处理，以生成容器内无异物但瓶身有缺陷的第一容器图像样本；对所述无瑕疵的容器进行人工处理，以获取容器内有异物但瓶身无缺陷的第二容器图像样本；对所述第二容器图像样本进行所述图像融合处理，以生成容器内有异物且瓶身有缺陷的第三容器图像样本。基于上述区别，可以确定权利要求1相较于对比文件1，其实际解决的技术问题是在容器瑕疵检测场景下如何生成训练样本。

然而，对比文件1公开了：在安检场景中，为了增加数据量，利用实际拍摄的行李、快递包裹、包、袋、货物等容器图像，与枪支、爆炸物等目标图像进行融合，以获得足够数量的训练数据。因此，对比文件1给出了技术启示，为了解决训练数据少的问题，本领域技术人员有动机在现有技术中寻找解决训练数据量少的技术方案，在对比文件1所公开内容的基础上，能够想到将容器图像与瑕疵图像、异物图像进行融合，得到与缺陷检测、异物检测相关的图像样本，其获得的增加数据量的技术效果也是本领域技术人员能够预期的，因而在对比文件1的基础上结合公知常识而得到权利要求1要求保护的技术方案，是显而易见的。

申请人针对该审查意见通知书陈述意见并修改了权利要求，该申请最终获得了授权。授权的权利要求具体为：

"1. 一种容器瑕疵检测方法,其特征在于,包括以下步骤:

对无瑕疵的容器的图像样本和瓶身有缺陷的容器图像进行图像融合处理,以生成容器内无异物但瓶身有缺陷的第一容器图像样本;

对所述无瑕疵的容器进行人工处理,以获取容器内有异物但瓶身无缺陷的第二容器图像样本,其中,对所述无瑕疵的容器进行人工处理包括:向所述无瑕疵的容器中随机加入异物;

对所述第二容器图像样本和所述瓶身有缺陷的容器图像进行所述图像融合处理,以生成容器内有异物且瓶身有缺陷的第三容器图像样本;

根据所述第一容器图像样本、所述第二容器图像样本和所述第三容器图像样本生成容器瑕疵检测数据集;

根据所述容器瑕疵检测数据集对神经网络进行训练,以生成容器瑕疵检测算法模型;

根据所述容器瑕疵检测算法模型对待检测容器进行瑕疵检测。"

■ **案件精解**

本案中,初看本申请的技术方案与对比文件1相比较,的确有较多共同之处。二者都利用融合图像生成样本集,再对神经网络进行训练,并利用训练得到的模型对待测目标进行检测。并且,二者都是利用有限的资源,获取更多有效的样本数据,为后续的算法训练及检测提供数据支持。在本案的审查意见通知书中,虽然承认了三种容器图像样本的生成是本案相较于对比文件1的区别,但是由于将区别特征实际所要解决的技术问题归结为"在容器瑕疵检测场景下如何生成训练样本",因此认为可以从现有技术中得到启示,由此得到了本申请的权利要求不具备创造性的结论。

然而本案的重点在于人工智能解决方案中应用场景的不同所带来的影响。具体而言,本申请是用于检测容器,而对比文件1是用于安检过程中筛选出违禁品。由此导致了两者在具体实现手段上的不同:本专利要保护的是容器瑕疵检测方法,相对应地,进行图像融合处理的是相关的容器图像,得到的也是容器的相关图像样本,算法模型也是针对容器瑕疵检测的,最终检测的是容器。而对比文件1要检测的是违禁品,由于对比文件1和本申请针对的检测对象不同,由此算法模型和训练样本也都不同,融合图像的需求相应也不同,例如需要容器内无异物但瓶身有缺陷的图像样本,而对比文件1则无需无违禁品的图像样本等,这些场景的不同带来的多方面的差异导致了依照安检场景的物品检测方案结合本领域公知常识无法显而易见地得到容器瑕疵检测场景的相应方案，因此本申请的技术方案相对于对比文件 1 和本领域公知常识具备创造性。

■ **案件小结**

针对人工智能领域的技术方案，即使算法相同，由于其应用场景不同，要解决的技术问题不同，最终成型的模型可能是不同的，甚至可能存在较大的区别。这是因为，人工智能算法是为特定应用场景的技术问题服务的，依赖于技术问题而需要调整其初始模型的输入/输出参数、运算的步骤内容或顺序、所采用的训练样本数据等。并且，这些调整并不能简单地认为仅仅通过有限次实验就能够得到，而是依据特定场景下的特定技术问题，付出了创造性的劳动得到的。

特定的应用场景，对应于特定的领域，对于最终要使用的人工智能模型有着特定的需求。因此，对于一个涉及人工智能技术的方案，应将其作为整体进行把握，不应当只考虑其技术方案所采用的基础算法以及基础模型架构，还应当结合应用场景进行整体考虑。首先，判断人工智能模型的实施是否依赖于特定的对象。如果需要基于特定的对象，特定对象需要人工智能模型中重要参数或相关步骤的调整，则从一个对象到另一对象，也即从一个特定应用场景到另一特定应用场景的转用，现有技术整体无法给出相关的技术启示。反之，如不依赖于特定的对象，两个应用场景之间存在较多的相似之处，将算法从一个应用场景转用到另一应用场景时无须进行过多的调整或重要参数的变化，则这种转用不需要付出创造性的劳动。

二、不同算法应用于相同场景中是否带来创造性

案例 3-6　陕西科技大学关于猪肉冷链物流安全预警复审案

■ **案件信息**

【案件编号】1F320861

【决定号】FS266666

【专利申请号】201610410821.1

【发明名称】一种猪肉冷链物流安全预警方法

【申请日】2016 年 6 月 13 日

【复审请求人】陕西科技大学

【法律依据】《专利法》第 22 条第 3 款

■ **案情介绍**

本申请旨在提供一种猪肉冷链物流安全预警方法，其为了解决猪肉冷链过程中由于事前监控不到位而引发的事后问题反馈不及时、猪肉冷链环节被延长，并进一步影响到猪肉到达终端时的质量的问题，具有步骤简单且仿真模拟数据的拟合度高的特点。本申请率先将支持向量机用于猪肉冷链预警方案之中，利用支持向量机通过引进核函数进行非线性回归运算，并且能够在提高空间维度的同时，控制过拟合，降低了回归拟合过程中的风险，提高了预测准确性。

对比文件1则公开了采用BP神经网络建立猪肉冷链物流预警模型以及进行仿真的方法。该方法中，首先建立预警指标体系，将能够合理取值的数据资料直接用作原始数据，不能获得的指标数据则采取直接征询专家意见和对现场调查进行等级评价划分的方式取得。

驳回决定指出权利要求1~9相对于对比文件1[①]和常用技术手段的结合不具备创造性。驳回决定所针对的权利要求1为：

"1. 一种猪肉冷链物流安全预警方法，其特征在于，包括以下步骤：

1）建立猪肉冷链物流安全评价指标体系，所述安全评价指标体系包括用于反映猪肉冷链物流总体警情的指标、用于反映猪肉冷链物流各环节警情的一级指标、用于反映猪肉冷链物流各个环节中卫生安全监测对象分类的二级指标以及采集自猪肉冷链物流各个环节的用于卫生安全监测的三级指标；所述猪肉冷链物流由屠宰加工、冷却排酸、运输和销售四个环节组成；

2）采集 N 组三级指标的原始数据，对每组三级指标的原始数据进行定性指标定量化以及对不同量化指标各自作归一化处理得到归一化的三级指标，根据归一化的三级指标以及采用层次分析法对所述安全评价指标体系分析的结果获取二级指标、在二级指标的基础上获取一级指标以及在一级指标的基础上获取猪肉冷链物流总体警情，由获取的一级指标或猪肉冷链物流总体警情与对应的归一化的三级指标构成包含 N 组样本的训练样本集；所述 N 的取值为 20~90；

3）采用支持向量机构建警情预测的数学模型，并利用所述训练样本集对该数学模型进行训练，所述支持向量机采用径向基核函数；所述径向基核函数的惩罚函数 C 和核函数参数 g 取经过交叉验证法优化的结果，其中，屠宰

[①] 杨玮，等. 采用BP神经网络的猪肉冷链物流预警模型与仿真［J］. 华侨大学学报，2015，36（5）：512-515.

加工环节对应的 $C = 0.3536$，$g = 0.3536$，冷却排酸环节对应的 $C = 2$，$g = 1$，运输环节对应的 $C = 0.3536$，$g = 0.3536$，销售环节对应的 $C = 5.6569$，$g = 0.5$，总体预测对应的 $C = 0.5$，$g = 0.125$；

4）经过步骤3）后，利用所述数学模型进行针对猪肉冷链物流总体或猪肉冷链物流各个环节的警情预测。"

复审请求人在提出复审请求时修改了权利要求书，合议组在此基础上作出了撤销驳回的复审决定。

复审决定所针对的权利要求1如下：

"1. 一种猪肉冷链物流安全预警方法，其特征在于，包括以下步骤：

1）建立猪肉冷链物流安全评价指标体系，所述安全评价指标体系包括用于反映猪肉冷链物流总体警情的指标、用于反映猪肉冷链物流各环节警情的一级指标、用于反映猪肉冷链物流各个环节中卫生安全监测对象分类的二级指标以及采集自猪肉冷链物流各个环节的用于卫生安全监测的三级指标；所述猪肉冷链物流由屠宰加工、冷却排酸、运输和销售四个环节组成；

2）采集 N 组三级指标的原始数据，对每组三级指标的原始数据进行定性指标定量化以及对不同量化指标各自作归一化处理得到归一化的三级指标，根据归一化的三级指标以及采用层次分析法对所述安全评价指标体系分析的结果获取二级指标、在二级指标的基础上获取一级指标以及在一级指标的基础上获取猪肉冷链物流总体警情，由获取的一级指标或猪肉冷链物流总体警情与对应的归一化的三级指标构成包含 N 组样本的训练样本集；所述 N 的取值为 20~90；

3）采用支持向量机构建警情预测的数学模型，并利用所述训练样本集对该数学模型进行训练：建立回归函数，利用回归函数进行支持向量机训练，所述支持向量机采用径向基核函数；所述径向基核函数的惩罚函数 C 和核函数参数 g 取经过交叉验证法优化的结果，其中，屠宰加工环节对应的 $C = 0.3536$，$g = 0.3536$，冷却排酸环节对应的 $C = 2$，$g = 1$，运输环节对应的 $C = 0.3536$，$g = 0.3536$，销售环节对应的 $C = 5.6569$，$g = 0.5$，总体预测对应的 $C = 0.5$，$g = 0.125$；

4）经过步骤3）后，利用所述数学模型进行针对猪肉冷链物流总体或猪肉冷链物流各个环节的警情预测。"

■ **案件精解**

将本申请与对比文件1进行比较可知，本申请中采用的是支持向量机构建警情预测的数学模型，实现对猪肉冷链物流进行预警，而对比文件 1 是利用 BP 神经网络模型对猪肉冷链物流进行预警与仿真，并公开了具体的模型建立步骤和仿真步骤。两者的应用场景相同，要解决的技术问题也相同。但是，为解决该技术问题，两者分别采用了支持向量机构建的数学模型和 BP 神经网络构建的数学模型，两种算法模型截然不同。由此，两者对模型的训练，以及采取的相应函数和参数均不相同。进一步地，这些与算法相关的技术特征与其他技术特征一起构成了解决技术问题的特定技术手段。

具体而言，对比文件 1 中并未涉及利用回归函数训练支持向量机模型对猪肉冷链物流进行安全预警的内容，也未给出任何采用回归函数训练支持向量机的预测模型、对径向基核函数的惩罚函数 C 和核函数参数 g 经过交叉验证法优化实现猪肉冷链物流安全预警的技术启示，此外上述区别特征整体并不属于本领域公知常识。正是由于上述区别特征的存在，使得本案具有了预测拟合度好和准确率高的技术效果。也就是说，本申请中特定的算法和模型为其带来了特定的技术效果，使之区别于现有技术，因此，这样的权利要求符合《专利法》第 22 条第 3 款关于创造性的规定。

综上所述，本案所面对的情形是在同一应用场景下，采用不同的算法构建不同模型达到解决相同或相似问题的目的。那么，对此类专利申请的创造性审查是否就变得简单了呢？因为算法和模型不同，就必然具备创造性吗？答案并不绝对，还需要具体情况具体分析。

在进行创造性判断时，需要重点考虑的是现有技术整体是否能够给出技术启示。当所使用的对比文件没有公开该算法时，还要以本领域的技术人员所掌握的技术知识来分析对比文件所公开的模型和涉案申请相比是否属于利用了不同的原理、采用了不同的解决手段的情况，例如主要的模型参数是否相同或相似、样本数据是否相同或相似等，如果上述因素均不相同，则涉案申请所构建的模型和对比文件所公开的模型相比是截然不同的，其解决方案也就具备突出的实质性特点和显著的进步。

■ 案件小结

通常来说，与现有技术相比，如果算法不同则构建的人工智能模型也会不同，由此所实现的人工智能解决方案相对于现有技术就具有了专利法意义下的创造性。但特殊情况下，如果涉案申请相较于对比文件，其所采用的算法虽然存在区别，但确能实现相似功能且所利用的技术原理基本相同，采用的输入数据和输出数据相同或相似，且涉案申请的算法和模型都是现有技术中广泛使用的，属于本领域的公知常识，那么，本领域的技术人员面对相同的技术问题，能够得到技术启示，用公知的算法和模型替换对比文件中的算法和模型，并采用基本相同或相似的输入输出数据，进而得到涉案申请的技术方案并不需要付出创造性的劳动。此种情形下，涉案申请的方案相对于现有技术整体而言，不具备创造性。

三、模型自身的改进是否必然带来创造性

案例3-7　深圳未来研究院、清华深研院关于图像去噪复审案

■ **案件信息**

【案件编号】1F306642

【决定号】FS249935

【专利申请号】201610481440.2

【发明名称】一种基于级联残差神经网络的图像去噪方法

【申请日】2016年6月27日

【复审请求人】深圳市未来媒体技术研究院、清华大学深圳研究生院

【法律依据】《专利法》第22条第3款

■ **案情介绍**

本申请涉及计算机视觉与数字图像处理领域，尤其涉及一种基于级联残差神经网络的图像去噪方法。现有技术中的图像去噪方法得到的模型不精确，所述方法中的去噪过程比较耗时，对图像的噪声和分辨率不具备鲁棒性，缺少实际应用价值。为解决上述问题，本申请提出了一种基于级联残差神经网络的图像去噪方法，极大地增强了神经网络模型的学习能力，通过建立从噪声图像到干净图像的准确映射，实现了实时去噪的效果。

驳回决定指出，权利要求1-7相对于对比文件1[①]、对比文件2[②]和公知常识的结合不具备创造性。其中两篇现有技术内容如下：

最接近的现有技术，即对比文件1，公开了一种基于线性整流函数（ReLU）进行图像去噪的方法。该方法基于深度神经网络在图像去噪中的广泛应用，使用ReLU代替S形函数作为神经网络隐藏层的激活函数，从而进一步提

---

① YANGWEI WU, et al. Image Denoising with Rectified linear Units [J]. Springer International Publishing Switzerland, 2014.

② KAIMING HE, et al. Deep Residual Learning for Image Recognition [J]. arXiv, 2015.

高了利用神经网络解决去噪问题的能力。基于神经网络的去噪方法，其实质是通过学习将噪声图像块映射为噪声去除或减少的干净图像块。该网络的参数可以通过训练成对随机梯度的噪声和干净图像块来估计。具体而言，就是从数据库中随机选取干净图像块 y，并对干净图像块 y 采用如加入高斯噪声的方法获得对应的噪声图像块 x。然后将噪声图像块 x 作为神经网络的输入，把对应的向量化后的干净图像块作为神经网络的输出，通过后向传播的方式更新神经网络的参数，然后通过迭代的方式逐步学习到所需的模型。在对神经网络进行训练时，首先需要对图像数据进行标准化，然后对神经网络权值矩阵的初始值采用小批量处理的方式进行训练。

对比文件 2 公开了一种图像识别过程中基于残差深度学习的方法，该残差神经网络包含多个卷积层，以及卷积层后的 ReLU 激活层。级联神经网络由 16 个残差单元组成，残差单元可以包括 2 个卷积核为 3×3 的卷积层，也可以包括 2 个卷积核为 1×1 和 1 个 3×3 的卷积层，且全连接层连接每个残差单元的输入和输出。

复审请求人提出了复审请求，并修改了权利要求书。修改后的权利要求 1，具体内容如下：

"1. 一种基于级联残差神经网络的图像去噪方法，其特征在于，包括以下步骤：

S1：搭建级联残差神经网络模型，所述级联残差神经网络模型由三个残差单元串联而成，其中每个所述残差单元包括 10 层卷积层、每个所述卷积层后的激活层和单位跳跃连接单元，该 10 层卷积层中前 9 层卷积层的卷积核大小为 3×3，最后一层的卷积核的大小为 1×1，所述激活层为 ReLU 函数，所述单位跳跃连接单元用于直接将输入和输出连接起来；

S2：选取训练集，并设置所述级联残差神经网络模型的训练参数；

S3：根据所述级联残差神经网络模型及其训练参数，以最小化损失函数为目标训练所述级联残差神经网络模型形成图像去噪神经网络模型；

S4：将待处理的图像输入到所述图像去噪神经网络模型，输出去噪后的图像；

步骤 S2 中所述训练集包括多张噪声图像和相应的干净图像，将所述噪声图像和所述干净图像分别分割成多个噪声图像块和多个干净图像块，其中所述噪声图像块和所述干净图像块的数量和大小都相同。"

在上述文本的基础上，本案合议组作出了撤销驳回的复审决定。

■ **案件精解**

本案中，权利要求 1 所请求保护的技术方案与对比文件 1 相比，区别在于：采用了不同的级联残差神经网络模型以及不同的训练参数。基于所述区别，本申请实际所要解决的技术问题是：如何搭建级联残差神经网络、如何选择训练参数以及如何训练模型。

首先，本申请的残差神经网络模型由三个残差单元串联而成，而对比文件 2 的残差神经网络除了残差单元外，还至少包括了平均池化层，因此，两者的残差神经网络模型的架构不同。其次，本申请与对比文件 2 对于卷积层数和卷积核的大小的选择也不相同。虽然，对比文件 2 给出了一个残差单元由三个卷积层组成，但该残差单元仅包括一个 3×3 的卷积核，对比文件 2 没有给出可以包括多个 3×3 卷积核的技术启示，也就更没有给出基于卷积层数和卷积核的大小的选择可以去除池化层的技术启示。池化层的作用在于降低卷积层输出的特征向量，同时改善结果（不易出现拟合）。本申请正是由于对上述卷积层数和卷积核大小的选择而实现了池化层的功能，因此，本申请中无需再引入池化层，从而简化了残差神经网络模型的架构。也就是说，基于对比文件 1 所公开的技术方案无法去结合对比文件 2 从而得到本申请中无需池化层这样的神经网络模型。

由此可见，虽然现有技术貌似公开了相似的算法甚至由算法构建的相似的神经网络模型，但是具体到模型中卷积层特征的选择以及卷积层的搭建上，本案则是实现了对神经网络模型自身的改进。正是由于这样的改进，在保证神经网络学习能力的情况下，增加了神经网络模型训练过程的收敛速度，提高了图像去噪效率和质量，避免了过拟合的出现，因此具备了有益的技术效果。

■ **案件小结**

人工智能技术发展至今，各种基础算法的发展已相对成熟。根据对人工智能算法改进与否的判断，可以将人工智能领域的专利申请分为核心人工智能发明和应用人工智能发明。对于核心人工智能发明而言，虽然涉及算法的改进，并带来了所构建的模型的不同，但对此类申请的创造性判断也不能一刀切地认为其必然具备创造性，而应当考虑模型改进的程度，其对整个人工智能解决方案所带来的变化。

对于这类申请的创造性判断，重点应关注这种改进相对于现有技术的区别是否给方案本身带来技术上的效果，如果算法（模型）的改变不仅仅是相似计算规则之间的替换、神经元节点的简单删减或增加，而是真真切切地对现有算法（模型）作出的改进，即相对于现有技术作出了改变并取得了某种进步，则其满足具备突出的实质性特点的要求。进一步地，如果算法（模型）的改进促成了技术方案的改善，例如本案中池化层的去除，过拟合的优化，又或者处理数据的速度的提高，识别率的提升等，则其相对于现有技术还具备了显著的进步。

四、模型训练方法如何影响创造性

案例 3-8　四川大学关于基于深度学习的图形验证码识别复审案

■ **案件信息**

【决定号】FS249557

【专利申请号】201910301765.1

【发明名称】一种基于深度学习的图形验证码识别方法

【国际分类号】G06K 9/62

【申请日】2019 年 4 月 16 日

【复审请求日】2021 年 3 月 12 日

【复审请求人】四川大学

【法律依据】《专利法》第 22 条第 3 款

■ **案情介绍**

申请人（下称复审请求人）向国家知识产权局提交申请时，其权利要求 1 的内容如下：

"1. 一种基于深度学习的图形验证码识别方法，其特征在于，包括以下步骤：

S1. 通过网络爬虫获取若干待识别的真实图形验证码，并对其进行预处理后组成真实验证码数据集；

S2. 基于真实验证码数据集训练生成式对抗网络并生成有标注信息的模拟验证码数据集；

S3. 选取图形验证码识别网络，并利用模拟验证码数据集对其进行训练；

S4. 通过真实验证码数据集和模拟验证码数据集对训练好的图像验证码识别网络进行验证和测试，得到优化后的图形验证码识别网络，实现图形验证码的识别。"

经审查，国家知识产权局作出了驳回决定，认为本申请相对于对比文件 1[①] 和公知常识的结合不具备创造性。

本申请请求保护一种基于深度学习的图形验证码识别方法。首先，通过网络爬虫获取若干待识别的真实图形验证码，并对其进行预处理后组成真实验证码数据集。然后，基于真实验证码数据集训练生成式对抗网络并生成有标注信息的模拟验证码数据集；再选取图形验证码识别网络，并利用模拟验证码数据集对其进行训练。最后，通过真实验证码数据集和模拟验证码数据集对训练好的图像验证码识别网络进行验证和测试，得到优化后的图形验证码识别网络，实现图形验证码的识别。

对比文件 1 公开了一种建立验证码生成模型的方法以及生成验证码的方法。所述方法包括：（a）获取预设类型的验证码；（b）获取约束信息集合，并建立约束信息集合中各约束信息与各验证码之间的对应关系；（c）构建包含生成模型与判别模型的生成对抗网络；（d）根据获取的验证码及其对应的约束信息训练所述生成对抗网络，利用训练得到的所述生成对抗网络中的生成模型得到验证码生成模型；（e）所述验证码生成模型用于根据约束信息生成验证码。其中，根据获取的验证码及与其对应的约束信息，训练所述生成对抗网络包括：从预设的约束信息集合中采样得到约束信息；将 P 维随机变量与采样得到的约束信息输入训练得到的验证码生成模型，利用所述验证码生成模型的输出结果得到所述采样得到的约束信息对应的验证码。

为克服创造性的缺陷，申请人对权利要求进行了修改，修改后的权利要求 1 内容为：

"1. 一种基于深度学习的图形验证码识别方法，其特征在于，包括以下步骤：

S1. 通过网络爬虫获取若干待识别的真实图形验证码，并对其进行预处理后组成真实验证码数据集；

S2. 基于真实验证码数据集训练生成式对抗网络并生成有标注信息的模拟验证码数据集；

S3. 选取图形验证码识别网络，并利用模拟验证码数据集对其进行训练；

S4. 通过真实验证码数据集和模拟验证码数据集对训练好的图像验证码识别网络进行验证和测试，得到优化后的图形验证码识别网络，实现图形验证码的识别；

---

① CN108763915A.

所述步骤 S2 具体为：

S21. 构建生成式对抗网络；

S22. 基于真实验证码数据集中图形验证码，生成输入到生成式对抗网络中的模拟图形样本；

S23. 将生成的模拟图形样本输入到生成式对抗网络中并对其进行训练，完成训练后得到带有标注信息的模拟验证码数据集；

所述步骤 S21 中的生成式对抗网络包括依次连接的生成子网络和判别子网络；

所述生成子网络为 ResNet 结构，用于生成类似于模拟图形样本的模拟验证码并输入判别网络；

所述判别子网络为二分类的卷积神经网络结构，用于将输入其中的真实验证码和模拟验证码进行区分；

所述步骤 S22 中生成模拟图形样本的方法具体为：

A1. 根据真实验证码数据集中图形验证码的特性，确定用于生成模拟验证码的字体库；

A2. 在确定的字体库的范围内，根据图片生成器 Ori_gen 生成与真实图形验证码匹配的模拟图形样本；

其中，模拟图形样本与真实图形验证码具有相同的字符数量和分辨率；

所述步骤 S23 中，对生成式对抗网络进行训练时：

对于生成子网络的训练，先通过真实验证码数据集中的图形验证码对生成子网络进行训练，使其在像素级上进行生成数据的修改；

对于判别子网络的训练，每一轮都添加前五轮的生成样本，并采用 Patch-GAN 思想，将输入图像划分为多个 Patch 进行识别。"

针对上述权利要求，国家知识产权局作出驳回决定，并认为：虽然权利要求 1 相对于对比文件 1 存在较多区别特征，但其均属于本领域的公知常识。

就此，复审请求人提出复审请求，在上述文本的基础上，合议组认为权利要求 1-6 相对于对比文件 1 和公知常识具备《专利法》第 22 条第 3 款所规定的创造性，因此作出了撤销驳回的复审决定。目前，该案已被授权。

■ **案件精解**

本案中，所请求保护的技术方案和对比文件 1 相比，虽然都采用了相同的算法模型，即生成式对抗网络。但是，在构建和训练生成式对抗网络的过程方面存在较大差异。

本申请中，生成子网络为 ResNet 结构，用于生成类似于模拟图形样本的模拟验证码并输入判别网络；判别子网络为二分类的卷积神经网络结构，用于将输入其中的真实验证码和模拟验证码进行区分。对于生成子网络的训练，先通过真实验证码数据集中的图形验证码对生成子网络进行训练，使其在像素级上进行生成数据的修改。并且，对于判别子网络的训练，每一轮都添加前五轮的生成样本，并采用 PatchGAN 思想，将输入图像划分为多个 Patch 进行识别。这样做的好处是，保留了图片的标注信息，实现了对生成数据标签的保留。

在对比文件 1 中，其生成式对抗网络中生成模型主要包括输入层、中间层和输出层。判别模型主要包括输入层、中间层、全连接层和输出层。其中，根据获取的验证码及与其对应的约束信息训练所述生成式对抗网络，具体包括以下内容：首先，将所获取的验证码作为真实样本，将 P 维随机变量与约束信息输入生成模型，将生成模型得到的输出结果作为生成样本；其次，将约束信息及其对应的真实样本、生成样本作为判别模型的输入；最后，交替训练所述生成模型和判别模型，直至所述生成式对抗网络收敛。

由此可见，本申请中生成式对抗网络的具体构成以及训练手段是针对本申请要解决的具体技术问题和图形验证码的特点而选择的，因此不能简单地被认为属于本领域的公知常识。并且，正是基于上述区别特征，权利要求 1 的技术方案可以使训练得到的验证码识别模型有较好的识别效果和泛化能力，解决了获取大量有标注验证码数据集进行人工标注所导致的成本过高的问题。

本案让我们看到，在人工智能解决方案中，虽然采取的算法和初始模型架构类似，但由于训练方法不同，最终获得人工智能模型产品可能会有实质差别并具备了有益的技术效果，由此也就具备了专利法意义下的创造性。

■ **案件小结**

我们知道，一个 AI 应用，大致可分为三个阶段，第一阶段：识别问题、构建模型、选择模型；第二阶段：训练模型；第三阶段：模型部署。可见，模型训练是人工智能技术特定而重要的组成部分。所谓训练，就是选用大量的数据训练选定的模型，训练过程中不断优化参数，找出模型的最优配置参数，确定参数配置，让模型能够在所应用的特定领域更为有效地工作。因此，这个过程决定了所使用的模型效果是否最佳，决定了使用人工智能技术在解决特定领域的具体问题时是否能获得最优的效果。由此可见，虽然使用的算法（模型）本身可能是一样的，方案也都是算法（模型）与特定领域的结合，但由于在模型训练的技术实现上的不同，样本数据的选择、参数的调整、模型的改进、不同的训练模式等，由此可以获得不同的训练效果，进而获得在特定领域应用中的不同技术效果。也就是说，模型训练的不同会影响到该类专利申请的创造性。

对于模型的训练过程，如果其具体技术实现上存在区别，如训练数据或训练参数区别于现有技术且具有了有益的技术效果，则应当进一步判断该区别是否影响了整体方案的创造性；反之，如果对其如何训练未能披露细节，即给出的训练方案没有产生特殊的、区别于现有技术的技术效果，则所声称的改进在判定创造性时不会成为使其具备创造性的考量因素。

五、小结

在人工智能领域，算法是解决问题的思路和步骤，人工智能专利（申请）通常包含诸多的算法特征。人工智能领域的核心创新就是算法的创新。人工智能专利申请可能涉及算法步骤或流程的改进、模型参数的调整或训练数据的改变等。结合人工智能领域的上述特点，将与技术特征功能上彼此相互支持、存在相互作用关系的算法特征作为整体进行考虑，才能准确把握发明实质。

在人工智能领域的申请方案中，针对不同的应用场景、不同的处理对象或不同的技术问题适应性地改变训练数据、调整参数或优化算法处理流程等，从而使算法或模型解决了特定应用场景下的特定技术问题，并取得有别于现有技术的有益技术效果。那么，在创造性的审查过程中，算法和模型、应用场景的不同、所解决技术问题和技术效果的不同，以及为此算法或模型适应性地调整数据和参数等，即训练方法的变化，均可能对技术方案整体的创造性作出贡献。

第四章

人机交互的专利保护

第一节　概　述

现代社会中计算机及相关设备是人们工作和生活必不可少的一部分。作为用户与计算机之间的桥梁，人机交互技术致力于人与机器之间高效便捷的沟通。从传统的命令行输入，到图形用户界面，再到移动终端触控交互，以及将来可能广泛应用于虚拟现实的体感交互等，友好的人机交互技术促进了计算机产业的发展和繁荣，带来了人们工作生活上的巨大变革。

一、人机交互技术、专利及相关政策

（一）人机交互技术

人机交互技术（Human-Computer Interaction Techniques）是指通过计算机输入、输出设备，以有效的方式实现人与计算机对话的技术。人机交互技术包括用户通过输入操作，如键盘操作，鼠标操作，触控屏操作，语音、表情识别、眼动跟踪、三维姿态输入，脑电波输入等，向计算机输入有关信息；计算机将各类输入信号转化为机器能够处理的信息；并将处理后的信息转换为可输出的形式，如通过显示设备进行文字、图形、视频的展示，或通过声音播放设备播放处理结果，甚至直接将信息输入人类脑部等方式传递给用户。

人机交互技术的发展历程是一个从人适应计算机到计算机不断适应人的发展过程，主要经历了以下几个阶段：

（1）手工操作和命令行阶段：手工操作，如穿孔纸带，通过纸带上穿孔或不穿孔表示 1 和 0，其缺点是速度慢、可靠性低。基于键盘的命令行交互主要应用在 UNIX 操作系统、DOS 操作系统，通常需要操作者了解计算机程序语言，目前通常仅由特定专业人士使用。

（2）图形用户界面阶段：1983 年苹果公司开发的 Lisa 计算机采用了图形化的用户界面，采用了桌面隐喻（Metaphor）、位映射（Bitmap）、窗口（Window）、图符（Icon）等图形化元素代表对应的操作。1985 年微软公司推出的 Windows 操作系统带动了以窗口（Window）、图标（Icon）、菜单（Menu）、指示器（Pointers）为基础的图形用户界面（Graphical User Interface, GUI，又称图形用户接口）的广泛使用[①]。图形用户界面将晦涩难懂的计算机程序语言包装成简单易懂的图形，用户通过对图形的识别即可理解复杂的电脑语言背后所表达的内容，用户再通过鼠标、键盘、触控屏等输入设备操作相关图形，产生相应的计算机控制命令，计算机根据控制命令执行相应的功能，并通过显示器等输出设备输出处理结果。普通用户可以无障碍地使用图形用户界面，促进了这种交互方式在设备控制、游戏娱乐等场景中的广泛应用，今时也依然是主流的人机交互方式。

（3）自然交互阶段：2007 年，苹果公司发布的 iPhone 手机在小屏幕设备上采用手势操作，开启了移动智能终端的新时代。2011 年苹果公司 iPhone 4S 搭载的 Siri 语音助手开创了语音交互的先河。2015 年开始，微软、谷歌、索尼等行业巨头纷纷在虚拟现实领域布局，以体感识别、面部识别、视线跟踪、虚拟现实场景、增强现实场景为基础的虚拟现实产业初具雏形。基于视线跟踪、语音识别、手势识别、面部识别、体感识别等功能的新型交互技术，允许用户利用自身的内在感觉和认知技能，以并行、非精确方式与计算机操作系统进行交的自然人机交互方式正在兴起。此外，根据用户脑电波信号对计算机操作控制的脑机交互也有一定的应用前景。自然交互更加注重用户的个人体验，通过听觉、视觉、触觉、手势、动作等更符合人们日常生活习惯的交互方式直接进行人机对话，并利用虚拟现实技术和增强现实技术模拟真实的三维空间场景，传递给用户强烈的身临其境体验感，这将是人机交互方式的未来发展方向。

（二）人机交互专利

人机交互专利涉及面广，既包括硬件专利也包括软件专利，还有硬件与软件相结合的专利，其类型一般为发明或实用新型专利，同时在我国图形用户界面还可以通过外观设计专利的形式进行保护。

---

① 吴亚东. 人机交互技术及应用［M］. 北京：机械工业出版社，2020.

从软件技术层面看，人机交互专利①一般可分为三类：①输入类专利，以用户操作、控制方式的创新或改进为主。其方案一般涉及用户的操作手势、肢体形态、眼球运动方式、表情变化、语音命令等技术。②后台处理类专利，以计算机后台处理架构的创新或改进为主。其方案一般涉及交互设计架构、交互功能的执行主体、对象、数据流、信息传输等技术。③输出类专利，以输出、展示处理结果的创新或改进为主，一般涉及图形界面展示、虚拟现实场景、增强现实场景等技术。实际上多数专利涵盖了上述两类或三类技术的改进。

从人机交互专利申请的现状和趋势来看，目前国内外对于人机交互硬件设备的创新趋于瓶颈，但是在发展较为成熟的硬件设备上，以提高用户体验为目的涉及输入操作或输出显示方式的创新层出不穷，且目前发展的趋势是逐步与人工智能、大数据处理等新兴技术紧密结合。近些年人机交互专利申请的热点领域变化也可以从 IPC 分类号的发展变化中看出。在 2013 版 IPC 分类号中，将原先图形用户界面交互技术进一步细分为窗口图标交互、控制特定功能、输入装置的特定功能三大类，并对这三大类继续进一步细分。在 2022 版 IPC 分类号中，主要对触控类图形用户界面交互进一步细分，并增加了三维显示对象交互等分类号，可见图形用户界面特别是触控类图形用户界面，以及以虚拟现实技术、增强现实技术为代表的三维空间交互逐渐成为当前人机交互领域专利申请的热点。

在人机交互专利的审查方面，各国关于人机交互专利的审查标准与计算机程序相关专利的审查标准基本一致，并没有特殊的规定。但是在审查实践中每个阶段的重点或难点则可能有所不同，一般集中在客体判断、权利要求解释、技术事实认定、创造性高度把握等方面。同时，各国在审查实践中对是否满足"技术性"标准，使用公开证据的认定，以及公知常识认定和创造性尺度的把握方面也存在着一定的差别。

在人机交互专利保护方面，其相较于其他涉及计算机程序的专利保护也有着鲜明的特点：①相当一部分涉及人机交互专利的方案技术难度不高，容易理解且权利要求范围相对明确，在确权以及侵权判定中的技术门槛相对较低；②人机交互类产品应用范围广，技术直观性强，取证和举证门槛较低，专利权人一般倾向于利用此类专利进行维权；③虽然技术难度不高，但是鉴于其与计算机类产品结合紧密度高，且在举证涉嫌侵权产品的数量时较为容

① 本章节不涉及纯硬件的交互类专利，仅关注人机交互软件及软件与硬件相结合的专利（以下统称人机交互专利）。

易，因此诉讼标的额度和赔偿额度相对容易确定且数额一般较大；④保护形式全，在实用新型和发明之外还可以通过外观设计专利进行保护，取得外观设计专利权相对较快，能够及时维权，使得人机交互类程序产品能得到全方位的保护。

（三）人机交互产业和知识产权促进政策

从人机交互技术发展的历程中可以看到，Windows 操作系统由于采用了直观易用的图形用户界面而开启了其长达二十多年的繁荣发展，移动终端操作系统发展了各类触控操作技术，从而带动了移动智能设备十余年的迅猛发展，可见人机交互技术的发展对计算机相关产业的推动有着显著的影响。

为了支持人机交互技术的发展，国家在人机交互产业扶持以及知识产权保护方面都出台了大量政策。

2015 年 7 月，国务院发布《国务院关于积极推进"互联网+"行动的指导意见》，进一步推进计算机视觉、智能语音处理、生物特征识别、自然语言理解、智能决策控制以及新型人机交互等关键技术的研发和产业化。2020 年，中央网信办等五部门印发《国家新一代人工智能标准体系建设指南》，提出关键领域技术标准主要包括自然语言处理、智能语音、计算机视觉、生物识别、虚拟现实/增强现实、人机交互等方面，为人工智能应用领域提供技术支撑。

对于虚拟现实技术等特定的人机交互技术，也有专门的政策进行支持。2018 年，工业和信息化部印发《关于加快推进虚拟现实产业发展的指导意见》。2021 年 11 月，工业和信息化部印发的《"十四五"软件和信息技术服务业发展规划》指出，要前瞻布局新兴平台软件，在虚拟现实和增强现实方面，推动三维图形生产、动态环境建模、实时动作捕捉、快速渲染处理等技术创新，发展虚拟现实相关开发工具软件和行业解决方案。2023 年 8 月 29 日，工业和信息化部等部门联合发布的《元宇宙产业创新发展三年行动计划（2023—2025 年）》提出，提升感知交互技术；培育三维交互的工业元宇宙；打造沉浸交互数字生活应用。2023 年 10 月 20 日，工业和信息化部印发的《人形机器人创新发展指导意见》指出加快人形机器人与元宇宙、脑机接口等前沿技术融合，探索跨学科、跨领域的创新模式。

在知识产权保护方面，2018 年，工业和信息化部印发的《关于加快推进虚拟现实产业发展的指导意见》提出指导和帮助企业、专业机构申报国内、国际专利，及时形成知识产权。到 2025 年，我国 VR 产业整体实力进入全球前列，掌握 VR 关键核心专利和标准，形成若干具有较强国际竞争力的 VR 骨干企业。

在各项促进政策的支持下，我国人机交互专利保护和运用手段日趋完善，人机交互技术创新层出不穷，人机交互产业发展迅猛，实现了科技进步与经济效益增长的双赢局面。

二、国外人机交互的专利保护

世界上施行专利制度的主要经济体对于人机交互技术并未制定专门的保护规则，多数国家和地区将涉及人机交互技术的专利申请归类为计算机程序相关的专利申请，而对于涉及计算机程序的专利审查标准在本书第一章中已经进行了详细的阐释，在此不再赘述，其同样适用于人机交互技术的专利申请。在主要国家的审查指南中，可以觅得部分与人机交互专利相关的规定，美国专利商标局在客体审查部分使用案例诠释用户界面的审查规则；欧洲专利局在其审查指南中单独列出一小节，对涉及用户界面（UI）专利申请的审查标准进行专门解释；日本特许厅在审查指南中提及的案例涉及人机交互领域，本节将对上述提及的相关规定进行说明。

（一）美国人机交互专利审查标准

在判断申请是否属于专利法保护的客体方面，《美国专利审查操作指南》指出两步测试法是审查中唯一用于评估权利要求是否适格的测试法。如第一章中所述，有 A、B、C 三条适格路径。其中，关于司法排除对象，在法院的判例中主要规定了三种具体排除对象，包括自然规律、自然现象和抽象思维。对于涉及人机交互类计算机程序的发明创造，在客体审查时，极有可能因涉及抽象思维的问题而存在适格判断的情况。在 2019 年修订的《美国专利审查操作指南》中新增了数个关于人机交互中关于图形用户界面发明的客体判断示例，对于人机交互类发明的客体判断具有指导意义。

在步骤 2A 中，关于权利要求是否与抽象思维有关，《美国专利审查操作指南》认为，如果权利要求仅依据抽象思维，或包含了抽象思维，但其中并未记载抽象思维，则权利要求与抽象思维无关，尽管它们可能在某种程度上明显依据或包含了抽象思维；如果权利要求记载了抽象思维，但权利要求作为一个整体是一种关于改进或其他明显并未谋求占用抽象思维的类似改进，那么该权利要求也无关抽象思维[①]。未包含抽象思维的权利要求情况，例如，

[①] 国家知识产权局国际合作司，国家知识产权局专利局审查业务管理部. 美国专利审查操作指南——可专利性 [M]. 北京：知识产权出版社，2021：28-29.

一种在图形用户界面上重新排列图标的方法，包括以下步骤：接收用户选择，根据每个图标的使用量排列图标，通过使用处理器跟踪在一段时间内分配给与该图标相关联的应用程序的内存量，来确定每个图标的使用量，以基于所确定的使用量，自动将使用最多的图标移动到图形用户界面中最接近计算机系统的开始图标的位置。

在步骤 2B 中，判断过程中将抽象思维等排除对象纳入权利要求中可能转化成适格的发明，此时需判断权利要求是否达到明显超过司法排除对象本身的程度。涉及计算机程序而被法院认定为"明显超过"的情形主要是改进计算机功能、对任何其他技术或技术领域改进的情形。

关于改进计算机功能，在与计算机相关的技术中，审查员应确定权利要求是旨在提高计算机功能，还是仅把计算机作为一种工具。如果一个权利要求的保护范围涵盖了纯靠头脑执行的方式，不能认为是改进了计算机功能。例如，在著名的 Alice 案中，计算机只是用作执行现有方法的工具存在，因此未能通过两步测试法。可以认为计算机功能的改进情形，例如，一种改进电子设备用户界面，其显示未启动的应用程序摘要，其中用户可选择摘要中的特定数据以启动相应的应用程序[①]；不足以证明计算机功能的改进情形，例如，在图形用户界面上安排交易信息，以帮助交易员更快地处理信息。[②]

关于对任何其他技术或技术领域的改进，足以证明对现有技术改进的情形，例如，一种特定的图形用户界面，通过以特定方式显示出价和要价，防止以变更的价格进入订单来提高交易者交易的准确性[③]。为了证明计算机的参与帮助改进了技术，权利要求必须记载有关的细节：计算机如何辅助该方法，计算机辅助该方法的程度，或者计算机对执行该方法的重要性。仅通过增加计算机通用组件来执行方法是不够的，权利要求必须包括更多内容，而不仅是在通用组件或机器上执行该方法的命令，从而满足对现有技术的改进。[④]

(二) 欧洲人机交互专利审查标准

EPGL 在第 G 部分第 Ⅱ 章可专利性一章第 3.7 节针对第 52 条第 (2) 款中

---

① Core Wireless Licensing S. A. R. L., v. LG Electronics, Inc. 880. F3d 1356, 1362-63, 125 US-PQ2d 1346, 1440-41 (Fed. Cir. 2018).

② Trading Technologies v. IBG LLC, 921 F 3d 1084, 1093-94, 2019 USPQ2d 138290 (Fed. Cir. 2019).

③ Trading Techs. Int'l, Inc. v. CQG, Inc., 675 Fed. App'x 1001 (Fed. Cir. 2017).

④ 国家知识产权局国际合作司，国家知识产权局专利局审查业务管理部. 美国专利审查操作指南——可专利性 [M]. 北京：知识产权出版社，2021：51-62.

（d）项排除的信息呈现作出进一步的说明和规定，并下设第 3.7.1 节对于用户界面作出了专门的规定。

在第 3.7 节，欧洲专利局认为，第 52 条第（2）款中（d）项的信息呈现应当理解为向用户传达信息，涉及所呈现信息的认知内容及其呈现方式。该信息不仅限于视觉信息，还涵盖了其他呈现方式，例如音频或触觉的信息。在评估客体问题时，必须将要求保护的主题作为一个整体考虑。在评估创造性的过程中，分析与信息呈现相关的技术特征，以确定在本发明的上下文中，其是否有助于产生服务于技术目的的技术效果。如果不是，上述特征就没有作出任何技术上的贡献，也不能支持创造性的存在。为了确定是否产生了技术效果，审查员需要评估发明的背景、用户执行的任务以及特定信息所呈现的实际目的。

在第 3.7.1 节，欧洲专利局认为，用户界面，特别是图形用户界面（GUI），作为人机交互的一部分，其包括呈现信息和接收输入的特征。定义用户输入的特征比仅涉及数据输出和显示的特征更有可能具有技术性，因为输入需要与机器的预定协议兼容，而输出在很大程度上取决于用户的主观偏好。例如，菜单的图形设计是由审美因素、用户主观偏好或管理规则决定的，而不是基于菜单用户界面的技术特征。第 3.7.1 节的重点在于如何向用户提供输入相关的功能。

限定用户输入模式的特征，例如输入文本、进行选择或提交命令，通常被视为作出了技术贡献。例如，在 GUI 中提供替代的图形快捷方式，允许用户直接设置不同的处理条件；再例如，启动打印过程并通过将文档图标拖动和往复移动到打印机图标上来设置打印的份数，这些都认为作出了技术贡献。另外，通过提供仅在任务期间促进用户心理决策过程的信息来支持用户输入，不被视为作出了技术贡献。例如，T 1741/08 案，涉及图形用户界面布局中图标的布置，上诉人争辩布局存在连锁的效果，"改进的布局降低了用户的认知负担"从而使得用户的响应更快，进而计算机需要的资源更少；欧洲上诉委员会认为，特定的图形用户界面布局确实可以缩短没有经验的用户寻找输入位置和输入数据的时间，然而这种资源的减少可能是由用户的大脑感知和处理特定信息呈现方式的视觉信息引起的，上诉人所争辩的技术效果是一种断裂的链条，布局影响用户思维、用户响应更快进而计算机使用的资源更少，链条中因为用户将计算机闲置的时间比现有技术短，从而减少了资源消耗，仅有一部分可以成为技术效果，降低用户的认知负担本身不是一种技术效果，帮助用户决定输入的内容也不能被视为技术贡献。①

虽然通过提供可预测输入机制来帮助用户在计算机系统中输入文本本身是一项技术功能，但为预测输入机制生成显示的单词变体，就是一个非技术问题。用于解决这个非技术问题的语言模型本身没有作出技术贡献。如果在计算机上实现语言模型涉及技术考虑因素，例如与计算机内部功能相关的考虑因素，则可能会产生技术效果。

在诸如简化用户操作、提供更多方便用户的输入功能等效果的实现完全取决于用户的主观能力或个人偏好的情况下，这些效果可能不构成要解决的客观技术问题的基础。例如，如果仅针对某些依赖用户的专业水平或主观偏好的使用模式，则无法可靠地减少执行相同输入所需的交互次数。

提供仅反映用户的主观偏好、惯例或游戏规则，并且无法客观建立物理的人体工程工学优势的输入（例如手势或击键），没有作出技术贡献。但以性能为导向的输入检测改进，例如允许更快或更准确的手势识别，或在执行识别时减少设备的处理负载，确实会作出技术贡献。②

（三）日本人机交互专利审查标准

《日本发明·实用新型审查指南：特定技术领域适用实例》③ 列举了涉及人机交互领域的示例，展现了判断软件发明如何"利用自然法则进行的技术思想的创造"和"基于软件观点的考虑"的过程。

案例如下：涉及语音交互系统中使用对话场景的数据结构。在语音交互系统中通过对话场景管理对话内容，对话场景是用户的各个应答对应下一个场景的内容，并且根据用户的应用从中选出一个场景继续对话。而传统的语音交互不考虑服务器的通信流量，用户的每月通信流量也是根据选择的收费方案而变化，既存在希望以较小的流量即可享受语音交互的用户，也存在期望以大流量享受高质量语音交互的用户，本发明旨在提供一种能够选择与用户期望的通信容量匹配的对话场景的数据结构。根据通信流量的多少，用户在客户终端可将通信模式设置为"节约模式"或"高品质模式"，从而选择相应不同的分支信息。

权利要求1："一种在包括客户端装置和服务器的语音交互系统中使用的

---

① European Case Law Identifier：ECLI：EP：BA：2012：T174108：20120802.

② 参见《欧洲专利局审查指南》第 G 部分第 Ⅱ 章第 3.7 节。

③ 国家知识产权局专利局审查业务管理部．日本发明·实用新型审查指南：特定技术领域适用实例［M］．北京：知识产权出版社，2020：75-79.

对话场景数据结构，所述对话场景数据结构包括：

用户 ID，其标识构成对话场景的对话单元；

消息，其包括话语内容和呈现给用户的信息；

响应于来自用户的回应的多条备选回应；

通信模式信息；以及

多条分支信息，所述分支信息被映射至所述备选回应和通信模式信息，其中，所述分支信息指示以下对话单元：所述对话单元包含与所述备选回应对应的消息并且所述对话单元的数据大小与所述通信模式信息相对应；

其中，所述对话场景数据结构用于由所述客户端装置执行的下述处理：

（1）输出包括在当前对话单元中的消息；

（2）响应于所述消息从用户获取回应；

（3）基于来自所述用户的回应指定所述备选回应；

（4）基于所述备选回应和通信模式信息选择一条分支信息；以及

（5）从所述服务器接收由所选择的分支信息指示的下一对话单元。"

其中多个通信模式包括"节约模式"和"高品质模式"，对应于消耗通信流量的不同。日本特许厅认为，该权利要求可以认为是一种根据对话单元的分支信息能够进行语音互动信息处理的数据结构，该数据结构在规定语音互动系统中的信息处理这一点上具有类似于程序的性质，属于类似于程序的数据结构。根据权利要求 1 的记载可以确定，根据其使用目的对特定信息的处理或计算，即根据包括在对话单元中的分支信息的语音对话，是通过具体的方式或过程来实现的，所述具体的方式或过程亦即由包括服务器和客户端装置的语音交互系统借助于计算机软件和硬件资源之间的协作来实现的一系列信息处理，计算机软件即为相当于计算机程序的数据结构。因此，所述数据结构被确定为借助于计算机软件和硬件资源之间的协作、根据使用目的来建立特定信息处理装置的操作方法。因此，由类似于程序的具体数据结构定义的信息处理是利用硬件资源具体实现的，"基于软件观点的考虑"，权利要求 1 涉及的数据结构是"利用自然法则进行的技术思想的创造"，属于"发明"。

在该书的创造性判断中，提到在判断软件关联发明的创造性时，需要注意到伴随软件化、计算机化的问题多数是计算机技术中的一般问题，其中列举的示例涉及人机交互中"通过 GUI 使输入变容易"的问题。

案例如下：在权利要求中记载了一种音响再现装置，其特征在于，作为音响再现装置包括：A 单元、B 单元和在显示画面上通过 GUI 加以显示的由音量条构成的音量调整单元。对比文件记载了一种再现装置，其中包括 A 单元、B 单元和由滚轮按钮构成的音量调节单元。而利用 GUI，边看显示屏，边进行输入操作是计算机技术中共通的一般问题，考虑到这一问题，将对比文件的再现装置的音量调节单元替换为周知的由 GUI 显示的音量条属于发挥了本领域技术人员的日常创造能力，权利要求保护的发明不具有创造性。[①]

（四）国外人机交互专利保护典型案例

近些年国外人机交互专利保护实践体现出以下特点：知名企业间侵权诉讼多，且易引发业内关注，例如，苹果公司和三星公司的滑动解锁案，黑莓诉 Facebook 新消息通知案等；涉案技术方案相对简单，但创造性判定存在较大争议。

案例一：苹果公司和三星公司滑动解锁案

在苹果公司和三星公司两家公司专利侵权诉讼大战中，极具代表性的滑动解锁专利（US8046721B2，以下简称 721 专利）在美国的审判过程将人机交互专利的关注度推向前所未有的高潮。

该案始于 2012 年，是苹果公司向美国北加州地区法院起诉三星公司侵犯其 8 项专利权中的一件，三星公司在提出抗辩和专利无效的同时也反诉苹果公司侵犯其 8 项专利权。该案的司法审判可谓一波三折，2014 年美国北加州地区法院判定三星公司侵犯了包括 721 专利在内的 3 项专利权，苹果侵犯三星的 1 项专利权。之后双方均向 CAFC 上诉，CAFC 于 2016 年 2 月判决包括 721 专利在内的 2 件专利无效。后苹果公司申请全院庭审，CAFC 同意这一请求，并推翻 2 月的判决，裁定维持北加州地区法院的判决，滑动解锁专利有效，这一判决对三星公司不利，后三星公司向 CAFC 申请全院庭审并向美国联邦最高法院上诉均被拒绝，至此滑动解锁专利大战落幕。[②]

为避免手机在口袋中误操作的情况出现，721 专利提供了一种屏幕解锁方案，如图 4-1 所示，用户根据屏幕的提示，在锁屏屏幕上将解锁图像从一个位置滑动到另一个位置以进行解锁。

---

① 国家知识产权局专利审查业务管理部. 日本发明·实用新型审查指南：特定技术领域适用实例 [M]. 北京：知识产权出版社，2020：21-22.

② 谢琳，鲁秋艳. 苹果"滑动解锁"专利无效案 CAFC 判决详解 [J]. 中国发明与专利，2018，15（10）：76-83.

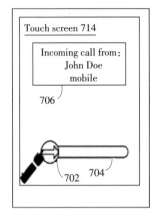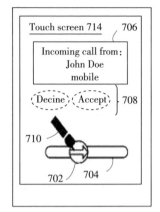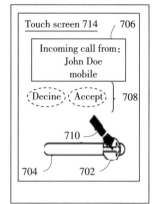

图 4-1　滑动解锁专利①

在 2016 年 2 月 CAFC 的判决中，三星公司提供了两份主要证据。证据1②是一款手机使用手册，该款手机具有触摸手势输入功能，例如，手指从屏幕底部的 Neonode 标志向上掠过并扫过屏幕一半左右的高度即可调用手机的开始菜单，手指从屏幕左侧扫到屏幕的右侧表示"YES"，而相反地，从屏幕右侧向左侧的扫过则表示"NO"。说明中还记载了该款手机的解锁方式为：首先按压一下屏幕左下方的电源键，然后屏幕上会显示"向右滑动解锁"的提示，此时向右掠过解锁手机，如图 4.2 所示。与 721 专利的不同在于，该款手机并不存在一个具象的图形模块随着手指的滑动而一起滑动。

KEYLOCK - UNLOCKING THE UNIT

The ON/OFF switch is located on the left side of the N1, below the screen.

1. Press the power button once.
2. The text "Right sweep to unlock" appears on the screen. Sweep right to unlock your unit.

图 4-2　证据 1 示意图

---

① US8046721B2.

② N1 Quick Start Guide [EB/OL]. (2004-07-29) [2024-03-11]. http://www.instructionsmanuals.com/download/telefonos_movil/Neonode-N1-en.pdf.

证据2① 是 1992 年计算机人机交互会议上 Plaisant 的一份视频和论文，公开了壁挂式触摸器触摸屏上的六种控制开关，如图 4-3 左下角的滑块开关，滑动开关使指针从一边滑到另一边，实现在 ON 和 OFF 之间的切换。

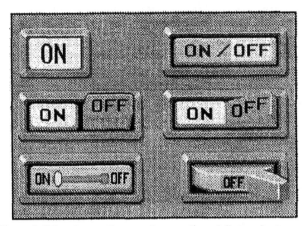

Figure 2: The six toggles: one-button, "words", two-button, rocker, slider and lever. In the tested application users did see several lines of devices names with the corresponding toggles on the side (only one type of toggle is used at a time).

图 4-3 证据 2 示意图

对于上述两份证据能否影响 721 专利的创造性，苹果公司争辩：①在证据 2 中记载按压优于滑动切换，滑动比按钮更难实现，给出了与滑动相反的技术启示；②证据 2 的技术领域是空调等家电的壁挂式控制设备，与 721 专利的技术领域不同，也不能与证据 1 结合；③辅助判断因素，721 专利解决了长期需要解决但并未解决的技术问题，受到业界的广泛好评并被其他厂商纷纷模仿，产品获得了商业上的成功。

CAFC 在 2016 年 2 月的判决中认为，证据 2 中没有批评或不鼓励使用某种方案，仅仅记载了人机交互方式中不止一种的选择，并不意味着相反的技术教导；721 专利与证据 2 都没有严格的领域限制，721 专利与人机交互密切相关，与证据 2 都公开了在触摸屏幕上滑动手指改变状态的相同结构，解决相似的技术问题，本领域技术人员可以获得技术启示。关于辅助性因素，长期需要解决但并未解决的技术问题需要举证证明，苹果公司没有证据证明这一问题；关于业界的好评，其中关于乔布斯发布该手机时所获好评的证据，

---

① Plaisant C, Wallace D. Touchscreen Toggle Design ［C］. Proceedings of the SIGCHI Conference on Human Factors in Computing Systems，1992，CHI 92：667-668.

好评来自苹果粉丝，不能说明这些粉丝具备本领域的知识，该证据并不充分；关于产品模仿，三星模仿苹果的方案是从屏幕上固定点到另一点的滑动，而非苹果的整个解锁机制；商业上的成功需要证明专利的技术方案与产品的商业成功密切关联，苹果公司提供的调查报告仅询问了用户是否愿意购买有滑动解锁功能的设备，也没有清楚地告知消费者没有滑动解锁的设备是否具有其他解锁功能，不能说明涉案手机所涉及的专利特征与商业成功之间的关系。因此，CAFC 认为 721 专利是显而易见的，应当无效。[①]

然而，CAFC 在 2016 年 10 月的全院庭审中推翻了前述结论，除原审 3 名法官外，其余新增的 8 名法官均支持地区法院的判决。多数派法官认为：需要考虑现有技术之间是否存在结合动机的问题，证据 2 是壁挂式触摸设备，本领域的技术人员不会将家用壁挂式触摸屏中的元素与手机结合起来，并解决手机在口袋中误操作的问题，证据 1 和证据 2 的结合缺少动机。在创造性的判断中，辅助性因素必须予以考虑。对于业界的赞美，如有证据表明存在对权利要求所要保护的发明或执行该专利的产品的赞美，尤其是来自于竞争对手（三星）的赞美，相当于明确其具备创造性；关于产品模仿，证据中存在三星的多次内部演讲，陈述 iPhone 的滑动解锁比三星的替代方式好，且三星提高的方向就是如何更像 iPhone；关于商业成功，苹果的调查表明，消费者在没有滑动解锁功能的情况下会为这款设备花费更少的钱，该特征是商业成功的关键因素，且该特征也是 iPhone 广告重点展示的第一个功能；关于长期需要解决而并未解决的问题，苹果公司的证词以及三星的文件中均证明此前的多种解锁方式均没有解决意外启动的问题，属于悬而未决的需求。综上所述，多数法官认为 721 专利相对于证据 1 和证据 2 是非显而易见的，该专利有效，但也有三名法官坚持对此提出异议，坚持 CAFC 最初的判决意见。[②]

CAFC 滑动解锁专利的审判过程可谓是一波三折，争议的焦点在于创造性的显而易见的判断上，尤其是对于辅助性因素的考量，该案是 26 年来 CAFC 唯一一次针对创造性问题进行的全院庭审，且三名原审法官在长达 107 页的判决书中提出了超过 55 页的异议，可见该案在创造性判断中的争议之大，展现了人机交互领域创造性判断困难的缩影。

---

① Apple Inc. v. Samsung Elecs. Co. , 816 F. 3d 788 (Fed. Cir. 2016).
② Apple Inc. v. Samsung Elecs. Co. , 816 F. 3d 1034 (Fed. Cir. 2016).

案例二：黑莓诉 Facebook 新消息通知案

2018 年 3 月，北美知名公司黑莓公司，指控 Facebook 公司及其关联的 WhatsApp、Instagram 公司侵犯了其涉及消息通信应用程序的多项专利。Facebook 积极应对黑莓公司的指控，并在 2018 年 9 月对黑莓公司发起了反击战，指控黑莓公司侵犯了涉及社交媒体平台语音消息技术的 6 项专利。双方当事人的专利诉讼大战最终以双方达成保密协议的方式和解，尽管不清楚双方和解的条款内容，但经此一役，黑莓公司的股价上涨近 50%。

其中，黑莓公司的 US8209634B2 专利（以下简称 634 专利）涉及一种在小屏幕上预览新事件的方法，是典型的人机交互领域专利，该专利同时在加拿大、中国、欧洲、日本等主要国家/地区均布局了同族专利。Facebook 公司在应诉过程中，作为利益相关人先后两次向 USPTO 的专利审判与上诉委员会（Patent Trial and Appeal Board，PTAB）提起了 IPR（Inter Partes Review）程序，PTAB 受理了后一次请求并作出了将权利要求 1、4—7、10—13、16—18 无效的决定。

634 专利旨在解决现有技术中无线移动设备接收到新消息时，需分别激活多个应用程序的图标进行逐个检查以确定是哪个应用程序收到了新消息带来的操作不便问题，如图 4-4 所示，该专利通过在应用程序的图标上显示已经接收到但未读新消息的数字特征，直接确定是哪个应用程序收到了新消息，优化了用户的操作。

其中，权利要求 1 为：

"1. 一种在无线通信设备上提供未读消息的通知的方法，包括：

在无线通信设备的图形用户界面上显示至少一个与电子消息相关的图标；

在无线通信设备上接收多个电子消息，所述多个电子消息包括来自多个不同消息收发对端的消息；

和响应于接收到多个电子消息中的至少一个，可视地修改与电子消息相关的至少一个显示的图标，包括以数字字符，表示已经接收到且未读的一个或多个电子消息对应的多个不同消息收发对端的数量的计数。"

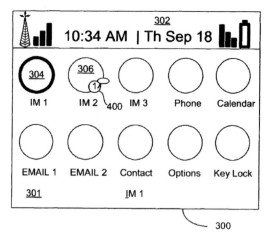

图 4-4 634 专利技术方案

PTAB 在决定中认为,权利要求 1 不具备创造性,引用了三篇证据论述这一观点:

证据 1① 公开了一种用于提供整合和访问的定制化图形用户界面,如图 4-5 所示,用户栏 600 包括沿着用户界面底部排列的多个单元,用户栏 600 可以处理任何类型的项目或对象,例如应用程序、文档、窗口等,各单元序列会基于光标的位置进行放大显示,以应用程序为例,可以根据需要改变该应用程序的打开、关闭状态。应用程序还可以支持其他单元图像,例如电子邮件应用程序可以将表示新消息的数目重叠在应用程序的图标上。

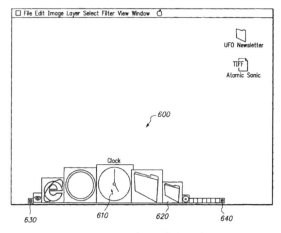

图 4-5 证据 1 技术方案

---

① US7434177B1.

证据 2[①] 公开了一种信息通信设备，如图 4-6 所示，为了解决现有技术中"需要通过手动搜索来区分不同邮件信息发送者"的问题，将邮件按照一定顺序予以排列，例如，字母顺序、日期顺序、接收顺序、同一发件人的数量等。如图 4-6 所示，按照发件人的邮件量进行排序的实施例，将同一发件人的邮件量（13、10、9、5 等）与发件人地址、发件人姓名关联，并进行相应的视觉显示。

No	Sender address	Sender name	Mail volume
1	09012345678	KAWADA, Hanako	13
2	satoh @ def.or.jp	satoh @ def.or.jp	10
3	taro @ abc.or.jp	YAMADA, Taro	9
4	09012341234	09012341234	5
•	•	•	•
•	•	•	•

图 4-6　证据 2 技术方案

证据 3[②] 是一篇发表于电脑杂志的文章，描述了人们过度依赖电子邮件，以至于每个人都使用电子邮件，但是"平庸的电子邮件组织工具和缺乏对标准互联网邮件的验证"使其泛滥变得严重，缺乏对邮件进行分类和管理的工具。

对于上述三篇证据，证据 1 是一种个人计算机，指出了用户栏的有用性，教导了电子邮件应用程序对应的图标可显示用户收件箱中未读邮件的数量，电子邮件应用程序可以将表示新消息的数目重叠在应用程序的图标上，即图标上显示的数字会被更改，以反映收件箱状态的变化。虽然并未公开无线通信设备，但针对有限的屏幕空间环境，上述方案显然对无线通信设备也是适用的。证据 2 中统计了来自不同发件人的邮件量，相当于本专利中的不同消息收发对端，本领域技术人员有动机将证据 2 中统计的发件人的数量提供给证据 1 进行显示。此外，证据 3 提供了一种辅助证明，提出了对于每天接收邮件数量庞大的用户而言，邮件的数量信息显然不及发件人数量信息更有用，对于该部分用户而言，发件人数量是更具价值的指标，可以理解证据 3 提供了本领域技术人员改进的动机与方向。综合上述三份证据，权利要求 1 不具

---

① US2002/0142758A1.

② Miller M J. Personal Multimedia [J]. PC Magazine, 1999, 18 (2): 4.

备创造性。

与苹果三星案中提出的专利无效抗辩方式不同，本案通过向 PTAB 提出 IPR 程序来确认专利权的有效性。在这一程序中，采用优势证据原则，只要证明无效的可能性比有效的可能性高，则涉案专利就会被认定为无效。而在专利纠纷法院中采取的是清楚、令人信服的证据原则，至少有一项证据能够清楚、令人信服地判断涉案专利无效，法院才会采信该证据。

三、我国人机交互的专利保护

与其他国家类似，我国也没有对涉及人机交互技术的专利审查和保护设置专门的规则。本节主要说明与其他涉及计算机程序的专利相比，人机交互专利（尤其是图形用户界面专利）在审查标准和保护方面的特别之处。

（一）专利审查标准

在我国人机交互方案可通过发明、实用新型和外观设计这三种专利形式进行保护，其中实用新型专利一般涉及人机交互的硬件设备，不是本书关注的重点，因此以下内容仅讨论人机交互的外观设计和发明专利。

外观设计专利主要保护人机交互中图形用户界面（GUI）的界面布局设计，而发明专利则主要保护人机交互中交互操作、后台处理及执行反馈等技术方案，二者保护的角度不同，起到的保护效果也不相同。

1. GUI 外观设计专利的审查标准

在 2014 年之前，我国对涉及图形用户界面的界面布局设计不给予外观设计专利的保护。《专利审查指南 2010》规定，产品通电后显示的图案不属于《专利法》第 2 条第 4 款规定的外观设计。2014 年 5 月，国家知识产权局对《专利审查指南 2010》进行修改，将该款规定修改为"根据专利法第二条第四款的规定，以下属于不授予外观设计专利权的情形：……（11）游戏界面以及与人机交互无关的显示装置所显示的图案，例如，电子屏幕壁纸、开关机画面、与人机交互无关的网站网页的图文排版"。也就是说，与人机交互有关的图案及图文排版符合《专利法》第 2 条第 4 款的规定，这样就通过否定排除的方式允许与人机交互相关的设计获得外观设计专利权。从此，各类图形用户界面的外观设计申请数量激增，相关的侵权诉讼和无效请求也纷至沓来。《专利审查指南 2023》则进一步明确可以通过产品整体外观设计和局部外观设计两种方式提交申请，而采用局部外观设计方式提交申请时，还包括视图带有或不带有图形用户界面所应用产品等两种方式。这就进一步增强了跨产品种类的图形用户界面保护力度。

在名为"带图形用户界面的电脑"外观设计专利无效宣告请求案中①，合议组明确，外观设计专利要求保护的内容涉及硬件设备和图形用户界面设计的，应当考虑以下特点：通用性，即图形用户界面可在任何硬件设备上运行使用；独立性，即相对于硬件设备而言，图形用户界面在设计创作和视觉效果上较为独立；主体性，即图形用户界面呈现于显示屏时通常构成显示设备正面的主体设计内容。如果硬件部分为常见设计，而简要说明亦指明其设计要点主要在于图形用户界面设计的，则可以认定该外观设计专利对整体视觉效果具有显著影响的内容在于所示图形用户界面设计。

在名为"带图形用户界面的手机"外观设计专利无效请求案中②，合议组认为，动态界面的创新在于从首界面到尾界面的整个动态变化过程，其作为一个整体设计方案不可分割。如果两个动态界面的变化过程，即具体的动画切换过程完全不同，体现在中间具体界面的内容和最终呈现给消费者的动画效果完全不同，则两个图形用户界面存在明显区别。

通过以上两个案例，可以明确 GUI 外观设计专利一般遵循如下审查标准：首先，GUI 外观设计专利权的保护范围由硬件载体（如果存在硬件载体）和图形用户界面共同确定，在硬件载体属于常规设计的情况下，图形用户界面的设计对于产品的整体视觉效果具有更加显著的影响；其次，动态界面的全部动态变化过程作为一个整体设计方案不可分割，在进行对比判断时，应当比较动态界面的全部整体变化过程。

2. 人机交互技术发明专利的审查标准

目前，对于人机交互的发明专利的审查遵循一般原则的规定以及涉及计算机程序的发明专利审查的特殊规定。从专利审查角度出发，涉及人机交互的发明专利有以下特点：

（1）在涉及输入法编码和图形用户界面简单布局的申请中，易于出现客体问题；例如，输入法的编码方式没有与键盘相结合，又如，依照人为设定的规则对屏幕上各元素的位置进行调整，此类方案易被认定为属于智力活动的规则和方法。

（2）人机交互技术中的后台处理容易出现未被证据公开或被当事人忽略的情况，由此出现"黑匣子"问题，从而出现相关证据能否构成现有技术以及说明书是否充分公开的问题。

---

① 专利号为 ZL201430324283.6，决定号为 WX35196。
② 专利号为 ZL201530383753.0，决定号为 WX31958。

（3）证据形式较多，对证据真实性、公开性、关联性的认定有很大的研究空间。人机交互发明专利一般具有技术效果直观可见的特性，相应地，确权或侵权阶段提交的证据形式较为丰富，例如、网络视频、证人证言、游戏试玩录屏等，对这些证据的认定就需要综合双方当事人的意见认真考量。

（4）在创造性判断方面：交互技术中的硬件或软件更新换代一般不同步，且不同技术代际之间存在借鉴或移植的可能性，创造性判断时需要考虑硬件设备特性对软件所带来的影响；硬件设备发展进入平台期后，输入和输出技术相似性越来越高，交互方法创新和改进空间越来越小，且往往存在软件层面多个要素的改进，由此带来创造性高度判断出现困难和分歧；同时交互技术发展迅速，而适应其发展速度的工具书、教科书较少，使得公知常识性证据匮乏，创造性判断中公知常识的认定和说理存在难度和争议；当事人经常声称其方案技术效果主要表现为用户体验的改善，由此对此类专利的创造性判断带来主观影响，需要进一步明确用户体验在创造性判断中的作用；同时，在创造性判断过程中当事人越来越多地强调应用场景的不同对结论的影响，而对应用场景定义或理解的不确定性，也导致了创造性判断过程中的一些分歧。

（二）专利侵权诉讼特点及对策

1. 保护形式多样

其他计算机领域的技术方案，一般只能通过发明专利的方式进行保护，而涉及人机交互的实现方案不但能够申请发明专利，其中涉及图形用户界面的部分还可以通过外观设计专利进行保护，这就使得涉及人机交互的发明创造在专利保护形式上具有更多的选择，保护更为全面。

对于涉及图形用户界面的外观设计专利权的侵权纠纷而言，人民法院普遍认为，此类外观设计专利权保护范围的确定应当同时考虑产品及图形用户界面的设计这两方面要素，产品的类型和设计对于此类外观设计专利权的保护范围具有限定作用。如果被诉侵权产品与涉案专利的图形用户界面设计相同而产品的类型不同或不相近，那么该被诉侵权产品并不侵犯涉案专利的专利权。

2. 维权难度相对较低

首先，其他计算机领域的相关专利，例如，人工智能、大数据等领域，技术方案可能较为复杂，对技术方案的理解普遍不易，这就使得对技术事实的认定存在一定难度，如此一来，在确定权利要求保护范围这一点上就会遇到较大困难，这也是其他计算机领域的创新主体普遍反映维权难度较大的原因之一。而人机交互技术的专利一般具有方案易于理解、效果直观可见的特点，这就导致专利保护范围容易确定、侵权比对相对容易，在进行专利侵权判断时更关注该技术方案呈现的技术效果，对于内部代码的具体实现考虑较少，降低了专利权人的维权难度，提升了其维权意愿。

其次，在侵权取证举证方面，其他计算机领域的专利侵权案件多涉及软件方法，需要比对软件内部的运行逻辑，这些软件多部署于被控侵权人控制的服务器上，或者被固化在相关设备上，专利权人往往难以直接获取这些涉嫌侵权软件产品的相关证据，给侵权取证举证带来困难。相比较而言，人机交互技术的专利多数都存在于面向终端消费者的载体之上，这些载体的获取较为容易，且交互方案大部分可见，从而使得侵权取证举证的难度大大降低，这极大促进了专利权人维权的积极性。在华为诉三星侵犯 ZL201010104157.0 号专利权案中，原告仅通过购买几部手机就获得了被控侵权产品；在百度与搜狗的输入法大战中，涉及 ZL201310227416.2 号发明专利的原告一方在手机中下载了被告出品的输入法软件完成了被控侵权产品的取证举证。相比而言，其他计算机领域的专利侵权案件很多需要专业人员利用专业工具获取数据进行分析或鉴定才能达成目的，取证举证的难度不可同日而语。正因为如此，人机交互技术的专利侵权案件数量在整个计算机领域的专利侵权案件中占比较大。

3. 诉讼标的额较大

如本章第一节所述，对比其他计算机软件专利诉讼，人机交互领域的技术方案偏向应用层面，在专利保护时取证举证相对便捷，技术方案和事实容易理解和确定，由此容易作为专利权人维权的武器。再加上涉及人机交互的发明专利大多直接面向终端消费者，所以应用于各类终端上的发明专利数量较多且相关的下载或销售数据也较为易得，这使得专利权人在专利侵权纠纷中会提出较大的诉讼标的额和较高的赔偿金额，也可能会得到法院的支持。例如，在华为诉三星侵犯 ZL201010104157.0 号专利权案中，我国泉州中院判决三星公司支付 8000 万元的经济损失赔偿；在高通诉苹果侵犯 ZL201310491586.1 号专利权案中，福州中院支持了高通提出的两项诉中临时禁令，对包括 iPhone 6s、iPhone 7、iPhone 8 和 iPhone X 在内的多款产品进行了禁售。

4. 技术术语更新快

在百度和搜狗涉及 ZL201310227416.2 号发明专利的输入法大战中，专利权人在民事侵权诉讼中试图对权利要求的保护范围进行扩大解释以使得被诉侵权产品落入专利权保护范围，而在专利无效程序中则进行缩小解释以避免专利权被无效，法院和专利行政部门通过对技术方案的认真剖析明确了权利要求的保护范围，避免了专利权人两头得利的结果；在华为诉三星侵犯ZL201010104157.0号专利权案中，合议庭在厘清了"容器"等术语的含义之后才能对被控侵权产品是否落入了涉案专利的保护范围进行辨析。通过这些例子可以看到，由于人机交互技术发展较为迅速，带来了技术术语不断更新、含义不统一的问题，从而导致在解释权利要求的保护范围时需要全面考虑专利的技术背景、技术的历史沿革、说明书记载的内容、该术语的惯用含义、发明实质等多方面因素，才能作出准确判断。

5. 公知常识举证存在困难

由于人机交互技术发展较为迅速，教科书等出版物难以及时记载相应的技术特征，从而在涉及公知常识的判断时多数仅仅依靠说理而非证据，这就造成了对于判断主体技术素养的严重依赖，在进行创造性判断和现有技术抗辩时容易出现争议。

基于上述特点，人机交互领域的创新主体如果希望更好地维护自身权益，可以从以下几方面着手：

（1）了解各类专利的优缺点，以合适的形式更好地保护创新成果。一般而言，外观设计专利仅进行初步审查，授权周期较短，保护年限适中（《专利法》第四次修订后可以达到 15 年），适于保护图形用户界面各要素的布局以及交互动态的呈现方式；而发明专利保护年限最长，保护力度最强，但授权周期较长，需要满足的实质性条件更多，适于保护人机交互领域的技术方案。

（2）深入理解专利审查规则，以获得高质量专利授权。本领域的创新主体在申请专利之时可以依据前述重点介绍的相关审查规则规划申请内容，以便在专利申请过程中提交规范的申请文件、确定适当的保护范围、缩短答复周期，更快地获得高质量授权。例如，在申请外观设计专利时，所提交的图片应当能表明人机交互方式及变化状态；在申请发明专利时，要注意规避不属于专利法保护客体的撰写方式，清楚完整地记载能体现人机交互方式的技术方案，尽可能检索现有技术，根据现有的新颖性创造性标准进行评判，以便对可能授权的专利保护范围有一个较为明确的预期。

（3）注意搜集审判案例，积极应对专利侵权纠纷。作为专利权人一方的创新主体，可以意识到人机交互技术由于技术方案易于理解、技术效果直观可见的特点而容易被竞争对手所模仿，应当利用好人机交互技术取证举证难度较低的优点，做好证据搜集工作，为成功维权打下基础。作为被控侵权人一方的创新主体，应当想到涉及人机交互的现有技术存在形式多种多样，可以适当扩展证据形式，关注包括视频、游戏、网页内容等在内的使用公开证据，可能更容易找到合适的现有技术以应对侵权诉讼。

四、小结

人机交互专利保护有着涉及面广、保护形式全、保护实践多、维权难度低、受关注度高等特点，在计算机程序专利保护中起到了特殊且重要的作用。对其进行有效保护将促进计算机产业持续发展和繁荣，为人民生活工作带来进一步的便利。

第二节 客 体

图形用户界面是用户与计算机之间就软件使用进行交流的中介，它既包含程序运行结果的表达，也包含用户使用软件的操作方法。

在涉及图形用户界面的早期专利申请中，部分创新主体将图形用户界面外观属性的界面布局设计，或单纯的界面操作方法用于申请发明专利，这类方案属于《专利法》第 25 条规定的智力活动规则和方法，被排除在发明专利保护客体之外。

随着人们对图形用户界面客体审查标准认识的深入，其相关申请的撰写也日益完善，基本上已克服了上述属于智力活动规则和方法的问题，大多数涉及图形用户界面客体审查方面的争议，主要集中在是否符合《专利法》第 2 条第 2 款的规定上。

以下通过一个案例，来阐释在审查过程中关于图形用户界面涉及《专利法》第 2 条第 2 款的相关问题及判断方法。

一、图形用户界面的客体判断

案例4-1 恒泰实达公司关于根据事件合成用户界面复审案

■ 案件信息

【案件编号】1F120646

【决定号】FS38032

【专利申请号】200810119449.4

【发明名称】应急系统客户端界面显示方法及系统

【国际分类号】G06F 3/14、G06F 3/048

【申请日】2008 年 8 月 29 日

【复审请求人】北京恒泰实达科技发展有限公司

【法律依据】《专利法》第 2 条第 2 款

■ **案情介绍**

本申请的背景技术为：现有应急系统在界面组织方式上采用单一窗口或多窗口方式展示信息，这种方式存在一定的问题。例如，单一窗口方式一次只能打开一个窗口来展示信息，而多窗口方式，在需要展示更多信息时，需在各个窗口之间切换，或者对于框架式，虽然可以展示多个窗口，但受计算机终端显示分辨率的限制，只能显示数量有限的几个窗口。由此导致在应急系统客户端界面显示中，不论是单一窗口方式，还是多窗口方式，不能同时显示大量信息，且不支持显示信息的灵活扩充。

为了解决上述问题，本申请提供一种应急系统客户端显示界面的方法，其能够灵活扩充显示信息，支持大量信息同时显示。该方法在界面显示事件发生后，自动将与所述界面显示事件相对应的各个界面单元进行组装，得到要显示的界面模式并进行展示，从而实现大量信息同时显示，其支持多种界面模式，支持显示信息的灵活扩充，符合用户观看的需要。

驳回决定所针对的权利要求 1 如下：

"1. 一种应急系统客户端界面显示方法，其特征在于，所述方法包括：触发界面显示事件；查询所述界面显示事件对应的界面模式和所述界面模式中定义的各界面单元；提取所述各个界面单元所需的数据；提取所述界面模式所需的各界面单元，并将所述数据加载到各界面单元中，得到已加载数据的各界面单元；将所述已加载数据的各界面单元组合成界面组合；将所述界面组合进行显示。"

驳回决定认为，该发明要解决的问题是在系统客户端显示界面，采用的方案是根据申请人自行制定的规则确定界面显示内容和显示方式，此种人为的规定取决于人的主观表达意愿，不构成技术问题，同时，该显示方法获得的效果也仅是按照人为规定对界面的显示，而不是技术效果，因而其不是一种技术方案，不符合《专利法》第 2 条第 2 款的规定。

复审决定认为：权利要求 1 要解决的问题在于提供一种应急系统客户端

界面的显示方法，其能够灵活扩充显示信息，支持大量信息的同时显示，解决了对界面显示信息进行灵活控制的问题，属于技术问题；权利要求 1 中的"触发、获取、提取、加载、组装、显示"等一系列相关的手段属于为解决上述技术问题而采用的遵循自然规律的技术手段；通过将上述界面组合显示，达到了将大量关联信息同时显示的目的，且支持了显示信息的灵活扩充，因此，其所获得的效果也是技术效果。综上所述，权利要求 1 请求保护的方案属于《专利法》第 2 条第 2 款规定的技术方案。由此撤销了该驳回决定。

■ 案件精解

驳回决定所关注的焦点是：要显示什么样的界面，怎样显示界面，并由此被认为以上内容都属于人为规定，不构成技术方案。而在复审决定中则进一步认为，这些界面显示的实现还依赖于计算机内部对相关数据的一系列技术性处理或操作，如特征"触发界面显示事件；查询所述界面显示事件对应的界面模式和所述界面模式中定义的各界面单元"体现了根据客户需求以及相应事件获取对应的界面单元，实现了对所需界面单元进行筛选的目的；特征"提取所述各个界面单元所需的数据，提取所述界面模式所需的各界面单元，并将所述数据加载到各界面单元中，得到已加载数据的各界面单元"是将需要显示的数据依据提取的界面单元进行数据加载处理，得到加载数据的各个界面单元；特征"将所述已加载数据的各界面单元组合成界面组合，将所述界面组合进行显示"实现了将大量信息加载到一个界面组合中并对其进行显示的目的。因此这些处理方法都属于利用自然规律的技术手段。并且，通过说明书背景技术部分记载可知，权利要求 1 方案的目的在于能够灵活扩充显示信息，支持大量信息的同时显示，从而更符合用户的观看需求，上述内容都属于技术问题和技术效果。因此权利要求 1 的方案是专利法意义上的技术方案。

驳回决定和复审决定结论分歧的主要原因在于，对于方案的理解是止步于对界面显示布局的分析，还是进一步地分析该方案真实要解决的问题是否还包括对计算机外部或者内部对象的控制或处理；以及除了界面显示的手段，其后台处理中是否还有对相关事件数据的分析处理以及技术性加工和输出等技术手段。复审决定在界面显示的基础上，进一步关注了该方案背后对相关数据的一系列技术性加工和处理，确定权利要求 1 的方案中显示内容是通过触发、获取、提取、加载、组装等一系列技术手段而获得的，解决了无法将大量信息同时关联显示的问题，获得了在有限显示空间中信息显示灵活扩充的技术效果，由此确定其属于专利法保护的客体。

■ 案件小结

本申请除了涉及对界面的生成或布局，还涉及根据相关事件的触发来动态地扩充或调整显示内容。且权利要求的方案中明确记载了如何在计算机内部对相关数据进行处理的实质性技术内容，即与界面元素有关的符合自然规律的数据处理手段。由此从整体上看，该方案采用了技术手段，解决了技术问题并获得了技术效果，属于专利法保护的客体。

二、小结

关于图形用户界面专利案件的客体判断，首先，不能简单因为方案涉及人为规则就直接判断其不属于技术方案；其次，关注说明书中与权利要求相对应的部分，尤其要关注方案背景，改进动机、方式及手段的具体描述，全面理解方案所解决问题和获得效果的实质；最后，对权利要求的方案做整体性把握，从涉及图形用户界面的技术手段、技术问题和技术效果入手，重点分析界面元素的生成、显示及控制方式的背后是否有对相关数据信息进行技术性加工或处理的记载，在综合分析的基础上才能做出相对全面准确的判断。

第三节　黑匣子

人机交互的输入操作和输出展示一般来说都是直观且明确的，而在其二者之间的后台处理对于用户来说则可能是难以察觉或不确定的，往往会成为不可知的"黑匣子"状态。

在某些输入或输出相对明确的人机交互方案中，此类"黑匣子"状态则有可能会成为整个交互方案的焦点部分，并引发以下的问题：（a）相关证据能否被认定为现有技术；（b）交互方案是否达到充分公开的程度。

本节将通过两个典型案例，针对由"黑匣子"状态引发的上述问题进行探讨。

一、单纯软件操作证据的现有技术认定

《专利审查指南 2023》规定：现有技术应当在申请日以前处于能够为公众获得的状态，并包含有能够使公众从中得知实质性技术知识的内容。即，

是否构成现有技术需满足两个构成要件："申请日前为公众所知"和"包含实质性技术内容"。

常见的使用公开证据一般与具有物理形态的装置或者设备相关，其可被拆卸以了解其内部结构或组成，由此容易判断是否"包含实质性技术内容"。而在计算机领域，程序产品不具有特定形态，且一般都是经过编译的代码，使用者难以知道其具体代码逻辑，由此，存在难以判断其是否"包含实质性技术内容"，能否构成现有技术的问题。这个问题在涉及人机交互的领域中尤为突出，相当数量的使用公开证据仅呈现出对界面元素的操作及操作结果的直观显现，而难以明确其后台处理方式，由此可能会出现需要判断其是否能作为现有技术的问题。

在审查实践中，人机交互领域使用公开证据中关于"包含实质性技术内容"这一要件的判断标准是什么？如果证据中仅有单纯软件操作，在不同的审查阶段以及司法阶段是否有着不同的判断标准或处理尺度？以下将结合案例对此问题进行探讨。

案例4-2 刘某与逗屋公司关于手游触摸屏操控无效案

■ 案件信息

【案件编号】4W105984

【决定号】WX34400

【法院判决号】（2018）京73行初2917号、（2020）最高法知行终514号

【专利号】ZL201410357414. X

【发明名称】一种用于多点触摸终端的触摸控制方法与设备

【国际分类号】G06F 3/041

【申请日】2014年7月25日

【无效请求人】刘某

【专利权人】上海逗屋网络科技有限公司

【法律依据】《专利法》第22条第3款

■ 案情介绍

该案涉及上海逗屋网络科技有限公司旗下的《自由之战》与腾讯公司出品的《王者荣耀》这两款手游中界面显示和控制的专利之争，被称为"2016手游专利第一案"。

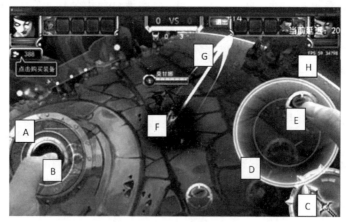

图4-7　本专利附图

该案涉及计算机用户界面，特别是游戏界面中用户操作的部分（参见图4-7）。该专利的权利要求概括了用户在多点触摸终端的触摸屏上，对各类软件按钮不同的触摸控制方法，以及按键的显示方法，其权利要求1为：

"1. 一种用于多点触摸终端的触摸控制方法，其中，该方法包括：

a 获取用户在多点触摸终端的触屏上对第一触摸按钮的第一操作及对第二触摸按钮的第二操作；

b 根据所述第一操作所对应的操作执行对象执行所述第二操作所对应的对象操作；

c 检测所述用户是否触摸所述触屏的目标控制区域；若是，显示所述第一触摸按钮或所述第二触摸按钮，以供所述用户进行操作；

d 当所述用户停止触摸所述触屏的目标控制区域，隐藏所述第一触摸按钮或所述第二触摸按钮；

所述第一操作用于控制所述操作执行对象的移动；

所述第二操作包括调整所述对象操作的操作作用区域；其中，所述步骤 b 包括：在基于所述操作执行对象的当前位置的所述操作作用区域，根据所述操作执行对象执行所述对象操作；

所述步骤 b 包括：针对基于所述当前位置的所述操作作用区域内的操作作用目标，根据所述操作执行对象执行所述对象操作；

所述第二操作包括调整所述对象操作的操作作用目标；

在调整所述操作作用区域过程中，基于所述操作执行对象的当前位置同步显示调整后的所述操作作用区域；

所述第一操作与所述第二操作在时序上至少部分重叠；

在所述对象操作执行完毕后，执行所述对象操作所对应的后续操作；

所述第一触摸按钮与所述第二触摸按钮在所述触屏的位置与以下至少任一项相适应：所述触屏的尺寸属性；所述用户握持所述多点触摸终端的状态属性；所述触屏的当前应用场景信息。"

无效宣告请求人提出的证据 S4 为手游 "灵魂争霸免数据包版" 在手机上安装及操作的视频录像（其视频截图可参见图 4-8），请求人将其作为最接近的现有技术与一篇网页文章结合试图否定本专利权利要求的创造性。但是专利权人认为证据 S4 仅视频展示了单纯的游戏操作方法，未对相关内容进行文字性描述，从而既没有公开用户的具体操作，也没公开各项操作之间的逻辑关系，由此没有公开具体技术方案，该证据不能作为现有技术评价权利要求的创造性。

图 4-8　证据 S4 视频截图

无效决定认为：首先，在涉案专利申请日之前，公众可通过特定网站"当乐网"下载"灵魂争霸免数据包版"，并在手机上安装后正常运行该版游戏，由此该游戏在申请日前已处于可为公众所获得的状态；其次，通过证据 S4 的视频录像可以看出，游戏玩家通过游戏界面左下角处的第一触摸按钮来控制游戏主角的移动，通过操作游戏界面右下角处的第二触摸按钮向敌人施放相关技能。并且可以看到，主角所实施技能的作用区域为扇形，玩家可通过操作右下角处第二触摸按钮，移动主角技能的指向，将该扇形作用区域覆盖敌人后进行技能的施放，使得敌人受到攻击，其生命值随即发生相应的减少。并且游戏主角移动的同时是可以同步施放技能的，即二者可同时执行，并且当游戏主角向敌人施放相关技能后，其还可以执行后续操作，进行下一次技能施放。虽然该游戏操作的过程并没有任何文字性的描述，但是本领域技术人员根据手机终端上运行的游戏界面，以及对不同界面元素的触控操控以及操作后所产生的效果等，都可以确定该游戏软件操作所对应的技术特征及特征之间的逻辑关系，并明确其所体现出的技术方案。因此，专利权人的意见未能被接受，该使用公开证据符合"包含实质性技术内容"的条件，属于现有技术。最终，无效决定以证据 S4 与网页文章的结合评述了本专利不具备创造性，予以全部无效。

本案经历了行政诉讼的一审、二审及再审。

一审程序中，专利权人诉称，证据 S4 仅呈现了用户的操作以及相关的界面变化，并不能据此看到程序后台处理的逻辑，其属于"黑匣子"状态，故本领域技术人员无法通过观看该视频，直接地、毫无疑义地得到对应的技术特征或技术方案。而一审判决认为，尽管游戏操控录像中没有文字性的描述，但是本领域技术人员根据在手机上运行的游戏界面和界面元素，对不同界面元素的触控操作以及操作后所产生的效果等，完全能够确定涉及交互操作的技术特征及其之间的逻辑关系，并明确其所体现出的技术方案，证据 S4 属于使用公开的现有技术。关于专利权人提出的无法看到程序后台处理的主张，证据视频中展示了操作在时序上的关系，且相关权利要求并不需要判断计算机后台的相关执行情况，仅通过直接观察足以得出相关结论。最后一审法院驳回了专利权人的诉讼请求。

之后，专利权人不服一审判决又提起了上诉，其主要理由跟一审基本一致。二审判决认为，本专利权利要求 1 仅限定了相关用户的操作、操作后所产生的效果和相应的界面显示，并未限定相应操作、产生的效果或者界面显示的后台处理。而证据 S4 的录像虽然没有相关的文字性描述，但本领域技术人员通过录像显示的游戏界面、游戏元素、用户的操作以及操作后所产生的效果等，可以确定相应的技术特征及技术特征之间的逻辑关系，并明确其所体现出的技术方案。证据 S4 可以作为评价本专利创造性的现有技术，最终维持原判。

最高人民法院驳回了专利权人的再审请求。

■ **案件精解**

本案无效决定中在多种类型的证据中采用了使用公开证据，由此也可以看出，由于人机交互类软件需要及时公开以抢占市场，其开发周期短，很多现有技术都是以使用公开而非文字记载的形式出现。因此，涉及软件操作的使用公开证据是否属于现有技术的判断，在该领域也受到了关注和重视。

本案的焦点问题在于：仅涉及单纯交互操作的使用公开证据是否属于现有技术？该类证据无文字性的描述，是否能公开权利要求中的相关技术特征及其之间的逻辑关系？

在该案例的行政和司法程序中，均对该使用公开证据是否"包含实质性技术内容"作出了认定。关于软件的交互操作，可能并不像其他类型的证据一样有具体明确的文字性描述，但是其体现出的操作界面，用户的交互性操作以及在操作后所产生的界面变化或输出效果是直观明确的，本领域技术人员完全可以确定与输入操作或输出展示相对应的技术特征及技术特征之间的逻辑关系，并明确其所体现出的关联技术方案。由此，本案所涉及后台处理处于"黑匣子"状态并不会导致该使用公开证据无法作为现有技术使用。且通过直接观察足以得出该证据已公开了涉案专利权利要求中的相关技术特征及技术特征之间的逻辑关系等实质性技术内容。

■ **案件小结**

当涉及单纯操作的软件使用公开证据公开了输入操作和输出展示的技术内容，则满足了现有技术"包含实质性技术内容"的标准。与"黑匣子"状态相关的涉及后台处理的内容是否公开则可留待在新颖性、创造性等条款的审查中进一步予以判断；同时也要考虑所比对方案关于后台处理的限定，如其并未限定相关具体内容，则不应要求用于对比的现有技术必须公开后台处理内容。

二、"黑匣子"对公开充分判断的影响

案例 4-3 欧珀通信公司关于脑机交互确认国籍和职业复审案

■ **案件信息**

【案件编号】1F301211

【决定号】FS266505

【专利申请号】201810139757.7

【发明名称】电子设备、脑电波处理方法及相关产品

【国际分类号】G06F 21/32、G06F 3/01、G06F 1/32、H04L 29/08

【申请日】2018 年 2 月 11 日

【复审请求人】广东欧珀移动通信有限公司

【法律依据】《专利法》第 26 条第 3 款

■ 案情介绍

本申请的背景技术记载，人与手机的互动越来越多样化，有声音、指纹、虹膜、人脸、图像等，但是对于大脑发出的信息，目前还没有涉及。由此，本申请中电子设备首先通过所述脑电波传感器采集用户的脑电波信息；其次，根据所述脑电波信息确定用户的身份特征信息，所述身份特征信息包括国籍信息和职业信息；最后，根据所述身份特征信息对所述电子设备进行控制。由于不同国籍和职业的用户对电子设备有不同的使用习惯和使用需求，通过采集用户的脑电波信息确定用户的国籍和职业，进而控制电子设备适配用户的使用习惯和使用需求，有利于提高电子设备操作的便捷性和可靠性。

其相关的说明书附图如图 4-9 和图 4-10 所示。

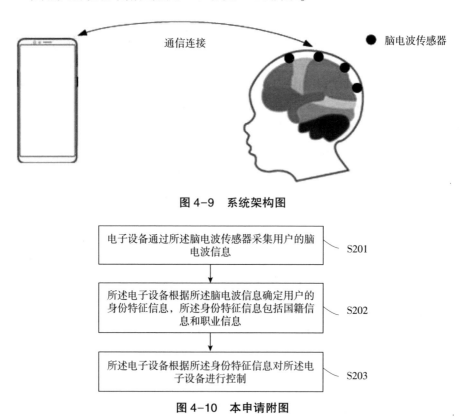

图 4-9　系统架构图

图 4-10　本申请附图

驳回决定认为本申请说明书公开不充分，不符合《专利法》第 26 条第 3 款的规定。驳回决定所针对的权利要求 1 如下：

"1. 一种电子设备，其特征在于，包括控制器、脑电波传感器、存储器，

所述脑电波传感器以及存储器与所述控制器连接；其中，

所述脑电波传感器，用于采集用户的脑电波信息；

所述存储器，用于存储所述用户的脑电波信息；

所述控制器，用于通过所述脑电波传感器采集用户的脑电波信息；以及用于根据所述脑电波信息确定用户的身份特征信息，所述身份特征信息包括国籍信息和职业信息；以及用于根据所述身份特征信息对所述电子设备进行控制。"

复审程序中合议组在复审通知书中指出本申请不符合《专利法》第 26 条第 3 款的规定。复审请求人答复了复审通知书，未修改权利要求书，并引用了两篇中国专利文献（参考文献 1① 和参考文献 2②），主张这两篇专利文献与本申请相似且已被授权。

复审决定维持了驳回决定，决定中认为：本申请要解决的技术问题是如何提升对电子设备进行操作控制的便捷性和可靠性。为了解决上述问题，本申请采用的技术方案是：通过脑电波传感器采集用户的脑电波信息；根据所述脑电波信息确定用户的身份特征信息，所述身份特征信息包括国籍信息和职业信息；根据所述身份特征信息对所述电子设备进行控制。然而在说明书以及复审请求人的意见陈述书中并未清楚记载或说明不同国籍以及职业的用户之间的脑电波存在何种差异或特点，虽然大数据分析是一种常见的发现规律的手段，但其并不能发现所有的规律或解决所有的问题，本申请并未明确采用何种大数据分析手段来确定脑电波和国籍、职业之间的关联关系，也未给出任何通过大数据分析可以确定出其关联性的相关数据或结论。由此本申请说明书并未对"根据所述脑电波信息确定用户的身份特征信息，所述身份特征信息包括国籍信息和职业信息"这一技术手段进行清楚、完整的说明，本领域技术人员根据说明书记载的内容无法实现控制电子设备适配用户的使用习惯和使用需求，不能解决其提升对电子设备进行操作控制的便捷性和可靠的问题并产生预期的技术效果，本申请不符合《专利法》第 26 条第 3 款的规定。

■ 案件精解

本案中获取脑电波以及发出控制信号等交互手段对于本领域技术人员基本上是明确或公知的，但是如何"根据所述脑电波信息确定用户的身份特征

---

① CN104868999B.
② CN108055258B.

信息"则处于"黑匣子"状态，因此在本案的审查中，焦点问题就在于判断如何通过输入的脑电波来确定用户的身份信息。

针对该焦点问题，复审请求人反复辩称可通过大数据分析建立相应的数据库，然后基于数据库匹配进行国籍信息和职业信息确认，并列举两篇专利文献进行说明。

然而，在涉及脑电波的人机交互技术中，本领域技术人员的一般认知是：脑电波是一些自发的有节律的神经活动，根据其频率变动范围，可以将其分为四个波段，在用户觉醒并专注于某一事物时，常可见频率较高的波段，在睡眠时可能出现频率较低的波段，即脑电波可以体现人的清醒或睡眠状态，也可以体现人的专注程度等。但是，从基本原理以及客观规律的角度来说，本申请说明书并没有说明脑电波与用户国籍、职业之间有何对应的规律可循，且此也并非本领域的公知常识。虽然复审请求人反复辩称可通过大数据分析建立相应的数据库解决该问题，但并没有相关的具体案例或实验数据进行支撑。且在其答辩意见中也称，由于时区与国家的对应关系复杂，职业众多，相同职业有不同的作息，不同的职业可能存在相同的作息习惯，由此即使采用大数据手段，也不一定能够保证足够的准确度；同时，所提供的两篇专利文献仅涉及使用脑电波和基于时间的算法生成挑战码，或者是脑电波只作为用户生物特征之一出现，都未公开如何对脑电波进行处理，更未涉及基于脑电波特征确定用户国籍信息或职业信息。

因此，本申请的说明书只给出一种脑机交互的任务或设想，其后台处理对于本领域技术人员来说处于不能完全知悉的"黑匣子"状态，本领域技术人员不清楚如何根据所述脑电波信息确定用户的国籍或职业信息，因缺乏解决技术问题的技术手段，导致无法实现对该发明创造技术内容的"重现"或"再现"，从而无法满足专利法意义上充分公开的要求。

■ 案件小结

当涉及人机交互后台处理时，或是由于技术特点不易被描述，或是由于涉及技术保密，或是为了提前进行专利布局等各种原因，尤其是其与新兴技术发展的方向如与人工智能或大数据相关联时，更容易出现"黑匣子"问题，从而导致说明书公开不充分。

当出现此类情况时，最重要的是要准确站位所属领域技术人员，根据说明书记载的内容、相关现有技术以及所属技术领域的公知常识，合理认定方案所要解决的技术问题或预期的技术效果，客观判断在现有技术中是否存在与"黑匣子"问题对应的现有技术手段，其能否解决相应技术问题，达到预期技术效果；如对此类情况的判断必须依赖于某些运算数据或实验时，还要考察说明书中对相关数据运算方式以及结果的记载情况。

三、小结

通过以上两个案例分析可以看出，在人机交互领域中，"黑匣子"问题主要出现在涉案专利或证据的后台处理阶段，这也与该领域专利撰写或取证容易偏向于交互输入输出的特点有关。而在出现"黑匣子"问题时则应该注意以下内容：

首先，对于证据公开程度的要求，在不同阶段存在着差异。如在无效程序或侵权诉讼的证据审查环节，应从一般公众的角度以相对宽松的标准来关注"黑匣子"问题，不应以公开是否充分的严格标准来要求其"包含实质性技术内容"，可将相关技术特征的认定留到后续新颖性、创造性等条款的审查当中；而在无效程序或者侵权诉讼的实体审查阶段，在进行公开是否充分，是否符合新颖性、创造性等条款的审查，或者侵权比对中特征是否相同、等同的判断时，则应站位本领域技术人员，以能否直接地、毫无疑义地确定后台处理的技术特征为标准，严格审查其所公开的技术内容。如此把握，既有利于当事人主张权利，也能保证审查和审判的公平公正。

其次，对于申请人来说，在申请阶段应该根据其方案保护的需求确定撰写策略，需对后台处理进行保护的方案，应明确其具体的技术手段，且以所属领域的技术人员能够实现为标准，避免出现"黑匣子"问题，导致申请无法被授权或在无效阶段被无效。

第四节　创造性

人机交互软件的三个技术层面中的诸多要素都可能是发明改进的对象，同时其也可能与硬件相互关联成为创新的要点。也就是说，人机交互专利可能针对现有技术中的硬件设备、交互对象、交互方式、后台处理、显示效果等诸多要素中一个或多个进行改进，上述要素及其关联性均是创造性判断中需考量的因素。

同时，人机交互尤其是图形用户界面领域，存在技术发展较快，主要以改进用户体验为目的，改进点多而细微的特点。并且当事人往往"另辟蹊径"，以其方案与现有技术相比应用场景不同，用户体验较好为由，争辩其方案具备创造性，由此容易出现创造性判断困难甚至争议的情况。

本节选取了一些审查实践中出现的较为典型的案例进行分析，从具有代表性的焦点问题出发，阐述关于上述问题如何进行创造性判断。

一、硬件设备对创造性判断的影响

纵观人机交互技术的发展历史，作为交互软件载体的硬件设备不断推陈出新，其创新在人机交互技术的发展中占有相当重要的地位。鼠标的发明取代了由键盘输入的烦琐指令，触摸屏的出现使得便携设备操作更为简单灵活，头戴式显示器则实现了增强虚拟现实等功能，类似的例子不一而足。在人机交互专利中，硬件相关的专利占据了半壁江山，对人机交互领域的发展产生了深远的影响，而其中相当一部分硬件和软件相关的专利，在对其方案进行审查时需要考虑硬件和软件之间的关联和影响，这也是人机交互专利与其他计算机程序专利相比较有特点的一个方面，以下通过案例来说明如何考虑硬件设备的不同对人机交互发明创造性判断的影响。

案例4-4 腾讯公司关于虚拟现实确定手柄位置复审案

■ 案件信息

【案件编号】1F392756

【决定号】FS305420

【专利申请号】201780058397.1

【发明名称】虚拟现实场景中的对象选中方法和装置以及虚拟现实设备

【国际分类号】G06F 3/01

【申请日】2017 年 6 月 23 日

【复审请求人】腾讯科技（深圳）有限公司

【法律依据】《专利法》第 22 条第 3 款

■ 案情介绍

本申请公开了一种虚拟现实场景中的对象选中方法和装置，其采用普通手柄，该普通手柄包括不具备直接定位功能的 IMU 方向传感器，该手柄通过 IMU 方向传感器感测在现实场景中从第一位置移动到第二位置所产生的第一位置向量，并结合摄像头获取手柄在现实场景的起点坐标，获得手柄在现实场景的绝对坐标。在头戴式显示器中，将手柄在现实场景的坐标映射为虚拟场景中的目标对象坐标，通过一光束指向目标对象以反映手柄在现实世界的移动。通过本申请的技术方案，使得普通手柄也能用于虚拟现实技术中并能快速选中虚拟场景中的对象。本申请附图如图4-11所示。

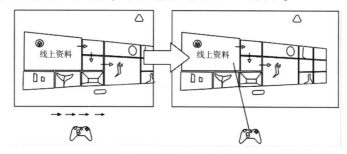

图4-11 本申请附图

驳回决定以权利要求相对于对比文件1[①]结合对比文件2[②]和本领域公知常识不具备创造性为由驳回了本申请。

对比文件1公开了一种在虚拟世界精细化选择对象的方法。采用手柄、数据手套或操作杆等外部输入装置实现，获取输入装置的运动参数，例如输入装置触控点所停留的位置信息以及停留时间，根据该运动参数，选定电子设备当前输出的虚拟场景中的目标区域；以图4-12为例，将输入装置的触控点移动至凳子21处，并在该处停留一定时间，从而使输入装置处理器能够确定用户需要对当前虚拟场景中的凳子21进行处理。基于该输入装置的操作指令，对该目标区域内的对象进行预定操作，例如改变观看角度、放大或缩小虚拟场景等。

图4-12 对比文件1附图

① CN106873783A.
② CN105912110A.

对比文件 2 涉及一种在虚拟现实空间中进行目标选择的方法，附图如图 4-13 所示。将手势输入设备映射为三维虚拟空间中一虚拟物（图未示出），可以由手势输入设备自带的追踪装置检测手势输入设备在系统中的空间位置信息以及旋转姿态信息并发送给主机设备，也可以由外部的红外跟踪器通过立体视觉计算确定目标位置并通过观测多个参照点来确定目标的表面指向，由此检测得到手势输入设备的空间位置信息以及旋转姿态信息并发送给主机设备。在三维虚拟空间中绘制一条以虚拟物在三维虚拟空间中的位置坐标为起点，沿虚拟物正前方的射线（401），使用射线投射算法可以计算出射线与三维虚拟空间中的某一虚拟物（403）之间的交点（402），当射线与某一虚拟物表面存在交点，虚拟物即为目标物体。用户在现实世界中只需轻微转动腕关节，小角度转动手势输入设备即可实现在虚拟现实场景中射线落点的大范围移动。

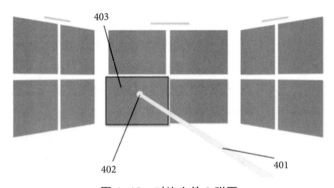

图 4-13　对比文件 2 附图

申请人提出复审请求并修改了权利要求，进一步明确了手柄在现实场景中的位置由 IMU 方向传感器和摄像头综合计算得出，修改后的权利要求如下：

"1. 一种非游戏环境中的虚拟现实场景中的对象选中方法，其特征在于，包括：

通过 IMU 方向传感器感测到手柄从现实场景中的第一位置移动到第二位置所产生的第一位置向量，其中，所述 IMU 方向传感器安装在所述手柄中，所述手柄上具有按键，用于通过对按键的操作实现对非游戏环境中的所述虚拟现实场景中的对象进行操作；

通过摄像头获取所述现实场景中的起始点的位置坐标，其中，所述起始点为所述摄像头拍摄到的图像中的点；

根据所述现实场景中的起始点的位置坐标和所述第一位置向量获取所述

第二位置在所述现实场景中的第一绝对位置坐标；

将所述第一绝对位置坐标转换为所述虚拟现实场景中的第一虚拟位置坐标，其中，所述第一虚拟位置坐标对应于所述虚拟现实场景中的目标对象的坐标；

在所述虚拟现实场景中通过光束显示所述手柄在所述现实场景中的移动；

在所述虚拟现实场景中选中所述第一虚拟位置坐标所指向的目标对象，其中，在所述虚拟现实场景中选中所述第一虚拟位置坐标所指向的目标对象包括：在所述虚拟现实场景中将所述光束指向所述目标对象，所述光束与所述目标对象的交点的坐标为所述第一虚拟位置坐标；

所述虚拟现实场景中选中所述第一虚拟位置坐标所指向的目标对象之后，所述方法还包括：获取所述手柄上的按键被操作时产生的操作指令；在所述虚拟现实场景中对所述目标对象执行所述操作指令所指示的操作。"

复审决定认为：首先，对比文件 2 中现实世界中手势输入设备的位置代表虚拟世界中光束的起点，而对比文件 1 中现实世界中输入装置的位置代表目标对象的位置，由此可见对比文件 2 和对比文件 1 的输入装置在虚拟世界映射的位置不同，本领域技术人员难以将两者直接进行结合；其次，两个对比文件的技术方案仅公开了根据手势输入设备自身的追踪设备或外部的红外跟踪仪获得手势输入设备的空间位置信息，并未公开移动后的手势输入设备如何获取其空间位置信息，没有证据表明将 IMU 方向传感器产生的位置向量和摄像头获得的起始点位置坐标相结合用于计算移动后的手柄空间位置坐标是本领域的公知常识；最后，对比文件 2 是根据手势输入设备的位置确定虚拟环境中虚拟物的位置即光束的起点，通过转动手势输入设备选择目标对象，即光束是用于选择目标对象，而本申请是根据手柄的位置确定虚拟环境中目标对象的位置即光束的终点，光束用于显示手柄在现实场景中的移动，因此光束在本申请和对比文件 2 中的作用并不相同，对比文件 2 没有给出相应的技术启示。因此，复审决定撤销了驳回决定。

■ **案件精解**

当存在交互硬件的差异时，不仅需要关注硬件本身的改变，还要关注硬件的作用及其产生的数据或软件处理的流程是否导致人机交互方案发生实质性改进。

具体到本案，本申请实际解决了两个技术问题，一是如何将普通游戏手柄运用在虚拟现实中，另一个是如何在虚拟现实中直接选择对象。因此，本申请技术方案的实质是通过摄像头结合手柄 IMU 传感器来获得手柄在现实场景的坐标，并将该坐标映射成虚拟场景中目标对象坐标，通过终点为目标对象坐标的光束实现目标对象的选择。

对比文件 1 中并未涉及手柄如何获得现实场景中的坐标，以及在虚拟环境中使用光束选择对象，这些特征均为区别特征。

在具体判断上：首先，根据说明书的记载，本申请中的手柄不具备直接定位功能，因此需要将 IMU 传感器获得的手柄移动向量结合摄像头确定的手柄起始位置才能得到手柄在现实场景中准确的位置信息，而对比文件 2 通过手柄自带的追踪装置或外部的红外跟踪器直接确定手柄在现实场景中的坐标。因此，本申请和对比文件 2 在虚拟现实中实现交互的硬件设备——手柄是存在差异的。同时，由本申请说明书记载可知，硬件装置的选择即组合使用是本发明的一项发明点。其是否属于公知常识应以本领域技术人员在本申请的申请日时的知识和能力为基础进行判断，在没有证据证明的情况下，将其认定为公知常识缺乏说服力。

其次，在人机交互的输入操作中，本申请通过移动手柄可直接选择对象，对比文件 2 中用户移动手柄仅能确定虚拟场景中代表光束起点的虚拟物位置，用户还需要通过转动手柄改变虚拟物发出光线的角度才能选择对象，需要进行移动和转动两步操作。因此，对于手柄的使用，两个技术方案也明显不同。

最后，在显示输出时，手柄在现实场景中的位置直接对应虚拟场景中光束的终点——目标对象坐标，而对比文件 2 现实场景中手柄的位置对应虚拟场景中光束的起点——虚拟物，两者显示的内容也明显不同。

在硬件不同的情况下，通过其所带来的输入输出的数据以及相关的处理流程也都存在明显差异，因而对比文件 2 没有给出相应的技术启示，该权利要求的技术方案具备创造性。

■ **案件小结**

对于人机交互发明专利而言，硬件设备是实现交互的基础构成要素，在对相关方案进行创造性判断之前应全面了解其所依赖的硬件设备，客观、准确地把握方案中硬件设备的重要性，并判断硬件设备在交互方案中与其他软件特征的关联作用。

当方案中所处理的数据及实现的流程与硬件设备高度相关，比如其发明实质在于采用新的硬件或硬件组合，并由此带来了不同的交互数据或数据处理流程，则在创造性判断中应整体考量所述方案与现有技术在硬件设备及其相关软件特征的差异，如该整体差异并未被公开则方案具备创造性。反之，当方案之间的差异仅是功能相同或相似的硬件替换，且此类简单替换并未带来交互数据或数据处理流程的实质性改变，如仅从鼠标改变成单点触屏操作，而其产生的数据以及相关处理并没有明显实质性的差异，则该方案可能不具备创造性。

二、交互软件多要素在创造性判断中的考量

当人机交互的技术方案对计算机软件层面的多个要素进行改进时，需要从输入操作、后台处理、输出展示等多方面进行分析，整体考虑这些因素对于创造性判断的影响，并综合判断对于本领域技术人员而言重构发明的难易程度，如此才能得出准确结论。以下将通过一个案例说明此类专利创造性判断中多要素综合考量的情况。

案例4-5 苹果公司与高通公司关于卡隐喻无效案

■ 案件信息

【案件编号】4W106649、4W108443

【决定号】WX36696、WX41889

【法院判决号】（2018）京73行初10506号、（2019）京73行初2660号、（2020）京73行初376号、（2022）最高法知行终4号、（2022）最高法知行终248号

【专利号】ZL201310491586.1

【发明名称】计算装置中的活动的卡隐喻

【国际分类号】G06F 3/0483、G06F 3/0488

【优先权日】2008年5月23日

【请求人】苹果电脑贸易（上海）有限公司

【专利权人】高通股份有限公司

【法律依据】《专利法》第22条第3款

■ 案情介绍

2017年1月，由于不满高通公司高昂的专利授权费用，苹果公司以涉嫌反垄断为由将高通诉至美国加州南区地方法院，要求退还10亿美元的专利许可费。高通展开反击，于4月以专利侵权为由将苹果的4家代工制造商同样

诉至加州南区地方法院，两公司的专利大战就此打响。据统计，在后续两年多的时间内，两公司在全球共提起了 50 余起专利侵权诉讼。

对知识产权日益重视的中国不可避免地成为双方的主要战场。2017 年 9 月，高通在北京、青岛、广州、福州等地的知识产权法院或中级法院起诉苹果，苹果则向国家知识产权局提了针对高通专利的 40 余起无效宣告请求。2018 年 7 月 25 日，国家知识产权局作出第 36696 号无效宣告请求审查决定，维持高通公司的专利号为 ZL201310491586.1、名为"计算装置中的活动的卡隐喻"的专利权有效。在此基础上，高通要求禁售 iPhone 手机的主张得到福州中院的支持，在收到高通公司 3 亿元的担保金之后，福州中院发出诉中禁令，要求苹果公司停止进口、销售和许诺销售包括 iPhone 6s、iPhone 6s Plus、iPhone 7、iPhone 7 Plus、iPhone 8、iPhone 8 Plus 和 iPhone X 等型号在内的多款手机。这一动作加速了双方达成协议的进程，2019 年 4 月 16 日，两家公司同时宣布，放弃全球范围内的一切诉讼，并达成全球专利许可及芯片供应协议。2023 年 11 月 3 日，最高人民法院知识产权法庭作出终审判决，维持国家知识产权局的第 36696 号决定有效，至此，历时近七年的专利大战终于落下了帷幕。

在各种计算机视窗系统中，通常需要使用重叠窗口来实现对同时运行的多个应用程序进行管理，这往往需要较大的屏幕尺寸。对于手机这种屏幕较小的设备而言，如果依然使用重叠窗口来管理应用程序，则会存在触摸不便，容易误操作，从而导致用户体验不佳的问题。为了解决在有限的屏幕空间内对多个应用程序进行切换和关闭的问题，本专利提出了一种控件——"卡"，其对应于应用程序的操作对象，所谓的"卡"能够显示应用程序操作的内容，并可以在全屏模式和窗口模式之间切换，当其处于窗口模式时，屏幕上可以显示多个卡，多个卡能够在第一方向上（图 4-14 中为水平方向）移动以便于用户寻找所要操作的应用程序，并且可以通过在第二方向上（图 4-15 中为垂直方向）的手势动作来解散卡以结束应用程序。通过这种方式，本专利解决了小屏幕设备中对同时运行的多个应用程序进行管理的问题，使得用户与设备之间的交互更加直观方便。

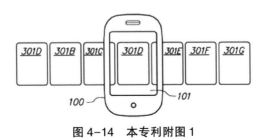

图 4-14　本专利附图 1

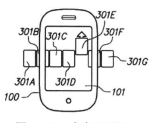

图 4-15 本专利附图 2

本专利的独立权利要求 1 如下：

"1. 一种计算机系统，其包括：

处理器；

触敏显示屏幕，其耦合到所述处理器，所述处理器接收所述触敏显示屏幕上的手势输入并且在至少两个显示模式中的任何一个显示模式下操作所述计算机系统，其中：

在给定的持续时间期间，所述处理器同时地操作至少第一应用程序和第二应用程序；

在全屏模式下，所述处理器在所述触敏显示屏幕上提供针对所述至少第一应用程序或第二应用程序中的仅一个应用程序的用户界面；

在窗口模式下，所述处理器：

在所述触敏显示屏幕上提供对应于所述第一应用程序的第一卡以及提供第二卡的第一部分，使得所述第二卡的第二部分在所述触敏显示屏幕上不可见，所述第二卡对应于所述第二应用程序，其中至少所述第一卡显示来自所述第一应用程序的操作的内容，所述内容对应于：(i) 来自应用程序的输出，(ii) 任务，(iii) 消息，(iv) 文档或 (v) 网页；

通过改变所述第一卡在第一方向上相对于所述触敏显示屏幕的位置来对在所述触敏显示屏幕上沿着所述第一方向的定向接触进行响应；以及

对在所述触敏显示屏幕上沿着与所述第一方向不同的第二方向移动所述第一卡或所述第二卡的定向接触进行响应，这通过如下来进行：(i) 基于沿着所述第二方向的定向接触来将所述第一卡或第二卡中之一标识为被选择，以及 (ii) 在所述第二方向上将所选择的第一卡或第二卡从所述触敏显示屏幕上解散，使得相对应的第一应用程序或第二应用程序被关闭；

其中，响应于接收用户输入，所述处理器将所述计算机系统进行至少如下转换：(i) 从所述全屏模式转换到所述窗口模式，或 (ii) 从所述窗口模式转换到所述全屏模式。"

针对本专利，苹果公司提出无效宣告请求，包括多个理由和证据，最主要的理由是本专利不符合《专利法》第 22 条第 3 款规定的创造性，而支持这一无效理由的最重要证据是如下两篇对比文件：

对比文件1[①] 通过几十个实施例介绍了"启发法"在各个应用程序中的运用。所谓"启发法"，是一种依据关于系统的有限认知和假说，得到关于此系统结论的分析行为，通俗而言，对比文件 1 中的启发法可以理解为一种接收触摸输入，生成相应控制命令的方法。参见图 4-16，其示出了在浏览器程序中通过左右掠过手势切换网页，通过点击删除图标关闭网页的方式。

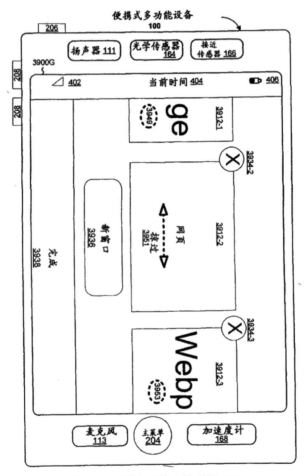

图 4-16　对比文件 1 的附图 39G

---

① 　WO2008/030976A2.

对比文件5① 公开了一种在具有触摸屏的装置中切换菜单的方法。如图4-17 和图4-18 所示，其展示了在移动图像、MP3、照片、收音机四个应用程序菜单之间互相切换的方法。

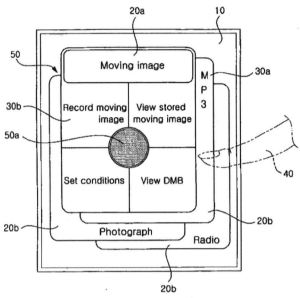

图4-17　对比文件5 的附图1

TABLE 1

Layer 1	Layer 2	Layer 3
Moving image	Record moving image	Omitted
	View stored moving image	Omitted
	View DMB	Omitted
	Set conditions	Set storage method
		Set image quality
		Set DMB receiving conditions
		Set playback conditions
MP3	Play back MP3 files	Omitted
	Record in MP3 file format	Omitted
	View file information	Omitted
	Set conditions	Omitted
Photograph		Omitted
Radio		Omitted

图4-18　对比文件5 表1

双方当事人争议的焦点明确且集中：第一，如何认定两篇对比文件的公开内容；第二，这两篇对比文件结合起来能否破坏本专利的创造性。

---

① US2007/0247440A1.

具体来说，关于对比文件 1，请求人主张，其明确记载了将启发法用于确定输入命令，因此启发法整体应该被视为一项技术方案，公开了"左右掠过的手势切换卡，上下掠过的手势关闭卡"的方案，能够破坏权利要求 1 的新颖性，也能与其他对比文件组合破坏权利要求 1 的创造性。专利权人认为，在不同的应用程序中同一手势的启发法定义不同，因此不同应用程序实施例中的启发法属于不同的技术方案。

关于对比文件 5，请求人主张，其公开了不同的应用程序堆叠放置，实质上就相当于本专利的卡，而专利权人认为，其公开的是应用程序的菜单而非应用程序本身，其与本专利的卡不是同一概念。

在上述主张的基础上，请求人认为，将对比文件 1 和对比文件 5 结合以得到本专利的技术方案是显而易见的，因此，本专利不具备创造性。而专利权人主张，对比文件 1 和对比文件 5 均没有公开本专利的"卡"，更没有公开对"卡"的操作，所以本专利的技术方案具备创造性。

无效决定认为，根据对比文件 1 的记载，启发法在浏览器程序中可实现为：接收左右掠过的手势，改变多个网页在浏览器窗口中的位置；在图像管理程序中可实现为：接收上下掠过的手势，滚动相册列表。可见，对比文件 1 中的启发法包括多种具体的实现方式，每个应用程序只是选择了其中的一种或多种方式来应用启发法。在具有触控功能的 GUI 交互技术中，一个手势实现的功能受限于硬件环境和应用场景，在同一应用场景中，同一手势所代表的功能一般只能择一地使用。如果抛开应用场景而仅仅根据文字记载，推断对比文件 1 中记载的多种手势功能均属于同一启发法的多个实例，将会导致该启发法中同一手势同时对应于多种功能，这显然不符合人机交互的基本设计原则。因此，对比文件 1 的启发法在不同应用程序中的解释不同且相互独立，不能认定对比文件 1 的启发法在整个移动终端中的应用构成"一项技术方案"，并用于评价新颖性，只能将其中的方案用作创造性评价。

关于对比文件 5，虽然其在文字记载中详细描述的是菜单之间的切换，但是在图 4-18 中可以很明显地看到，对于照片和收音机这两个应用程序而言，并不存在二级以下的菜单。那么根据本领域技术人员的普通知识可知，用户点选菜单时其目的就是执行菜单对应的功能或者进入子菜单，因此当点选照片或收音机这两个应用程序所对应的"卡"时，具有触摸屏的装置必然会显示照片或者播放收音机内容，也就是说，由于其没有子菜单因此必然会执行这两个应用程序。同时在对比文件 5 中选择并执行这两个应用程序时，"卡"能够显示该应用程序操作的内容。如此一来就可以认定，对比文件 5 实际上公开了以"卡"形式堆叠的应用程序本身，至少在照片和收音机这两个应用程序上是这样的。因此，对比文件5公开了与本专利相同的卡。

由此可见，对比文件1和对比文件5均未公开如何对"卡"进行一次完整操作及其对应执行的功能，该技术特征也未被其他对比文件公开，也不属于本领域的公知常识。因此，无效决定维持了该专利有效。

■ 案件精解

本专利的技术方案是在现有软硬件框架下，将应用程序以"卡"的形式进行表现并对其进行操作，属于对交互方式的改进，是人机交互领域较为典型的发明专利案例。

本专利的技术方案是利用"卡"这一操作对象，对小屏幕触摸屏上同时运行的多个应用程序进行操控。可以看出，输入操作和输出显示均与技术方案的实现和技术问题的解决紧密相关，同时，根据输入操作和输出显示可以确定后台处理逻辑，因此无效决定在进行创造性判断时对以上要素均进行了重点考虑。

在输入操作方面，本专利构造了"卡"这一操作对象来表征应用程序，并通过两个方向的操作手势对其进行控制；而对比文件1中并没有公开相应的操作对象"卡"，也不存在两个方向上的操作手势；更进一步地，在对比文件1中使用点击"X"按钮的方式来关闭浏览器中的窗口，这种操作手势与本专利中在第二方向上移动卡来关闭应用程序的操作有很大不同。具体来说，点击按钮关闭窗口的操作方式明显带有个人电脑上使用鼠标进行交互操作的印记，一方面，这种操作方式需要用户准确地点击到面积较小的关闭按钮，对用户点击操作的准确性要求较高；另一方面，这种操作是不可撤回的，一旦点击关闭按钮的操作作出，窗口就将关闭，存在关错窗口而无法反悔的可能。而本专利中在第二方向上移动卡则是为了适应触摸屏而产生的新的交互方式，一方面，这种操作方式的有效作用区域较大，不再局限于某个点，只要操作的大方向满足要求就能达到关闭效果，降低了操作精度要求，改善了用户体验；另一方面，这种移动卡的方式为用户预留了容错空间，一旦用户在移动卡的过程中发现正在操作的卡并非自己想要关闭的应用程序，只需及时停止移动即可放弃关闭应用程序，这种效果也是点击操作所不具备的。对比文件5中公开了相同的"卡"，但对"卡"进行控制的操作手势却明显不同；对比文件5将多个应用程序堆叠成卡，在所谓的"切换模式"下这些卡的边缘互不遮盖，所以可以通过在卡的边缘点击来切换应用程序，这就导致在对比文件 5 中仅通过点击即可在各种应用程序之间进行切换，而不存在利用两个方向上的手势切换、关闭、管理多个可以全屏显示的应用程序的需求，自然也就无法想到利用各种手势对应用程序进行导航。

在输出显示方面，本专利能够以"卡"在不同方向上的移动来对应用程序进行切换、导航和关闭，而对比文件 1 只能对应用程序内部的窗口进行操作，对比文件 5 则无须移动"卡"，这就使得本专利无论是与哪篇对比文件相比，在输出显示方式和效果上都存在显著不同。

同时根据上述输入操作和输出显示的分析，可知本专利与对比文件 1 的方案后台处理逻辑也存在不同。本专利用户在第二方向上移动卡到某种程度时（如到屏幕边缘时）关闭应用程序，其在后台有对卡移动位置的一个判断，因此在操作过程中发现正在操作的卡并非自己想要关闭的应用程序时，只要没有超出设定的位置则停止移动即可放弃关闭应用程序。而对比文件 1 是点击"X"按钮的方式来关闭浏览器中的窗口，其在后台处理时仅判断"X"按钮所在位置是否有点击操作，因此仅有点击和没有点击两种判断，以及关闭或不关闭两种结果，并无如本专利后台处理中的移动是否超出设定位置的判断，以及可在中途放弃关闭的效果，因此其二者后台处理和最终技术效果也不完全相同。

综上所述，将本专利与对比文件 1 和对比文件 5 相比较可知，其在输入操作、输出显示以及后台处理中的各个要素，例如，操作对象、操作方式、显示效果等均有所不同。考虑到上述要素的技术实现具有一定的系统性，本领域技术人员在将对比文件 1 和对比文件 5 进行结合时会遇到一定困难。具体来说，从对比文件 1 出发，本领域技术人员只能想到对一个应用程序内部的窗口进行操作，而无法想到对多个应用程序进行控制，在操作对象不同的情况下，难以与对比文件 5 相结合；从对比文件 5 出发，由于"卡"并不需要两个方向的移动，因此，本领域技术人员也难以想到使用对比文件 1 操控窗口的方式来操作对比文件 5 中的卡。因此，本领域技术人员在两篇对比文件公开内容的基础上对其进行结合会遇到明显障碍，重构本专利的技术方案不是显而易见的，所以本专利具备创造性。

■ 案件小结

在进行人机交互发明专利的创造性判断时，应当注意该专利在输入操作、后台处理、输出显示多个层面的改进情况，明确这些改进是否与发明目的的实现存在紧密关联，以及多个要素之间是否存在相互支持或相互作用，从而聚焦技术实质，准确客观地衡量重构发明的难易程度。

此外，在判断现有技术中是否存在技术启示的过程中，既需要对最接近的现有技术进行分析，也需要对其他现有技术进行考虑，对二者的考量都要在准确把握技术实质的基础上进行整体判断。对于最接近的现有技术，应当将所确定的实际解决的技术问题放回其中，从最接近的现有技术的整体方案出发，考虑技术手段、技术效果的完整性和排他性；对于其他现有技术，应当从发明目的出发，考虑其与技术问题之间的联系程度。只有对软件层面的各个要素进行全面分析、综合判断，才有可能得出准确客观的创造性结论。

三、用户体验在创造性判断中的考量

人机交互技术发展的本质是追求更好的用户体验以增强产品的用户黏性，这要求其持续地追求易用性和友好性。因此，如何改善用户体验已然成为创新主体的发力点，并且在当事人的申请文件或意见陈述书中也越来越多地强调其对创造性的影响。

2019 年 12 月 31 日发布的国家知识产权局第 343 号公告，在《专利审查指南 2010》（2019 年修订）的修改中首次将"用户体验"一词引入审查指南中。在《专利审查指南 2023》中对涉及包含算法特征或商业规则和方法特征的发明专利的"用户体验"作出了进一步的补充和调整，在第二部分第 9 章第 6.1.3 节新颖性和创造性的审查中明确"如果发明专利申请的解决方案能够带来用户体验的提升，并且该用户体验的提升是由技术特征带来或者产生的，或者是由技术特征以及与其功能上彼此相互支持、存在相互作用关系的算法特征或商业规则和方法特征共同带来或者产生的，在创造性审查时应当予以考虑"。《专利审查指南》对于用户体验的引入以及修改趋势，反映了用户体验在涉及计算机程序的专利审查中已经成为创造性审查的考量要素之一。

然而，《专利审查指南 2023》中并未明确地给出用户体验的定义，由此也会带来在创造性判断中的一些问题或争议。为了对其有更准确的理解，参考 ISO 9241—210 标准对"用户体验"的定义："人们对于针对使用或期望使用的产品、系统或者服务的认知印象和回应。"其进一步的解释为"用户在使用一个产品或系统之前、使用期间和使用之后的全部感受，包括信仰、喜好、认知印象、生理和心理反应、行为和成就等各个方面"。由此可见，用户体验一般来说是用户在使用产品过程中建立起来的一种较为主观的感受。

在人机交互创造性判断中关于用户体验的把握一般可有如下理解和认识：

1）客观确定并把握用户体验

以主观感受为主的用户体验，对于用户个体而言必然会因其认知能力、

喜好、操作习惯等不同而产生差异，例如，在触屏设备中将文档页面上下滑动条置于文档的右侧，对于左手习惯的用户来说就是不方便的。因此，对用户体验的认定和把握不应受当事人某些主观或片面解读的影响，而是根据说明书或权利要求书中技术方案的具体记载而客观确定。

2）考虑与技术贡献相关的用户体验

当事人强调的用户体验提升所涉及的角度各有不同，例如产品使用更为顺手、显示更具美感、提升用户愉悦度、交互更具趣味性、减少操作次数和操作时间等。但并不是所有声称的用户体验均属于创造性判断中应予考虑的因素，只有当用户体验的提升与技术手段之间存在关联，且用户体验的提升是由于方案在技术上的贡献所获得时，才会在创造性判断中予以考虑。此时，用户体验对创造性判断的影响仍需整体考虑技术问题、技术方案和技术效果，着重以技术手段作为依托，将用户体验作为技术效果的一部分予以考虑。以下将通过案例具体说明在创造性审查中对用户体验的考量。

案例 4-6　探探公司与沃希公司关于设备手势连接及加好友无效案

■ 案件信息

【案件编号】4W108270

【决定号】WX40947

【专利号】ZL201310565150.2

【发明名称】电子设备通信方法及电子设备通信系统

【国际分类号】G06F 3/0488、G06F 3/0485

【优先权日】2013 年 1 月 26 日

【申请日】2013 年 11 月 13 日

【无效请求人】探探科技（北京）有限公司

【专利权人】广州市沃希信息科技有限公司

【法律依据】《专利法》第 22 条第 3 款

■ 案情介绍

现有技术中智能手机等移动终端采用的连接方式一般是通过蓝牙或 Wi-Fi 技术搜索局域网内出现的其他电子设备，根据用户的选择与选择对象进行连接。两个电子设备在建立连接时，用户需要多次点击选择操作，操作过程较为烦琐；而且当设备的用户名较为复杂或出现重名时会影响用户连接操作速度；若需要连接多个电子设备，必须多次频繁地进行点对点连接，浪费用户时间。

本专利提出了一种电子设备通信方法，如图4-19所示，采用简单的手势操作使电子设备进行连接，手势例如可以是从左向右滑动、十字滑动、Z字滑动等，将上述手势信息包含在数据包中，在预定时间内判断是否存在相同的手势操作进行加好友，大大减少用户的界面操作次数，不必担心设备重名，同时还可以减少一个电子设备连接多个电子设备时的操作次数。

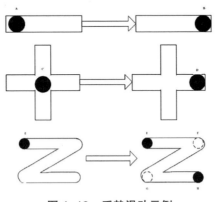

图4-19　手势滑动示例

本专利的权利要求1如下：

"一种电子设备通信方法，其特征在于，包括步骤：

进入操作界面；第一电子设备检测触摸手势，根据沿所述第一电子设备屏幕上的第一预定显示路径移动连接图像生成请求数据包；若在预设时间内第一电子设备接收由第二电子设备根据沿所述第二电子设备屏幕上的第二预定显示路径移动连接图像生成的响应数据包，所述第一电子设备与所述第二电子设备建立连接；其中所述连接图像是用户与第一电子设备交互以连接所述第二电子设备的图形交互式用户界面对象；所述请求数据包含有移动方向信息。"

请求人认为权利要求1相对于证据1[①]、证据2[②]和公知常识的结合不具备创造性。其中，证据1公开了一种数字媒体内容播放转移的方法，能够将多个设备之间的内容播放共享。第一设备和第二设备均具有播放数字媒体内容、摄像的功能，例如第一电子设备为PAD，第二电子设备为TV，在PAD上播放视频、音频等内容，用户可以使用手指在PAD触摸屏上做抓、捏拢或

---

① CN102866777A.

② CN102549574A.

划过的动作，或者在 PAD 摄像头前用手做抓取的动作，随后在 TV 的摄像头前用手做出抛出、释放或指向动作通过网络将 PAD 和 TV 建立连接，PAD 上正在播放的数字媒体内容发送到 TV，TV 由此播放此数字媒体内容，如图 4-20 所示。

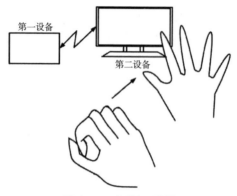

图 4-20　证据 1 附图

证据 2 公开了一种用于提供文件共享功能性的用户接口示意动作和方法。计算装置可以通过激活共享功能，向其他装置共享文件，激活共享可以通过触摸屏幕中的特定位置或是 GUI 图形实现，例如，按压屏幕的中心，或是使用手指来跟踪触摸屏上的闭合椭圆形形状等，如图 4-21 所示。

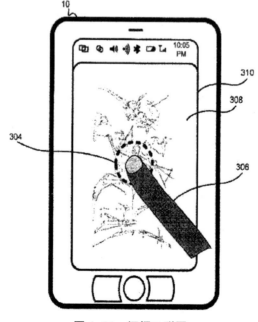

图 4-21　证据 2 附图

请求人认为：证据 1 中的发送手势（划或捏起等动作）、接收手势（抛丢、释放、指向或手指张开等动作）相当于本专利中生成请求数据包和响应数据包。权利要求 1 与证据 1 的区别特征在于：移动连接图像以及所述连接图像是用户与第一电子设备交互以连接所述第二电子设备的图形交互式用户界面图像对象；以及所述请求数据包含有移动方向信息。而上述区别特征被对比文件 2 和公知常识公开。

专利权人则强调权利要求 1 的技术方案使得连接的界面操作更加简单易懂，相较于现有技术，操作简便并有效缩短建立连接时间，具有更优的用户体验。

无效决定认为：首先，证据 1 中的划、捏、抛丢、释放等手势均不同于本专利沿电子设备屏幕上的预定显示路径移动连接图像的触摸手势，没有对连接图像进行手势操作；其次，本专利通过将第二电子设备生成的响应数据包发送给第一电子设备，由第一电子设备确认第二电子设备中的手指移动路径是否符合规则，来判断是否能建立连接。而证据 1 在第一设备中识别第一指示的手势，向第二设备发送请求消息，然后在第二设备中识别第二指示的手势，识别成功后向第一设备回复响应，可见证据 1 直接由第二设备确认第二指示是否符合规则并据此建立连接，而并不需要在第一电子设备中接收由第二电子设备生成的、含有特定路径手势信息的响应数据包。

因此，权利要求 1 与证据 1 的区别特征应为：根据沿第一电子设备屏幕上的第一预定显示路径移动连接图像生成请求数据包；在预设时间内第一电子设备接收由第二电子设备根据沿所述第二电子设备屏幕上的第二预定显示路径移动连接图像生成的响应数据包；所述连接图像是用户与第一电子设备交互以连接所述第二电子设备的图形交互式用户界面对象；所述请求数据包含有移动方向信息。根据该区别特征可以确定权利要求 1 实际解决了如何根据特定移动连接图像的手势建立第一、第二电子设备的连接的技术问题。

证据 2 仅公开了跟踪预定路径可以执行特定功能，但并不是沿着预定路径移动特定的连接图像，并不涉及连接图像的具体内容，也没有给出根据该移动连接图像的操作生成请求数据包、获得响应数据包、数据包内包含移动信息以及数据包在第一、第二电子设备之间的传输过程，并据此建立设备之间的连接的技术启示。因此，权利要求 1 相对于证据 1、2 和公知常识的结合具备创造性。

■ **案件精解**

本专利通过移动手势信息的判断使得两个设备间建立连接，用户在设备连接、添加好友时无需反复多次的操作和确认，其可以使用户获得减少操作次数、简单便捷连接设备的良好体验。上述用户体验的提升既与输入操作上采用添加好友所采取的滑动操作手势有关，也与相应的后台处理密不可分，而权利要求中也有相应技术特征的记载，因此，在创造性判断时应当予以考虑。

在具体判断上：首先，在输入的触摸手势方面，本专利通过在设备屏幕的界面上滑动预设路径的触摸手势连接设备、添加好友，例如可以是"Z""十"等，这些手势包括了具体路径和方向等信息；而证据1通过摄像头判断手的抓、捏、划等动作方式实现第一设备与第二设备连接以转移视频、音频等媒体播放显示内容，这种手势是一种固定的动作，动作与命令直接一一对应，即抓、捏即表示将要被转移，该动作更像是系统中固定命令的触发，据此两者触摸手势性质并不相同。其次，在后台处理中，本专利中需将触摸手势的信息置于请求数据包和响应数据包内，并在两个设备间发送，由第一设备作为连接的判断主体判断，判断内容为两个设备屏幕上触摸手势是否相同，最终确定是否进行连接；而证据1中传输的两个数据包只是能否接收数字媒体内容转移的询问和应答，手势信息仅仅是作为触发，在其向其他设备发送的请求连接的数据中并没有包含手势信息的具体内容也不会据此做判断，且第二设备识别到接收的手势信息后，由第二设备决定是否建立连接。可见，本专利中用户不可见的后台数据包的内容、连接判断的主体及判断内容均与证据1中不同。而证据2也仅仅公开了跟踪预定路径可以执行特定的功能，也并未涉及沿着预定路径形成触摸手势，以及数据包及其连接的判断问题。

此外，由于专利方案所声称的用户体验一般来说都有可能与其发明点相关，因此其相关技术手段是否为公知常识的判断也应该相对谨慎。具体到本案，回顾其申请日2013年1月时的技术发展状况，彼时微信才刚刚面世不足两年，功能远没有今天这般丰富，类似于本专利功能的面对面建群功能在彼时尚未问世，具体如用户通过在相近时间内输入相同的数字加入同一群组的功能在当时并不常见。而本专利通过在两个设备上滑动产生相同路径的触摸手势，实现终端间的连接，或在应用程序中实现添加好友的功能，其所采用的技术手段在申请日前在该领域中并无相应的启示，而仅凭借单一手势的操作即可获得"无需询问他人的终端名称、逐一添加反复操作、减少操作次数"能够给予用户更为新颖、便捷的体验。因此其相关特征在申请日前也并不是本领域的惯用技术手段。

综合来看，本专利技术方案属于前台输入操作与后台处理相结合改进的类型，证据 1、证据 2 整体上均未公开本专利中通过触摸手势，并将手势预定路径图像信息包含在数据包中，从而据此判断是否进行连接的技术特征，上述特征也不是本领域的惯用技术手段。上述技术手段带来了简化连接并提高连接的安全性的技术效果，其客观上最终指向了用户体验的提升，使用户据此获得了连接便捷、方便的体验，这也成为支撑权利要求具备创造性的一个方面。

■ **案件小结**

用户体验在创造性中的判断，不能脱离技术手段进行考量，而必须以技术手段为依托，通过技术手段所获得技术效果来判断用户体验是否相应地得以提升。

此外，需要注意的是在专利申请中，如有涉及用户体验的主张，则应在说明书中对用户体验与技术手段之间的关联性作出充分阐释，即应说明由于采用了何种技术手段使得用户体验获得何种提升，同时，需在权利要求中记载能够带来用户体验提升的相关技术特征，避免遗漏相关技术特征导致相应的用户体验缺少支撑。

四、应用场景在创造性判断中的考量

应用场景一般指使用产品或执行方案时，用户所处的环境或背景信息，其描述了用户的目的或目标、一系列相关的活动和事件等内容。应用场景还可包括时间、空间、设备支持等多个方面的信息。

虽然关于应用场景的定义在业界并未特别明确，但在审查实践中越来越多的当事人还是将应用场景的差异作为创造性的争辩理由并有可能成为争议的焦点。关于应用场景对创造性判断的影响，《专利审查指南 2023》中并没给出太多明确的指导。而在审查实践中，有的决定认为"如果最接近现有技术与本发明的用途差异明显，应用场景不同，往往会导致该最接近现有技术与本发明要解决的技术问题无关，则以该现有技术作为改进的基础将难以获得通向本发明的路径"[①]。也有的决定认为"最接近现有技术与发明的技术方案应用场景不同，且由此导致所要达到的目的不同，并不必然意味着上述现有技术不能成为本领域技术人员获得发明的技术方案的起点，如果两者在技术方面存在合理的关联性，则存在将上述最接近现有技术作为改进的基础以

---

① 国家知识产权局专利局复审和无效审理部. 以案说法——专利复审、无效典型案例汇编（2018—2021 年）[M]. 北京：知识产权出版社，2022：86.

获得发明技术方案的可能性"。① 由此可见,在不同的案例中,应用场景的差异并不是创造性判断的决定性因素,仍然需要结合具体案情,分析其所起到的具体作用。

具体到人机交互领域,虽然交互的输入输出方式有限,但用户操作所实现的功能可能随着应用场景的不同而不同。例如,同样是手指在触摸屏上从左到右的滑动操作,既可以用于控制手机屏幕的滑动解锁,也可以用于控制图书应用中书籍的翻页,还可以用于控制图片浏览中的预览对象的改变。也就是说,在这一特定领域中,相同的操作被应用于不同的场景中时,其目的和效果可能截然不同。以下将结合案例阐述在人机交互领域创造性判断中,如何考量应用场景的不同所带来的影响。

案例4-7　格力公司关于快速关闭拍照界面复审案

■ 案件信息

【案件编号】1F322054

【决定号】FS224399

【专利申请号】201810426825.8

【发明名称】一种快速关闭拍照界面的方法及移动终端

【国际分类号】H04M 1/725

【申请日】2018 年 5 月 7 日

【复审请求人】珠海格力电器股份有限公司

【法律依据】《专利法》第 22 条第 3 款

■ 案情介绍

现有技术中,在手机拍照过程中拍照界面的隐私保护还比较少,用户无法快速关闭相机拍照界面,其拍照对象有可能在拍照界面中泄露。本申请针对该拍照对象隐私保护的要求,实现了用户在拍照过程中,若是需要及时关闭拍照界面,可以用手指遮挡摄像头或者是将手机放回桌面上,使得摄像头前的环境光的光强发生较大的变化,自动关闭拍照界面或相机应用,从而能够在拍照过程中便捷地控制拍照界面的关闭以保护用户的隐私。

本申请的权利要求 1 如下:

---

① 国家知识产权局专利局复审和无效审理部. 以案说法——专利复审、无效典型案例汇编(2018—2021 年)[M]. 北京:知识产权出版社,2022:88.

"1. 一种快速关闭拍照界面的方法，其特征在于，包括：步骤1，当摄像头开启，判断是否为快速关闭拍照模式，若是，则继续下一步，若否，则结束该流程；步骤2，监控摄像头前的环境光的光强，当用户手指遮挡摄像头或者是将摄像头放回桌面导致光强发生变化时，判断变化值是否大于预设的值，若大于，则继续下一步骤，否则，继续监控摄像头前的环境光的光强；步骤3，关闭拍照界面。

通过监控摄像头的曝光表中的 index 值来监控所述环境光的光强。"

驳回决定中使用对比文件2^①、对比文件3^②结合公知常识评述该权利要求不具备创造性，其中：

对比文件2为解决弱光环境下摄像头采集人脸图像质量较差无法正常进行人脸识别，持续采集人脸导致功耗较高，浪费系统资源的问题，根据终端所处环境的发光强度与预设强度的阈值比较结果，当终端处于弱光环境时，关闭摄像头所对应的应用程序。

对比文件3针对现有技术中仅能根据待机时间的设定来进行锁屏或手动按键来进行锁屏，缺乏根据环境变化自动解锁屏的技术，用户友好度不够的问题，提出了当环境光强从小变大，且变化值大于预设值时解除屏幕锁定，当环境光强从大变小，且变化值大于预设值时锁定屏幕的技术方案，来提高移动终端的安全性与私密性。

复审程序中权利要求没有修改，复审决定认为：对比文件2应用于人脸识别的场景中，所解决的是弱光环境下摄像头无法正常工作，如继续工作则导致功耗较大的技术问题，对比文件3则应用于移动终端的日常使用场景中，所解决的是终端不能根据环境变化自动进行解锁屏的技术问题，其二者与本申请手机拍照的应用场景均不同，也不涉及本申请所声称要解决对拍照对象进行隐私保护的技术问题。正是由于应用场景和所要解决的技术问题不同，权利要求1的方案要求用户主动开启"快速关闭拍照模式"，且"通过监控摄像头的曝光表中的 index 值来监控环境光的光强"，并在"当用户手指遮挡摄像头或者是将手机放回桌面导致光强发生变化时，判断变化值是否大于预设的值"，若大于则关闭"拍照界面"，但手机的操作界面还处于可操作状态，而对比文件2和3均没有公开上述相关技术手段。

同时，对比文件3光强发生变化时完成的是锁屏操作而非关闭拍照界面，因此虽然对比文件3公开了根据光线变化进行相应的控制方法，但是本领域

---

① CN104679240A.

② CN101893994A.

技术人员看到对比文件 3 公开的方案不能意识到现有拍照过程存在不能快速关闭拍照界面以保护用户隐私的技术问题，从而难以想到将对比文件 3 中的技术手段直接应用到对比文件 2 中以解决如何快速关闭拍照界面的技术问题，即对比文件 3 没有给出相应的技术启示。因此最终撤销了该驳回决定。

■ **案件精解**

应用场景作为技术方案所处相对具体的场合或背景，其所涵盖的范围通常比技术领域小，而又大于具体的技术方案，即在一个确定的应用场景下，通过更为具体的技术方案才能实现一个发明特定的功能。因此，如果脱离技术方案，而仅仅考量应用场景的差异通常无法有效地作出创造性的判断，需要在其基础上进一步挖掘应用场景与技术方案的关系，才能准确地进行判断。应用场景对创造性判断的影响主要体现在应用场景的不同是否使人机交互过程存在实质性差异，例如所解决的技术问题是否容易想到，技术手段是否存在实质性不同，进而所获得技术效果是否存在较大差异。

具体到本案，本申请解决的是在特定的"日常拍照"场景下保护拍照对象隐私的技术问题，对比文件 2 应用于"人脸识别"场景，解决节能的技术问题，两者解决的技术问题不同，本领域技术人员也难以直接想到将"人脸识别"的场景转换为"日常拍照"的场景，因此难以直接将对比文件 2 作为还原本申请的改进起点。对比文件 3 应用于移动终端的"日常使用"场景，解决移动终端安全性和私密性的技术问题。虽然本申请和对比文件 3 都涉及私密性的技术问题，但两者的应用场景不同，需要进一步判断技术手段以及技术效果的差异以确定是否存在场景转换的启示。

本申请的技术手段是用户手指遮挡摄像头或者是将摄像头放回桌面使光强变化大于预设值，从而关闭拍照界面以保护拍照对象的隐私。对比文件 3 是用户将终端放入包或者口袋时，终端检测到外界光强度从大到小的变化，当光强度变化量大于设定阈值时自动锁屏。虽然本申请和对比文件 3 的方案都是利用相似的输入操作（通过手指、桌面遮挡摄像头或将摄像头放入包中）使光强变化触发相应事件的发生，但是由于应用场景的不同，其二者操作的输出结果也并不相同。本申请是在拍照过程中触发相应条件从而关闭拍照界面，但并不影响其他应用的使用，输出的是用户可操作的其他界面，而对比文件 3 则是在不使用手机时触发锁屏从而关闭整个手机使用界面，输出的是用户不可操作的黑屏，导致手机处于暂时无法使用的状态。因此，输出的差异导致隐私保护的范围及结果截然不同。

　　由以上分析可知，本申请的技术效果是保护手机拍照过程中拍照对象的隐私，而对比文件3是日常使用中及时锁屏以提高移动终端安全性和私密性，两者也存在较大差异。

　　由此，本领域技术人员看到对比文件3公开的方案并不能直接意识到仅将拍照界面关闭以保护拍照对象隐私的技术问题，也无法给出将对比文件2人脸识别的场景转换为本申请"日常拍照"场景的启示。即使将对比文件3中锁屏相关的技术手段应用到对比文件2中，本领域技术人员也只能得到在人脸识别时，光强变化导致锁屏的方案，其输出的也仅是不可操控的黑屏，不同于本申请中关闭的拍照界面。因此对比文件3没有给出相应的技术启示。

　　■ **案件小结**

　　首先，应用场景的差异并不是创造性判断的决定性因素。其次，当应用场景成为创造性判断的争议焦点时，应聚焦应用场景背后人机交互方案的技术实质，判断应用场景的不同对技术方案是否有实质性影响，例如所解决的技术问题是否容易想到，技术手段是否存在不同，进而获得技术效果是否存在差异。

　　如果交互方案所解决的技术问题仅出现在某特定的应用场景中，本领域技术人员基于其他应用场景难以想到该技术问题，且基于该技术问题，方案采用了与之相适应的输入输出等技术手段，从而实现了特定的技术效果，则该交互方案一般具备创造性。反之，其解决的技术问题不局限于特定的应用场景，本领域技术人员可根据场景的不同，适应性地采用相同或相似的技术手段，也能获得相同或相似的技术效果，则此类应用场景的差异或变化难以使方案具备创造性。

五、小结

　　人机交互发明专利的创造性判断，一直是审查实践中的重点和难点所在。本节通过对一些较为典型的案例进行分析，来说明在创造性判断过程中所采用的思考路径和重点考量因素。通过了解发明的技术问题，理解发明的技术手段，分析发明的技术效果，从而总结技术实质以便更好地进行创造性判断。

　　关注人机交互技术的应用场景，是因为其很可能说明了技术问题从何而来；聚焦人机交互技术硬件和软件的不同层面，是因为其展示了解决问题的技术手段；强调人机交互技术的用户体验，是因为其可能呈现了面向用户的技术效果。

综合考虑诸多要素，就是要准确分析技术实质，客观判断重构发明的难易程度，进而正确得出该发明是否具备创造性的结论。

第五节　专利侵权判定

在我国，涉及人机交互领域的专利侵权诉讼相对于其他计算机领域来说有着数量多、标的额大、影响深的特点。自 2015 年开始，我国陆续出现了苹果与高通的系列专利诉讼、小 i 机器人起诉苹果公司 Siri 侵权等重大专利侵权诉讼案件，专利权人提出的索赔金额少则千万元，多则百亿元，还经常要求禁售被控侵权产品，这对产业界产生了很大影响。在此，通过分析两个专利侵权诉讼案件，来阐明人机交互领域专利侵权判定的规则和要点。

一、输入输出特征的关注及禁止反悔原则适用

案例4-8　如果公司与乐动公司关于共享电子地图线路侵权案

■ **案件信息**

【案件编号】4W109417

【决定号】WX44314

【法院判决号】（2020）粤 73 知民初 1040 号、（2022）最高法知民终 134 号

【专利号】ZL201410149545.9

【发明名称】一种共享电子地图的线路的方法及共享端、接收端

【国际分类号】G06F 17/30、G01C 21/32

【申请日】2014 年 4 月 15 日

【专利权人/原告】深圳如果技术有限公司

【请求人/被告】成都乐动信息技术有限公司

【法律依据】《专利法》第 22 条第 3 款、第 26 条第 4 款

■ **案情介绍**

涉案专利保护一种共享电子地图线路的方法，其通过一终端设备（共享端）向另一终端设备（接收端）发送电子地图中所标记线路的坐标点信息来实现该线路的共享，实现效果如图 4-22 和图 4-23 所示。

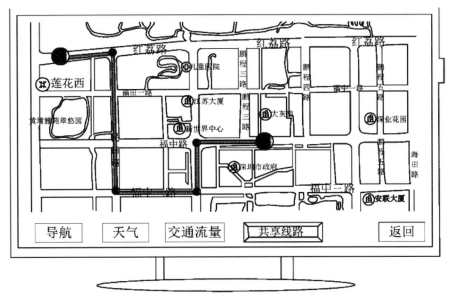

图 4-22 共享端界面视图

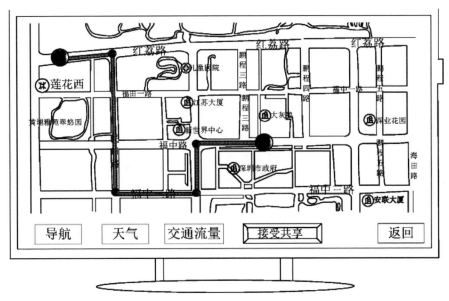

图 4-23 接收端界面视图

涉案专利的权利要求 1 和 2 如下：

"1. 一种共享电子地图上的线路的方法，其特征在于，包括：

获取在电子地图上标记的线路所经过的坐标点的坐标信息，其中，所述线路所经过的坐标点包括转角点的坐标点、起点坐标点和终点坐标点，所述坐标信息包括经度和纬度；

共享端向接收端发送线路的坐标信息，或者，将线路坐标信息存储在服务器，并对坐标信息编号以及向接收端发送编号；在接收端点击接受共享，则接收端根据接收到的线路坐标信息，或者接收到编号，根据编号从存储器提取线路的坐标信息，并根据坐标信息在电子地图上还原线路；

接收端还原线路时，按坐标点的先后顺序，连接坐标点，以动态形式在电子地图上画出线路，并标记线路的方向。

2. 根据权利要求1所述的方法，其特征在于，所述线路所经过的坐标点之间具有先后顺序关系。"

原告认为被告的产品"咕咚"App的技术方案落入了上述权利要求1和2的保护范围，侵犯了涉案专利的专利权，因此将被告诉至广州知识产权法院，要求其停止侵权并赔偿经济损失及合理支出费用共计100万元。

被告向国家知识产权局提出了无效宣告请求，国家知识产权局于2020年5月作出第44314号无效宣告请求审查决定，宣告涉案专利权利要求4-5、9-10无效，维持权利要求1-3、6-8有效。在专利权维持有效的情况下，广州知识产权法院对本案进行了审理。原告提交了广东省深圳市南山公证处出具的（2020）深南证字第1175号公证书，该公证书记载了如下保全事项：请求公证的人员登录"咕咚"App后在南山区步行，使用"咕咚"App记录行程路线，并进行了分享。原告认为该公证书保全的技术方案已经落入涉案专利的保护范围，侵犯了原告的权益。被告则提交了涉案专利申请时的审查文档，意图说明原告已经放弃了获取线路中其他坐标点的技术方案，被诉侵权技术方案并未落入涉案专利的保护范围。

广州知识产权法院在判决中对被诉侵权技术方案与涉案专利中的多个技术特征是否相同或等同进行了认定。具体而言：

第一，关于被诉侵权技术方案中的轨迹与涉案专利中的线路是否构成相同或等同。被告主张，涉案专利技术方案中的线路是以导航为目的，通过电子地图规划的从出发地到目的地的线路。而被诉侵权技术方案则是记录用户真实运动轨迹。因此，二者不构成相同或等同。对此，判决认为，涉案专利权利要求中记载了一种共享电子地图上的线路的方法，但并未限定上述线路是否提前规划或者以导航为目的。被告的该主张不合理地限缩了涉案专利保护范围。经比对，被诉侵权软件完整记录用户经过的坐标点信息，并在用户分享轨迹的过程中，获取电子地图上记录的用户经过的坐标点，同时将运动轨迹附加在地图上进行展示、分享。因此，被诉侵权技术方案中的"轨迹"

与涉案专利技术方案中的"线路"构成相同。

第二，关于被诉侵权技术方案轨迹的坐标点信息是否从电子地图上获取。涉案专利权利要求1中明确记载了"获取在电子地图上标记的线路所经过的坐标点的信息"的技术特征。从被诉侵权软件截图看，被诉侵权技术方案在向他人分享运动轨迹时，系将运动轨迹及其在电子地图上坐标信息画面一并进行分享，可以证明被诉技术方案落入涉案专利保护范围。

第三，关于被诉侵权技术方案中的终点是否与涉案专利构成相同或等同。从权利要求的保护范围来看，涉案专利并未限定终点的具体含义，也就是说，涉案专利中记载的终点既可指代导航目的地，也可以指代运动轨迹的终点。涉案专利作为分享路线的一种方法，在其未具体限定应用场景的前提下，可以应用于分享导航路线，也可以应用于分享运动路线，是否以导航为目的并非涉案专利保护范围，不影响侵权认定。因此，被诉侵权技术方案中关于终点的技术特征落入涉案专利权保护范围。

第四，关于被诉侵权技术方案是否具备转角点的技术特征。涉案专利权利要求1中记载了"线路所经过的坐标点包括转角点的坐标"的技术特征，但并未记载在电子地图上规划的从出发地到目的地的导航路径中需要转弯的点，即未对转角的具体含义进行限定。从被诉侵权软件截图可以看出，整个运动路线的坐标包括转角坐标。用户向他人分享路线时，即分享了线路经过的转角坐标。因此，被诉侵权技术方案具备涉案专利权利要求1中转角点的技术特征。

第五，关于被诉侵权技术方案中记录的坐标点信息是否与涉案专利构成相同或等同。判决认定，由于涉案专利技术方案中明确排除对获取除起点、终点和转角点坐标外其他坐标点的技术方案的保护。也就是说，涉案专利保护范围不包括获取起点、终点、转角点外其他坐标点的技术方案。本案中，被告主张被诉侵权软件必须忠实记录运动过程中全部的坐标点，否则不能生成真实的运动轨迹，达不到运动记录的目的，甚至会遭到用户抱怨。经对被诉侵权软件使用状态的比对分析，被诉侵权软件确实存在获取起点、终点和转角点坐标外其他坐标点的情况，因此未落入涉案专利经原告陈述意见修正后的保护范围。

广州知识产权法院据此驳回了原告的全部诉讼请求，原告不服一审判决，上诉至最高人民法院，随后又撤回上诉，最高人民法院据此作出终审裁定，准许其撤回上诉，一审判决自裁定书送达之日起发生法律效力。

■ **案件精解**

本案中被诉侵权产品是否落入涉案专利保护范围的判断呈现了人机交互专利效果直观的特点。通过一审判决可以看到，双方争议的五个技术特征均属于输出显示范畴，对于这种技术特征而言，仅仅通过观察被诉侵权软件的界面即可判断该软件产品是否具有权利要求中的上述特征，而无须考虑后台处理逻辑的具体实现方式，这大大降低了举证难度，为专利权人的维权提供了便利。也应当注意到，涉案专利的权利要求1中还存在"将线路坐标信息存储在服务器，并对坐标信息编号以及向接收端发送编号""接收到编号，根据编号从存储器提取线路的坐标信息，并根据坐标信息在电子地图上还原线路"这种涉及后台处理逻辑的技术特征，这种技术特征限定了对于数据的具体处理方式，仅通过被诉侵权软件的界面内容是无法确定该软件产品是否使用了这种具体处理方式的，也就无法确认技术特征的相同或等同。在本案中，被告对于这种涉及后台处理逻辑的技术特征的比对并未提出疑问，一方面可能是被诉侵权软件所采用的数据处理方式确实和涉案专利相同，另一方面，也可能是没有关注到输出显示与后台处理逻辑这两种不同的技术特征对权利要求的限定作用不同，前者直观易懂，仅凭界面内容即可确定，而后者具体精细，可能需要以解析程序代码等方式才能确认。

本案另一个值得关注的地方在于禁止反悔原则的应用。在涉案专利的申请过程中，为了获得授权，专利权人在答复第三次审查意见通知书时明确表示，涉案专利的技术方案仅获取线路中的起点、终点、转角点的坐标信息，而不包括获取其他坐标点的技术方案。如此一来，能够减少记录坐标点的数量，尤其是在线路较长时，能够大大减小共享端和接收端之间传送的数据量，有利于提高共享端的处理速度，这具有显著的进步。一般而言，专利权人在专利授权或确权程序中，为获得授权或维持专利权有效性而对其专利权进行的限制，不得在专利侵权诉讼中主张将该限制纳入其专利权的保护范围。根据这一原则，涉案专利技术方案中明确排除对获取除起点、终点和转角点坐标外其他坐标点的技术方案的保护，从而得出了被诉侵权软件未落入涉案专利的保护范围的结论。对于人机交互专利而言，由于其多数属于微创新专利，在专利申请过程中难免遭到不符合创造性的强烈质疑。专利权人当然也会对权利要求进行限制，或强调某个技术特征的重要性及与现有技术的区别，但应当避免在行政和司法阶段采用不同的解释或认定以达到两头得利的情况。

■ **案件小结**

通过比较无效决定与法院判决可以看出，行政机关和司法机关在对待人机交互发明专利时，行政机关更加注重现有技术方案的确定性并谨慎确定权利要求的保护范围，而司法机关限于证据的局限性可能较为关注人机交互专利的输入或显示输出效果。具体而言：行政机关注意到了现有技术方案在实现坐标信息存储提取及还原路线时存在多种方案，因此确定了涉案专利与最接近现有技术的区别技术特征"将线路坐标信息存储在服务器，并对坐标信息编号以及向接收端发送编号，接收到编号，根据编号从存储器提取线路的坐标信息；接收端还原线路时，按坐标点的先后顺序，连接坐标点，以动态形式在电子地图上画出线路，并标记线路的方向"，并在此基础上进行创造性的判断；而司法机关在处理双方争议焦点时，出于后台处理方式难以获取而人机交互技术效果直观方案易于理解的考虑，重点关注了被诉侵权产品与涉案专利的显示效果，如在此基础上能够判断技术特征不相同或等同，则无须对后台处理进行进一步判断。

二、权利要求解释与赔偿数额确定

案例4-9　华为公司与三星公司关于组件显示处理侵权案

■ **案件信息**

【案件编号】4W104838、4W104839、4W104840

【决定号】WX31835

【法院判决号】（2016）闽05民初725号、（2017）闽民终501号

【专利号】ZL201010104157.0

【发明名称】组件显示处理方法和用户设备

【国际分类号】G06F 9/44、G06F 3/048

【申请日】2010年1月28日

【专利权人/原告】华为终端有限公司

【请求人/被告】惠州三星电子有限公司、天津三星通信技术有限公司、三星中国投资有限公司

【法律依据】《专利法》第2条第2款，第26条第3、4款，第22条第2、3款，《专利法实施细则》第20条第2款

■ **案情介绍**

涉案专利涉及一种对组件进行操作显示的方法。组件是指置于用户界面上的图标，例如，各种应用程序的快捷方式、Widget、文件或文件夹等，用户可以方便地对其进行操作。组件容纳于用户设备的容器中，容器，即为容纳组件的区域，用户设备的显示屏所显示的区域即为容器的一部分，容器的尺寸一般大于用户设备的显示屏，因此容器可分为显示区域和隐藏区域。现有技术中存在以下技术问题：不了解容器概念的用户，无法正确地对容器中的组件进行操作；不了解容器隐藏区域的用户，不知道组件可以放置于隐藏区域；了解容器隐藏区域的用户，移动组件到屏幕边缘后无法继续移动组件。涉案专利的技术方案是，当用户需要对组件进行处理时，显示区域可以动态缩小，从而在屏幕上显示容器的隐藏区域，以此提示用户可以对显示区域和隐藏区域的组件进行处理。涉案专利的独立权利要求 1 如下：

"1. 一种组件显示处理方法，其特征在于，包括：

移动终端获取组件处于待处理状态的指示消息；

所述移动终端根据所述指示消息对容器中显示在屏幕上的显示区域进行缩小处理，以使所述屏幕在所述显示区域缩小后空余出的区域显示所述容器的隐藏区域，所述容器包括容纳组件的显示区域和隐藏区域。"

2016 年，华为公司向福建省泉州市中级人民法院提起诉讼，认为包括三星（中国）公司在内的五名被告侵害了其所拥有的上述发明专利权，要求五名被告停止侵权行为，并要求三星公司赔偿经济损失 8000 万元。

三星公司于 2016 年 7 月 18 日向国家知识产权局提出无效宣告请求，国家知识产权局于 2017 年 3 月 20 日作出第 31835 号无效宣告请求审查决定，维持专利权有效。

在专利权维持有效的基础上，泉州市中级人民法院作出一审判决，判决包括三星公司在内的五被告停止侵权行为并赔偿原告华为公司经济损失 8000 万元及合理支出 50 万元。在判决中，法院对被控侵权产品是否落入涉案专利的保护范围、被告的现有技术抗辩是否成立、五被告的具体责任承担方式及赔偿数额如何确定等焦点问题进行了回应，以下进行具体说明。

关于被控侵权产品是否落入涉案专利的保护范围。泉州市中级人民法院以原告公证购买的、被告生产销售的三星 SM-J7108 手机为例对比了二者的技术特征。在 SM-J7108 手机中，当用户长按某一图标时（例如，S 日历，其相当于本专利中的组件），第一页面进行了缩小（相当于本专利的对容器的显示区域进行缩小处理），并且第一页面右侧显示出第二页面的一部分（相当于本专利的显示容器的隐藏区域）。由此认为，被控侵权产品落入涉案专利的保护范围。在进行涉案专利与被控侵权产品的对比时，法院认为，仅通过对被控侵权产品的操作以及观察操作前后的被控侵权产品的图形用户界面的表象变化，即可得出结论。并进一步明确，涉案专利名称是一种组件显示处理方法和用户设备，其直观体现在移动终端面对用户的图形操作界面上，至于移动终端内部代码的编辑、运行过程，与案件并不具有关联性。因此，无须对移动终端操作系统源代码进行鉴定即可判定是否侵权。此外，判决中还认定，对于被控侵权产品，只需考察其中是否包含了涉案专利的所有技术特征即可，对于涉案专利未载明而被控侵权产品具备的技术特征则无须考虑。

关于现有技术抗辩是否成立。被告主张了 13 项现有技术抗辩，法院首先确定了落入涉案专利保护范围的被诉侵权技术方案，然后将被诉侵权技术方案与被告主张的现有技术进行对比，从而得出结论。具体而言，泉州中院认定了四项被诉侵权技术方案，本书以第一项被诉侵权技术方案进行说明，该技术方案如下：手机屏幕包括第一页面，向左滑动第一页面后显示第二页面，两个页面中均包括一些图标。用户可以长按并移动图标，从而在不同页面之间移动并显示图标。在第一页面选择"S 日历"图标，长按该图标，该图标的显示方式有所改变，第一页面缩小显示，第二页面的一部分显示在第一页面缩小后空余出的区域。而被告主张的第一项现有技术①的技术方案为：具有触敏显示器的移动终端检测用户执行的姿态，并根据该姿态向用户呈现第二页面；该技术方案还可以将第一页面中的应用移动至第二页面。根据该现有技术的记载，其并未公开"图标被长按后可以被移动""长按图标后缩小显示第一页面，并显示第二页面的一部分"这些技术特征，因此，被诉侵权技术方案与第一项现有技术具有实质性差异，被告基于该项现有技术的抗辩不能成立。被告主张的第二项现有技术②即为无效宣告程序中的证据 1，由此可以看出，该项现有技术与被诉侵权技术方案完全不同。具体而言，首先是应用场景的不同，该项现有技术用于在打开多个应用程序之后进行全屏模式和窗口模式的切换，并且在窗口模式下，可以在多个已打开的应用程序之间进行切换，而被控侵权技术方案是用于在页面间移动应用图标；其次是操作对象不同，该项现有技术处理的是已经打开的多个应用程序，而被控侵权技术方案移动的是应用图标；再者是显示的内容不同，该项现有技术将应用程序缩

---

① US2009064055A1.

② US2009293007A1.

小后，空余的位置显示的是另一个应用程序，而被控侵权技术方案在长按应用图标后将当前页面缩小，并在空余位置显示另一个页面；最后是触发机制不同，该项现有技术通过用户按压一个实体或虚拟按键将应用程序窗口缩小，而被控侵权技术方案通过长按应用图标将当前显示的页面缩小。综上所述，该项现有技术没有公开被控侵权技术方案的所有技术特征，二者完全不同，被告的抗辩主张同样不能成立。

在侵权赔偿数额的计算方面，法院采用了国际数据公司（IDC）统计的涉案手机销售数量和销售金额，并以被告母公司三星电子株式会社官网披露的利润率作为上限，以工信部针对国产手机的调查数据中的利润率作为下限，通过销售金额乘以利润率的方式计算得出利润区间大致在 26 亿元至 109 亿元。值得注意的是，在本案审理过程中，法院多次要求被告提供相应的销售数据及利润率，但被告拒绝提供，因此承担了怠于举证的不利后果。在得出利润区间后，法院又综合考虑了涉案专利为处于有效期内的发明专利、其属于非标准必要专利且对移动终端智能化具有巨大推动作用、被告具有实施侵权行为的主观恶意以及销售侵权产品数量众多持续时间较长金额巨大等多种因素，从而支持了原告赔偿经济损失 8000 万元的主张。

三星公司不服一审判决，向福建省高级人民法院提起上诉，提出了包括一审判决证据认定错误、权利要求解释及特征对比错误、赔偿数额确定错误及审判程序错误等主张，请求撤销原判，驳回华为公司的全部诉讼请求。福建省高级人民法院于 2017 年 12 月作出终审判决，基本维持了一审判决。

■ 案件精解

本案的第一个亮点是涉案专利与被诉侵权产品的技术特征比对充分体现了人机交互这一技术领域的特点。涉案专利的权利要求仅仅通过输入操作特征和输出显示特征对技术方案进行了限定，在进行技术特征比对时，一审判决认为该技术方案直观体现在移动终端的图形用户界面，因此，无须考虑相应的程序代码的编辑运行过程，也就不必对程序代码进行鉴定，而是直接将涉案专利的技术特征与被诉侵权手机的操作方式进行比较，并得出了被诉侵权手机具备涉案专利权利要求 1 的全部技术特征的结论。这种认定无疑是符合人机交互技术特点的。可以看到，这种权利要求由于没有后台处理逻辑的限定，从而在权利要求保护范围的确定、侵权证据的获取、侵权产品的比对方面都相对简单易行，给专利权人维权带来了很大的便利。当然，如果权利要求中限定了对于数据的具体处理方式，那么在确定权利要求保护范围和侵权产品比对时就均需予以考虑。

本案判决的第二个亮点是侵权赔偿数额的确定方式。一审判决计算了侵权产品的销售数据和利润，随后又分析了涉案专利对于侵权产品销售数量的贡献，在此基础上又认为，原被告均未能证明权利人的实际损失和侵权人因侵权行为所获的非法利润，所以应当依据法定赔偿方式确定赔偿数额。但是，本案适用的《专利法》（2008年修正）规定的法定赔偿上限仅为100万元，与一审法院支持的8000万元差距巨大，采用法定赔偿方式确定如此巨大的赔偿金额并不合适。如果采用法定赔偿方式，也没有必要计算侵权产品的各类数据、论述涉案专利的贡献程度，这实际上还是以侵权获利的方式来计算赔偿金额，二审法院在终审判决中纠正了一审法院的法律适用错误。根据二审法院的计算，侵权获利区间大致在23亿~94亿元，据此支持了8000万元的赔偿金额。假设所获利润完全由技术创新决定，而不考虑市场营销、品牌形象等因素，这相当于认定，单单一项专利对于产品利润的贡献度在8‰~3%之间是较为合理的范围。这种认定也是可以商榷的。国外有研究表明，对于当前的智能手机而言，有超过25万项专利与其相关，这些专利涵盖了显示屏、触控面板、处理器、基带芯片、存储器、Wi-Fi芯片、蓝牙模块、NFC芯片、音频模块、电池和电源管理、通信协议、外形设计、用户界面等方方面面。这些专利中，有的专利属于一部智能手机必然会使用的技术，例如，各类标准必要专利和大部分硬件专利，这种类型的专利是一台通信设备之所以能够成为智能手机的原因；有的专利则使得一部智能手机区别于其他智能手机，例如，人机交互专利、外观设计专利等。本案中的涉案专利明显属于后者，如何评估此类专利对于产品利润的贡献度就存在多种观点。一种观点认为，各类标准必要专利和硬件专利对于一部智能手机的功能实现更为重要，人机交互专利只是起到了便于操作提升用户体验的作用。也就是说，前者决定了一台设备能否成为一部智能手机，后者决定了一部智能手机能否成为一部更好的智能手机，比较而言，前者的作用更加重要，对于产品利润的贡献度也应该更大。如果依据专利数量，将一部智能手机涉及的各项专利对产品利润贡献度进行平均的话，那么前者的贡献度应该显著高于平均值，而后者的贡献度则应当显著低于平均值。另一种观点则认为，各类标准必要专利和硬件专利虽然重要，但也导致了当下的智能手机在硬件配置方面日趋同质化，而差异化特性才是一部智能手机能够销售并获取利润的关键所在。人机交互专利、产品外观设计专利这类专利是这种差异化特性的具体体现。对于人机交互专利而言，其通过简单快捷、贴近消费者使用习惯的操作方式来提升用户体验，从而达到增强用户黏性、提升品牌认可度、增加产品销量的效果。因此，应当认为人机交互专利对于产品利润的贡献度更大。还有一种观点主张，对于智能手机这种产品，以比例的方式确定某项专利技术对于产品利润的贡献度是很困难的，原因在于难以确定一部智能手机中所使用的专利技术的具体数量，也难以客观认定某项专利相对于其他专利的重要程度，这就给客观准确地确定单项专利对产品利润的贡献度制造了很大障碍。可以考虑以绝对价格的方式确定单项专利对产品利润的贡献度，价格可以参照重要程度相同或相似的专利的已知许可费用。此种方法的难点同样在于，比较两项专利对于产品的重要程度。

本案的第三个亮点在于权利要求的解释。在本案的无效宣告请求程序中，对于权利要求中"组件"这一用语，合议组从权利要求的记载出发，结合权利要求书以及说明书中的技术领域、技术问题、发明目的、技术手段，最终落脚于权利要求的限定，得出了符合发明实质的准确理解。这种理解，既没有对权利要求的文字记载作出过于宽泛、含糊的理解，也没有采用说明书中的具体实施例限制权利要求的内容，而是结合权利要求的具体限定，对专利文件进行整体考量后获得了符合发明实质的权利要求理解，使专利的权利要求保护范围既清晰又较为合理。在诉讼阶段，一审和二审法院同样坚持了这一标准，对"组件"和"容器"进行了准确的解释，从而为正确确定专利权的保护范围打下了坚实的基础，并在随后的技术特征比对及现有技术抗辩中发挥了巨大作用。

■ **案件小结**

作为业内瞩目的专利侵权案件，本案在权利要求的解释、技术特征的对比、赔偿数额的确定等方面均具有一定特点。其中，在进行权利要求的解释时，司法机关秉持了与行政机关相同的原则，根据涉案专利说明书的内容对"容器"一词进行了符合其原理的解释，从而确定了涉案专利的保护范围；在进行技术特征对比时，明确了无须考虑内部代码的运行过程，只需判断被诉侵权产品的图形用户界面输入和输出相关技术特征即可；在赔偿数额计算时，综合考虑了涉案专利的类型及作用、被告的主观意愿、侵权行为的持续时间、被诉侵权产品的数量及金额等多种因素，为后续其他案件的审判提供了参考。

三、小结

以上两个案例在一定程度上展现了人机交互专利在我国司法保护中的裁

判规则。首先，在确定权利要求保护范围时，把握该领域技术名词多且更新频繁等特点，从权利要求出发，结合说明书中关于技术领域、技术问题、发明目的、技术手段等记载，始终站位本领域技术人员，得出符合发明实质的准确理解，从而明确专利的应有保护范围。其次，在确定赔偿数额时，应当在一定的事实和数据基础上，综合考虑侵权行为的性质、涉案侵权产品的价值和侵权获利情况、侵权人的主观故意和侵权情节、专利权人的合理维权支出情况、侵权人自身的经营状况等多方因素，从而确定公平合理的赔偿数额。

第五章

汉字输入法的专利保护

第一节 概　述

一、汉字输入法的定义及发展现状

汉字输入法，是一种利用输入装置（例如，键盘和话筒等）将汉字输入计算机或手机等电子设备的方法，是中文信息处理的重要技术。汉字输入法是一类较为特殊的人机交互技术，其输出的是具有一定规则的汉字及其衍生物（例如，艺术字和表情等），因此，汉字输入法的输入、后台处理和输出技术的实现必须遵循上述规则。

汉字输入法按照输入媒介的不同可分为：键盘输入法、手写输入法、鼠标输入法、OCR 输入法以及语音输入法。其中键盘输入法通过敲击键盘上的字母键或者数字键输入码元进行汉字输入，其也衍生出适合不同应用场景的输入法，例如，搜狗公司在 2023 年 6 月发布的搜狗输入法"触觉输入"解决方案，其在普通键盘输入技术上添加触觉反馈技术从而满足特殊用户的需求；手写输入法是借助手写识别系统工具进行汉字输入，用户一边通过笔和相应的输入设备进行手写输入，计算机系统一边采集和识别用户的输入，并将识别结果返回给用户，该输入法最早出现在 1987 年，但却是随着触摸屏技术的兴起而重新变得流行起来；鼠标输入法是利用鼠标点击显示屏特定符号进行汉字输入；OCR 输入法和语音输入法分别是依托人工智能技术发展而来的，前者是借助图像识别技术，将扫描或手写的汉字图像进行准确识别后输入，后者则是利用语音识别技术将任意文句的汉语语音转换成相应的中文文字进行输入。

上述键盘输入法按照码元的类型大体可以划分为三类：形码输入法、声码输入法以及形声混合码输入法。其中形码输入法，是将汉字分解为若干字根，分别由字母代表，利用键盘和字根的对应关系来进行汉字输入，具有代表性的有五笔字型输入法、郑码、码根码、表形码，以及台湾地区的仓颉、香港地区的纵横等输入法；声码输入法就是根据汉语拼音制作的编码来输入汉字，具有代表性的是智能 ABC 输入法、全拼输入法、微软拼音输入法、紫光华宇拼音输入法、搜狗拼音输入法、QQ 拼音输入法等；形声混合码输入法，则是把形码和声码的特点结合起来，将字根转换成拼音进行编码，进而完成汉字的输入，具有代表性的有二笔输入法、钱码、双元码、丁码等输入法。

从 20 世纪 70 年代末开始，随着计算机的应用和推广，汉字输入法作为国人与计算机进行交互的一个不可或缺的通道，逐渐受到人们的重视。1980 年国家标准局发布了《信息交换用汉字编码字符集　基本集》（GB 2312—1980）。之后不久，五笔字型输入法于 1983 年问世，汉字输入法经历了从无到有的巨大转变。然而，五笔字型输入法需要背诵大量的字根，以及需要将字进行笔画拆分，对入门者不太友好。于是，20 世纪 90 年代智能 ABC 输入法应运而生，其是一种基于拼音的汉字输入方法，易学易用的特性使之迅速成为当时中国使用最广泛的输入法之一。随后，在这两种输入法的启发下，诞生了大量的前述各种类型的汉字输入法，从改变编码方式、变换键盘布局、借助其他媒介等方面进行改进，以提升汉字输入的速率、准确度以及易用性。2000年以后，随着互联网时代的到来，传统的词库制作方法已经不能满足网民的需求，而搜狗输入法、谷歌输入法等网络输入法克服了上述技术缺陷，可从互联网搜索引擎中获取海量信息进行词库的快速动态更新，不但可以支持用户准确地输入字词，更可以畅快地打出句子，提升了输入法的准确性和效率，从而获得人们的青睐。近年来，随着云计算、大数据以及人工智能技术的兴起，使用大规模服务器集群的存储计算能力进行实时的信息挖掘和信息更新，以及使用智能语音技术对各种方言进行快速准确的识别，以百度、搜狗等为代表的云输入法和以讯飞为代表的语音输入法开始崭露头角并逐渐成为主流①。其中云输入法利用云计算技术，突破了客户端受到的用户机器性能、本地词库大小等诸多因素的限制，把大部分运算量从客户端转移到服务器，由服务器来为用户提供最好的体验；智能语音技术则借助大数据、人工智能，尤其是深度学习等技术，克服了各种方言及口音、复杂环境噪声和专业领域等特殊场景下的语音识别的准确性障碍，从而因其输入效率高、使用门槛低

---

① 王艳坤. 汉字输入法及其专利保护［J］. 中国发明与专利，2011（07）.

等特点，得到用户的认可。

前述几种不同媒介分类的输入法中，手写输入法、鼠标输入法及 OCR 输入法的专利数量较少，基本都在数十件；语音识别输入法则主要是依托语音识别技术，在专利申请及审查中并未明确体现出输入法的显著特点；而键盘输入法由于发展历史久、申请体量大，呈现出明显的特点，相关专利审查规则也主要针对键盘输入法制定。故本章后续内容主要针对键盘输入法进行讨论，辅以介绍其他技术分支（例如语音输入法）的典型情形。

二、汉字输入法相关专利的申请特点

（一）申请趋势特点

图 5-1 展示了从 1985 年至今汉字键盘输入法相关技术在中国的专利申请趋势。自 1985 年 4 月 1 日第一件汉字输入法技术中国专利申请被提交以来，汉字键盘输入法专利申请开始了一段缓慢增长的时期，从 1985 年的约 20 件增长到 1993 年的 60 余件；1994 年突破 100 件后，增速开始提升；2016 年，在以搜狗和百度为代表的头部互联网企业共同发力的作用下，申请量达到顶峰的 600 余件；随后便呈现出逐步下降的趋势（申请重心转移至语音输入法等新兴技术方向）。经统计，截至 2022 年底，中国专利局受理的汉字键盘输入法专利申请总量超过一万件。

图 5-1　汉字键盘输入法专利申请量变化趋势

（二）主要申请人特点

如前所述，汉字键盘输入法既有关于汉字编码规则的制定和改良，也有借助搜索引擎、云计算等新技术对输入功能进行优化和完善，前者仅要求创新主体熟悉汉字并对计算机有一定的了解即可，后者则需依托强大的计算机平台系统才可参与创新。因此，在 2000 年以前，创新主体可谓百花齐放，1000 余件的输入法专利由数百位申请人提出，并且其中绝大多数为个人申请；而在 2000 年后，随着互联网的蓬勃发展，头部企业逐渐意识到输入法的重要性，并陆续开始布局。截至目前，汉字键盘输入法专利的主要申请人基本均是大家所熟知的互联网头部企业，如图 5-2 所示。

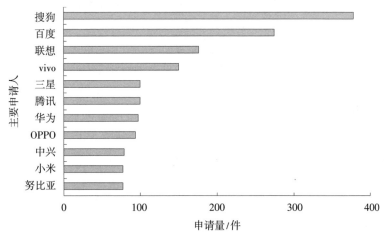

图 5-2　汉字键盘输入法专利的主要申请人

三、我国汉字输入法的专利保护

(一) 专利审查标准

汉字输入法属于计算机程序，涉及汉字输入法的专利审查标准遵从涉及计算机程序的相关标准同时也具有其特殊性，以下将从历史和现实的角度进行介绍。

汉字输入法填平了中国人使用计算机的技术鸿沟，我国个人和企业对于汉字输入法的发明创造也是情有独钟，因此，从最初 1986 年"暂属内部文件"的《审查指南》到现行的《专利审查指南 2023》均对其做了专门的规定。

1986 年"暂属内部文件""是审查员工作时必须遵循的指导性文件"的《审查指南》第十二章"关于计算机程序发明专利申请的若干规定"第 2.3 节明确汉字信息处理或汉字编码不能授予专利权，第 3.3 节明确能够使机器设备具有新的创造性的技术特征的汉字信息处理，或以汉字信息处理为特征所设计的机器设备，或具有汉字信息处理能力的计算机，在具有新的创造性的技术特征时，可授予专利权。

《审查指南1993》第二部分第九章第3节汉字编码方法及计算机汉字输入方法明确了三部分内容：（1）汉字编码方法是不能被授予专利权的；（2）计算机汉字输入方法或者计算机汉字信息处理方法是可授予专利权的；（3）在汉字输入法的发明专利申请的说明书及权利要求书中除了描述该汉字编码方法的技术特征，还应描述该编码方法所使用的键盘的技术特征。

《审查指南2001》第二部分第九章第3节涉及汉字编码方法及计算机汉字输入方法的发明专利申请对上述三部分内容进一步举例说明，其中对第（3）部分内容明确了以下审查标准[1]：发明专利申请的主题涉及一种计算机汉字输入方法，包括从组成汉字的所有字根中选择确定数量的特定字根作为编码码元的步骤[2]、将这些编码码元指定到所述特定键盘相应键位上的步骤[3]、利用键盘上的特定键位根据汉字编码输入规则输入汉字的步骤[4]。

《审查指南2006》第二部分第九章第4节对于涉及汉字输入法的三项内容的规定并未修改，只是对"汉字编码方法是不能被授予专利权的"和"计算机汉字输入方法或者计算机汉字信息处理方法是可授予专利权的"两部分的措辞更为明确。

以上审查标准一直延续到现在，《专利审查指南2023》第二部分第九章第4节汉字编码方法及计算机汉字输入方法规定：（1）仅涉及汉字编码方法的发明专利申请属于智力活动的规则和方法，不属于专利保护的客体；（2）计算机汉字输入方法或者计算机汉字信息处理方法构成技术方案，不再属于智力活动的规则和方法，而属于专利保护的客体；（3）发明专利申请的主题涉及一种计算机汉字输入方法，包括从组成汉字的所有字根中选择确定数量的特定字根作为编码码元的步骤、将这些编码码元指定到所述特定键盘相应键位上的步骤、利用键盘上的特定键位根据汉字编码输入规则输入汉字的步骤[5]。

回顾万"码"奔腾的历史可以看出，早期汉字输入法的创新主要围绕字根、字根与键盘对应关系或者字根的输入顺序等，因此从1986年到2001年逐步确立了汉字输入法三项内容的审查标准。之后这项审查标准一直保持不变，究其原因，汉字输入法技术的发展不再着重于字根的创新，而是延伸到

---

[1] 即汉字输入法的三项内容。
[2] 即汉字输入法的第一项内容，以下简称第一项内容。
[3] 即汉字输入法的第二项内容，以下简称第二项内容。
[4] 即汉字输入法的第三项内容，以下简称第三项内容。
[5] 即汉字输入法的三项内容。

基于拼音输入法的词频统计和语义分析等方面的研究和应用，并且扩展到手写、语音输入等，这也使其审查标准随计算机程序等相关技术的审查标准发展，不再仅仅局限于这三项内容。

以基于拼音输入法且着重于词频统计和语义分析的汉字输入法为例，由于其基础是拼音输入法，因此涉及三项内容的部分均为拼音输入法的相关内容，通常为本领域技术人员所公知从而权利要求无须记载，权利要求主要记载上述改进部分及与该改进部分密切相关的部分。

以语音输入法为例，其着重于改进语音特征提取、声学模型搭建等语音识别技术，随着人工智能技术的高速发展，语音识别技术也有了新的突破。相应地，涉及语音输入法专利的审查标准除了遵从涉及计算机程序的专利审查标准，还要进一步遵从"包含算法特征的发明专利申请审查相关规定"。例如，"语音识别方法、装置、设备及计算机可读存储介质"的发明专利申请①属于涉及计算机程序的发明专利申请，其权利要求书包含该类申请权利要求的典型的四种形式，即方法权利要求、程序模块限定的装置权利要求、硬件+程序的装置权利要求以及计算机存储介质；识别的准确性和适应于特定应用条件下的计算量和功耗都是本领域技术人员在语音识别过程中针对特定应用的特点的常规考量因素，本领域技术人员在现有技术的基础上容易想到根据具体应用特点和要求选择适当的时机和条件来在不同状态下执行语音唤醒和语音识别的工作状态内容，因此权利要求不具备创造性。"语音识别方法和装置"的发明专利申请②的权利要求1包含算法特征，其搜索项的设置目的和具体内容与现有技术完全不同，通过该设置能够扩充丰富训练样本，因此，权利要求1具备创造性。

（二）专利侵权判定

严格来讲，汉字输入法属于人机交互的下位概念，因此第四章第一节人机交互"专利侵权诉讼特点及对策"也适用于汉字输入法专利侵权，其中维权难度低、维权意愿强的特点，集中体现在搜狗公司和百度公司的一系列专利侵权纠纷中。

相较于一般的人机交互技术，汉字输入法已经深入渗透到互联网时代信息输入输出的每一个环节，成为普及化程度最高的计算机程序产品。汉字输入法技术和产业上的特殊性直接体现为专利侵权纠纷的复杂性，以下将重点

---

① 申请号为201810361397.5，决定号为FS254202。
② 申请号为201610795918.9，决定号为FS275706。

分析汉字输入法较之一般人机交互专利侵权纠纷所具有的相关特点。

1. 从产业层面看

首先，伴随着"互联网+"的发展和智能终端的普及，汉字输入法成为人人必需、人人应用的计算机程序产品。虽然汉字输入法产品本身往往是免费的，但却附带高强度的用户黏性、流量和广告效益，成为市场化程度极高、竞争激烈而繁荣的计算机程序细分产业。

其次，伴随着我国的计算机软件产业繁荣和互联网用户的不断增长，用户在使用各种计算机软件时通常会涉及汉字输入法的大量输入输出，汉字输入法与其他计算机软件之间具有千丝万缕的联系，汉字输入法成为创新主体布局和深耕的领域，并且不断提升优化技术，改善用户体验、提高市场占有率。

因此，汉字输入法产品普及度高、用户群体较大、发展趋于成熟，其相关专利侵权集中体现了计算机程序专利的特点。

2. 从技术层面看

汉字输入法必须遵循文字的组成规则和汉语的语法规则，其也属于对用户体验尤为重视的人机交互技术，上述用户体验的提升既来源于方便、易用且友好的输入输出界面，更来源于实现简单、快速且准确输入的后台处理技术。创新主体一方面会提供丰富的键盘布局和皮肤以优化汉字输入法输入输出界面，另一方面更注重对技术架构、后台的词库管理、算法模型等的改进，深入挖掘人工智能、大数据技术带来的效果优化。

因此，汉字输入法的技术改进既涉及输入输出也涉及后台处理，在输入输出呈现相同功能的情况下，其后台处理的具体方法流程或者说软件功能模块可能有多种实现方式，在侵权判定中经常出现从输入输出推断其后台处理从而判定是否侵权的情形。

3. 从法律层面看

在汉字输入法专利侵权诉讼中，专利权人通常通过购买侵权产品、进行前端演示从而完成初步的举证责任。如果权利要求的保护范围只涉及输入输出，被控侵权产品较易判断是否落入其保护范围；如果权利要求的保护范围除了输入输出，还涉及后台处理，则需要进一步判断被控侵权产品的后台处理是否落入其保护范围，此时，专利权人可以通过反向工程等获得汉字输入法的程序代码并证明其实现了相同的后台处理，被控侵权方可以通过提供反证、公开被控侵权产品源代码等方式来证明其后台处理采用了与权利要求不同的实现方法。

而且在专利侵权责任和赔偿数额认定较为困难的大背景下，汉字输入法专利的侵权赔偿数额判定更加复杂，这是由输入法产业本身的盈利模式造成的。如前所述，输入法产品往往并不会通过销售的方式盈利，而是以免费提供、大量发行的方式获取用户信任，进而占据市场、获取优势地位，便于其推广其他盈利产品、获取广告或流量利润，或者直接通过输入法获取具有商业优势的数据信息等。因此输入法专利往往是各个企业的核心技术，也不会广泛进行商业许可，无论是通过"损失利润"、"应得收益"，还是"许可费用的倍数"，都难以准确界定侵权赔偿数额。

因此，输入法专利侵权纠纷中，输入法专利侵权中的举证证明具有一定的复杂性，赔偿数额的认定也有一定困难，各方当事人都应当综合权衡所面临的法律风险，提前布局选择合适的权利要求撰写方式，并且采取多种手段收集和固定证据，以应对可能的复杂争议。

第二节　权利要求的撰写和理解

汉字输入法作为一类特殊的计算机程序，审查指南中对其撰写要求有特别规定。但用语言表达汉字输入法的输入步骤可能引起歧义，因此在专利确权程序中，常常需要对权利要求进行理解，以保证专利权的保护范围限定在专利权人作出的技术贡献范围内。同时，权利要求的公示作用应当被尊重，以保证社会公众的利益，并且给侵权程序提供明确的技术比对基础。权利要求清楚，不但要求某一技术特征的描述清楚，也要求权利要求整体上也能够清楚限定其保护范围。

下文将针对两个典型案例进行分析，阐释权利要求的撰写和理解。

一、改进在于编码码元的汉字输入法权利要求是否清楚的判断

案例5-1　微软公司与郑某关于郑码无效案

■ **案件信息**

【决定号】WX11282

【法院判决号】（2008）一中行初字第 1021 号

【专利号】ZL89108851.2

【发明名称】字根编码输入法及其设备

【国际分类号】G06F 3/023

【申请日】1989 年 11 月 27 日

【无效请求人】微软（中国）有限公司

【专利权人】郑某

【法律依据】《专利法实施细则》第 20 条第 1 款

■ **案情介绍**

本专利涉及"郑码"输入法，是中易公司诉微软公司"郑码输入法侵权系列案"中所涉及的发明专利，该案也是我国创新主体为捍卫自主知识产权而向外国企业索赔第一案。本专利授权公告的权利要求 1 如下：

"1. 一种字根编码法的汉字单字和词语的计算机输入系统，其特征在于通过具有 26 个字符的专用键盘或用汉字字根定义键位的 ASCII 通用键盘，依据汉字的单根特征，进行汉字单字和词语的计算机输入，输入一个单汉字或词语的代码时，最多只能敲击 4 个字符键。汉字输入步骤包括：

首先，将欲输入的单汉字分解成相应的单根：

（1）当上述单汉字所分解出的单根代码字符的总数不超过 4 个时：

A.敲击上述输入键盘上相应的一码主根键或二码主根键或副根键，输入上述单汉字首根的区码或区码加位码；

B.敲击上述输入键盘所述相应键，输入上述单汉字第二单根的区码或区码加位码；

C.敲击上述输入键盘所述相应键，输入上述单汉字第三单根的区码或区码加位码；

D.敲击上述输入键盘所述相应键，输入上述单汉字第四单根的区码；

其中，若上述单汉字仅由三个单根组成，且其第二单根代码是二码主根或副根时，上述步骤（B）仅输入其区码。

（2）当上述单汉字所分解出的单根代码的字母总数超过 4 个时：

A.若上述单汉字的首根为一码主根，则

（A）敲击上述输入键盘上相应键，输入上述单字首根的代码；

（B）敲击上述输入键盘上相应键，输入上述汉字第二单根的区码；

（C）敲击上述输入键盘上相应键，输入上述单汉字次末单根的区码；

（D）敲击上述输入键盘上相应键，输入上述单汉字末根的区码；

其中，若上述单汉字仅由三个单根组成时，上述步骤（C）中的次末根即成为三单根字的末根，若该末根是二码主根或副根时，则要输入其区码加位码。

B.若上述单汉字的首根为二码主根或副根，则

（A）敲击上述输入键盘上的相应键，输入上述单汉字首根的区码加位码；

（B）敲击上述输入键盘上的相应键，输入上述单汉字的次末单根的区码；

（C）敲击上述输入键盘上的相应键，输入上述单汉字的末单根的区码；

上述单汉字，凡是出现重码时，要按提示敲选择键；凡是由不足 4 码组成时，要敲空格键以示单汉字输入结束。"

本案争议焦点在于权利要求是否清楚。

请求人认为：本专利权利要求 1 第（1）点中的限定存在如下两点不清楚之处：（i）权利要求 1 中第（1）点限定的顺序执行输入步骤 A、B、C 和 D 时，仅仅在步骤 A、B、C 和 D 中都只输入区码时，才能满足代码字符的总数为 4 个，而当步骤 A、B、C 中的任何一个输入区码加位码时，所输入的代码字符的总数均超过 4 个；（ii）权利要求 1 中并未限定代码字符的总数为 1~3 个时的操作。在口头审理过程中请求人还以"雹"字进行了举例，认为当输入"雹"字时，只执行了权利要求 1 第（1）点中的步骤 A 和 B，但没有执行步骤 C 和 D。因此，权利要求 1 的限定不清楚。

专利权人认为：请求人在陈述理由时将权利要求 1 的内容割裂开来加以理解，得出权利要求 1 不清楚的结论是不正确的。当作为一个整体来理解时，权利要求 1 并不存在限定不清楚的问题。

无效决定认为权利要求清楚，具体分析如下：

首先，对于（i），权利要求 1 请求保护"一种字根编码法的汉字单字和词语的计算机输入系统"，其中分两种情况限定了一个汉字的输入步骤：（1）当单汉字所分解出的单根代码字符的总数不超过 4 个时如何进行输入；（2）当单汉字所分解出的单根代码的字符总数超过 4 个时如何进行输入。当一个单字拆分为 4 个单根，并且步骤 A、B、C 中的任何一个输入区码加位码时，其所输入的代码字符的总数均超过了 4 个，显然，此时已经不再适用权利要求 1 中的第（1）点的编码方式，权利要求 1 中已经给出了明确的分类方式，当单汉字的代码字符总数超过 4 个时应当属于第（2）种编码方式规定的范畴，而不再属于以上第（1）点所规定的情形。因此，权利要求 1 中按代码字符的总数进行了分类，根据不同情况加以区别对待，其分类限定的方式是清楚的。

其次，对于（ii），虽然本专利权利要求 1 中没有明确指出有些汉字拆分的单根可能少于四个，某些情况下步骤 B、C、D 无须执行，但是这并不会影响本领域技术人员清楚、准确地理解本发明的技术方案，也不会导致本领域技术人员无法实施本发明的技术方案。以请求人所举例的"雹"字为例，其拆分为两个单根"雨"和"包"，不再涉及步骤 C、D 的输入。对于字形输入法，通常都需根据汉字的字形特征进行拆分输入，所属技术领域的技术人员均知晓，并不是所有汉字按字形均能够拆分成 4 个或 4 个以上的单根，例如，独体字以及一些简单的上下或左右结构的汉字，它们只能分解成两个单根，甚至不能分解——单字成根。对于"雹"字，其只能分解成"雨"和"包"两个单根，没有第三和第四个单根，自然要省略步骤 C 和 D（步骤 C 和 D 是对第三和第四单根输入的限定），这在汉字输入法这一技术领域中属于公知技术，而且其解释也是唯一的，对本领域技术人员来说不会产生任何歧义。而且，在本专利权利要求 1 的最后也限定了"凡是由不足 4 码组成时，要敲空格键以示单汉字输入结束"，显然该权利要求 1 中明示了并不是所有汉字都至少有 4 个代码字符，本专利的说明书第 10 页也举出了代码字符少于 4 个的例子（例如，"推"和"栗"字）。因此，即使对于代码字符的总数为 1~3 个的汉字，本领域的技术人员也完全能够按照权利要求 1 的限定进行输入，从而正确地执行本发明的技术方案。

最后，需要格外指出的是：对于权利要求 1 第（1）点"A. 敲击上述输入键盘上相应的一码主根键或二码主根键或副根键，输入上述单汉字首根的区码或区码加位码"中出现的几个"或"字，其包含的逻辑关系对本领域普通技术人员来讲同样是清楚的。原因是：第一，按照本专利说明书中的技术方案，汉字的基本字根分为一码主根、二码主根及副根三种，一码主根用一位区码表示，二码主根及副根均采用一位区码加一位位码两个字符做代码，这是确定的。第二，权利要求 1 第（1）点中并没有限定输入代码时要省略或舍去字符。第三，在本专利的说明书第 10 页第 12-13 行也明确表述了"汉字各单根代码数的总和不超过 4 个时，不论首根的代码是一码还是二码，第二或第三或第四单根的代码都照实取"。因此，对于本领域技术人员来说，完全可以确切地理解到，如果单汉字分解出的单根为一码主根，则输入其对应的区码；如果分解出的单根为二码主根或副根，则输入其对应的区码加位码。显然，虽然权利要求 1 中的"或"字给出了并列选择关系，但这种选择并不是相互矛盾或者含义模糊的，本领域技术人员能够明确其含义，不会产生歧义。

■ **案件精解**

无效决定涉及汉字输入法领域如何判断权利要求是否清楚的问题。权利要求应当清楚地限定要求专利保护的范围，这是对权利要求的实质性要求之一，因为它不仅直接关系到专利权人是否能够合理地行使专利权，还关系到公众是否能够确定性预知发明或者实用新型专利权的保护范围，是专利制度正常运作的基本保障。

如前所述，早期涉及汉字输入法的权利要求，一般应当写明三项内容：对汉字进行编码的编码码元；上述编码码元与输入装置的映射关系；如何利用输入装置根据汉字编码输入规则输入汉字。第一项内容应该把每一个编码码元列出来，不能有遗漏；第二项内容应当至少写明编码码元所对应的输入装置，最好是将每个编码码元与相应的输入装置之间的对应关系一一列出；无效理由所涉及的权利要求不清楚之处均属于上述第三项内容，这一项内容实际上是汉字的输入规则，在前两项内容的基础上，此项内容明确了汉字被拆分为编码码元的方法及实际输入时输入编码码元从而获得汉字的顺序，通常并不包括当出现重码时如何选取所要输入的汉字①。在判断该项内容是否清楚从而判断权利要求请求保护的范围是否清楚时，不仅仅考察权利要求的用词含义是否清楚、确定，更重要的是要站在所属领域的技术人员的角度，将权利要求作为一个整体来考虑其所限定的范围。

首先，从文法上来说，权利要求中（1）之 A-D 的"或"字给出了多种并列选择关系，但对于汉字输入法领域的技术人员，在明确了字根与代码的逻辑对应关系的情况下，完全可以根据字根输入相应代码，则上述"或"所包含的关系是清楚的，不会产生歧义。也就是说，考察权利要求是否清楚，仅从字面上理解权利要求的每个技术特征的含义是远远不够的，还应该站在所属领域的技术人员的角度，结合其知晓的申请日之前发明所属技术领域所有的普通技术知识，进行综合判断。

其次，如果仅就权利要求之（1）而言，其前提无疑会与其中 A-D 产生矛盾，但是从权利要求整体来看，即综合权利要求所限定的（1）和（2）两种情况，上述矛盾之处应分属到第（2）种情况，即其分类限定的方式化解了前述矛盾。也就是说，权利要求是一个有机的整体，其所包含的技术特征之间存在一定的关系，在理解权利要求所保护的技术方案时，不能将每个技术特征割裂理解，而应该从权利要求的整体考虑，理清各技术特征之间的逻辑关系，从而明确权利要求的保护范围边界。

综上所述，对于所属领域的技术人员来说，将权利要求作为一个整体来考虑，结合其所知晓的所属技术领域的技术知识能够明白无误地得出确定的技术方案，则该权利要求所确定的保护范围是清楚的②。

---

① 国家知识产权局专利复审委员会电学申诉处. 电学领域复审、无效案件特点和典型案例评析［M］. 北京：知识产权出版社，2012：315.

② 中国知识产权研究会专利委员会，最高人民法院中国应用法学研究所. 专利名案解读——以16起涉外专利纠纷为视角［M］. 北京：知识产权出版社，2010：64-65.

■ 案件小结

涉及汉字输入方法的权利要求一般应当写明三项内容，在判断每项内容是否清楚从而判断权利要求请求保护的范围是否清楚时，并不仅仅考察权利要求的用词含义是否清楚、确定，更重要的是要站在所属领域的技术人员的角度，将权利要求作为一个整体来考虑其所限定的范围。

二、汉字输入法权利要求保护范围的整体考量

案例 5-2　苹果公司、搜狗公司与萱桂堂公司关于九宫格无效案

■ 案件信息

【案件编号】4W107448、4W107457、4W109740、4W110785

【决定号】WX39687、WX54568、WX54571

【法院判决号】（2017）京 73 民初 1198 号民事判决书（以下简称 1198 号判决书）、（2019）最高法知民终 74 号民事判决书（以下简称 74 号判决书）、（2020）最高法民申 1057 号民事裁定书（以下简称 1057 号裁定书）、（2018）京 73 民初 409 号民事判决书（以下简称 409 号判决书）、（2021）最高法知民终 1787 号民事判决书（以下简称 1787 号判决书）

【专利号】ZL200510055346.2

【发明名称】一种小键盘上数字编码的汉语拼音和注音多字连续输入法

【国际分类号】G06F 3/023

【申请日】2005 年 3 月 18 日

【无效请求人】苹果电子产品商贸（北京）有限公司、苹果电脑贸易（上海）有限公司、北京搜狗科技发展有限公司

【专利权人】原为北京九宫混音呈列科技有限公司，后变更为北京萱桂堂科技有限公司

【法律依据】《专利法》第 22 条第 3 款

■ 案情介绍

本专利涉及一种在九宫格小键盘上的文字连续输入方法，针对现有技术中在多字连续输入时需要对字进行音节确认操作以致破坏了输入流畅性的问题，通过将词组的数字编码串与用户的击键序列直接匹配，将彼此发音不同的词组作为候选项混合在一起，用户不需要确认击键序列对应的音节串就可以直接挑选词组，从而实现在小键盘上词组或长短语的连续输入，输入时不再需要被音

节确认操作打断，提升输入的流畅性。其授权公告的权利要求 1 如下：

"1. 一种小键盘上数字编码的汉语拼音和注音多字连续输入法，包含以下步骤：

（a）在这种小键盘上，汉语拼音字母或注音符号按多对一的映射关系被映射到小键盘的数字键上；

（b）根据词组的全拼和简拼输入规则，连续的击键代表拼音字母串或注音符号串的数字键，其特征在于……

（c）基于拼音字母或注音符号与数字键的映射关系，根据词组的全拼和简拼输入规则，就词库中的每个词组转化出对应的'数字编码串'，彼此发音不同的词组可能转化出相同的'数字编码串'；

（d）处理器在接收代表多个目标汉字的'用户击键序列'后，在用户没有挑选该击键序列中任何一部分所对应的拼音字母串或注音符号串的情况下，处理器查找各词组对应的数字编码串，不管词组彼此之间的发音是否相同，就作为匹配出的'词组候选项'，并混合在一起，分页显示到候选框中。"

本专利技术方案如图 5-3 所示

图 5-3　本专利技术方案

本专利共经历六次无效宣告请求，涉及五份无效决定（其中一份为合案决定），五次行政诉讼（已出一审判决两份），专利权人与搜狗公司之间的确认不侵权诉讼经历一审、二审、再审，与苹果公司之间的专利侵权诉讼历经一审、二审，几乎在每一次审理中均涉及权利要求保护范围的界定问题，经过多次无效、侵权审理，对本专利的权利要求保护范围的认定日益明确和统一。

在关于权利要求保护范围的争议中，主要涉及以下焦点问题：

第一，特征（c）"根据词组的全拼和简拼输入规则，就词库中的每个词组转化出对应的'数字编码串'"中定义数字编码串获得方式的"简拼"的理解。

请求人认为：依据相关公知常识性证据的记载，以及本领域的通常理解，简拼应涵盖纯粹的首字母拼写方式。

专利权人认为：本专利中的简拼规则仅指词组最后一个字的简拼，例如"清洁工"输入"Qing Jie G"、"Qing Jie Go"或"Qing Jie Gon"，本专利中的简拼不包括纯粹的首字母拼写，例如"清洁工"输入QJG、"冬瓜"输入DG、"大海"输入DH，权利要求1的保护范围不涵盖纯粹的首字母拼写的简拼。

第54568号无效决定认为：

本专利的说明书对技术方案中的基本数据集进行了定义，首先定义了"完整的'数字编码串'"概念，在此基础上，"如果某个数字串不是完整数字编码串，而只是某个完整数字编码串的前面一部分"，则定义其为"半完整的数字编码串"的概念，进一步定义"歧义数字编码串"后，"根据词组的全拼和简拼输入规则"转化出对应的数字编码串，从该段文字的记载可知，其前后记载的内容具有明显的对应关系，其中"全拼"规则对应得到"完整的数字编码串"，"简拼"规则对应得到"半完整数字编码串"，而根据记载简拼应为"是某个完整数字编码串的前面一部分"，这种定义方式显然并不涵盖纯粹的词组每个字的首字母拼写方式。

尽管"简拼"在本领域中可以理解为只输入拼音的部分数字编码就能获得相应的汉字，也包括只输入词组每个字首字母的形式，请求人提交的公知常识性证据用于证明上述内容，但说明书中已经指明了该技术术语具有特定的含义，且权利要求保护范围基于说明书的记载可以被限定得足够清楚，应参照说明书的记载合理地确定权利要求的保护范围。因此，本专利权利要求1中的"简拼"应理解为仅指词组最后一个字的省略最后部分字符的拼写方式，不涵盖纯粹的词组每个字首字母拼写方式。

基于简拼的上述理解，合议组在创造性评价中认为，最接近的现有技术以首字母键序列是首字母得到的数字编码串与本专利的数字编码串的生成方式并不相同，据此所获得的数字编码串也不相同，认定其中的"数字编码串"为与本专利的区别特征。

第二，特征（d）中"处理器查找各词组对应数字编码串"的查找对象的理解。

第39687、54568号无效决定对于证据中是否是处理器查找各词组对应数字编码串作出了认定，是评判现有技术是否能破坏新颖性或创造性的重要理由。

在专利权人与苹果公司的侵权诉讼中，双方当事人针对苹果公司涉案产品是否有数字编码串存在争议。最高人民法院将侵权产品中是否有数字编码串作为判定的焦点问题之一，并对这一技术特征作出了认定。

1787号判决书认为，本专利汉语拼音字母按照多对一的映射关系于小键盘上的数字键上输入时，按照特定输入规则和上述映射关系连续敲击对应的数字键，形成由数字编码串构成的用户击键序列，处理器基于该用户击键序列查找词库中的每个词组基于前述映射关系和输入规则转化出的对应的数字编码串，作为匹配出词组候选项予以显示。权利要求1的输入法需要使用数字键进行输入，由此形成由数字键构成的用户击键序列，进而可以基于该用户击键序列查找词库中各组对应的数字编码串，以获取匹配词组，小键盘中的数字键便于获取数字编码串，以实现与词组数字编码串的匹配。数字键与数字编码串之间相互依存，协同配合，共同实现了涉案专利输入法的汉字输入和识别，权利要求1中的数字键应理解为数字的按键，而不是小键盘的键位。被诉输入法具有九宫式输入结构，但九宫的每个按键上仅有对应的字母，并无数字键，数字键另设于单独的按键上，点按之后可将九宫中的字母切换为数字。因此，不包括权利要求1所限定的数字键。此外，九宫格输入法并不必然使用数字编码串作为匹配词组的中间媒体。

第三，特征（d）"混合在一起，分页显示到候选框中"是全部显示还是部分显示词组。

在专利权人与搜狗公司、苹果公司的专利侵权诉讼中，上述特征的理解对于涉案产品是否侵权起到了关键的作用。专利权人认为，涉案专利权利要求1仅限定了在找到匹配出的词组候选项后，分页显示到候选框中，并未限定候选框的显示范围，根据说明书第28段等相关记载，涉案专利的技术方案对候选项进行了部分显示。搜狗公司、苹果公司均认为，涉案专利明确记载技术特征（d）仅限定词组候选项"全部显示"的技术方案，专利权人在实审过程中为达授权目的放弃了"部分显示"的技术方案，根据"禁止反悔"原则，该方案不应当再获得保护。

对此，1198 号判决书、74 号判决书、1057 号裁定书、409 号判决书以及 1787 号判决书的认定一致，主要观点为：①本专利所要解决的技术问题是简化小键盘上拼音或注音输入中二级歧义引起的烦琐操作，去掉音节交互操作对输入流畅性的破坏。为实现这一目的，本专利通过将词组的数字编码串与用户击键序列直接匹配，将彼此发音可能不同的词组作为候选项混合在一起，使得用户不用确认击键序列就可以直接挑选词组，提高输入流畅性。若是仅将部分与击键序列匹配的词组作为候选项显示，将无法实现本发明的目的。②专利权人在专利申请过程中为达授权目的已经通过意见陈述明确指出"部分显示"意指分页显示，并非指部分显示词组候选项，且专利权人通过修改明确放弃了"部分显示"的技术方案。因此，专利权人关于该技术特征为"部分显示"的主张与"禁止反悔"原则相悖，涉案专利权利要求的特征（d）不包含部分显示词组的技术方案。

■ **案件精解**

本专利权利要求中的技术术语在确权与侵权中被反复争议，这也是汉字输入法领域的一个特点缩影，该领域以国内申请人为主，各申请人在早期的研发过程中往往相对独立，采取不同的研发路径，在其申请文件中具有较多的个性化表达方式，以至于在确权和侵权判定中需要对其中的技术术语进行解读的现象普遍。

1）技术术语的特定含义

依据专利审查指南的规定，权利要求中技术术语的含义一般应当按照本领域的通常含义理解，但如果说明书中对技术术语的含义进行了明确的说明，赋予其不同于本领域通常理解的特定的含义，那么权利要求中的技术术语所代表的含义应尊重专利权人发明创造的本义进行理解。即按照本领域的通常含义理解为原则，以说明书中另有清楚特定限定为例外。

以"通常含义理解"为原则，也需本领域技术人员在整体阅读专利文件的基础上作出通常含义的理解。这一点在《最高人民法院关于审理专利授权确权行政案件适用法律若干问题的规定（一）》第 2 条也有规定："人民法院应当以所属技术领域的技术人员在阅读权利要求书、说明书及附图后所理解的通常含义，界定权利要求的用语，权利要求的用语在说明书及附图中有明确定义或者说明的，按照其界定。依照前款规定不能界定的，可以结合所属技术领域的技术人员通常采用的技术词典、技术手册、工具书、教科书、国家或者行业技术标准等界定。"由于文字语言的模糊性，评判者无法脱离说明书和附图仅凭权利要求的记载得以充分还原技术事实以及发明创造过程。另外，在确权阶段也允许适当地引入外部证据作为内部证据无法达到目的时的有益补充。

对于本专利来说，正是属于说明书具有清楚特定限定的情形。根据本领域的通常理解，简拼可以包括任意形式的非全拼拼写方式，既可以是单纯的词组首字母简拼，也可以是全拼方式的末尾省略，或者又是词组中每个字的部分拼音的组合。但涉案专利在说明书中对于数字编码串的由来给予了明晰的定义，在构建数字编码串的过程中，引入了全拼和简拼，并与"完整的数字编码串""半完整数字编码串"之间以对应的方式进行撰写，本领域技术人员可以确定简拼应为"是某个完整数字编码串的前面一部分"，这一理解也与说明书中的实施例所记载的内容可以对应。专利权人这样的撰写方式，以说明书作为专利自身的词典，且足够清楚地将其与现有技术中的简拼方式定义相区别，使得权利要求1中"简拼"应理解为专利权人限定的意思，从而使其与创造性评述中的最接近现有技术在此处存在区别特征，依据不同的规则获得了不同的数字编码串。

2）发明目的对权利要求理解的重要作用

关于简拼的理解也要充分考虑本发明的发明目的。本专利要解决的技术问题是避免输入时的烦琐操作，去掉多字输入时音节确认交互操作对输入流畅性的破坏，其本质在于提高输入的友好性和输入效率。另外，词库中所有对应同一数字编码串的多字词组全部显示在待选区中，若仅以词组的首字母作为输入，不可避免存在大量的对应词组，将造成用户翻找多页才能在众多词汇中找到想要的词汇。

因此，相对于单纯的首字母简拼生成的编码串对应的词组过多，在实际输入中无法高效找到待选词，词组最后一个字的省略最后部分字符的简拼方式更符合本发明的发明目的。

3）输入输出及后台程序的整体考量

本专利权利要求中既包括了输入规则的定义——数字编码串，也包括了输出时显示效果——混合分页显示，同时进一步包括了输入法后台的具体处理——查找数字编码串。具体通过生成规则定义获得击键序列对应的数字编码串，进一步在处理器中需要查找相应的数字编码串，最终通过仅考虑数字编码串是否相同而不考虑读音差异将其混合在一起显示。可见，查找数字编码串是后台中的关键技术手段，权利要求既包括数字编码串的生成，也包括数字编码串的利用，并以数字编码串作为从击键序列到词组的链接对应的中间媒介。因此，权利要求的保护范围至少划分为三部分，即输入部分、输出部分以及后台处理，三部分在创造性评价中均需要予以考虑，并需考虑三者之间的内在联系，而后台处理作为输入和输出两部分的重要链接，更是创造性评判的重点之一。

1787号判决书中也同样展现上述观点，其中认为权利要求1中的步骤（a）～（d），步骤（a）限定了小键盘的布局方式，步骤（b）限定了输入方式，步骤（c）限定了词组编码方式，步骤（d）限定了词组匹配方式和显示方式。权利要求1的输入法需要使用数字键进行输入，由此形成由数字编码串构成的用户击键序列，进而可以基于该用户击键序列查找词库中各词组对应的数字编码串，以获取匹配词组显示。本领域中，九宫格输入法并不必然使用数字编码串作为匹配词组的中间媒体，专利权人的举证并不能证明被诉侵权输入方法将词组转化出了数字编码串。

第39687号、第54568号无效决定均在创造性评判中将技术方案是否生成了同样的数字编码串，是否是通过查找数字编码串与词组匹配，作为创造性评判的关键点。例如，第39687号中的证据1，尽管其在屏幕上显示了数字串，但是通过查找索引表的方式与词组匹配，而非查找数字编码串，另有一些证据中也只是公开了击键序列和屏幕显示，并未公开后台的具体处理是否是查找数字编码串，也不能直接毫无疑义地确定其查找的就是数字编码串，无法推知后台的具体内容。本专利应当对输入部分、输出部分、后台处理以及三者之间的联系予以整体考虑。准确恰当地理解权利要求的保护范围，也是它在历次无效中得以被维持的最重要的原因之一。

■ 案件小结

权利要求中技术术语在说明书中有明确不同于本领域通常理解的含义，说明书能够作为自身专利词典的情况下，应以说明书的记载理解该术语；另外，说明书所记载的发明目的对权利要求的理解也有重要作用。

汉字输入法的技术创新除了可见的输入过程与输出显示，也与看不见的后台处理逻辑密不可分，后台处理的内容连通输入与输出之间，通常仅凭输入方式和输出结果无法确定其后台处理的实现方式，这也是输入法领域的重要特点之一。记载于权利要求中的后台处理逻辑往往是技术方案的关键所在，在确定权利要求保护范围时要将其结合输入、输出充分考虑。

三、小结

准确确定权利要求的保护范围，是授权、确权和侵权程序中共同关注的问题。本节所选取的两个案例分别从不同时期、不同角度展示了涉及汉字输入法的权利要求应该如何撰写以及如何理解。

早期涉及汉字输入法的专利着重于编码码元的改进，相应地权利要求强调应当包括三项内容，即编码码元、映射关系及输入规则。之后的汉字输入法专利主要是在拼音输入的基础上进行后台处理的改进，更具有计算机程序的特点。其遵循拼音输入法公知的规则，从而权利要求的撰写不再局限于三项内容，而是要按照方法流程的步骤详细描述该汉字输入法所执行的各项功能以及如何完成这些功能。

对汉字输入法权利要求的理解，一方面要遵循权利要求理解的一般原则，准确把握发明构思，将权利要求作为一个整体，充分考虑内部证据和外部证据；另一方面了解汉字输入法的技术特点，站位本领域技术人员，明晰输入、输出与后台处理的关系，充分考虑技术效果带来的用户体验提升。

第三节　创造性

创造性是一项发明创造能够授予专利权的实质性条件之一，是专利申请实质审查、专利无效程序、专利行政诉讼程序中涉及比例最高的法律问题，涉及汉字输入法发明专利（申请）的创造性判断在遵循三步法原则的同时还要充分考虑汉字输入法的技术特点，以下将通过两个案例来体现其中的焦点问题。

一、输入法领域技术人员的知识和能力

案例5-3　百度公司与搜狗公司关于输入艺术字图形无效案

■ 案件信息

【案件编号】4W104265

【决定号】WX30192

【法院判决号】（2016）京73行初字第5868号、（2016）京73行初字第

6779 号、（2020）最高法知行终 228 号

【专利号】ZL200610127154.2

【发明名称】一种向应用程序输入艺术字/图形的方法及系统

【国际分类号】G06F 3/023、G06F 9/44

【申请日】2006 年 9 月 5 日

【无效请求人】北京百度网讯科技有限公司

【专利权人】北京搜狗科技发展有限公司

【法律依据】《专利法》第 22 条第 2、3 款

■ 案情介绍

自 2015 年 10 月起，搜狗公司陆续以其自有及被许可使用的 17 件专利向各法院提起专利侵权诉讼请求，诉讼标的额总共 2.6 亿元。随后百度就全部涉案专利提起无效宣告请求，本专利是上述"输入法"大战中标的额最高最受关注的案件所涉及的发明专利。

现有技术中实现艺术字功能必须先在系统中安装相应艺术字编辑软件，然后经过从输入到拷贝再到粘贴的烦琐过程，才能将艺术字输入到显示窗口。本专利提供一种在应用程序窗口（图 5-4）中输入艺术字/图形的方法及系统，通过计算机操作系统与应用程序的直接结合避免了软件运行及输入转换的过程，节省系统资源和方便用户操作；同时提供了丰富的艺术字样式及灵活的映射关系，使输入更灵活、内容更丰富；还通过分词步骤可以在用户输入的较长的汉字串中，找到并输出匹配的艺术字样式，从而提高各种艺术字样式的匹配效率及匹配效果。

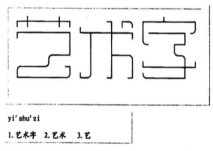

yi' shu' zi

1. 艺术字   2. 艺术   3. 艺

图 5-4 本专利艺术字窗口示意图

本专利授权公告的权利要求 1、3 如下：

"1. 一种向应用程序输入艺术字/图形的方法，其特征在于，通过输入法平台进行以下步骤：

建立键盘消息编码与艺术字样式的映射关系，所述艺术字样式包括：ASCII 码艺术字、ASCII 码艺术图形、散光字、单行字符串、字符阵或者图形；

接收到键盘的按键消息后，调用操作系统接口函数，获取键盘消息编码；

对应所述映射关系，匹配与所述键盘消息编码对应的艺术字样式；

触发应用程序接口控制消息，向当前激活的应用程序输入艺术字/图形。

3. 根据权利要求 1 所述的方法，其特征在于，所述映射关系包括：键盘消息编码与文字/文字串的映射，文字/文字串与艺术字样式的映射；和/或键盘消息编码直接与艺术字样式的映射。"

本案争议焦点在于权利要求是否具备创造性，无效决定认定如下：

第一，权利要求 1 相对于证据 4[①] 和公知常识的结合不具备创造性。

证据 4 公开了一种假名汉字转换和图像检索显示系统，特别是涉及能够与通过文字输入所得的转换候选汉字同样的操作图像的系统。权利要求 1 与证据 4 的区别在于：权利要求 1 与证据 4 所建立的映射关系不同，相应的匹配步骤也不同。基于上述区别特征，权利要求 1 所要解决的技术问题是提供丰富的艺术字样式并快速匹配艺术字样式。

首先，本专利的多种艺术字样式均基于相同的技术实现原理，其不同之处在于建立映射关系时各种艺术字样式所存储的内容不同从而输出的视觉效果不同，在证据 4 公开了图像文件（图形）的情况下，为丰富输出的内容，本领域技术人员很容易扩展到采用相同技术实现的其他公知的艺术字样式，例如 ASCII 码艺术字、ASCII 码艺术图形、散光字、单行字符串、字符阵等；其次，证据 4 需要将图像文件和文字共同显示，故其将文字和图像文件名均传送给相应显示单元，由相应显示单元根据图像文件名去获取图像文件，上述获取图像文件的过程经过了两次检索，当只需要显示图像文件时，为提高检索效率，本领域技术人员很容易想到简化检索表从而实现一次检索获得图像文件，例如，将两个检索表合二为一，建立输入文字列与图像文件对应的检索表从而进行匹配。综上所述，本领域技术人员在证据 4 的基础上结合公知常识很容易获得权利要求 1 的技术方案，权利要求 1 不具备创造性。

第二，权利要求 3 的附加技术特征未在证据 4 中公开。

权利要求 3 进一步限定了所述映射关系包括键盘消息编码与文字/文字串的映射，文字/文字串与艺术字样式的映射，而证据 4 预先存储的是输入文字列和图像文件名的对应表以及与图像文件名对应的图像文件，是输入文字列

---

① JP2000-148748A.

与相应的图像文件之间的映射关系。因此，证据 4 未公开权利要求 3 的附加技术特征。

进一步地，现有技术整体上是否给出了如权利要求 3 所限定的映射关系的启示？第一，按照语言的音义两个要素可以将文字分为两类，一类是诸如英文的拼音（表音）文字，另一类是诸如中文的象形（表意）文字。对于表音文字，通过输入设备可以直接输入字词；对于表意文字，输入设备输入之后须经输入法的转换才能形成字词。因此，在同样先确定字词再对应艺术字样式的情况下，表音文字所体现的是直接对应相应的艺术字样式，而表意文字所体现的是先转换成字词再对应相应的艺术字样式；也就是说，上述两种对应关系都是容易想到的。第二，证据 4 的输入文字列可能有多种含义，每种含义在汉字词库 13 中对应不同的转换候选文字，也在表情符号词库 12 中对应不同的图像，上述图像对应上述转换候选文字不同的含义，也就是说，上述转换候选文字与上述图像存在对应关系。第三，本领域技术人员根据不同的需求，例如准确、快速、存储容量等，选择不同的映射关系。可见，现有技术整体上存在键盘消息编码与文字/文字串的映射，文字/文字串与艺术字样式的映射的技术启示。因此，在其引用的权利要求不具备创造性的情况下，权利要求 3 相对于证据 4 和公知常识的结合不具备创造性。

■ **案件精解**

为了避免创造性判断时主观因素的影响，专利审查指南强调"发明是否具备创造性，应当基于所属技术领域的技术人员的知识和能力进行评估"，也就是说，创造性判断的主体是本领域技术人员，他是一种假设的"人"，他知晓申请日之前发明所属技术领域所有的普通技术知识，能够获知该领域所有的现有技术，并且具有逻辑分析、推理能力或者常规实验手段的能力，但不具有创造能力。设定"本领域技术人员"这一概念有利于统一对本专利（申请）和现有技术的理解以及对"是否显而易见"的要求，本案的创造性判断充分体现了输入法领域的技术人员的知识和能力。

在创造性的判断过程中，经常会涉及对本专利（申请）文件和现有技术的解读。上述文献通常具有该技术领域的专业性，会使用到该技术领域常用的技术术语和表述方式，不同知识层次的阅读者从中获取的信息和启示不尽相同。设定"本领域技术人员"的概念，有助于客观了解并确定本专利（申请）的技术方案以及相关的现有技术状况，从而对专利创造性的判断更加准确。

本专利涉及汉字输入法，证据 4 涉及日文输入法，与诸如英文的拼音（表音）文字不同的是，中文和日文同属于表意文字，但中文和日文在输入上还有不同，这一点在判断证据 4 是否公开本专利权利要求 3 附加技术特征时得到了充分体现。本专利的映射关系是键盘消息编码–文字/文字串–艺术字样式，证据 4 是罗马字母–假名–文字或图像，表面来看两者都是间接映射关系，但依据本领域技术人员所知晓的中文和日文的特点可知两者并不相同。具体地，本专利的文字/文字串具有确切的含义，例如中文的汉字、词语或者短语，"键盘消息编码–文字/文字串"其实是从拼音到文字的转换过程；而证据 4 罗马字母或罗马字母的组合与假名一一对应，"罗马字母–假名"实际上还是输入文字列，相当于本专利的键盘消息编码，并无"键盘消息编码–文字/文字串"的转换过程。由上可知，输入法领域的技术人员可以客观确定本专利和最接近现有技术的技术内容，从而为准确判断创造性打好坚实的基础。

在创造性的判断过程中，判断者本身的知识结构和思维能力会直接影响其对是否"显而易见"的判断，通过设定"本领域技术人员"这一概念有助于建立相对客观、公正的审查基准，尽量减少判断者主观因素对创造性判断的影响。

本专利权利要求 1 与证据 4 所建立的映射关系不同，相应的匹配步骤也不同，权利要求 1 对于本领域技术人员是否显而易见？无效决定从输入法领域技术人员知晓的普通技术知识（即多种公知的艺术字样式）入手，结合输入法领域技术人员的能力，为丰富输出内容和提高检索效率，可以获得本专利的映射关系和匹配步骤。由上可知，输入法领域的技术人员依据其知识和能力会获得相关技术启示，从而准确判断本专利权利要求不具备创造性。[①]

■ **案件小结**

创造性判断的主体是本领域技术人员，设定"本领域技术人员"这一概念的目的在于统一对本专利（申请）和现有技术的理解以及对"是否显而易见"的要求。

本案基于输入法领域的技术人员所知晓的知识和具有的能力，例如，知晓表音和表意文字的普通技术知识，具有要素替换能力等，客观确定本专利和最接近现有技术的技术内容及其区别特征，从而为准确判断创造性打好坚实的基础；进一步判断是否具有将区别特征应用于最接近现有技术以解决其

---

① 上述"案件精解"部分参考：孙治国. 对来自互联网出版平台的证据认定 [N]. 中国知识产权报，2017-5-24.

存在的技术问题的启示，从而准确判断是否具备创造性。

二、技术手段异同对创造性判断的影响

案例5-4　科大讯飞公司关于异常数据检测复审案

■ **案件信息**

【案件编号】1F404848

【决定号】FS1308043

【专利申请号】201811301169.5

【发明名称】异常语音数据检测方法及装置

【国际分类号】G10L 15/02、G10L 15/06、G10L 15/26、G10L 25/60

【申请日】2018 年 11 月 2 日

【复审请求人】科大讯飞股份有限公司

【法律依据】《专利法》第 22 条第 3 款

■ **案情介绍**

现有技术中，如何判断一段语音是否为异常语音数据是亟待解决的问题。本申请提供了一种异常语音数据检测方法及装置，考虑了异常语音数据的声学特性本质，即异常语音数据的语音单元不具有规律性，在获取待检测语音数据后，确定其对应的语音单元信息从而准确识别待检测语音数据是否为异常语音数据。

本申请驳回决定所针对的权利要求书包括权利要求 1-12，其中权利要求 1 如下：

"1. 一种异常语音数据检测方法，其特征在于，包括：

获取待检测语音数据；

确定所述待检测语音数据对应的语音单元信息，所述语音单元信息表明语音单元是否具备规律性；其中，所述语音单元包括音素或音素状态或音节；

根据所述语音单元信息，识别所述待检测语音数据是否为异常语音数据。"

驳回决定认为，权利要求 1-12 相对于对比文件 1①、对比文件 2② 和公知常识的结合不具备创造性。其中，关于权利要求 1 的驳回理由为：权利要求 1

---

① CN104464755A.

② CN103810996A.

与对比文件 1 的区别技术特征为"语音单元信息表明语音单元是否具备规律性，语音单元包括音素或者音素状态或音节"，基于该区别，权利要求 1 实际要解决的技术问题是如何判断语音数据是否异常；对比文件 2 公开了通过规律性判断待测试语音数据是否异常的技术特征，本领域技术人员在此基础上容易获得本申请的语音单元信息表明语音单元是否具备规律性的技术方案；因此，权利要求 1 相对于对比文件 1、对比文件 2 和公知常识的结合不具备创造性。

本申请复审请求时修改的权利要求 1 如下：

"1. 一种异常语音数据检测方法，其特征在于，包括：

获取待检测语音数据；

确定所述待检测语音数据对应的语音单元信息，所述语音单元信息表明语音单元是否具备规律性；其中，所述语音单元包括音素或音素状态或音节；

确定所述语音单元信息中，语音单元的统计特征；所述语音单元的统计特征，包括语音单元的持续时长的均值、语音单元的持续时长的方差、语音单元最长持续时长、语音单元变化率；

至少基于所述语音单元的统计特征，识别所述待检测语音数据是否为异常语音数据。"

复审决定认为，权利要求 1 与对比文件 1 相比的区别技术特征为：（1）语音单元包括音素或音素状态或音节；（2）语音单元信息表明语音单元是否具备规律性，确定所述语音单元信息中，语音单元的统计特征；所述语音单元的统计特征，包括语音单元的持续时长的均值、语音单元的持续时长的方差、语音单元最长持续时长、语音单元变化率；至少基于所述语音单元的统计特征，识别所述待检测语音数据是否为异常语音数据。基于上述区别，权利要求 1 实际要解决的技术问题是：选择何种语音单元实现语音数据分析；采用何种方式去判断待测试语音是否为异常语音数据，以达到更好地进行异常语音识别的效果。区别技术特征（1）是语音领域常用的技术手段；对于区别技术特征（2），对比文件 2 是由置信度和特征数据通过计算获得的特征向量来判断是否为异常数据；并未涉及检测被测语音单元的统计特征，也未涉及依据被测语音单元本身的规律性来确定待测试语音是否为异常语音的相关记载，且无证据证明区别技术特征（2）属于公知常识。权利要求 1 通过借助语音单元的统计特征的规律性来确定待检测语音数据是否为异常语音数据，具有有益技术效果，具备创造性。相应地，权利要求 2-12 也具备创造性，撤销驳回决定。

■ **案件精解**

语音输入法是通过话筒输入声音然后转换成文字的输入方法，其使用便捷性使之成为汉字输入法的一大发展方向，而语音识别技术是语音输入法最关键的一环，本申请即为语音识别过程中去除噪声的技术方案。

在审查实践中运用"三步法"进行创造性判断时，应该基于本领域技术人员的水平，对所有现有技术应当整体把握，包括最接近的现有技术（对比文件1）和其他现有技术（对比文件2）。对现有技术中技术信息的理解，应当基于其技术方案的整体环境进行理解，不能脱离该技术方案而对技术方案中的某一技术特征进行单独考量，尤要把握该技术特征在技术方案中所解决的技术问题及其与其他特征之间的关系。考虑其他现有技术时也要整体判断其是否存在解决本发明实际要解决的技术问题的技术手段，具体考察其记载的技术手段及其所解决的技术问题，与本发明及与最接近现有技术的区别特征以及实际解决的技术问题之间的关系。

具体到本案，与对比文件1不同的是，本申请采用语音单元信息表明语音单元是否具备规律性，所述语音单元的统计特征，包括语音单元的持续时长的均值、语音单元的持续时长的方差、语音单元最长持续时长、语音单元变化率；至少基于所述语音单元的统计特征，识别所述待检测语音数据是否为异常语音数据。基于上述区别，权利要求1实际要解决的技术问题是采用何种方式去判断待检测语音是否为异常语音数据，以达到更好地进行异常语音识别的效果；对比文件2是采用特征向量来判断是否为异常语音数据。也就是说，对比文件2解决了发明实际解决的技术问题，但其记载的技术手段与区别特征不同。

此时，判断对比文件2是否可以与对比文件1结合以得到权利要求的技术方案的关键在于：本领域技术人员在阅读了对比文件2后，在本领域技术人员的能力范围内是否可以基于对比文件2的整体技术方案，对对比文件2记载的与区别特征对应的技术手段进行改变以获得该区别特征。这个过程应当注意以下两点：第一，本领域技术人员应当依据其具有的本领域普通技术常识，经过分析、推理和常规实验来对对比文件2记载的技术手段进行改变，这个过程也就是判断该技术手段的等同实施例和明显变形方式的过程；第二，对对比文件2记载的技术手段进行改变必须基于对比文件2的整体技术方案进行。本领域技术人员经过对对比文件2记载的技术手段进行改变，其获得的等同实施例或明显变形方式应当仍然没有实质上脱离对比文件2的技术方案及整体技术内容，改变后的技术手段置于对比文件2的技术方案中不应影响其本身所要解决的技术问题，当改变后产生的技术效果发生了一定的变优或变劣时或者新增其他作用时，这种变化应是本领域技术人员在改变时就能合理预测到的。

具体到本案，本申请是借助语音单元的统计特征的规律性来判断异常语音数据，而对比文件2并不涉及被测语音单元本身的规律性来确定异常语音数据，也不涉及检测被测语音单元的统计特征，其是由置信度和特征数据两个数值计算获得的特征向量去确定异常语音数据，其中所选择的段长特征仅用于构建特征数据并非作为统计特征。也就是说，在对比文件2整体方案的不同技术思路的前提下，本领域技术人员凭借其知识和能力无法从对比文件2的技术手段获得本申请的技术手段。而且，上述区别特征亦不属于公知常识。综上，本申请具备创造性。

■ **案件小结**

本案涉及语音输入法中语音识别技术方案的创造性判断。运用"三步法"进行创造性判断时，对现有技术的理解应当基于本领域技术人员的知识和能力，对所有现有技术（包括最接近的现有技术和其他现有技术）应当结合语音识别技术的技术特点进行整体把握，不能将技术特征从中孤立出来割裂现有技术的整体性。只有这样，才能得出更为客观、准确的结论，真正实现专利制度保护专利权人的合法权益，鼓励发明创造的价值追求和立法宗旨。

三、小结

创造性是发明被授予专利权的必要条件之一，创造性判断的主体是本领域技术人员，客体是本专利（申请）和现有技术，创造性判断标准是是否具有突出的实质性特点和显著的进步，判断本专利（申请）是否具有突出的实质性特点，就是要判断对本领域技术人员来说，本专利（申请）相对于现有技术是否显而易见，其一般性判断方法即为"三步法"。

只有知晓了输入法领域所有的普通技术知识，例如，各国或各类文字的语法规则、通用的手写或语音识别处理技术等，能够获知该领域中所有的现有技术，才能准确确定本专利与最接近现有技术的区别。进一步地，本领域技术人员运用其知识和能力，确定现有技术整体上是否给出将上述区别应用到最接近现有技术以解决其存在的技术问题的启示从而确定是否具备创造性，通常包括区别特征是否被其他现有技术公开或属于公知常识，或本领域技术人员通过合乎逻辑的分析、推理或者有限的试验可以得到等情况；例如，为了适应个人输入习惯允许用户添加、修改或删除词库中的词，采用常用降噪技术减少背景噪声对识别准确性的影响等。

值得注意的是，在上述创造性判断的过程中还要注意对本专利和现有技术的技术方案进行整体把握，充分考虑输入法的各个步骤的逻辑关系，切忌将技术特征从中孤立出来割裂技术方案的整体性，也就是说，不要只看到"一片叶子"，要看到"整棵树"。

第四节　专利侵权判定

专利侵权的判定以及损害赔偿的确定是专利权保护的重要环节，其法律实效直接影响着专利权人的利益，也进一步影响了社会公众对于专利制度的预期，体现了专利制度的实际价值。因此，专利侵权纠纷往往是专利经济价值的集中体现，也聚焦了社会舆论的关注。搜狗公司与百度公司的一系列输入法侵权诉讼集中展现了输入法专利的技术特点以及侵权判定的难点，也可以从中看到创新主体提前布局和筹备的重点。

一、输入法专利的侵权判定

案例5-5　搜狗科技公司、搜狗信息公司与百度公司关于获取新词侵权案

■ **案件信息**

【法院判决号】（2015）京知民初字第01732号

【专利号】ZL200610109732.X

【发明名称】一种获取新词的方法、装置以及一种输入法系统

【国际分类号】G06F 17/30

【申请日】2006年8月9日

【原告】北京搜狗科技发展有限公司、北京搜狗信息服务有限公司

【被告】北京百度网讯科技有限公司

【法律依据】《专利法》第59条第1款

■ **案情介绍**

第30339号无效宣告请求审查决定宣告涉案专利权利要求1-4、10-19、25无效，在权利要求5-9、20-24、26-34的基础上继续维持涉案专利有效。

因此，原告以权利要求 1、2、5、6、7、20 作为主张权利及进行侵权对比的依据，具体如下：

"1. 一种获取新词的方法，其特征在于，包括：

在用户利用输入法进行字词输入的过程中，获取用户所选择的字词；所述用户所选择的字词包括用户每输入完一串编码字符串后、在候选词中选择并确定的字词；

比较用户所选字词与现有字词，根据比对结果获取用户个性字词；

收集各个用户的个性字词；

根据所述个性字词获得新词。

2. 如权利要求 1 所述的方法，其特征在于，还包括：

在用户输入过程中，记录用户词频，所述用户词频为用户输入该字词的频率信息。

5. 如权利要求 2 所述的方法，其特征在于，通过以下步骤实现用户个性字词的获取：

判断用户所选字词在现有字词中是否存在；

如果不存在，进一步判断该字词相应的用户词频；

如果该字词相应的用户词频大于或者等于预定阈值，则确定该字词为个性字词。

6. 如权利要求 2 所述的方法，其特征在于，通过以下步骤实现用户个性字词的获取：

判断用户所选字词在现有字词中是否存在；

如果不存在，则确定该字词为用户个性字词；

如果存在，则进一步对比该字词的用户词频和系统词频，所述系统词频为在输入法系统词库中预置的现有字词相应的词频信息；

如果用户词频与系统词频的比值大于或者等于预定阈值，则确定该字词为个性字词。

7. 如权利要求 2 所述的方法，其特征在于，通过以下步骤实现用户个性字词的获取：

判断用户所选字词在现有字词中是否存在；

如果不存在，进一步判断该字词相应的用户词频；如果该字词相应的用户词频大于或者等于预定阈值，则确定该字词为个性字词；

如果存在，则进一步对比该字词的用户词频和系统词频，所述系统词频为在输入法系统词库中预置的现有字词相应的词频信息；如果用户词频与系统词频的比值大于或者等于预定阈值，则确定该字词为个性字词。

20. 如权利要求 19 所述的输入法系统，其特征在于，所述字词比对单元包括：

第一比对子单元，用于判断用户所选字词在现有字词中是否存在；如果存在，则输出该字词至第三比对子单元，如果不存在，则输出该字词至第二比对子单元；

第二比对子单元，用于当用户所选字词在现有字词中不存在时，进一步判断该字词相应的用户词频；如果该字词相应的用户词频大于或者等于预定阈值，则确定该字词为个性字词；

第三比对子单元，用于当用户所选字词在现有字词中存在时，进一步对比该字词的用户词频和系统词频，所述系统词频为在输入法系统词库中预置的现有字词相应的词频信息；如果用户词频与系统词频的比值大于或者等于预定阈值，则确定该字词为个性字词。"

涉案专利提供了一种获取新词的方法和系统，说明书中记载其解决的技术问题是"提供一种输入法系统，可以简单方便、及时有效地自动获取该用户的个性字词，通过收集多个用户的个性字词即可获取新词"；"提供一种词库生成方法和词库生成装置，可以高效率地提供比较准确的词库或者新词库"。

其中，权利要求 5-7 可以视为三个并列的独立权利要求，在确认其保护范围时应当将引用的权利要求 1、2 的技术特征纳入视为一个整体，权利要求 20 为对应权利要求 7 的装置。

本案中，原告认为被告发行并通过多种渠道向第三方提供的"百度手机输入法"产品构成侵权，并据此共同提出诉讼，请求判令停止侵权并赔偿经济损失和合理开支共计 1000 万元。

被告辩称，涉案专利已经被部分无效，因此涉案输入法并未落入涉案专利继续有效的权利要求的保护范围，而且涉案输入法产品实施的是现有技术，不构成侵权，请求法院驳回原告的诉讼请求。

（一）诉讼中的证据演示

1. 前台用户界面演示

庭审中，原被告的现场演示展示了百度输入法进行词库管理、新词输入的过程。具体过程如下：

打开三星手机中已安装的百度输入法，进入词库管理，点击进入本地用户词管理，当事人双方确认了涉案输入法软件里的用户词库里有"韦西""十拒然动""internetional"三个词，均为第 16413 号公证书中记载的三个词语。

打开信息输入框，进入百度输入法输入界面，切换汉字输入法选择一个新词输入，输入"yangliang"，在候选词中排第一的是"氧量"，选择"yangliang"这一拼音串上屏；第二次输入"yangliang"，并再次确认上屏；在第三次输入"yangliang"时，"yangliang"作为首推候选词出现在候选框中。退出信息输入框，查看本地用户词管理，中文用户词没有变化，英文用户词库新增"yangliang"。类似地，演示同样三次输入"muzaiheng"后，"muzaiheng"作为首推候选词出现在候选框中，并在英文用户词库中新增"muzaiheng"。

打开信息输入框，第一次输入"jilei"，候选词第一位是"积累"，第二位是"鸡肋"，选择候选词列表中的系统词"嵇磊"确认上屏。退出信息输入框，查看本地用户词管理，中文二字词库新增"嵇磊"。再按上述步骤多次输入"嵇磊"上屏，直到第四次输入"jilei"时，"嵇磊"作为首推候选词出现在候选框中。

2. 后台编译代码展示

被告主张涉案输入法没有实施涉案专利权利要求 5 所限定的将用户词频与预定阈值相比较的技术特征，百度输入法代码中运用的是堆排序算法来对同一输入编码字符串下候选词词频进行排序来展示候选词。因此，原被告在庭审中对涉案百度输入法软件进行了反编译及现场演示。具体步骤如下：

被告在 DOS 环境下用 radare2 软件对第 16413 号公证书中公证保存的目标代码进行反编译操作，得到其排序模块，即 AW25 子模块。通过查看该模块，当事人双方均认可该段汇编语言所编写的代码是要实现对 r4、r5、r6、r7 进行堆排序。但是，如果要确定 r4、r5、r6、r7 所指代的内容是否与词频相关联，还需要进一步通读整个反编译后生成的代码，这是一个非常复杂的过程，该事实亦得到被告的认可。

做清除缓存操作后，进入百度输入法查看本地用户词管理，词库没有显示任何内容。然后用百度输入法输入"shenme"，选择"申嚜"上屏。对该词进行本地备份，返回打开"文件管理"，进入百度输入法的文件夹，打开 IME 文件夹，打开"CH3.TXP"文件，其显示为"申嚜（shen | me）55000"。返回备忘录编辑框，第二次输入"shenme"，显示"申嚜"排在候选词的第二位，对其进行选择并确认上屏。上屏之后，继续查看"CH3.TXP"文件，显示为"申嚜（shen | me）60000"。返回备忘录编辑框，第三次输入"shenme"，"申嚜"排在候选词的第二位，对其进行选择并确认上屏，这个时候查看

"CH3. TXP" 文件为 "申嘿（shen｜me）60001"。第四次输入 "shenme" 时，"申嘿" 作为首推候选词出现在候选框中。

（二）权利要求的解释

法院基于权利要求的记载，将涉案专利权利要求 5 的技术方案总结为方法流程步骤：（a）用户输入完一串编码字符串后，在候选词中选择并确定字词；（b）在用户输入过程中，记录用户词频；（c）判断用户所选字词在现有字词中是否存在；（d）不存在，进一步判断该字词相应的用户词频；（e）用户词频大于或者等于预定阈值，则确定该字词为个性字词；（f）收集各个用户的个性字词；（g）根据所述个性字词获得新词。

对于权利要求的解释，争议聚焦于步骤（e）。

1. 各方对于 "确定为个性字词" 持有不同意见

原告认为 "确定为个性字词" 应该理解为 "成为候选词中的首推项"，被告则认为 "确定为个性字词" 应当理解为 "成为用户词库"。

一审判决认为：

首先，在解释涉案专利权利要求 5 中的 "用户个性字词" 时，应当考虑权利要求书的记载，即理解为 "比较用户所选字词与现有字词，根据比对结果获取" 的一种字词。

其次，结合说明书及附图记载并具体给出的多个实施例，给出了多种不同的判断用户所选字词是否为个性字词的实施方式，因而能够明确 "成为候选词中的首推项" 是 "确定为个性字词" 的一种具体实现方式，肯定落入了 "确定为个性字词" 的含义和保护范围。

最后，基于说明书记载，只能得出将 "用户词库" 作为记录用户所选字词和用户词频的存储位置这一信息，而无法得出将 "确定为个性字词" 等同为 "成为用户词库" 这样的结论。因此，被告的前述主张，脱离了本领域技术人员的认知水平和说明书及附图记载的内容，系对涉案权利要求的孤立解读，不能成立。

一审判决认为，原告可以以 "成为候选词中的首推项" 为基础进行现场演示，以证明涉案输入法落入了权利要求的保护范围。

2. 涉案输入法判断个性字词的方式

被告认为，即使将涉案专利中的 "个性字词" 理解为 "候选词的首推项"，涉案输入法产生首选项的方案并不是将用户输入的词频与预定阈值进行比较，而是利用候选词的词频排序来展现首推项。也即，涉案输入法在输出首选项的过程中也没有将"用户选择的字词与现有字词进行比较",更没有将用户词频与预定阈值进行比较。

一审判决认为：

首先，当庭演示已经证明了，涉案输入法中，当输入的字词在候选项中并不存在时，会通过强制上屏的方式而最终成为候选词中的首推项。针对这三类词，用户输入该字词的频率信息分别为 2 次、3 次、4 次，可以推定，这三类词分别对应的"预定阈值"可以为 1、2、3 或者是 2、3、4。则当每一类词的词频大于或者等于其预定阈值时，所述词成为候选词中的首推项。

其次，当原告至少在现象上证明被诉侵权产品具备了涉案专利的全部技术特征，并通过操作演示说明被诉侵权产品具有实施了涉案专利保护的技术方案的高度可能性时，可以认为原告尽到了初步的证明义务。至此，被告应当结合操作演示，说明被诉侵权产品实施的技术方案与涉案专利保护的技术方案的区别。即被告应对其"涉案输入法是通过对词频进行排序来确定候选词中的首推项"承担举证责任，否则承担举证不能的法律后果。

最后，在被告以"申嘤"为例，并对涉案输入法软件进行的反编译演示中，其演示的词频"55000"或者"60000"实质上都是涉案输入法中预设的值，当第一次输入拼音串编码，则将该词的词频值设置为"55000"，当第二次输入并确认后，该词的词频值被设置为"60000"。然而涉案专利已经明确定义"所述用户词频为用户输入该字词的频率信息"，即指该词的拼音串编码被输入后确认上屏的次数。因此，涉案输入法的"词频值"的设置"55000"/"60000"/"60001"可能与"用户词频"的信息"1"/"2"/"3"——对应，也可能毫无关联。各方当事人也均认可，虽然可以确定该段汇编语言所编写的代码是要实现对 r4、r5、r6、r7 进行堆排序，但是确定 r4、r5、r6、r7 所指代的内容是否与词频相关联，需要进一步通读整个反编译后生成的代码，过程非常复杂。因此被告方的当庭演示仅能明确涉案产品反编译得到的代码中存在一个实现堆排序处理的子模块，但是并不能直接得到或者推定涉案产品是采用词频排序来确定候选词首推项的技术方案。

因此，被告的上述主张不能成立。

(三) 特征比对和侵权判定

基于以上认定的权利要求 5 的保护范围以及当庭演示可知，一审判决认为涉案输入法完整包含了涉案专利权利要求 5 的全部技术特征。其中，关于涉案输入法是否包含权利要求 5 的技术特征 (f)、(g)，一审判决认为：百度输入法有"用户词网络备份和恢复"功能，用户可将其输入的字词（必然包括用户个性字词）以及词频备份到百度服务器；同时，百度输入法还有"用户体验改进计划"，百度可收集用户与输入内容相关的信息（必然包括用户输入过的个性字词）；此外，百度输入法还有"网络流行词更新"功能，百度服务器会定期向客户下发最新的网络流行词（网络流行词一般是指"以前不常用现在常用的词"以及"以前未出现现在才出现的词"，即涉案专利中所述的"新词"，故其必然包括了百度输入法基于用户的个性字词所获取的新词）。因此，百度输入法能够"收集各个用户的个性字词；根据所述个性字词获得新词"。由此可见，涉案输入法包含了权利要求 5 的技术特征（f）、（g）。

对于权利要求 6、7 和 20，一审判决分别基于涉案输入法没有包含权利要求 6 中"判断用户所选字词在现有字词中是否存在，如果不存在，则确定该字词为用户个性字词"，权利要求 7 中"如果用户词频与系统词频的比值大于或者等于预定阈值，则确定该字词为个性字词"，以及权利要求 20 中"如果用户词频与系统词频的比值大于或者等于预定阈值，则确定该字词为个性字词"的技术特征，而认定涉案输入法没有落入权利要求 6、7 和 20 的保护范围。

根据《民事诉讼法》（2017 年）第 153 条的规定"人民法院审理案件，其中一部分事实已经清楚，可以就该部分先行判决"，一审判决根据已经查明事实的部分，就涉案输入法是否落入涉案专利的保护范围以及被告应否停止侵权先行予以判决，判定被告立即停止使用涉案专利的行为，并且立即停止发行、销售、许诺销售或通过任何方式向第三方提供使用涉案专利的"百度手机输入法"产品。对于本案的损害赔偿的问题，待侵权行为是否成立经过生效确认后再另行处理。

■ 案件精解

第一，准确理解汉字输入法专利的技术特征。

一审判决将"一种获取新词的方法"的权利要求 5 分解为从（a）到（g）的多个步骤进行逐一分析，而各方当事人的争议集中在步骤（e）"用户词频大于或者等于预定阈值，则确定该字词为个性字词"。对于技术特征的准确理解，应当站位本领域技术人员，充分考虑汉字输入法的技术特点，依据权利要求书和说明书的记载来确定。

首先，要准确理解汉字输入法的技术构思和技术效果。不同于英文或其他字符输入法的"所见即所得"，汉字输入法是从字符串输入到象形文字输出的"跃迁"，而其中的桥梁就是由用户输入"编码字符串"后"在候选词中选择并确定字词"的"检索-反馈",这一进程也正是汉字输入法技术构思的核心技术手段,其他技术特征都是为这一进程服务的。汉字输入法技术方案逐渐发展成熟的过程,就是其"检索-反馈"进程从最原始的"输入拼音-输出字词"逐渐趋于更加智能、准确、高效的过程,也就是逐渐实现用户输入的编码越来越简单,而输出的字词越来越快速精准的技术效果。

其次,要准确把握汉字输入法专利中的核心技术手段。这种技术效果的呈现,是由用户操作、后台处理和数据收集这三个技术手段互相配合实现的。例如权利要求5步骤(a)就是由用户操作从输入编码字符串,到选择"明码"字词输出的过程,已经实现了输入法的基本功能。然而为了令输入法更加"智能",而设置了步骤(b)~(e),由输入法软件的后台记录用户选择的字词、该字词的词频,并与现有字词进行比较、判断,即通过后台编译来丰富和调整该用户的字库。在针对个别用户进行调整的基础上,再进一步设置步骤(f)、(g),将"各个用户"的个性字词进行收集而获得新词,即将个体的用户体验扩展为输入法整体的字库优化,形成更加普遍适用的优化的"检索-反馈"系统。

最后,要以系统、整体的眼光看待汉字输入法的技术方案。如果按照割裂的眼光看待技术特征,那么汉字输入法领域从"编码字符串"到准确排序呈现"候选字词"的核心技术构思都高度相似,似乎没有太大区别。然而事实上,输入法专利集中体现了人机交互场景中的复杂性、系统性,需要技术方案的各个环节互相配合、整体协同,才能真正提高用户体验。仍然以本案权利要求5为例,在实际的市场竞争中,正是由于"用户单次或多次输入操作导致用户个性字词库更新,进而导致整体用户群体的新词更新"这一不断循环的系统优化进程,才令相应的输入法软件可以及时有效获取用户经常使用的一些新词,从而逐步赢得市场竞争、实现商业利益。

第二,汉字输入法专利在侵权中的特征比对。

本案在特征比对时,将方法权利要求分解为多个步骤,然后与涉案输入法产品的运行演示进程一一对应。除了常规的"全面覆盖原则"的适用之外,其中值得引起注意的有三点。

首先,对于涉案输入法演示中的"成为候选词中的首推项"是否落入权利要求5记载的"确定为个性字词"的保护范围的认定。一审判决并不是将"确定为个性字词"解释为"成为候选词中的首推项",而是结合权利要求和说明书的记载,认定演示时所证明的"成为候选词中的首推项"至少应该属于"确定为个性字词"的一种实施方式,因此相应演示足以证明落入了保护范围。

其次，对于"用户输入的词频与预定阈值进行比较"的特征比对，由于权利要求中并没有限定具体的比较方式，仅给出了"大于或等于"的条件即输出"确定为个性字词"的结果，实际上获取了相当大的保护范围。因此在侵权判定过程中，只要原告演示涉案输入法产品具有"表面"的一致，就已经完成初步举证责任，初步证明了涉案产品落入了保护范围。此时被告的举证压力极大，需要给出明确、具体的"后台"证据，才能证明采取了不同的技术逻辑和技术手段。

最后，涉案专利虽然通过这样的撰写方式获取了较大的保护范围，但是也面临着相应的权利不稳定的风险。本案被告不服该先行判决提起上诉，而在二审侵权诉讼过程中，维持涉案专利权利要求5有效的30339号无效决定被行政判决撤销，且该行政判决中明确认定了权利要求5不具备创造性，因此本案二审（2018）京民终479号裁定基于该生效行政判决的认定，撤销了北京知识产权法院（2015）京知民初字第01732号民事判决；驳回原告的起诉。

■ **案件小结**

准确理解技术特征、准确把握保护范围，是准确进行特征比对和侵权判定的前提，而在汉字输入法专利中，尤其应该把握技术方案的核心技术构思和关键技术手段，以整体、系统的视角理解技术方案，才能准确判断具体的输入法软件产品是否落入了抽象的权利要求保护范围。

一审判决将"一种获取新词的方法"分解为多个步骤流程进行解读和比对的侵权判定方法，不仅符合全面覆盖原则的具体要求，也契合汉字输入法专利的技术特点。这种判定思路，不仅值得侵权判定实务中进行学习和借鉴，也值得引起创新主体的注意。在撰写权利要求、申请专利保护、进行专利布局，乃至提起侵权诉讼的过程中，输入法行业的各大创新主体可以采取相似的思路来权衡维权风险、丰富维权手段。

二、输入法方法专利侵权中的举证

案例5-6　世纪光速公司、搜狗公司与百度公司关于恢复选词顺序侵权案

■ **案件信息**

【法院判决号】（2015）京知民初字第01734号

【专利号】ZL200610063620.5

【发明名称】在中文输入法中恢复候选词顺序的方法及系统

【国际分类号】G06F 3/023、G06F 3/048

【申请日】2006 年 12 月 29 日

【原告】深圳市世纪光速信息技术有限公司、北京搜狗信息服务有限公司

【被告】北京百度网讯科技有限公司

【法律依据】《专利法》第 59 条第 1 款

■ **案情介绍**

原告以权利要求 1、8 作为主张权利及进行侵权对比的依据。本专利权利要求 1 和 8 如下：

"1. 在中文输入法中恢复候选词顺序的方法，其特征在于，包括以下步骤：

101. 在词表的表头结点中设置标志位域，所述标志位的取值有两种取值，分别为词条的原始候选词顺序值和自学习候选词顺序值；

102. 输入词条；

103. 根据所述输入法的汉字编码规则对所输入词条进行划分，并在所述词表中查找词条的划分结果；

104. 在词表的表头结点中将所述划分结果对应的标志位值设置为原始候选词顺序值，恢复对应词条的原始候选词顺序。

8. 在中文输入法中恢复候选词顺序的系统，其特征在于，包括：

在词表的表头结点中设置标志位域的内核词表模块；

以及根据所述输入法的汉字编码规则对所输入词条进行划分，在所述内核词表模块中查找词条的划分结果，并将所述划分结果对应标志位值修改为原始候选词顺序值和自学习候选词顺序值的候选词顺序调整模块。"

现有技术中，拼音串到其对应候选词的对应关系，是键盘汉字输入法词表的数据结构保存的核心数据，其中拼音串对应的候选词的原始顺序是按照词的原始词频从大到小进行排序的，此外程序中还设置有用于保存是否考虑用户词频的全局变量。如果不考虑用户词频，则直接按照词表数据结构中的顺序将结果返回给用户；如果考虑用户词频，则需要根据候选词结点中的用户词频域从大到小重新进行排序后再将排序结果返回给用户。主流输入法所提供的清除用户自学习内容的功能，会将整个词表都恢复到安装时的状态，而不能针对某个特定的词条进行单独调整，不能满足用户的个性化需求。

本专利提供在汉字输入法中恢复候选词顺序的方法及系统，在后台，词表中的表头结点中设置所有词条单独对应的标志位域，而每一词条对应的标

志位都有两种取值，分别表示词条所对应的候选词顺序是否考虑用户词频，只需改变标志位的取值，就可以有针对性地进行候选词顺序恢复，而保留符合用户用词习惯的其他词条的候选词顺序；在前台，候选词窗口显示模块上设置有一调整按钮，方便用户随时点击按钮恢复词条的原始候选词顺序。本专利能够对特定词条的候选词顺序进行单独调整而不影响其他词条的候选词顺序，满足用户的个性化需求。

原告认为被告发行并通过多种渠道向第三方提供的百度手机输入法产品，及该输入法产品中所使用的恢复候选词顺序的方法，均落入了涉案专利的保护范围构成侵权，请求判令被告停止侵权并赔偿经济损失和合理开支共计1000万元。

被告辩称，其未实施涉案专利独立权利要求中的发明点，百度输入法中没有定义自学习、原始词顺序，也未设置词表中的标志位域，因此未落入涉案专利权利要求的保护范围，不构成侵权，请求法院驳回原告的诉讼请求。

庭审中，各方当事人均认可权利要求1中所述的"词条"即是指输入的拼音串，例如"dajia""xiwei"，各方当事人通过公开演示输入法用户端操作过程和不公开演示输入法后台词表结构的方式，进行了被诉侵权技术方案的演示。

（一）公开演示前端操作过程

在以恢复默认词频（生僻词）为例进行的演示中，被告认为，百度手机输入法的"恢复默认词频"功能并不能将词条"xiwei"恢复到原始候选词顺序，而是仅针对选中的单个候选词将其词频恢复到默认词频，而且由于百度手机输入法仅维护各个候选词的词频，并不具备涉案专利的词条的"标志位域"，因此"恢复默认词频"功能是针对特定候选词词频的调整，而并非针对词条的所有候选词顺序的调整，与涉案专利不同。原告则演示，可以通过两次操作"恢复默认词频"功能，将用户的两次设定清除，进而恢复到原始候选词顺序的状态，因而仍然落入涉案专利保护范围。

类似地，在以删除自造词为例进行的演示中，被告认为百度手机输入法的"删除自造词"功能是通过将用户自造词词表中的对应自造词直接删除来实现的，对应词条"xiwei"不能恢复原始候选词顺序，且该功能不能通过改变词表节点标志位域的取值来一次性恢复到对应词条的原始候选词顺序。原告则认为，上述演示可以说明在百度手机输入法中存在原始候选词顺序和考虑用户词频的候选词顺序，对于两种顺序的切换，最显而易见的方式就是通过设置标志位来分别指示这两种顺序，从而通过标志位的赋值不同来实现两者之间的切换。

结合上述两种不同的演示内容，被告认为，百度手机输入法的"恢复默认词频"和"删除自造词"的功能是针对候选词（例如"熹微"）本身进行了修改/删除，而相应地引起所显示的候选词排序发生变化，均不能实现涉案专利中针对"词条"（如"xiwei"）来恢复所有候选词的"原始候选词顺序"，因此百度手机输入法没有实施涉案专利权利要求 1 中的特征 101 和 104。而原告认为，涉案专利的核心在于可以实现某一具体词条的候选词顺序从"自学习候选词顺序"切换成"原始候选词顺序"，恢复到原始候选词顺序的操作次数针对于词条的候选词，演示操作中针对每个词的具体词频进行更改是成就标志位值改变并以此恢复成原始候选词顺序的演示手段，无论是通过一次或多次操作进行恢复，只要最终实现了恢复到原始候选词顺序，都理应落入涉案专利权利要求 1 的保护范围。

（二）不公开演示后台词表结构

被告认为，百度输入法后台并未采用设置标志位值的方式实现恢复候选词顺序的功能，因此向法庭申请不公开审理当庭展示百度手机输入法的后台词表结构。

演示过程中，被告将百度手机输入法安装文件解压缩得到一系列词库文件，并将上述系列文件整合成一个完整的词库文件，然后通过百度手机输入法编译环境运行上述词库文件，从而得到百度手机输入法的系统词库的词库结构内容，可看到每个词条对应的"词表节点"并不存在涉案专利的"标志位域"。故被告认为，百度手机输入法没有实施涉案专利权利要求 1 中的特征 101 和 104。

针对被告的上述操作过程，原告表示无异议，但认为被告将多个分割的词库文件合并及输出可读的数据文件的操作过程会导致丢失部分重要数据，且被告上述演示得到的词库文件是未经用户操作的原始文件中的部分内容，故无法确定用户词库与系统词库之间的操作逻辑。对此，被告称，百度手机输入法对于用户自造词是与系统词混合在一起处理，使用同一逻辑进行操作。

在本案的侵权判定过程中，诉辩双方的举证和演示，起到了至关重要的作用。

首先，法院结合庭审中的演示过程，对百度手机输入法的技术方案是否包含权利要求 1 的所有技术特征进行了论述。

一审判决认为：百度手机输入法可以接收用户输入的字符串即词条"xiwei"。由此可见，百度手机输入法包含了权利要求 1 中"输入词条"这一技术特征。但是对于用户输入的字符串"xiwei"，百度手机输入法在选择该字符串对应的某个候选词或用户自行手动选择产生自造词后，百度手机输入法的"恢复默认词频"及"删除自造词"功能均是针对该词条（即"xiwei"）对应的某个具体候选词（例如"熹微""西尾"）进行了操作，当词条对应的候选词列表中多个候选词的词频出现变化或存在多个用户自造候选词时，则需要重复进行多次"恢复默认词频"及"删除自造词"操作才能完全恢复该词条原始候选词顺序。

而涉案专利权利要求 1 及其说明书中记载：其技术方案是通过在词表的表头结点中设置所有词条单独对应的标志位域，而每一词条对应的标志位都有两种取值，分别为词条的原始候选词顺序值和自学习候选词顺序值；只需在词表的表头结点中将所述划分结果（具体词条）对应的标志位值设置为原始候选词顺序值，就可以恢复对应词条的原始候选词顺序。

由此可见，涉案专利技术方案是通过改变标志位的取值，针对词条进行操作，实现恢复原始候选词顺序的技术效果，而庭审演示所示百度手机输入法是针对词条所对应的某个具体候选词进行单次或多次操作而恢复原始候选词顺序。因此百度手机输入法的技术方案并未包含涉案专利权利要求 1 的特征 101 和 104，进而未落入其保护范围。

其次，一审判决结合被告当庭展示的百度手机输入法后台词表结构内容，认为原告未能提交其他证据佐证其质疑观点，也未能明确阐述可能丢失的部分重要数据的具体指向；即使存在数据丢失，当庭展示的词库数据文件中依然可以看出后台词表的基本结构，可以明确看到该词表节点并未设置标志位域。因此，被告的抗辩意见成立。

最后，一审判决百度手机输入法的技术方案未落入涉案专利权的保护范围，进而亦不构成对涉案专利权的侵犯。

■ **案件精解**

（一）输入法方法专利侵权诉讼中的举证责任分配和转移

《专利法》第 66 条第 1 款规定了关于新产品制造方法的举证责任倒置的情形，涉案专利权利要求 1 为一种涉及计算机程序的方法，其获得的计算机程序为"新产品"，因此适用上述条款，在原告承担主要证明责任之后，需要被告证明使用了不同于涉案专利的方法，否则将承担相应的不利后果。

在涉及计算机程序的专利侵权案件中，鉴于被诉侵权程序产品的后台实现为终端用户不可见，因此审判实践中必须结合权利要求的技术限定和当事人的举证能力，合理确定原、被告之间举证责任的分配。具体而言，原告作为专利侵权诉讼程序的启动方，首先要从被诉侵权产品的操作现象和功能上证明该产品实现了涉案专利所能实现的技术效果，即证明被告基本侵权事实存在的高度可能性，否则应承担不利的法律后果；而被告作为被诉侵权产品后台处理过程的实际知情者及相关证据的控制者，在原告完成上述基本侵权事实举证责任的情况下，举证责任此时转移至被告，被告应当提交证据证明被诉侵权软件产品采用了与涉案专利所保护的技术方案不同的方案，实现了上述表象一致的技术效果，否则应当承担不利的法律后果。

具体到本案，同时涉及计算机程序输入输出和后台实现的技术方案，原告和被告均应当承担各自的举证责任。对于原告而言，需要从被诉侵权产品的输入输出证明该产品实施了专利中的技术方案。对于被告而言，一方面，可以从输入输出进行反证，以证明被诉侵权产品与涉案专利输入输出不一致，另一方面，在适当的情况下，被告可以提供程序的后台代码和/或数据库，以证明被诉侵权产品与专利在后台实现上也不一致。

在本案的庭审过程中，数次出现了举证责任的转移：首先在庭审演示输入法"恢复默认词频"功能过程中，先由原告完成词频顺序改变的演示，然后被告进一步演示其词频改变是针对候选词而非词条，与涉案专利不同；其次在不公开审理的后台词库结构展示中，被告展示其后台词库结构中不存在词表表头结点中的标志位值，初步完成了其举证责任，此时原告虽然提出了数据丢失和操作逻辑不确定的疑问，却未能提交证据佐证，也未进行具体说明，相当于没有完成支持自身主张的举证，其主张亦未得到一审判决认可。

(二) 输入法方法专利侵权中的举证方法

与传统的新产品制造方法的举证和判定相比较，输入法方法专利的侵权判定还存在以下两个难点：第一，当用户在智能终端上使用输入法产品时，实际承担主要数据处理和计算功能的核心部件往往处在网络服务器上（云端），因此在证据的获取、保全及认定上，都存在较高难度；第二，输入法技术领域本身的复杂性和抽象性，也为侵权判定增加了难度。以下将从输入输出和后台实现两方面对输入法方法专利侵权的举证方法进行梳理。

1. 输入输出

本案的庭审公开演示，实际上就是重现用户在客户端上操作输入法产品、完成输入法方法的过程。因此，原告首先通过输入词条、改变词频等操作演示，证明了百度手机输入法从表面现象上看，可以实现专利描述的技术效果。即通过对于方法步骤的重现和功能效果的展示，初步证明侵权事实存在。

而在这个基础上，被告则通过进一步的细节操作，展示方法步骤和功能效果的区别，来证明被控侵权产品是通过不同的手段来实现与涉案专利相似而有区别的技术效果的。

通常而言，经过步骤重现和效果区分，已经可以完成侵权判定中的事实认定。但是，假设输入输出完全相同而后台实现不同，该如何进行举证？本案中被告也给出了范例。

2. 后台实现

不同于表面的、动态的步骤和效果，技术特征及其背后的技术逻辑，是相对更加固定和本质的信息，能够直接体现创新主体的技术构思。因此，即使出现输入输出展示无法区分的情形，仍然可以通过后台数据展示来再现技术构思，进行侵权判定。

本案中，被告通过展示后台程序，证明自身并不依赖特殊的词表结构来实现候选词顺序的调整，而是通过精准的智能排序算法，根据用户词频和系统词频对候选词排序进行计算，从而根据用户对候选词的选择操作动态调整拼音词条的候选词顺序，将最符合用户习惯的词语提示在候选词列表的前列。

因此，百度输入法是通过删除特定候选词的自学习词频，而非通过对词条的操作来实现恢复顺序，其看似也能够对候选词顺序做调整，但是却采用了和涉案专利不同的技术手段。

■ 案件小结

输入法是作用于人机交互的计算机程序产品，往往采取方法权利要求的方式来进行专利保护，因此在侵权诉讼中首先需要面对举证责任的分配和转移，各方当事人应当以各自的举证能力为限，展示说明相关技术事实，并承担相应法律后果。在具体的举证过程中，可以采取多种手段和方法来实现证明目的，包括但不限于用户页面展示、后台运行数据及程序披露，以及用户体验和应用场景的证明等。

相关创新主体应该认识到，在输入法专利侵权中，待证事实不再是传统的机械结构和理性经验，而可能是技术方案和用户体验的结合，因此应该及时、充分做好证据的留存，并且采取各种方式充分提交证据以完成证明责任。例如本案中被控侵权方，不仅保密开示底层代码证明其技术实质，也设计了大量反证实验以帮助法官建立心证，最终其抗辩意见得到了法院的采纳。

三、小结

结合以上两个针对焦点问题的具体案例分析可以看出，输入法专利侵权纠纷有其自身的技术特点和法律特点，应该以符合输入法行业产业特点和输入法程序技术特点的方式，去认定法律事实、准确适用法条。

首先，基于输入法领域的产业技术特点，以重视用户体验、整体把握判断的视角，准确理解权利要求所记载的技术方案中的步骤、流程和特征。

其次，在将输入法产品与权利要求保护范围进行对比时，也应该回到用户操作与后台编译反复互动的过程中去，才能将输入法产品的方法步骤、功能效果和输入法专利的技术特征准确对应。

最后，输入法专利的前端演示一致的情况下，后台的实现手段则可能千差万别，在这个过程中原被告双方的举证责任将是一个动态转移的过程。因此各方当事人都应该在各自的举证能力范围内，采取各种方式充分提交证据，包括但不限于用户界面演示、后台代码开示，甚至程序逻辑的推理、专家辅助人员的出庭等，多维一体才能最终确定技术方案的细节。

参考文献

一、专著

［1］王大珩，王淦昌，杨嘉墀，等. 高技术词典［M］. 北京：清华大学出版社，2000.

［2］罗伯特·P. 墨杰斯，彼特·S. 迈万尔，马克·A. 莱姆利，等. 新技术时代的知识产权法［M］. 齐筠，等译. 北京：中国政法大学出版社，2003.

［3］张孝祥，徐家福. 计算机科学技术百科全书［M］. 北京：清华大学出版社，2005.

［4］应明，孙彦. 计算机软件的知识产权保护［M］. 北京：知识产权出版社，2009.

［5］张乃根，等. 美国专利法：判例与分析［M］. 上海：上海交通大学出版社，2010.

［6］中国知识产权研究会专利委员会，最高人民法院中国应用法学研究所. 专利名案解读——以16起涉外专利纠纷为视角［M］. 北京：知识产权出版社，2010.

［7］尹新天. 中国专利法详解［M］. 北京：知识产权出版社，2012.

［8］唐昭红. 美国软件专利保护法律制度研究［M］. 北京：法律出版社，2012.

［9］国家知识产权局专利复审委员会电学申诉处. 电学领域复审、无效案件特点和典型案例评析［M］. 北京：知识产权出版社，2012.

［10］杨志敏. 专利权保护范围研究［M］. 成都：四川大学出版社，2013.

［11］李明德. 美国知识产权法［M］. 2版. 北京：法律出版社，2014.

［12］崔国斌. 专利法：原理与案例［M］. 2版. 北京：北京大学出版社，2016.

［13］丹尼尔·克罗萨，亚历克斯·加迪纳，福尔克·吉姆萨，等. 适用于计算机领域从业人员的专利法实例——计算机实现的发明的保护方法［M］. 冯于迎，冯晓玲，胡向莉，译. 北京：知识产权出版社，2016.

［14］嵩天，礼欣，黄天羽. Python语言程序设计基础［M］. 2版. 北京：高等

教育出版社，2017.

[15] 国家知识产权局专利复审委员会. 以案说法——专利复审、无效典型案例指引 [M]. 北京：知识产权出版社，2018.

[16] 史蒂芬·卢奇，丹尼·科佩克. 人工智能 [M]. 2 版. 林赐，译. 北京：人民邮电出版社，2018.

[17] 张政权. 人工智能领域的专利申请及保护 [M]. 上海：复旦大学出版社，2019.

[18] 北京市高级人民法院知识产权审判庭. 北京市高级人民法院《专利侵权判定指南（2017）》理解与适用 [M]. 北京：知识产权出版社，2020.

[19] 肖光庭，王京霞，邹斌，等. 新领域、新业态发明专利申请热点案例解析 [M]. 北京：知识产权出版社，2020.

[20] 刘强. 人工智能知识产权法律问题研究 [M]. 北京：法律出版社，2020.

[21] 瞿亮. 软件技术基础 [M]. 北京：清华大学出版社，2020.

[22] 国家知识产权局专利局审查业务管理部. 日本发明·实用新型审查指南 [M]. 北京：知识产权出版社，2020.

[23] 国家知识产权局专利局审查业务管理部.《日本发明·实用新型审查指南》特定技术领域适用实例 [M]. 北京：知识产权出版社，2020.

[24] 李明德，闫文军. 日本知识产权法 [M]. 北京：法律出版社，2020.

[25] 吴亚东. 人机交互技术及应用 [M]. 北京：机械工业出版社，2020.

[26] 欧洲专利局上诉委员会. 欧洲专利局上诉委员会案例法 [M]. 8 版. 中国专利代理（香港）有限公司，译. 北京：知识产权出版社，2020 年.

[27] 菲利普·利思. 欧洲的软件与专利 [M]. 仇蕾安，译. 北京：国防工业出版社，2021.

[28] 国家知识产权局国际合作司，国家知识产权局专利局审查业务管理部. 美国专利审查操作指南——可专利性 [M]. 北京：知识产权出版社，2021.

[29] 马云鹏. 专利权利要求解释规则 [M]. 北京：法律出版社，2021.

[30] 王迁. 知识产权法教程 [M]. 北京：中国人民大学出版社，2011.

[31] 王京霞. 专利审查规则适用及案例新解——新领域、新业态相关发明专利申请最新审查规则解析 [M]. 北京：知识产权出版社，2022.

[32] 张健. 计算机领域美国知识产权诉讼研究 [M]. 北京：知识产权出版社，2022.

[33] 国家知识产权局专利局复审和无效审理部. 以案说法——专利复审、无效典型案例汇编（2018—2021 年）[M]. 北京：知识产权出版社，2022.

[34] 安东尼·休斯. 软件的可专利性：软件即数学 [M]. 肖冬梅，译. 北京：

知识产权出版社，2023.

二、论文

[1] 练剑波. 计算机程序专利客体审查标准研究［D］. 上海：华东政法大学，2013.

[2] 石林. 计算机软件的可专利性研究［D］. 重庆：西南政法大学，2005.

[3] 刘珊. 美欧计算机软件相关发明专利保护比较研究［D］. 武汉：华中科技大学，2006.

[4] 黄震. 计算机软件专利的实质条件研究［D］. 重庆：西南政法大学，2007.

[5] 孙大为. 数字电子技术的知识产权的保护研究［D］. 济南：山东大学，2007.

[6] 沈乐平. 计算机程序专利保护的探讨［D］. 北京：中国政法大学，2011.

[7] 王琦. 中美软件专利审查标准的法律比较研究［D］. 哈尔滨：哈尔滨工程大学，2012.

[8] 吴娟娟. 软件可专利主题的判断标准研究［D］. 南京：南京大学，2013.

[9] 胡志恒. 中美专利申请制度比较研究［D］. 重庆：西南政法大学，2013.

[10] 周倩颖. 美国商业方法专利适格性标准研究及对我国的启示［D］. 上海：华东政法大学，2017.

[11] 谢沁虹. 专利侵权中的等同判定研究［D］. 兰州：兰州大学，2019.

[12] 马少兢. 我国商业方法专利保护制度研究［D］. 昆明：云南财经大学，2020.

[13] 宋鸿煜. 论计算机程序可专利性［D］. 烟台：烟台大学，2020.

三、期刊/报纸

[1] Miller M J. Personal Multimedia［J］. PC Magazine，1999，18（2）.

[2] 张平，卢海鹰. 从拒绝保护到大门洞开纵论计算机软件的可专利性［J］. 中外法学，2001，13（2）：222-237.

[3] 赵梅生. 关于专利侵权救济的国际比较分析［J］. 电子知识产权，2004（11）：15-18.

[4] 何越峰. 美国计算机程序专利保护的历史演进［J］. 专利法研究（2004），2005：297-321.

[5] 崔国斌. 专利法上的抽象思想与具体技术——计算机程序算法的客体属性分析［J］. 清华大学学报：哲学社会科学版，2005，20（3）：37-51.

[6] 张晓都. 美国与日本专利侵权诉讼中的禁止反悔原则［J］. 中国发明与专

利，2008（4）.

［7］宁立春. 超市物品摆放有说道［J］. 现代营销（经营版），2009（10）.

［8］刘银良. 美国商业方法专利的十年扩张与轮回：从道富案到 Bilski 案的历史考察［J］. 知识产权，2010（6）：89-100.

［9］Heinz Goddar. Cross-Border Contributory Patent Infringement In Germany［J］. 7 Wash. J. L. Tech. & Arts，2011（7）：135.

［10］王艳坤. 汉字输入法及其专利保护［J］. 中国发明与专利，2011（7）：83-86.

［11］郑鋆，刘瑾. 商业方法专利审查标准的比较研究［J］. 法制与经济，2012（5）：94-95.

［12］托马斯·库勒，喻露. 德国对科技发明创造的法律保护［J］. 中德法学论坛，2016（1）：253-275.

［13］闫文军，罗治成. 英国专利侵权判断中的等同原则和禁止反悔原则［J］. 科技与法律，2017（3）：1-9.

［14］周胡斌，张宪锋，戴磊. 《专利审查指南》修改解读［J］. 专利代理，2017（2）：3-12.

［15］宋洁，王志远，王玉秀，等. 《专利审查指南》修改后计算机程序的专利保护研究［J］. 软件，2017（5）：67-70.

［16］孙治国. 对来自互联网出版平台的证据认定［N］. 中国知识产权报，2017-11-30.

［17］卜元石. 德国专利间接侵权制度与判决解析［J］. 知识产权，2018（10）：88-96.

［18］谢琳，鲁秋艳. 苹果"滑动解锁"专利无效案 CAFC 判决详解［J］. 中国发明与专利，2018，15（10）：76-83.

［19］刘斌. 权利要求保护范围的理解对创造性判断的影响［N］. 中国知识产权报，2018-06-27.

［20］周围. 金融商业方法的专利适格性探析［J］. 法学评论，2018（6）：137-151.

［21］苑野. 物联网商业方法的专利保护探析［J］. 知识产权，2018（4）：83-87.

［22］张平，石丹. 商业模式专利保护的历史演进与制度思考——以中美比较研究为基础［J］. 知识产权，2018（9）：49-56.

［23］吕磊. 美国商业方法专利保护的发展与现状及其对我国的启示［J］. 法学杂志，2019（3）：96-104.

［24］吴汉东. 专利间接侵权的国际立法动向与中国制度选择［J］. 现代法学，2020（2）：30-45.

［25］张韬略. 跨境实施专利的侵权认定：以德国法为视角［J］. 知识产权，2020（12）：80-90.

［26］苗晓静. 涉及人工智能的商业方法专利的探讨［J］. 专利代理，2021（1）：31-36.

四、网页

［1］《共同体专利公约》第 89/695/EEC 号协议［EB/OL］.（1989-12-15）［2024-05-14］. https：//www. wipo. int/wipolex/zh/text/312370.

［2］President of the European Patent Office，Appendix 6 Examination of "Business Method" Applications（EPO）［EB/OL］.（2020-05-19）［2024-05-14］. https：//link. epo. org/trilateral/6. pdf.

［3］The Trilateral Office，Report on Comparative Study Carried Out Under Trilateral Project B3b Business Method Related Inventions［EB/OL］.（2000-06）［2024-05-14］. https：//link. epo. org/trilateral/main. pdf.

［4］N1 Quick Start Guide［EB/OL］.（2004-07-29）［2024-05-14］. http：//www. instructionsmanuals. com/download/telefonos_movil/Neonode-N1-en. pdf.

［5］手机支付及支付宝直充支付功能开启公告［EB/OL］.（2010-12-23）［2024-05-14］. http：//wd. gyyx. cn/News/News/NewsDetail_New. aspx?NewsID=53212.

［6］CIE 智库. 欧盟完成《人工智能合作宣言》的签署，共同应对全球竞争［EB/OL］.（2018-08-15）［2021-11-14］. https：//www. secrss. com/articles/4619.

［7］最高人民法院. 最高人民法院关于审理侵犯商业秘密民事案件适用法律若干问题的规定［EB/OL］.（2020-09-11）［2021-11-13］. http：//www. court. gov. cn/fabu-xiangqing-254751. html.

［8］中关村互联网金融研究院. 解读｜欧盟委员会 2021 年《人工智能法》提案［EB/OL］.（2021-05-04）［2021-11-14］. https：//www. 163. com/dy/article/G96AIGH80538GOD6. html.

［9］氪星智能. 从美国和欧盟的最新政策看人工智能的发展和监管［EB/OL］.（2021-09-24）［2021-11-14］. https：//www. sohu. com/a/491784859_371013.

［10］最高人民法院. 关于加强新时代知识产权审判工作为知识产权强国建设提供有力司法服务和保障的意见［EB/OL］.（2021-10-29）［2021-11-13］. http：//www. court. gov. cn/fabu-xiangqing-329181. html.

［11］英国知识产权局专利法律科. 专利实践手册（MOPP）［EB/OL］.（2021-11-

15）［2024-05-14］. https://www.gov.uk/guidance/manual-of-patent-practice-mopp.

［12］ National AI Strategy［EB/OL］.（2022-11-08）［2024-05-14］. https://www.gov.uk/government/publications/national-ai-strategy.

［13］ 澎湃新闻. GitHub 编程神器 Copilot 被斥"盗版"大量开源代码，面临 90 亿美元集体诉讼［EB/OL］.（2022-12-01）［2023-02-25］. https://www.thepaper.cn/newsDetail_forward_20975628?. commTag=true.

［14］ 新浪网. 索赔 649 亿！GitHub Copilot 惹上官司，被指控侵犯代码版权，是开源社区"寄生虫"［EB/OL］.（2022-12-07）［2023-02-25］. https://k.sina.com.cn/article_1494921451_591ab0eb019013m99.html.

［15］ Proposal for a regulation of the European Parliament and of the Council on standard essential patents and amending Regulation （EU）［EB/OL］.（2017-10-01）［2023-04-27］. https://single-market-economy.ec.europa.eu/publications/com2023232-proposal-regulation-standard-essential-patents_en.

［16］ Director's Blog：the latest from USPTO leadership［EB/OL］.（2023-09-21）［2023-12-29］. https://www.uspto.gov/blog/director/entry/latest-updates-on-artificial-intelligence.

［17］ System for the Team Supporting AI Examinations to be Enhanced to Achieve Efficient and Highest-Quality Examinations of AI-Related Inventions［EB/OL］.（2023-09-21）［2023-12-29］. https://www.meti.go.jp/english/press/2023/0921_001.html.

［18］ Recent Trends in AI-related Inventions-Report［EB/OL］.（2023-10）［2023-12-29］. https://www.jpo.go.jp/e/system/patent/gaiyo/ai/ai_shutsugan _chosa.html.

［19］ JPO. Case Examples pertinent to AI-related technology［EB/OL］.［2024-03-13］ https://www.jpo.go.jp/e/system/laws/rule/guideline/patent/document/ai_jirei_e/jirei_e.pdf.

五、国外判例

［1］ Hotel Security Checking Co v Lorraine Co, 160 F 467（2d Cir 1908）.

［2］ Gottschalk v. Benson, 409 U.S. 63（1972）.

［3］ Parker v. Flook, 437 U.S. 584（1978）.

［4］ In re Freeman, 573 F.2d 1237, 1246, 197 USPQ 464, 471（CCPA 1978）.

［5］ Diamond v. Chakrabarty, 444 U.S. 303, 206 U.S.P.Q. 193（1980）.

［6］ Diamond v. Diehr, 450 U.S. 175（1981）.

［7］ In Re Walters, 11 B. R. 567（1981）.

［8］ In Re Abele, 684 F. 2d 902（1982）.

［9］ In re Alappat, 33 F. 3d 1526（1994）.

［10］ State Street Bank & Trust Co. v. Signature Financial Group, Inc. , 149 F. 3d 1368, 47 USPQ2d 1596（Fed. Cir. 1998）.

［11］ Mercexchange, L. L. C. v. eBay, Inc. , 275 F. supp, 2d 695.（2003）.

［12］ Festo Corp. v. Shoketsu Kinzoku Kogyo Kabushiki Co. , 344 F. 3d 1359, 1370（2003）.

［13］ Mercexchange, L. L. C. v. eBay, Inc. , 401 F. 3d 1323.（2005）.

［14］ eBay Inc. v. MercExchange, L. L. C. 126 S. Ct. 1837.（2006）.

［15］ DSU Medical v. JMS Co. , 471 F. 3d 1293, 1305（Fed. Cir. 2006）（en banc）.

［16］ In Re Comiskey, 499 F. 3d 1365（Fed. Cir. 2007）.

［17］ Microsoft Corp. v. AT&T Corp. 550 U. S. 437（2007）.

［18］ In re Bilski, 545 F. 3d 943, 959-60, 88 USPQ2d 1385, 1394-95（Fed. Cir. 2008）.

［19］ Vita-Mix v. Basic Holding, 581 F. 3d 1317, 1328（Fed. Cir. 2009）.

［20］ Bilski v. Kappos, 561 U. S. 593, 95 USPQ2d 1001（2010）.

［21］ Mayo Collaborative Services v. Prometheus Laboratories, Inc. , 566 U. S. 66（2012）.

［22］ Commil USA v. Cisco Systems, 135 S. Ct. 1920, 1925, 1928（2015）. 681 F. 3d 1323, 1339（Fed. Cir. 2012）.

［23］ I/P Engine, Inc. v. AOL, Inc. 576 Fed. Appx. 982（Fed. Cir. 2014）.

［24］ Alice Corp. v. CLS Bank International, 573 U. S. 208（2014）.

［25］ EON Corp. v. AT&T Mobility LLC, 785 F. 3d 616.（2015）.

［26］ Akamai Technologies, Inc. v. Limelight Networks, Inc. 797 F. 3d 1020, 1022（Fed. Cir. 2015）（en banc）.

［27］ Apple Inc. v. Samsung Elecs. Co. , 816 F. 3d 788（Fed. Cir. 2016）.

［28］ Apple Inc. v. Samsung Elecs. Co. , 816 F. 3d 1034（Fed. Cir. 2016）.

［29］ Trading Techs. Int'l, Inc. v. CQG, Inc. , 675 Fed. App'x 1001（Fed. Cir. 2017）.

［30］ Smart Sys. Innovations, LLC v. Chicago Transit Auth. , 873 F. 3d 1364（2017）.

［31］ Core Wireless Licensing S. A. R. L. , v LG Electronics, Inc. 880. F3d 1356, 1362-63, 125 USPQ2d 1346, 1440-41（Fed. Cir. 2018）.

［32］ Athena Diagnostics v. Mayo Collaborative Servs. , 927 F. 3d 1333（2019）.

［33］ Trading Technologies v. IBG LLC，921 F. 3d 1084，1093–94，2019 USPQ2d 138290（Fed. Cir. 2019）．

［34］ Singular Computing LLC v. Google LLC，2020 U. S. P. Q. 2d 10708（D. Mass. 2020）．

［35］ Applied Predictive Techs.，Inc. v. Marketdial，Inc.（2020. 11. 25）．

［36］ EPO 上诉委员会的判例 G 2/07、G1/19、T 22/85、T 931/95、T 1173/97、T 1543/06、T 935/97、T 154/04、G 3/08、T 121/85、T 38/86、T 95/86、T 603/89、T 71/91、T 236/91、T 833/91、T 77/92、T 769/92、T 258/03、T 154/04、T 553/02、T 1001/99、T 769/92、T 931/95、T 424/03、T 1658/06、T 313/10、T 388/04、T 306/04、T 619/02、T 1147/05、T 1029/06、T 1741/08

［37］ 日本最高法院．"无效折动用滚珠花键轴承"案，平成 10. 2. 24，平成 6 年（オ）第 1083 号．

［38］ 东京地方法院．"电子图像的形成方法"案，平成 13. 9. 20，判时 1764 号．

［39］ 知识产权高等法院．"一太郎"案，平成 17. 9. 30，平成 17 年（ネ）第 10040 号，判时 1904 号．

［40］ 东京地方法院．"图形显示装置及方法"案，平成 17. 12. 27，平成 15 年（ワ）第 23079 号．

［41］ 知识产权高等法院．"医疗用可视照片的制作方法"案，平成 24. 9. 26，平成 24 年（ネ）第 10035 号．

六、行业报告

［1］ 中国国家知识产权局，欧洲专利局．计算机实施发明/软件相关发明专利审查对比报告［R］. 2019.

［2］ 清华－中国工程院知识智能联合研究中心，清华大学人工智能研究院智能研究中心，中国人工智能学会．人工智能发展报告 2011—2020［R］. 2021.

［3］ 深圳市人工智能行业协会. 2021 人工智能发展白皮书［R］. 2021.